Qu'est-ce qu'on mange? 5

Qu'est-ce qu'on mange? 5

La cuisine au fil des saisons
et les méthodes de conservation

Les Cercles de Fermières du Québec

Concept et réalisation	Communiplex Marketing
Direction de projet, mise en page	HB & Cie
Conception graphique et illustrations	Adigraph
Coordination de projet, saisie et standardisation de texte	Diane Couturier Services Conseils
Rédaction des textes d'accompagnement, et révision	Les points sur les i
Révision finale d'épreuves	Communiplex Marketing

PHOTOGRAPHIES

Photographies	TANGO Photographie
Direction astistique	Hélène Saint-Hilaire
Stylisme	Renée Girard
Préparation des recettes	Yvan Bélisle Stéphane Signori-Drouin
Assistance à la cuisine	Giuseppe Erbetta
Pelliculage et quadrichromie	Acme Litho
Impression	Imprimeries Transcontinental inc. Division Interglobe

Les Cercles de Fermières du Québec remercient les boutiques
et fournisseurs suivants, pour leur exceptionnelle collaboration :

Stokes ltée, siège social, rue Ferrier, Mont-Royal

L'Aromate, marché des saveurs, avenue Mont-Royal et rue Sainte-Catherine, Montréal

Tous droits réservés. On ne peut pas reproduire, enregistrer ou diffuser les contenus du présent ouvrage sous quelque forme ou par quelque procédé que ce soit, sans avoir au préalable obtenu l'autorisation écrite de l'éditeur.

Droits d'auteur © Les Cercles de Fermières du Québec

Dépot légal, quatrième trimestre 2000
Bibliothèque nationale du Québec
Bibliothèque nationale du Canada

Publié par Communiplex Marketing inc. pour Les Cercles de Fermières du Québec

ISBN : 2-920908-38-3

Imprimé au Canada

Que vos repas soient remplis de saveurs printanières, estivales, automnales ou hivernales !

Bon appétit !

....

....

....

....

....

Message de la Présidente

En cette année marquant le 85ᵉ anniversaire de fondation de l'Association, Les Cercles de Fermières du Québec sont fiers de vous offrir cette nouvelle publication. En effet, ce cinquième volume de la série Qu'est-ce qu'on mange ? « La cuisine au fil des saisons » nous permet de nous alimenter de façon agréable en utilisant des aliments dont l'abondance est propre à une saison particulière tout en diminuant les coûts puisque les aliments saisonniers nous sont offerts à meilleur prix. En découvrant toutes les saveurs de ces fruits, légumes, viandes ou poissons, il devient agréable et profitable de pouvoir les conserver de manière à redécouvrir ces plaisirs tout au long de l'année. En utilisant les techniques diverses qui sont expliquées, vous apprendrez à les conserver adéquatement. Comme l'alimentation prend une part importante du budget et doit comprendre divers aliments pour être conforme au Guide alimentaire canadien, que ce soit par la congélation, la mise en conserve ou les marinades, les denrées saisonnières se retrouveront dans votre assiette et sauront agrémenter vos repas tout au long de l'année.

Depuis plusieurs années, les membres des Cercles de Fermières du Québec partagent avec la population leur savoir-faire culinaire. Ces nombreuses recettes, richesses du patrimoine culinaire québécois, savent agrémenter le lot quotidien de chacun. En effet, la simplicité d'exécution et l'utilisation d'ingrédients qui se retrouvent en grande partie dans toutes les cuisines font que nos publications constituent d'excellentes références pour tous.

Nous remercions nos membres qui, depuis des années, collaborent généreusement en nous faisant parvenir des recettes qui font la joie de leur famille. Nous souhaitons vivement que vos repas familiaux deviennent toujours plus agréables grâce aux plats cuisinés avec amour que vous aurez préparés en vous référant au volume : Qu'est-ce qu'on mange ? 5 « La cuisine au fil des saisons ». Nous espérons que cette publication trouve une place de choix dans votre foyer et vous fasse découvrir le bonheur qu'apporte la dégustation de mets savoureux.

Notre reconnaissance s'adresse également à l'équipe de Communiplex Marketing inc qui, depuis de nombreuses années, assure Les Cercles de Fermières du Québec d'une collaboration exceptionnelle dans la publication de leurs nombreux ouvrages.

Que vos repas soient remplis de saveurs printanières, estivales, automnales ou hivernales !

Bon appétit !

Yolande Labrie

Yolande Labrie

Présidente provinciale

Les Cercles de Fermières du Québec

Table des matières

Lexique 12

Techniques de conservation 16

Produits et accessoires	18
Stérilisation	20
Mise en conserve	22
Confitures	24
Gelées	25
Ketchups	26
Marinades	27
Congélation	28
Séchage	30

Printemps 32

Hors-d'œuvre et entrées	34
Soupes et potages	42
Mets principaux	
Volaille	50
Bœuf	56
Veau	62
Porc	66
Agneau	70
Poissons et fruits de mer	74
Viandes chevaline et sauvagine	80
Salades et accompagnements	82
Desserts et gâteries	92
Conserves	104

Fédération 2 : Cacouna, Trois-Pistoles. **Fédération 3** : St-Pascal, St-Aubert, Saint-Marcel. **Fédération 4** : St-Camille, Lac Etchemin, St-Raphaël, Buckland, St-Damien, St-Michel, Ste-Justine, Ste-Rose-de-Watford, St-Anselme. **Fédération 5** : Beauceville, St-Georges, St-Joseph-de-Beauce, St-Benoît-Labre, Lambton, St-Elzéar. **Fédération 6** : St-Rémi-de-Tingwick, St-Jacques-de-Leeds, St-Ferdinand. **Fédération 7** : Manseau, St-Lucien, L'Avenir, Bécancour. **Fédération 8** : Ayer's Cliff, St-Marc-de-Coaticook. **Fédération 9** : St-Marc-sur-Richelieu, St-Bruno, Laflèche, Upton. **Fédération 10** : Ste-Famille-de-Granby, Roxton Pond, Marieville. **Fédération 11** : Farnham **Fédération 12** : St-Joachim-de-Châteauguay, Bellerive. **Fédération 13** : Dorion, Rosemont/St-Michel. **Fédération 15** : St-André-Avellin. **Fédération 16** : Ste-Thérèse. **Fédération 17** : St-Calixte, St-Sulpice, Ste-Angèle-de-Prémont. **Fédération 18** : Breakeyville. **Fédération 20** : St-Rosaire-de-Jonquière, Mistassini. **Fédération 22** : Notre-Dame-de-Fatima. **Fédération 24** : Lac-aux-Sables, Portneuf, Neufchatel, Ste-Catherine-de-la-Jacques Cartier, Notre-Dame-de-Pitié. **Fédération 25** : Baie-St-Paul, Charlesbourg, Giffard, Sainte-Odile.

Été 110

Hors-d'œuvre et entrées	112
Soupes et potages	122
Mets principaux	
Volaille	128
Bœuf	134
Veau	140
Porc	144
Agneau	148
Poissons et fruits de mer	152
Viandes chevaline et sauvagine	160
Salades et accompagnements	162
Desserts et gâteries	174
Conserves	186

Fédération 1 : Chandler **Fédération 2** : Ste-Jeanne-d'Arc **Fédération 3** : St-Joseph-de-Kamouraska, St-Gabriel, Rivière-Ouelle, St-Alexandre, Auclair, Notre-Dame-du-Lac, Cabano, L'Islet-sur-Mer, St-Jean-Port-Joli. **Fédération 4** : Ste-Justine **Fédération 5** : St-Georges **Fédération 6** : Plessisville, St-Ferdinand **Fédération 8** : Ayer's Cliff **Fédération 9** : Laflèche **Fédération 12** : St-Rémi **Fédération 13** : Dorion. Bout-de-l'Île. **Fédération 16** : Ste-Anne-des-Plaines, St-Antoine. **Fédération 18** : Lévis, St-Jean-Chrysostome, St-Apollinaire, Val-Alain **Fédération 20** : Dolbeau, St-Fulgence, Mistassini. **Fédération 22** : Cadillac **Fédération 24** : Duberger, St-Casimir, St-Gilbert, St-Marc-des-Carrières **Fédération 25** : Giffard

automne 196

Hors-d'œuvre et entrées	198
Soupes et potages	208
Mets principaux	
Volaille	216
Bœuf	222
Veau	228
Porc	232
Agneau	236
Poissons et fruits de mer	240
Viandes chevaline et sauvagine	246
Salades et accompagnements	250
Desserts et gâteries	258
Conserves	270

Fédération 1 : Chandler, La Martre • **Fédération 2 :** Luceville, Pointe-au-Père, Rimouski, St-Anaclet, St-Fabien, Matane, Mont-Joli, St-Antonin, Ste-Jeanne d'Arc, Lac Humqui, Albertville. • **Fédération 3 :** St-Pierre, St-Denis, Rivière-Ouelle, St-Pascal, St-Elzéar, L'Islet-sur-Mer, St-Aubert, St-Roch-des-Aulnaies, St-Jacques. • **Fédération 4 :** St-Camille, St-Michel. • **Fédération 5 :** Courcelles, St-Georges • **Fédération 7 :** St-Cyrille-de-Wendover, St-Majorique. • **Fédération 9 :** St-Pie, St-Bruno, Boucherville, Laflèche. • **Fédération 10 :** Adamsville, Ste-Trinité, Roxton Pond, St-Paul-d'Abbotsford, Marieville. • **Fédération 11 :** Farnham • **Fédération 12 :** Ste-Cécile • **Fédération 13 :** Les Cèdres, Rosemont/St-Michel. • **Fédération 14 :** Ville-Marie, • **Fédération 16 :** Ste-Anne-des-Plaines, St-Janvier. • **Fédération 18 :** St-Flavien • **Fédération 20 :** St-Cœur-de-Marie, St-Fulgence, Mistassini, Roberval. • **Fédération 21 :** Havre-Aubert • **Fédération 24 :** Portneuf, Neuville, St-Casimir, St-Marc-des-Carrières • **Fédération 25 :** Baie-St-Paul, Ste-Maria-Goretti

Hiver 284

Hors-d'œuvre et entrées	286
Soupes et potages	294
Mets principaux	
Volaille	304
Bœuf	308
Veau	312
Porc	316
Agneau	320
Poissons et fruits de mer	324
Viandes chevaline et sauvagine	328
Salades et accompagnements	330
Desserts et gâteries	338
Conserves	350

Fédération 1 : Carleton • **Fédération 2 :** Albertville • **Fédération 3 :** L'Islet-sur-Mer, St-Roch-des-Aulnaies • **Fédération 5 :** St-Daniel, St-Georges, St-Benoît-Labre. • **Fédération 6 :** St-Gérard, Laurierville, St-Jacques-de-Leeds • **Fédération 8 :** Windsor • **Fédération 9 :** Boucherville • **Fédération 10 :** St-Paul-d'Abbotsford • **Fédération 16 :** Labelle • **Fédération 17 :** Chertsey • **Fédération 18 :** Ste-Bernadette, St-Jean-Chrysostome, Ste-Agathe, St-Gilles. • **Fédération 19 :** Chute-aux-Outardes • **Fédération 20 :** St-Fulgence, Mistassini. • **Fédération 25 :** Ste-Maria-Goretti

MENUS 356

Action de grâce	376
Anniversaire de mariage	366
Anniversaire de naissance	358
Baptême	362
Fête d'enfants	364
Fête des Mères	372
Fête des Pères	374
Fiançailles	360
Jour de l'An	368
Mariage	360
Noël	378
Pâques	370
Première communion	362

INDEX PAR SAISON 380

INDEX PAR CATÉGORIE 388

NOTES PERSONNELLES 397

Le lexique

Abaisse :
Pâte étalée sur une égale épaisseur à l'aide d'un rouleau à pâtisserie.

Arroser :
Verser graduellement du liquide sur un aliment afin qu'il ne se dessèche pas pendant la cuisson.

Badigeonner :
Enduire d'un autre aliment.

Bain-marie :
Récipient contenant de l'eau très chaude, dans lequel ou au-dessus duquel on place un autre récipient contenant le mélange à cuire ou à réchauffer, sans contact avec le feu.

Barder :
Entourer d'une mince tranche de lard.

Bâtonnet :
Coupe rectangulaire d'aliments. Dans la famille des bâtonnets, on retrouve la jardinière avec des morceaux de 3 à 6 cm de longueur par 0,5 cm de côté, la paysanne, avec des morceaux de 1 à 2 cm de longueur par 0,5 cm de côté et la julienne, avec des morceaux de 5 à 10 cm de longueur par 2 à 3 mm de côté.

Blanchir :
Plonger un aliment dans l'eau bouillante légèrement salée pendant quelques minutes afin de l'attendrir, d'en enlever l'âcreté ou de faciliter l'enlèvement de la peau.

Brunoise :
Légumes taillés en morceaux de 1 à 2 mm de côté.

Bouquet garni :
Bouquet composé de branches de différentes plantes aromatiques (le plus souvent persil, thym et laurier) que l'on attache ensemble avec une ficelle.

Chapelure :
Pain sec écrasé finement que l'on utilise pour couvrir un aliment.

Cheminée :
Petit trou que l'on ménage dans la croûte, au centre d'un pâté ou d'une tarte, pour permettre à la vapeur de s'échapper pendant la cuisson.

Ciseler :
Émincer un aliment très finement.

Darne :
Tranche assez épaisse coupée perpendiculairement à l'arête centrale du poisson.

Dégraisser :
Enlever la graisse qui se trouve à la surface d'un liquide (jus ou bouillon).
ou
Retirer le surplus de gras d'une poêle ou d'une casserole.

Délayer :
Amener à une consistance plus liquide.

Écumer :
Retirer, à l'aide d'une écumoire, les impuretés qui remontent à la surface d'un bouillon, d'une sauce ou d'une confiture en cours de cuisson.

Émincer :
Couper en tranches très minces.

En papillote :
Se dit d'un aliment cuit au four dans une feuille de papier sulfurisé ou dans une feuille de papier aluminium.

Enrober :
Recouvrir un aliment d'une couche protectrice qui, si elle est appliquée avant la cuisson, est destinée à le préserver d'une trop grande chaleur.

Épépiner :
Retirer les pépins.

Évider :
Creuser un légume, un fruit, de façon à ménager un vide qui sera le plus souvent garni d'une farce.

Étuve :
Bain-marie dont la partie supérieure comporte de grosses perforations et permet une cuisson à la vapeur. Un couvercle empêche la chaleur de s'échapper. L'eau, placée dans la partie inférieure de l'étuve, sera souvent aromatisée d'épices ou de fines herbes.

Foncer :
Opération qui consiste à tapisser de pâte le fond d'une assiette à tarte, d'un moule ou d'une cocotte.

Fontaine :
Trou que l'on creuse au centre de la farine pour y verser les ingrédients liquides.

Gratiner :
Faire dorer le dessus d'un plat préalablement recouvert de chapelure ou de fromage.

Lier :
Donner une consistance plus épaisse à un liquide avec des jaunes d'œufs battus, de la crème, du beurre manié, un roux ou de la fécule.

Macérer :
Faire tremper des aliments dans du vin, un sirop ou un mélange à base d'alcool.

Marinade :
Liquide composé d'un élément gras, d'un élément acide et d'aromates servant à parfumer, à attendrir et à conserver.
ou
Légume et condiment marinés.

Marquer :
Faire faire à un aliment grillé, un quart de tour sur lui-même durant la cuisson, de façon à marquer un quadrillage sur ses faces, à l'aide de l'empreinte de la grille chaude.

Napper :
Recouvrir un plat d'une sauce ou d'un coulis.

Noisette :
Petit morceau de beurre de la taille d'une noisette.

Papier parchemin :
Papier à cuisson, non collant, utilisé pour doubler les plaques à cuisson allant au four. Il a la texture du parchemin. Ne pas confondre avec le papier ciré.

Papillote :
Papier résistant à la chaleur dont on enveloppe les aliments pour les cuire ou décoration de papier dont on couvre le manche d'un gigot ou le bout des pilons d'une volaille.

Parer :
Débarrasser un aliment des éléments inutiles.

Parisienne :
Coupe de légumes ou de fruits à chair ferme faite, à l'aide d'une cuillère à parisienne, en sphères d'environ 2 cm de diamètre. La parisienne est la plus grosse des sphères; en utilisant des cuillères de différentes grosseurs, on obtient aussi la noisette (1,5 cm de diamètre), la perle (1 cm) et l'olive (de forme ovale d'environ 2 par 1 cm).

Parsemer :
Couvrir partiellement.

Pâte brisée :
Se prépare en mélangeant avec les doigts de la farine et du beurre et en ajoutant juste assez d'eau pour obtenir une pâte souple et malléable.

Pincer :
Canneler le bord d'une pâte à tarte en la pinçant entre les doigts.

Piquer :
Insérer, à l'aide d'un couteau, des morceaux d'ail, de lardons ou d'aromates dans une viande ou une volaille à cuire.

Poêle à fond cannelé ou poêle à cannelures :
Ustensile de cuisson en fonte que l'on place sur le rond de la cuisinière et dont le fond comporte des cannelures qui permettent de griller les viandes et les poissons, sans qu'ils ne baignent dans leur jus.

Quenelle :
Apprêt culinaire en forme de petite saucisse allongée.

Ramequin :
Petit récipient utilisé pour la cuisson au four ou au bain-marie.

Râper :
Réduire en poudre grossière ou en petites lamelles très minces.

Réduire :
Laisser cuire longuement à feu doux pour que la masse de liquide diminue, permettant ainsi au plat de gagner en consistance et en goût.

Réserver :
Mettre à part pour utiliser plus tard.

Revenir (faire) :
Faire colorer des aliments dans un corps gras avant de poursuivre la cuisson à feu modéré.

Ris :
Glande située à la base du cou des jeunes mammifères.

Robot culinaire :
Appareil pour réduire en purée, hacher, trancher et mélanger.

Saisir :
Faire colorer vivement et rapidement un élément dans un corps gras de façon à ce qu'il durcisse immédiatement en surface.

Saupoudrer :
Parsemer un aliment d'une poudre.

Suprême :
Quartier d'orange et de pamplemousse pelé à vif.
ou
Blanc de volaille.
ou
Filet de poisson blanc.

Tomber (faire) :
Faire cuire un aliment sans coloration, jusqu'à ce qu'il perde sa fermeté.

Tournedos :
Tranche épaisse taillée dans le filet de bœuf.

Zeste :
Écorce d'orange, de citron ou de lime râpée et coupée en petits morceaux.

Techniques de conservation

Pour préserver Dame Nature

Selon les saisons, Dame Nature nous offre des aliments variés. Afin de profiter toute l'année de ses bontés, nous vous proposons de faire durer le plaisir grâce à la mise en conserve, la congélation et le séchage. Pour réaliser ces techniques avec brio, il y a des étapes cruciales à respecter, notamment :

- Choisir des aliments très frais.
- Respecter des règles d'hygiène strictes.
- Utiliser des accessoires appropriés.
- Suivre à la lettre les préceptes de la stérilisation pour les accessoires et les bocaux.

- - - - -

Bien s'équiper, pour bien travailler !

Afin de réussir ses conserves, il est important d'être bien équipé. Nous passerons en revue les accessoires incontournables pour une mise en conserve réussie.
Étant donné que l'équipement servira saison après saison, il est important d'opter pour la qualité.

- - - - -

A

B

il est préférable de ne les utiliser qu'une seule fois. La bague, quant à elle, ne sert qu'à tenir le couvercle en place durant le procédé de mise en conserve.

Photo C

• Le sac à gelée est essentiel pour obtenir des gelées claires et limpides. La photo illustre un sac et son support. Si l'on n'a pas de sac à gelée, il est possible d'en fabriquer un en utilisant : une étamine (communément appelé «coton à fromage»), une taie d'oreiller ou encore un linge de coton. Si l'on n'a pas de support, il est possible d'improviser et d'en créer un en se servant des pieds d'un tabouret renversé.

• Dans plusieurs ouvrages, on vous conseillera d'utiliser une marmite à pression pour effectuer la mise en conserve de certains aliments à faible teneur en acidité (viandes, poissons, légumes sans addition de vinaigre, etc.). Toutefois, cette opération délicate n'est possible qu'avec une marmite à pression conçue spécialement pour cet usage.

Étant donné la complexité de cette méthode, nous vous proposons uniquement des recettes de mise en conserve dans une marmite conventionnelle.

Photo D

• La pince à bocaux permet de manipuler les bocaux quand viendra le temps de les plonger ou de les retirer de la marmite d'eau bouillante.

• La spatule transparente permet d'enlever les bulles d'air dans les bocaux. Il est important d'utiliser une spatule non-métallique afin d'éviter l'oxydation. L'extrémité graduée permet de mesurer facilement l'espace de tête (espace entre la préparation et le couvercle).

• La spatule en plastique thermorésistant sert à racler les bords et le fond de la casserole afin de ne rien gaspiller.

• L'entonnoir à grande ouverture sert à remplir rapidement les bocaux.

• La louche sert à verser la préparation dans l'entonnoir.

• La baguette magnétique permet de retirer les couvercles de la marmite d'eau bouillante et d'aller les centrer sur les bocaux. De cette façon, on évite la contamination.

• Les étiquettes servent à indiquer la date de mise en conserve et le contenu des bocaux. D'ailleurs, nous vous rappelons qu'il est préférable de ne garder vos conserves-maison que 12 mois.

• Le thermomètre indique le degré de cuisson. Il permet de savoir si la préparation a atteint la température désirée.

Photo A

• La marmite, munie d'un couvercle, d'une capacité minimum de 8 litres (32 tasses).

• Le support à bocaux qui peut contenir, selon la taille de la marmite, de 5 à 7 bocaux. Ce support évite aux bocaux de s'entrechoquer et de casser.

Photo B

• Des pots de bonne qualité, spécialement conçus pour la mise en conserve; les plus connus sont les bocaux de type Mason. Les bouchons sont composés de 2 éléments : le couvercle et la bague. Le couvercle est traité avec un scellant pour une mise en conserve hermétique. C'est la raison pour laquelle,

La stérilisation des bocaux

Pour conserver les préparations plus de 3 mois, il est indispensable de stériliser les bocaux ainsi que tous les accessoires qui serviront à la mise en conserve.

Voici les étapes à suivre pour stériliser :

- S'assurer que les bocaux sont en bon état et qu'ils ne sont pas fêlés ou ébréchés.

- Bien laver à l'eau savonneuse, rincer et assécher les bocaux et les bagues (photo **A**).

- Placer les bocaux dans le support au fond de la marmite. Remplir d'eau, amener à ébullition et laisser bouillir 10 minutes. S'assurer que l'eau couvre les bocaux d'au moins 2,5 cm (1 po) (photo **B**). Si l'on n'a pas de support, envelopper chaque bocal dans un linge afin d'éviter les chocs (photo **C**, page 22).

- À l'aide de la pince, retirer les bocaux de la marmite, les vider et les déposer sur une plaque recouverte d'un linge propre (photo **C**).

A

B

C

et des accessoires

- Placer la plaque avec les bocaux dans un four préchauffé à 105 °C (225 °F) pendant 5 minutes ou jusqu'à ce qu'ils soient secs (photo D).

Il est possible de stériliser les bocaux sans les immerger dans l'eau bouillante. Pour ce faire, il suffit de placer les bocaux sur une plaque recouverte d'un linge propre dans un four préchauffé à 160 °C (325 °F) pendant 10 minutes.

- Pour stériliser les accessoires, il faut les laver à l'eau savonneuse, les rincer et les plonger dans une casserole d'eau bouillante pendant 10 minutes. Les accessoires devront tous être thermorésistants (photo E).

- Avant de procéder à la mise en conserve, faire bouillir les couvercles pendant 5 minutes pour les stériliser. Ce procédé permettra également au scellant des couvercles de s'activer. À l'aide de la baguette magnétique, retirer les couvercles de l'eau, les éponger sur un linge propre et les centrer sur les bocaux. (photo F).

La mise en conserve

Voici les étapes détaillées à suivre pour réussir la mise en conserve.

• Stériliser les bocaux Mason. Nous ne saurions trop insister sur l'importance de cette étape. Il ne faut pas oublier de stériliser également les accessoires qui seront en contact avec les bocaux ouverts ou avec les préparations (photo **A**).

• Verser la préparation dans les bocaux en laissant un espace de tête de 1,25 cm (1/2 po). Cet espace est nécessaire pour réussir à créer un vide, donc une véritable mise en conserve (photo **B**).

• Retirer les bulles d'air à l'aide d'une spatule non-métallique. Cette étape est cruciale, car quelques petites poches d'air favorisent le développement de bactéries qui occasionneront de la moisissure.

• Essuyer les rebords des bocaux. Un rebord taché de préparation favorise également le développement de bactéries.

• Dans une petite casserole, faire bouillir les couvercles 5 minutes. Cette étape permet de stériliser les couvercles et d'activer le produit scellant (il ne faut pas oublier que les couvercles sont prévus pour une utilisation unique).

• Centrer les couvercles sur les bocaux avec la baguette magnétique. Cette baguette évite de toucher aux couvercles avec les doigts et donc de les contaminer.

A

B

C

Temps d'ébullition pour la mise en conserve
pour une élévation de 300 m (1 000 pieds)

Pour confitures, marmelades et gelées : 5 minutes
Pour ketchups, achards et chutneys : 10 minutes
Pour légumes marinés : 10 minutes
Pour aliments faibles en sucre ou en vinaigre : 20 minutes

En altitude, prévoir 2 minutes supplémentaires
par paliers de 300 m (1 000 pieds)

- Visser les bagues en prenant soin de ne pas trop serrer afin de permettre à l'air, qui se dilatera pendant le chauffage des bocaux, de s'échapper.

- Pour effectuer la mise en conserve, placer les bocaux dans le support au fond de la marmite. Remplir d'eau, amener à ébullition et laisser bouillir de 5 à 10 minutes (voir le tableau d'ajustement de temps d'ébullition selon l'altitude). S'assurer que l'eau couvre les bocaux d'au moins 2,5 cm (1 po). Vérifier le niveau d'eau durant l'ébullition (photo **C**). Éteindre le feu et à l'aide de la pince, retirer les bocaux de la marmite.

- Placer les bocaux à l'abri des courants d'air sur une plaque recouverte d'un linge propre.

- Ne pas resserrer davantage les bagues. Laisser les bocaux refroidir pendant 24 heures. Pendant le refroidissement, la vapeur contenue dans l'espace de tête se condensera, ce qui créera un vide. Les couvercles feront un bruit sec, un «pof», en se courbant vers l'intérieur des bocaux.

- Avant d'entreposer les bocaux, s'assurer que les couvercles sont tous recourbés vers l'intérieur. Si ce n'est pas le cas, vérifier le couvercle et recommencer la mise en conserve. Il est également possible de le placer au réfrigérateur et de le consommer dans les 2 semaines suivantes.

- Apposer les étiquettes sur les bocaux en prenant soin d'inscrire la nature de la préparation et la date de mise en conserve.

- Entreposer les bocaux dans un endroit frais et sec à l'abri de la lumière.

- Il est possible de décorer les bocaux avec des papiers, des tissus, des cordons ou des rubans de fantaisie. Ils feront ainsi de jolis cadeaux à offrir.

Les confitures

- Bien laver et assécher les fruits. Dans une casserole, amener à ébullition les fruits et le jus de citron. Ajouter le sucre. Mélanger. Laisser mijoter 20 minutes. Si nécessaire, écumer à l'aide d'une cuillère perforée (photo **A**). Pour la cuisson des confitures et des marmelades, nous vous conseillons d'utiliser une casserole à fond épais afin que les aliments ne collent pas au fond de la casserole et qu'ils ne brûlent pas.

- Retirer du feu. Laisser reposer 2 minutes.

- Stériliser les bocaux.

- Verser la confiture ou la marmelade dans les bocaux en laissant un espace de tête de 1,25 cm (1/2 po) (photo **B**).

- Retirer les bulles d'air à l'aide d'une spatule non-métallique. Essuyer les rebords des bocaux.

- Dans une petite casserole, faire bouillir les couvercles 5 minutes. Centrer les couvercles sur les bocaux. Visser les bagues en prenant soin de ne pas trop serrer (photo **C**) afin de permettre à la vapeur qui se crée de s'échapper.

- Pour effectuer la mise en conserve, placer les bocaux dans le support au fond de la marmite. Remplir d'eau, amener à ébullition et laisser bouillir 10 minutes (voir page 22 le tableau d'ajustement de temps d'ébullition selon l'altitude). S'assurer que l'eau couvre les bocaux d'au moins 2,5 cm (1 po).

- Éteindre le feu et à l'aide de la pince, retirer les bocaux de la marmite. Placer les bocaux à l'abri des courants d'air. Ne pas resserrer davantage les bagues. Laisser les bocaux refroidir pendant 24 heures. Pendant le refroidissement, le vide se crée et les couvercles font «pof» en se courbant vers l'intérieur des bocaux.

- Avant d'entreposer les bocaux dans un endroit frais et sec, s'assurer que les couvercles sont tous recourbés vers l'intérieur. Si ce n'est pas le cas, vérifier le couvercle et recommencer la mise en conserve.

Les gelées

A

B

C

Pour réussir une gelée, il est préférable d'utiliser des fruits à haute teneur en pectine comme, entre autres, les pommes et les agrumes. Il est aussi possible d'obtenir des gelées qui se tiennent bien si on ajoute de la pectine du commerce. Nous vous proposons uniquement des recettes où il n'est pas nécessaire d'ajouter de la pectine commerciale.

- Dans une casserole, couvrir les pommes et les fruits d'eau. Amener à ébullition. Diminuer le feu. Laisser mijoter 25 minutes en remuant souvent (photo **A**). Pour la cuisson des gelées, nous vous conseillons d'utiliser une casserole à fond épais afin que les aliments ne collent pas au fond de la casserole et qu'ils ne brûlent pas.

- Disposer un sac à gelée au-dessus d'un bol. Verser la préparation cuite dans le sac et laisser couler doucement de 4 à 6 heures (photo **B**). Après ce temps, il ne faut pas hésiter à presser un peu le sac afin de recueillir le plus de jus possible.

- Mesurer le jus recueilli et verser dans une casserole. Pour chaque 250 ml (1 tasse) de jus, ajouter 15 ml (1 c. à s.) de jus de lime ou de citron et 160 ml (2/3 tasse) de sucre. Faire chauffer à feu moyen, en remuant, jusqu'à dissolution complète du sucre. Laisser mijoter 20 minutes ou jusqu'à l'obtention d'une consistance de gelée. Si nécessaire, écumer à l'aide d'une cuillère perforée. Pour vérifier la consistance de la gelée, verser 15 ml (1 c. à s.) de préparation dans une assiette inclinée à 30° (photo **C**). Si la préparation reste en place, la gelée est prête. Il est aussi possible d'utiliser un thermomètre à confiserie pour vérifier si la température de la préparation a atteint le degré de «gélification» de 105 °C (220 °F).

- Verser la gelée dans les bocaux en laissant un espace de tête de 1,25 cm (1/2 po).

- Retirer les bulles d'air à l'aide d'une spatule non-métallique. Essuyer les rebords des bocaux.

- Dans une petite casserole, faire bouillir les couvercles 5 minutes. Centrer les couvercles sur les bocaux. Visser les bagues en prenant soin de ne pas trop serrer afin de permettre à la vapeur qui se crée de s'échapper.

- Pour effectuer la mise en conserve, placer les bocaux dans le support au fond de la marmite. Remplir d'eau, amener à ébullition et laisser bouillir 5 minutes (voir page 22 le tableau d'ajustement de temps d'ébullition selon l'altitude). S'assurer que l'eau couvre les bocaux d'au moins 2,5 cm (1 po).

- Éteindre le feu et à l'aide de la pince, retirer les bocaux de la marmite. Placer les bocaux à l'abri des courants d'air. Ne pas resserrer davantage les bagues. Laisser les bocaux refroidir pendant 24 heures. Pendant le refroidissement, le vide se crée et les couvercles font «pof» en se courbant vers l'intérieur des bocaux. Avant d'entreposer les bocaux dans un endroit frais et sec, s'assurer que les couvercles sont tous recourbés vers l'intérieur. Si ce n'est pas le cas, vérifier le couvercle et recommencer la mise en conserve.

Les Ketchups

- Dans une casserole, chauffer l'huile à feu moyen. Faire revenir l'ail et l'oignon 4 minutes en remuant de temps à autre. Ajouter les tomates et le reste des ingrédients proposés dans les recettes et poursuivre la cuisson 20 minutes en continuant de remuer. Retirer du feu. Laisser reposer 5 minutes (photo **A**). Pour la cuisson des ketchups, des achards et des chutneys, nous vous conseillons d'utiliser une casserole émaillée ou une casserole en acier inoxydable pour éviter l'oxydation. Il est également possible d'utiliser une casserole à fond épais afin que les aliments ne collent pas au fond de la casserole et qu'ils ne brûlent pas.

- Stériliser les bocaux.

- Verser la préparation dans les bocaux en laissant un espace de tête de 1,25 cm (1/2 po).

- Retirer les bulles d'air à l'aide d'une spatule non-métallique. Essuyer les rebords des bocaux.

- Dans une petite casserole, faire bouillir les couvercles 5 minutes. Centrer les couvercles sur les bocaux. Visser les bagues en prenant soin de ne pas trop serrer (photo **B**) afin de permettre à la vapeur qui se crée de s'échapper.

- Pour effectuer la mise en conserve, placer les bocaux dans le support au fond de la marmite. Remplir d'eau, amener à ébullition et laisser bouillir 10 minutes (voir page 22 le tableau d'ajustement de temps d'ébullition selon l'altitude). S'assurer que l'eau couvre les bocaux d'au moins 2,5 cm (1 po) (photo **C**).

- Éteindre le feu et à l'aide de la pince, retirer les bocaux de la marmite. Placer les bocaux à l'abri des courants d'air. Ne pas resserrer davantage les bagues. Laisser les bocaux refroidir pendant 24 heures. Pendant le refroidissement, le vide se crée et les couvercles font «pof» en se courbant vers l'intérieur des bocaux.

- Avant d'entreposer les bocaux dans un endroit frais et sec, s'assurer que les couvercles sont tous recourbés vers l'intérieur. Si ce n'est pas le cas, vérifier le couvercle et recommencer la mise en conserve.

Les marinades

A

B

C

- Bien laver les légumes. Les blanchir 1 minute dans l'eau bouillante légèrement salée. Rafraîchir dans un bol d'eau glacée (photo **A**).

- Dans une casserole, amener le vinaigre, le vin ou l'eau à ébullition. Ajouter les aromates proposés dans la recette. Laisser mijoter 10 minutes. Pour la cuisson des marinades, nous vous conseillons d'utiliser une casserole émaillée ou une casserole en acier inoxydable afin de éviter l'oxydation.

- Entre-temps, égoutter les légumes.

- Stériliser les bocaux.

- Répartir les légumes dans les bocaux en les tassant bien (photo **B**). Remplir de marinade bouillante en laissant un espace de tête de 1,25 cm (1/2 po) (photo **C**).

- Retirer les bulles d'air à l'aide d'une spatule non-métallique. Essuyer les rebords des bocaux.

- Dans une petite casserole, faire bouillir les couvercles 5 minutes. Centrer les couvercles sur les bocaux. Visser les bagues en prenant soin de ne pas trop serrer afin de permettre à la vapeur qui se crée de s'échapper.

- Pour effectuer la mise en conserve, placer les bocaux dans le support au fond de la marmite. Remplir d'eau, amener à ébullition et laisser bouillir 5 minutes (voir page 22 le tableau d'ajustement de temps d'ébullition selon l'altitude). S'assurer que l'eau couvre les bocaux d'au moins 2,5 cm (1 po).

- Éteindre le feu et à l'aide de la pince, retirer les bocaux de la marmite. Placer les bocaux à l'abri des courants d'air. Ne pas resserrer davantage les bagues. Laisser les bocaux refroidir pendant 24 heures. Pendant le refroidissement, le vide se crée et les couvercles font «pof» en se courbant vers l'intérieur des bocaux.

- Avant d'entreposer les bocaux dans un endroit frais et sec, s'assurer que les couvercles sont tous recourbés vers l'intérieur. Si ce n'est pas le cas, vérifier le couvercle et recommencer la mise en conserve.

La Congélation

La congélation est une excellente méthode de conservation des aliments. Ce procédé, qui abaisse rapidement la température des aliments à -19 °C ou moins, préserve leurs qualités nutritives, leur couleur et leur saveur.

Pour bien protéger les aliments congelés, il suffit de respecter quelques petits trucs :

• Utiliser des sacs de plastique spécialement conçus pour la congélation, car ils se ferment hermétiquement.

• Ne pas utiliser de pellicule plastique ordinaire, car elle perd de son étanchéité lorsqu'elle est exposée au froid.

• Effectuer un emballage sous vide (sans air) en aspirant l'air du sac avec une paille.

Photo A

Afin de préserver la forme des aliments à congeler, nous vous conseillons, avant de les ensacher, de les disposer sur une plaque tapissée de papier parchemin et de les placer au congélateur pendant 5 heures. S'assurer que les aliments ne se touchent pas afin que l'air puisse circuler librement.

Photo **B**

Retirer la plaque du congélateur et remuer les aliments légèrement avec les doigts. Replacer au congélateur 30 minutes.

Photo **C**

Remplir les sacs de congélation sans trop les charger. Insérer une paille dans le sac et le fermer presque complètement.

Photo **D**

À l'aide de la paille, aspirer l'air du sac et retirer la paille rapidement, puis fermer hermétiquement.

Voici quelques conseils pratiques pour congeler des liquides (sauces, bouillons, etc.) :

• Pour congeler des sauces et des bouillons, les mettre au congélateur dans des bacs à glaçons. Une fois qu'ils sont congelés, les démouler et les placer dans des sacs à congélation. Cette méthode permet de n'utiliser qu'une petite quantité à la fois.

• Le recyclage étant à l'honneur, nous vous proposons d'utiliser des contenant de lait en carton (1 litre) pour congeler de la soupe ! Verser la soupe dans le contenant en carton, le placer au congélateur. Une fois que la soupe sera gelée, découper le contenant et transférer la soupe dans un grand sac à congélation.

Les viandes et les poissons se congèlent facilement, il suffit de prendre quelques précautions, notamment :

• Toujours les emballer de 2 couches de pellicule plastique avant de les placer dans les sacs à congélation. Cette précaution supplémentaire permet de les préserver de la morsure du froid pendant au moins 6 mois.

Les aliments se conservent sans problème au moins 6 mois. Néanmoins, les fruits et les légumes peuvent se conserver jusqu'à 12 mois.

En milieu industriel, la congélation traditionnelle a été supplantée par la surgélation ; méthode de congélation ultrarapide. La surgélation se pratique à une température de -30 ° à -40 °C. Ce procédé permet de préserver les qualités nutritives encore plus efficacement que par la congélation. Grâce à la surgélation, les aliments peuvent se conserver jusqu'à 18 mois.

Le Séchage

Le séchage est également une bonne méthode de conservation. Ce procédé, qui consiste à retirer toute l'humidité des aliments, préserve une bonne part de leurs qualités nutritives et de leur couleur. Le séchage a l'avantage, pour certains aliments, d'augmenter la concentration des saveurs. C'est le cas, notamment, des herbes. Par contre, les herbes séchées devront être conservées dans des emballages hermétiques sinon leur concentration de goût diminuera rapidement.

Les herbes et les épices séchées ne se conservent que 12 mois. Après ce laps de temps, elles développent une âcreté et perdent les trois-quarts de leur goût.

Il existe 2 méthodes de séchage des herbes : la méthode de séchage à l'air ambiant et la méthode de séchage au four.

• Pour la première méthode, déposer une couche d'herbes sur une plaque tapissée de papier absorbant (photo **A**) et recouvrir d'un autre papier absorbant. Laisser sécher de 3 à 4 jours. Les hacher et les placer dans de petits pots hermétiques.

• Pour la deuxième méthode, déposer une couche d'herbes sur une plaque tapissée de papier parchemin et mettre dans un four préchauffé à 95 °C (200 °F) de 60 à 90 minutes (photo **B**). Les hacher et les placer dans de petits pots hermétiques.

• Pour sécher les tomates, les couper en 2, les épépiner, les parsemer d'un peu de gros sel, les déposer sur une plaque tapissée de papier parchemin (photo **C**) et les placer dans un four préchauffé à 95 °C (200 °F) de 2 à 3 heures (photo **D**).

• Pour sécher les agrumes, les trancher, retirer les pépins, les déposer sur une plaque tapissée de papier parchemin (photo **C**) et les placer dans un four préchauffé à 95 °C (200 °F) de 1 à 2 heures (photo **D**).

Notes personnelles

PRINTEMPS

Dame Nature s'éveille. Tendez l'oreille et écoutez les bruits du printemps. Dressez l'oreille pour entendre le chant des oiseaux migrateurs. Appréciez le cliquetis de vos instruments de jardinage. Remédiez au grincement de votre chaîne de bicyclette. Écoutez votre maisonnée bourdonner d'activités. Cuisinez et passez un beau printemps en notre compagnie.

Hors-d'œuvre et entrées

Tomates et asperges «fresco»

Champignons farcis aux deux saumons

Le printemps est invitant et les hors-d'œuvre que nous vous proposons vous mettront en appétit. Bénéficiez de la douce saison pour renouer avec certains produits ou en découvrir de nouveaux. Profitez-en, le printemps ne dure pas longtemps et certains aliments ne sont offerts qu'un court laps de temps. Flânez dans les marchés qui revivent comme par magie et partagez vos trouvailles avec vos convives. Goûtez des hors-d'œuvre légers, comme la douceur du vent !

Tomates et asperges «fresco»
4 portions

2 tomates rouges
2 tomates jaunes
2 fromages bocconcini, tranchés
Gros sel, au goût
Poivre fraîchement moulu, au goût
60 ml (1/4 tasse) d'huile d'olive extra vierge
60 ml (1/4 tasse) de vinaigre balsamique
24 pointes d'asperges, cuites
5 ml (1 c. à t.) de persil, haché
Aneth frais, haché, au goût

Trancher les tomates et les déposer dans un plat de service en alternant avec les tranches de bocconcini. Saupoudrer de sel et de poivre.

Verser l'huile et le vinaigre sur les tomates et les tranches de bocconcini. Ajouter les pointes d'asperges. Laisser reposer 15 minutes.

Parsemer de persil et d'aneth.

Servir avec du pain baguette, si désiré.

| Par portion | Calories (Kcal) : 106 | Gras : 3 g = 23 % des Kcal provenant du gras |
| Protéines : 3 g | Cholestérol : 18 mg | Sodium : 240 mg | Hydrates de carbone : 17 g |

Champignons farcis aux deux saumons
4 portions

16 gros champignons café
30 ml (2 c. à s.) de saumon fumé, haché
60 ml (4 c. à s.) de saumon en conserve ou de saumon frais, cuit, émietté
90 ml (6 c. à s.) de chapelure
1 gousse d'ail, hachée
5 ml (1 c. à t.) de ciboulette, hachée
10 ml (2 c. à t.) de persil, haché
30 ml (2 c. à s.) de beurre, fondu
Sel et poivre

Préchauffer le four à 220 °C (425 °F).

Nettoyer les champignons en les essuyant avec un papier absorbant humide ou en les brossant. Retirer les pieds et les hacher. Réserver les têtes.

Dans un bol, mélanger les saumons, la chapelure, les pieds de champignons hachés, l'ail, la ciboulette et le persil. Humecter de beurre fondu.

Farcir les têtes de champignons de ce mélange. Saler et poivrer.

Cuire au four pendant 10 minutes.

Servir.

| Par portion | Calories (Kcal) : 139 | Gras : 8 g = 49 % des Kcal provenant du gras |
| Protéines : 7 g | Cholestérol : 25 mg | Sodium : 289 mg | Hydrates de carbone : 11 g |

Croûtons au thon et au fromage
4 portions

1 boîte de 170 g (6 1/2 oz) de thon
250 ml (1 tasse) de fromage mozzarella, râpé
180 ml (3/4 tasse) de carottes, râpées
125 ml (1/2 tasse) de céleri, haché
30 ml (2 c. à s.) d'échalote verte, hachée
1 oignon, haché
125 ml (1/2 tasse) de yogourt nature
Sel et poivre
2 pains baguette
Huile d'olive

Préchauffer le four à 175 °C (350 °F).

Émietter le thon à la fourchette.

Dans un bol, mélanger le thon, le fromage, les carottes, le céleri, l'échalote et l'oignon. Ajouter le yogourt. Saler et poivrer.

Couper les pains en tranches de 2 cm (3/4 po) et les badigeonner d'huile d'olive.

Répartir la préparation sur les tranches de pain.

Placer sur une plaque à biscuits et cuire au four de 5 à 8 minutes.

Servir.

| Par portion | Calories (Kcal) : 532 | Gras : 12 g = 21 % des Kcal provenant du gras |
| Protéines : 30 g | Cholestérol : 42 mg | Sodium : 1021 mg | Hydrates de carbone : 74 g |

Ne jetez pas du pain légèrement desséché et n'en perdez pas une miette… Redonnez-lui un second souffle en l'enfournant quelques minutes. Vous pourrez le manger chaud avec une pointe de beurre. Vous pouvez aussi le passer au robot pour en faire de la chapelure ou encore le transformer en croûtons. Surtout, ne laissez personne le traiter de vieux croûton !

Coquilles au jambon
4 portions

500 ml (2 tasses) de pommes de terre, cuites
30 ml (2 c. à s.) de beurre
180 ml (3/4 tasse) de lait
Sel et poivre
625 ml (1 1/2 tasse) de sauce béchamel
250 ml (1 tasse) de jambon cuit, en cubes
250 ml (1 tasse) de tomates, en dés
1 gousse d'ail, hachée
1 échalote verte, hachée
284 ml (10 oz) de champignons en conserve, égouttés
250 ml (1 tasse) de fromage râpé, au choix

Dans un bol, écraser les pommes de terre. Ajouter le beurre et le lait et réduire en purée. Saler et poivrer.

Préchauffer le four à 175 °C (350 °F).

Dans une casserole, faire chauffer la béchamel. Ajouter le jambon, les tomates, l'ail, l'échalote et les champignons.

Remplir une poche à pâtisserie de purée de pommes de terre et ceinturer les assiettes-coquille de purée. Remplir le centre des assiettes de béchamel et de jambon et saupoudrer de fromage. Saler et poivrer.

Cuire au four pendant 15 minutes ou jusqu'à ce que le fromage soit gratiné. Servir.

| Par portion | Calories (Kcal) : 543 | Gras : 33 g = 54 % des Kcal provenant du gras |
| Protéines : 23 g | Cholestérol : 105 mg | Sodium : 969 mg | Hydrates de carbone : 41 g |

Coquilles au jambon

Brochettes de foies de volaille
4 portions

60 ml (4 c. à s.) d'huile
1 pincée de feuilles de coriandre, hachées
1 pincée de paprika
Sel et poivre
450 g (1 lb) de foies de volaille
6 à 8 tranches de bacon, coupées en 3

Dans un bol, mélanger l'huile, la coriandre et le paprika. Saler et poivrer. Ajouter les foies de volaille et laisser mariner pendant 30 minutes.

Préchauffer le barbecue.

Enrober les foies de bacon. Enfiler les foies sur des brochettes (utiliser 2 brochettes par portion pour faciliter le maniement). Faire cuire sur le barbecue pendant environ 8 minutes en tournant les brochettes 4 fois en cours de cuisson.

Servir très chaud accompagné d'une petite salade et de moutarde forte.

| Par portion | Calories (Kcal) : 316 | Gras : 23 g = 65 % des Kcal provenant du gras |
| Protéines : 3 g | Cholestérol : 198 mg | Sodium : 241 mg | Hydrates de carbone : 4 g |

Brochettes de foies de volaille

Endives au gratin

Endives au gratin

8 endives
8 tranches de jambon cuit
4 tranches de prosciutto, coupées en 2

SAUCE BÉCHAMEL
30 ml (2 c. à s.) de beurre
30 ml (2 c. à s.) de farine
250 ml (1 tasse) de lait, chaud
Sel et poivre
1 pincée de muscade
125 ml (1/2 tasse) de gruyère, râpé
125 ml (1/2 tasse) d'emmenthal, râpé

Préchauffer le four à 175 °C (350 °F).

Blanchir les endives 3 minutes dans l'eau salée. Égoutter.

Éponger les endives pour enlever le maximum d'eau. Enrouler chaque endive dans une tranche de jambon, puis couvrir d'une tranche de prosciutto. Dans un plat rectangulaire allant au four, placer les endives côte à côte.

Préparer la sauce béchamel en faisant fondre le beurre dans une casserole. Retirer la casserole du feu et ajouter la farine en remuant constamment. Replacer la casserole sur le feu et incorporer le lait chaud en remuant constamment. Saler et poivrer. Ajouter la muscade. Couvrir. Laisser mijoter à feu doux pendant 10 minutes. Remuer la béchamel toutes les 2 minutes. Ajouter la moitié des fromages et remuer jusqu'à ce qu'ils soient fondus et bien incorporés.

Verser la béchamel sur les endives et saupoudrer du reste des fromages. Cuire au four 1 heure ou jusqu'à ce que le fromage soit gratiné.

Servir.

Par portion	Calories (Kcal) : 454	Gras : 23 g = 43 % des Kcal provenant du gras
Protéines : 32 g	Cholestérol : 82 mg	Sodium : 1201 mg	Hydrates de carbone : 37 g

MENU

Tomates et asperges «fresco»	35
Crème de laitue	43
Gratin de poulet jardinière	52
Macédoine printanière	88
Tarte à la rhubarbe	93

L'endive, qu'on nomme parfois chicorée-endive de Bruxelles, witloof ou chicon (si l'on parle flamand ou wallon), a été «inventée» en Belgique. En effet, c'est par hasard qu'un jardinier découvrit qu'il pouvait transformer la chicorée en endive! Le hasard fait bien les choses.

Carrés aux épinards et à l'oseille
4 portions

- 250 ml (1 tasse) de lait
- 250 ml (1 tasse) de farine
- 3 œufs, battus
- 10 ml (2 c. à t.) de poudre à pâte
- 1 gousse d'ail, hachée
- 450 g (1 lb) de fromage monterey jack, râpé
- 2 boîtes d'épinards congelés de 280 g (10 oz) chacune, dégelés et égouttés
- 250 ml (1 tasse) de purée d'oseille
- 60 ml (1/4 tasse) de beurre

Préchauffer le four à 175 °C (350 °F).

Dans un bol, mélanger le lait, la farine, les œufs, la poudre à pâte et l'ail. Incorporer le fromage, les épinards et la purée d'oseille.

Faire fondre le beurre et le verser dans un plat rectangulaire de 23 cm x 30,5 cm (9 po x 12 po) allant au four. Verser la préparation dans le plat.

Cuire au four pendant 30 minutes. Laisser refroidir et couper en bouchées. Servir.

Par portion Calories (Kcal) : 429 Gras : 26 g = 53 % des Kcal provenant du gras
Protéines : 19 g Cholestérol : 199 mg Sodium : 471 mg Hydrates de carbone : 31 g

Fromage de chèvre mariné aux fines herbes
4 portions

- 2 bûchettes de fromage de chèvre
- 2 gousses d'ail, hachées
- 2 brins de romarin frais
- 30 ml (2 c. à s.) de persil, haché
- 4 petits bouquets d'aneth
- 2 brins d'estragon
- 125 ml (1/2 tasse) d'huile d'olive
- 10 ml (2 c. à t.) de sel
- 10 ml (2 c. à t.) de poivre

Couper le fromage de chèvre en tranches de 1,25 cm (1/2 po) d'épaisseur. Déposer les tranches côte à côte dans un plat peu profond. Parsemer d'ail, des herbes, du sel et du poivre.

Verser l'huile sur le fromage et laisser mariner 4 heures. Pour plus de saveur, laisser mariner toute une nuit au réfrigérateur.

Au moment de servir, retirer l'ail et les fines herbes. Égoutter l'huile.

Par portion Calories (Kcal) : 534 Gras : 48 g = 79 % des Kcal provenant du gras
Protéines : 19 g Cholestérol : 60 mg Sodium : 240 mg Hydrates de carbone : 9 g

Boulettes cocktail
4 portions

- 450 g (1 lb) de bœuf haché maigre
- 125 ml (1/2 tasse) de chapelure de blé entier
- 80 ml (1/3 tasse) d'oignon, haché
- 60 ml (1/4 tasse) de lait
- 1 œuf
- 1 gousse d'ail, hachée
- 15 ml (1 c. à s.) de persil, haché
- 5 ml (1 c. à t.) de sel
- 0,5 ml (1/8 c. à t.) de poivre
- 10 ml (2 c. à t.) de sauce Worcestershire
- 1 pincée de muscade
- 45 ml (3 c. à s.) d'huile d'olive
- 60 ml (1/4 tasse) de sauce chili
- 250 ml (1 tasse) de gelée de raisins

Dans un bol, mélanger le bœuf, la chapelure, l'oignon, le lait, l'œuf, l'ail, le persil, le sel, le poivre, la sauce Worcestershire et la muscade. Façonner en boulettes de 2,5 cm (1 po).

Dans une poêle, chauffer l'huile d'olive à feu moyen. Saisir les boulettes sur toutes les faces. Les retirer de la poêle et réserver.

Dans une casserole, chauffer la sauce chili et la gelée de raisins à feu moyen en remuant constamment. Ajouter les boulettes et bien les enrober de sauce. Poursuivre la cuisson pendant 30 minutes à feu doux en remuant de temps à autre.

Servir.

Par portion Calories (Kcal) : 441 Gras : 33 g = 67 % des Kcal provenant du gras
Protéines : 23 g Cholestérol : 144 mg Sodium : 778 mg Hydrates de carbone : 13 g

De haut en bas :

Carrés aux épinards et à l'oseille

Fromage de chèvre mariné aux fines herbes

Boulettes cocktail

printemps

Pétoncles surprise
2 portions

2 échalotes sèches, hachées
80 ml (1/3 tasse) de vermouth blanc
125 ml (1/2 tasse) de crème 35 %
Sel et poivre
5 ml (1 c. à t.) de jus de citron
8 pétoncles
15 ml (1 c. à s.) d'aneth frais, haché
6 feuilles de pâte filo de 15 cm x 15 cm (6 po x 6 po)
30 ml (2 c. à s.) de beurre, fondu

Dans une casserole, amener à ébullition les échalotes et le vermouth. Laisser réduire de moitié.

Ajouter la crème et laisser mijoter à feu doux pendant 5 minutes. Saler et poivrer. Ajouter le jus de citron et réserver au chaud.

Préchauffer le four à 205 °C (400 °F).

Mélanger les pétoncles et l'aneth. Saler et poivrer.

Superposer 3 feuilles de pâte filo en les badigeonnant de beurre fondu. Déposer 4 pétoncles et former un baluchon. Répéter avec le reste des pétoncles.

Déposer les baluchons de pétoncles sur une plaque à biscuits. Cuire au four pendant 10 minutes ou jusqu'à ce que la pâte soit dorée.

Napper de sauce le fond de 2 assiettes et y déposer les baluchons. Servir.

Par portion	Calories (Kcal) : 522	Gras : 36 g = 66 % des Kcal provenant du gras
Protéines : 12 g	Cholestérol : 113 mg	Sodium : 340 mg	Hydrates de carbone : 30 g

Bouchées de crabe
6 à 8 portions

15 ml (1 c. à s.) de beurre
1 échalote verte, hachée
250 g (1/2 lb) de chair de crabe, émiettée
125 ml (1/2 tasse) de vin blanc
250 ml (1 tasse) de sauce béchamel, chaude
1 ml (1/4 c. à t.) de feuilles de coriandre, hachées
Sel et poivre
24 vol-au-vent miniatures, chauds
Paprika

Dans une poêle, chauffer le beurre à feu moyen. Faire revenir l'échalote et la chair de crabe.

Ajouter le vin blanc et laisser réduire de moitié.

Ajouter la sauce béchamel et la coriandre. Saler et poivrer.

Farcir les vol-au-vent et saupoudrer de paprika.

Servir.

Par portion	Calories (Kcal) : 502	Gras : 39 g = 61 % des Kcal provenant du gras
Protéines : 12 g	Cholestérol : 119 mg	Sodium : 420 mg	Hydrates de carbone : 36 g

Tulipes de pâte filo aux épinards
4 portions

45 ml (3 c. à s.) de beurre, fondu
8 feuilles de pâte filo
60 ml (4 c. à s.) de beurre
4 échalotes vertes, hachées
450 g (1 lb) d'épinards, sans les tiges
Sel et poivre
5 ml (1 c. à t.) de marjolaine, hachée
30 ml (2 c. à s.) de persil, haché
80 ml (1/3 tasse) de lait
125 ml (1/2 tasse) de fromage feta, râpé
2 œufs, battus

Préchauffer le four à 205 °C (400 °F).

Manipuler une feuille de pâte filo à la fois en prenant soin de couvrir les autres feuilles d'un linge humide ou d'une pellicule plastique.

Badigeonner de beurre chaque feuille de pâte. Découper les feuilles en six carrés égaux. Déposer les carrés les uns sur les autres à angles irréguliers et les enfoncer dans un moule à muffins en laissant dépasser les bords. Réserver.

Dans une poêle, chauffer le beurre à feu moyen. Faire revenir les échalotes pendant 2 minutes.

Ajouter les épinards. Couvrir. Laisser mijoter à feu doux pendant 5 minutes. Saler et poivrer.

Ajouter la marjolaine et le persil. Poursuivre la cuisson en remuant jusqu'à évaporation complète du liquide produit par les épinards.

Déposer cette préparation dans un grand bol et laisser tiédir. Incorporer le lait, le fromage et les œufs.

Répartir la préparation dans les tulipes de pâte filo. Cuire au four pendant 20 minutes ou jusqu'à ce que la pâte soit dorée.

Retirer du four, laisser reposer 4 minutes. Démouler.

Servir.

| Par portion | Calories (Kcal) : 369 | Gras : 29 g = 67 % des Kcal provenant du gras |
| Protéines : 12 g | Cholestérol : 166 mg | Sodium : 509 mg | Hydrates de carbone : 20 g |

La tête de violon s'appelle en fait « crosse de fougère ». Elle doit son joli « surnom » à sa forme qui rappelle celle de la tête de l'instrument. D'ailleurs, sa jumelle anglophone se nomme FIDDLE HEAD. Quand on la cueille au printemps, cette jeune pousse de fougère est enroulée sur elle-même. C'est comme si elle était gênée de toutes ces histoires entourant son nom !

Technique

Découper les feuilles en six carrés égaux. Déposer les carrés les uns sur les autres à angles irréguliers et les enfoncer dans un moule à muffins en laissant dépasser les bords.

Répartir la préparation dans les tulipes de pâte filo.

Cuire au four pendant 20 minutes ou jusqu'à ce que la pâte soit dorée.

Soupes et potages

Crème de laitue

Potage de pommes de terre à la ciboulette

Potage ou soupe ? Soupe ou potage ? Le potage est chic. La soupe est aimable. Le potage est onctueux. La soupe est plus fluide. Le potage se déguste. La soupe se savoure. Le potage réchauffe le cœur. La soupe réchauffe le corps ! Que vous soyez « potage » ou « soupe », nous vous proposons de savoureuses recettes qui plairont à tous les palais, comme un divin potage à l'érable ou une exquise soupe au cerfeuil.

Crème de laitue
6 à 8 portions

1 oignon, grossièrement haché
1 branche de céleri, grossièrement hachée
500 ml (2 tasses) de laitue frisée (fanée)
250 ml (1 tasse) d'épinards, sans les tiges
500 ml (2 tasses) de bouillon de poulet
45 ml (3 c. à s.) de beurre
45 ml (3 c. à s.) de farine
250 ml (1 tasse) de lait
Sel et poivre
Crème 35 %, au goût

Dans une casserole, cuire l'oignon, le céleri, la laitue et les épinards dans le bouillon de poulet.

Retirer du feu, laisser tiédir. Au robot culinaire, réduire en purée.

Dans une casserole, faire fondre le beurre et ajouter la farine en remuant constamment. Ajouter le lait tout en continuant de remuer. Laisser tiédir et ajouter à la première préparation. Saler et poivrer.

Réchauffer et servir avec un soupçon de crème pour décorer.

Par portion — Calories (Kcal) : 99   Gras : 6 g = 57 % des Kcal provenant du gras
Protéines : 3 g   Cholestérol : 18 mg   Sodium : 2340 mg   Hydrates de carbone : 8 g

Soupe aux gourganes et à la rhubarbe
8 à 10 portions

1,5 litre (6 tasses) d'eau
250 ml (1 tasse) de gourganes
15 ml (1 c. à s.) de persil, haché
2 échalotes vertes, hachées
15 ml (1 c. à s.) de ciboulette, hachée
Sel et poivre
30 ml (2 c. à s.) de bouillon concentré de poulet
250 ml (1 tasse) de poulet, émincé
125 ml (1/2 tasse) de riz blanc
125 ml (1/2 tasse) de rhubarbe, émincée

Dans une casserole, amener l'eau à ébullition.

Ajouter les gourganes, le persil, les échalotes et la ciboulette. Saler et poivrer. Laisser mijoter 5 minutes. Ajouter le bouillon concentré de poulet. Couvrir à moitié. Laisser mijoter 1 heure.

Ajouter le poulet émincé, le riz et la rhubarbe. Laisser mijoter 15 minutes.

Servir.

Par portion — Calories (Kcal) : 221   Gras : 14 g = 55 % des Kcal provenant du gras
Protéines : 11 g   Cholestérol : 13 mg   Sodium : 2340 mg   Hydrates de carbone : 13 g

Potage de pommes de terre à la ciboulette
8 portions

500 ml (2 tasses) de pommes de terre, en dés
500 ml (2 tasses) de bouillon de poulet
1 ml (1/4 c. à t.) de sel
1 ml (1/4 c. à t.) de poivre
15 ml (1 c. à s.) de ciboulette, hachée
60 ml (1/4 tasse) de persil, haché
750 ml (3 tasses) de lait
10 ml (2 c. à t.) de fécule de maïs
10 ml (2 c. à t.) d'eau
125 ml (1/2 tasse) de bacon, cuit, émietté
125 ml (1/2 tasse) d'échalotes vertes, hachées
250 ml (1 tasse) de fromage cheddar fort, râpé

Dans une casserole, cuire les pommes de terre dans le bouillon de poulet.

Ajouter le sel, le poivre, la ciboulette, le persil et le lait. Laisser mijoter à feu doux pendant 15 minutes en remuant de temps à autre.

Délayer la fécule de maïs dans l'eau. Ajouter au potage. Poursuivre la cuisson 3 minutes en remuant de temps à autre.

Garnir de bacon, d'échalotes et de fromage.

Servir.

Par portion — Calories (Kcal) : 171   Gras : 2 g = 10 % des Kcal provenant du gras
Protéines : 12 g   Cholestérol : 27 mg   Sodium : 1340 mg   Hydrates de carbone : 16 g

Une bonne laitue croquante fait une salade délicieuse. Toutefois, certaines variétés sont fragiles et si on ne les consomme pas rapidement, elles auront tendance à se fatiguer vite. Si votre laitue a perdu de sa belle vigueur, jetez-la... dans la soupe ! Ni vu, ni connu !

Potage au parfum d'érable
6 à 8 portions

4 pommes de terre, en dés
6 carottes, en dés
1/2 navet, en dés
2 litres (8 tasses) d'eau
90 ml (6 c. à s.) de bouillon concentré de poulet
80 ml (1/3 tasse) de sirop d'érable
30 ml (2 c. à s.) de beurre
2 oignons, émincés
45 ml (3 c. à s.) de farine
5 ml (1 c. à t.) de persil, haché
5 ml (1 c. à t.) de baies de poivre rose

Dans une grande casserole d'eau salée, cuire les pommes de terre, les carottes et le navet. Retirer l'eau et réduire en purée.

Dans une autre casserole, amener à ébullition les 2 litres (8 tasses) d'eau, le bouillon concentré de poulet et le sirop d'érable.

Dans une poêle, chauffer le beurre à feu moyen. Faire revenir les oignons pendant 5 minutes. Ajouter la farine et bien mélanger. Éteindre le feu, couvrir et laisser reposer pendant 5 minutes.

Mélanger les trois préparations au robot culinaire.

Garnir de persil et de baies de poivre rose.

Servir.

Par portion			
Protéines : 5 g	Calories (Kcal) : 243	Gras : 4 g = 13 % des Kcal provenant du gras	
	Cholestérol : 50 mg	Sodium : 183 mg	Hydrates de carbone : 9 g

Potage au parfum d'érable

Soupe aux haricots noirs et au prosciutto

Soupe au riz de mon grand-père
8 à 10 portions

750 ml (3 tasses) de tomates, concassées
500 ml (2 tasses) de jus de tomate
750 ml (3 tasses) d'eau
180 ml (3/4 tasse) de riz à grain long
15 ml (1 c. à s.) de beurre
1 oignon, émincé
750 ml (3 tasses) de lait, chaud
Sel et poivre

Dans une grande casserole, amener à ébullition les tomates, le jus de tomate, l'eau et le riz. Diminuer le feu et laisser mijoter 15 minutes.

Entre-temps, dans une poêle, chauffer le beurre à feu moyen. Faire revenir l'oignon pendant 5 minutes. Ajouter l'oignon et le lait chaud à la soupe. Mélanger. Saler et poivrer.

Servir.

Par portion			
Protéines : 5 g	Calories (Kcal) : 127	Gras : 3 g = 20 % des Kcal provenant du gras	
	Cholestérol : 21 mg	Sodium : 282 mg	Hydrates de carbone : 11 g

Soupe au riz de mon grand-père

Soupe aux haricots noirs et au prosciutto

6 portions

250 ml (1 tasse) de haricots noirs, secs
4 tranches de prosciutto, en dés
1,25 litre (5 tasses) de bouillon de poulet
2 oignons, hachés
1 gousse d'ail, hachée
15 ml (1 c. à s.) de persil, haché
Sel et poivre
125 ml (1/2 tasse) de crème 35 %

Faire tremper les haricots de 5 à 6 heures.

Dans une poêle, cuire le prosciutto à feu moyen pendant 2 minutes. Égoutter sur du papier absorbant. Réserver.

Dans une casserole, amener à ébullition le bouillon de poulet. Ajouter les oignons, l'ail, les haricots et le persil. Saler et poivrer.

Diminuer le feu et laisser mijoter environ 1 heure.

Ajouter le prosciutto et la crème 5 minutes avant la fin de la cuisson.

Servir.

Par portion	Calories (Kcal) : 234	Gras : 9 g = 35 % des Kcal provenant du gras
Protéines : 12 g	Cholestérol : 37 mg	Sodium : 3405 mg	Hydrates de carbone : 34 g

Menu

Champignons farcis aux deux saumons	35
Soupe au cerfeuil nouveau	46
Croquettes de dinde	54
Salade d'épinards, d'oseille et de pissenlits	83
Charlottes miniatures aux fraises	96

Un bijoutier épicurien se prit à rêver. Laissant libre cours à son imagination, il se dit qu'il aimerait bien que l'or noir soit du café, que l'or blanc soit du lait, que l'or bleu soit de l'eau et que l'or rouge soit du vin. Peu s'en fallu qu'il n'oublie l'or jaune qu'est le sirop d'érable ! Les rêves valent leur pesant d'or...

Soupe aux tomates, au céleri et aux têtes de violon
8 à 10 portions

15 ml (1 c. à s.) de beurre
1 oignon, haché
500 ml (2 tasses) de céleri, haché
500 ml (2 tasses) de tomates, concassées
5 ml (1 c. à t.) de sucre
1 feuille de laurier
1,5 litre (6 tasses) de bouillon de poulet
45 ml (3 c. à s.) de riz
Sel et poivre
250 ml (1 tasse) de têtes de violon, lavées

Dans une casserole, chauffer le beurre à feu moyen. Faire revenir l'oignon pendant 2 minutes. Ajouter le céleri, les tomates, le sucre, la feuille de laurier et le bouillon. Diminuer le feu et poursuivre la cuisson 45 minutes.

Ajouter le riz à la soupe. Poursuivre la cuisson 15 minutes. Saler et poivrer.

Ajouter les têtes de violon. Poursuivre la cuisson 5 minutes. Servir.

Par portion	Calories (Kcal) : 142	Gras : 4 g = 26 % des Kcal provenant du gras
Protéines : 5 g	Cholestérol : 23 mg	Sodium : 3282 mg	Hydrates de carbone : 23 g

Crème de poulet et de pommes de terre
8 à 10 portions

500 ml (2 tasses) de pommes de terre rouges, brossées, en dés
750 ml (3 tasses) de bouillon de poulet
1 boîte de 10 oz (284 ml) de maïs en crème
500 ml (2 tasses) de poulet, cuit, en dés
750 ml (3 tasses) de lait
125 ml (1/2 tasse) de bacon, cuit, émietté
Sel et poivre
30 ml (2 c. à s.) de fécule de maïs
30 ml (2 c. à s.) d'eau
1 ml (1/4 c. à t.) de paprika
10 ml (2 c. à t.) d'estragon, haché

Dans une casserole, cuire les pommes de terre dans le bouillon de poulet.

Ajouter le maïs en crème, le poulet, le lait et le bacon. Saler et poivrer.

Laisser mijoter 15 minutes.

Délayer la fécule de maïs dans l'eau. Ajouter à la soupe et poursuivre la cuisson 3 minutes en remuant de temps à autre.

Garnir de paprika et d'estragon. Servir.

Par portion	Calories (Kcal) : 261	Gras : 12 g = 43 % des Kcal provenant du gras
Protéines : 18 g	Cholestérol : 21 mg	Sodium : 2829 mg	Hydrates de carbone : 51 g

Soupe au cerfeuil nouveau
8 à 10 portions

15 ml (1 c. à s.) d'huile d'olive
1 oignon, haché
1,25 litre (5 tasses) de bouillon de poulet
2 branches de céleri, en dés
2 carottes, en dés
2 petites courgettes, en dés
125 ml (1/2 tasse) de chou de Siam, cisclé
500 ml (2 tasses) de tomates italiennes, en conserve
500 ml (2 tasses) de jus de légumes
80 ml (1/3 tasse) de cerfeuil frais, haché
Poivre
15 ml (1 c. à s.) d'herbes salées, du commerce
125 ml (1/2 tasse) de parmesan ou autre fromage râpé

Dans une poêle, chauffer l'huile à feu moyen. Faire revenir l'oignon pendant 2 minutes.

Ajouter le bouillon de poulet, le céleri, les carottes, les courgettes et le chou. Amener à ébullition. Diminuer le feu et laisser mijoter à feu doux pendant 30 minutes.

Ajouter les tomates italiennes, le jus de légumes et le cerfeuil. Mélanger. Laisser mijoter 5 minutes. Poivrer.

Au moment de servir, ajouter les herbes salées et le fromage.

Par portion	Calories (Kcal) : 86	Gras : 3 g = 34 % des Kcal provenant du gras
Protéines : 4 g	Cholestérol : 11 mg	Sodium : 2482 mg	Hydrates de carbone : 4 g

De haut en bas :

Soupe aux tomates, au céleri et aux têtes de violon

Crème de poulet et de pommes de terre

Soupe au cerfeuil nouveau

printemps

Soupe minestrone
8 à 10 portions

15 ml (1 c. à s.) d'huile d'olive
2 carottes, en dés
4 branches de céleri, émincées
500 ml (2 tasses) de chou, haché
1 oignon, haché
1 poireau, haché
250 ml (1 tasse) de haricots rouges, en conserve
1 boîte de 540 ml (19 oz) de tomates, en conserve
10 ml (2 c. à t.) de sel
1 ml (1/4 c. à t.) de poivre
45 ml (3 c. à s.) de persil, haché
5 ml (1 c. à t.) de basilic, haché
1,25 litre (5 tasses) de bouillon de poulet
2 pommes de terre, en dés
125 ml (1/2 tasse) de conchigliette (petites coquilles)

Dans une casserole, chauffer l'huile d'olive à feu moyen. Faire revenir les carottes, le céleri, le chou, l'oignon et le poireau pendant 5 minutes.

Ajouter les haricots, les tomates, le sel, le poivre, le persil, le basilic et le bouillon de poulet. Amener à ébullition. Diminuer le feu et laisser mijoter pendant 45 minutes.

Ajouter les pommes de terre et poursuivre la cuisson 5 minutes. Ajouter les conchigliette et poursuivre la cuisson 10 minutes. Servir.

Par portion — Calories (Kcal) : 203   Gras : 4 g = 15 % des Kcal provenant du gras
Protéines : 9 g   Cholestérol : 3 mg   Sodium : 1282 mg   Hydrates de carbone : 36 g

Soupe minestrone

Soupe aux pois
8 à 10 portions

500 ml (2 tasses) de pois jaunes, secs
1 litre (4 tasses) d'eau froide
30 ml (2 c. à s.) d'huile d'olive
1 gros oignon, haché
1,5 litre (6 tasses) de bouillon de poulet
Sel et poivre
125 ml (1/2 tasse) de jambon cuit, en dés
30 ml (2 c. à s.) de basilic pourpre, haché
15 ml (1 c. à s.) de persil, haché
1 échalote verte, hachée

Laisser tremper les pois toute une nuit dans l'eau froide.

Dans une casserole, chauffer l'huile à feu moyen. Faire revenir l'oignon.

Égoutter et rincer les pois. Ajouter les pois et le bouillon de poulet dans la casserole. Couvrir et laisser mijoter à feu doux pendant 1 h 30. Saler et poivrer. Garnir de jambon, de basilic, de persil et d'échalote. Servir.

Par portion — Calories (Kcal) : 235   Gras : 6 g = 24 % des Kcal provenant du gras
Protéines : 13 g   Cholestérol : 32 mg   Sodium : 1482 mg   Hydrates de carbone : 6 g

Soupe aux pois

Potage à la provençale
6 à 8 portions

- 30 ml (2 c. à s.) de beurre
- 30 ml (2 c. à s.) d'huile
- 5 gousses d'ail, hachées
- 3 gros oignons, hachés
- 500 ml (2 tasses) de tomates, concassées
- 3 pommes de terre, tranchées
- 2 branches de céleri, hachées
- 1 feuille de laurier
- 1 ml (1/4 c. à t.) de thym
- 1 ml (1/4 c. à t.) de marjolaine
- 1 ml (1/4 c. à t.) de basilic
- 1 litre (4 tasses) d'eau
- Sel et poivre
- Crème 35 %, au goût

Dans une grande casserole, chauffer le beurre et l'huile à feu moyen. Faire revenir l'ail et les oignons pendant 2 minutes.

Ajouter les tomates, les pommes de terre, le céleri, la feuille de laurier, le thym, la marjolaine, le basilic et l'eau. Amener à ébullition. Diminuer le feu et laisser mijoter 25 minutes. Saler et poivrer.

Au robot culinaire, réduire en purée.

Au moment de servir, décorer de crème.
(voir technique ci-contre)

Par portion	Calories (Kcal) : 200	Gras : 4 g = 16 % des Kcal provenant du gras
Protéines : 12 g	Cholestérol : 2 mg	Sodium : 452 mg	Hydrates de carbone : 307 g

TECHNIQUE

À l'aide d'un bâtonnet de bois, déposer quelques gouttes de crème à intervalle régulier autour du bol.

D'un mouvement circulaire, relier les gouttes de crème.

Répéter et garnir de fines herbes.

La Provence, cette belle région de France, a toujours été une source d'inspiration pour bien des cinéastes, des écrivains, des peintres, des jardiniers, des architectes, des parfumeurs et des cuisiniers. Même si nous en sommes bien loin, nous avons tout de même le loisir de sentir un petit parfum de Provence grâce à des recettes comme celle-ci. Pour goûter la Provence, vous pouvez toujours prendre l'avion, mais c'est un peu plus cher... peuchère !

Mets principaux

Volaille

La volaille englobe tous les oiseaux de la basse-cour dont le plus populaire est sans doute le poulet. Une fois cuit, il se déguste aussi bien chaud que froid. On peut l'apprêter de 1001 façons, car il s'harmonise parfaitement avec une foule de condiments. Essayez-le avec du gingembre, comme dans l'appétissante recette de la page 51; il vous réveillera les papilles !

Poulet au gingembre, au citron et au sirop d'érable

Poitrines au sirop d'érable

Poitrines au sirop d'érable
4 portions

45 ml (3 c. à s.) de beurre
5 ml (1 c. à t.) de sel
10 ml (2 c. à t.) de poivre
4 demi-poitrines de poulet
125 ml (1/2 tasse) de sirop d'érable
60 ml (1/4 tasse) d'eau
15 ml (1 c. à s.) de vinaigre balsamique
Sel et poivre

Dans une poêle, chauffer le beurre à feu moyen.

Saler et poivrer les poitrines. Les faire revenir pendant 5 minutes de chaque côté. Réserver au chaud.

Dans la même poêle, ajouter le sirop d'érable, l'eau et le vinaigre balsamique. Laisser réduire de moitié. Saler et poivrer.

Napper les poitrines de sauce.

Servir accompagné de riz sauvage et d'asperges.

Par portion Calories (Kcal) : 361 Gras : 15 g = 36 % des Kcal provenant du gras
Protéines : 29 g Cholestérol : 30 mg Sodium : 606 mg Hydrates de carbone : 77 g

Poitrines de poulet pochées
4 portions

4 demi-poitrines de poulet
60 ml (4 c. à s.) de moutarde forte
60 ml (4 c. à s.) de jus de tomate
Sel et poivre
250 ml (1 tasse) de feuilles d'épinard, sans les tiges

Préparer une étuve*.

Badigeonner les poitrines de moutarde forte et les arroser de jus de tomate. Saler et poivrer.

Enrober les poitrines de feuilles d'épinard et les placer dans l'étuve. Cuire 12 minutes.

Servir accompagné d'un coulis de légumes.

Par portion Calories (Kcal) : 553 Gras : 29 g = 42 % des Kcal provenant du gras
Protéines : 63 g Cholestérol : 27 mg Sodium : 790 mg Hydrates de carbone : 89 g

*voir lexique

Poulet au gingembre, au citron et au sirop d'érable
4 portions

450 g (1 lb) de poulet, en morceaux
80 ml (1/3 tasse) de farine de blé entier
30 ml (2 c. à s.) d'huile d'olive
60 ml (1/4 tasse) de sirop d'érable
30 ml (2 c. à s.) de sauce chili
30 ml (2 c. à s.) de vinaigre
30 ml (2 c. à s.) de sauce soja
10 ml (2 c. à t.) de gingembre, râpé
2 gousses d'ail, hachées
10 ml (2 c. à t.) de poivre
2 échalotes vertes, émincées
15 ml (1 c. à s.) de zeste de citron, râpé

Préchauffer le four à 160 °C (325 °F).

Enfariner les morceaux de poulet.

Dans une casserole allant au four, chauffer l'huile à feu moyen. Faire revenir le poulet pendant 5 minutes.

Dans un bol, mélanger le sirop d'érable, la sauce chili, le vinaigre, la sauce soja, le gingembre, l'ail et le poivre. Verser ce mélange sur le poulet.

Cuire au four pendant 30 minutes.

Au moment de servir, garnir d'échalotes vertes et de zeste de citron.

Par portion Calories (Kcal) : 265 Gras : 14 g = 41 % des Kcal provenant du gras
Protéines : 41 g Cholestérol : 2 mg Sodium : 342 mg Hydrates de carbone : 123 g

Poulet aux nouilles
4 portions

- 15 ml (1 c. à s.) d'huile d'arachide
- 8 hauts de cuisse de poulet
- 30 ml (2 c. à s.) d'huile d'olive
- 2 gousses d'ail, hachées
- 125 ml (1/2 tasse) d'oignon, émincé
- 1 poivron vert, haché
- 375 ml (1 1/2 tasse) de champignons, tranchés
- 500 ml (2 tasses) de tomates, concassées
- 15 ml (1 c. à s.) de sucre
- Sel et poivre
- 1 paquet de nouilles aux œufs, cuites
- 6 olives farcies, tranchées

Préchauffer le four à 175 °C (350 °F).

Dans une casserole, chauffer l'huile à feu moyen. Faire revenir le poulet 5 minutes de chaque côté. Réserver au chaud.

Dans une autre casserole, chauffer l'huile d'olive. Faire revenir l'ail, l'oignon et le poivron pendant 2 minutes. Ajouter les champignons et poursuivre la cuisson 2 minutes. Ajouter les tomates et le sucre. Saler et poivrer. Laisser mijoter à feu doux pendant 20 minutes.

Dans un plat allant au four, déposer le poulet, recouvrir de nouilles et verser la sauce. Cuire au four pendant 30 minutes. Au moment de servir, garnir d'olives.

Par portion Calories (Kcal) : 395 Gras : 24 g = 56 % des Kcal provenant du gras
Protéines : 31 g Cholestérol : 13 mg Sodium : 700 mg Hydrates de carbone : 128 g

Poulet aux nouilles

Gratin de poulet jardinière
4 portions

- 750 ml (3 tasses) de poulet, cuit, émincé
- 1/2 brocoli, 1/2 chou-fleur, cuits, en bouquets
- 1 boîte de 284 ml (10 oz) de crème de poulet
- 60 ml (1/4 tasse) de lait évaporé 2 %
- 15 ml (1 c. à s.) de jus de citron
- 30 ml (2 c. à s.) de persil, haché
- 4 tranches de pain, en dés
- 60 ml (1/4 tasse) de beurre, fondu
- 500 ml (2 tasses) de fromage cheddar, râpé
- 15 ml (1 c. à s.) de paprika
- Sel et poivre

Préchauffer le four à 175 °C (350 °F).

Dans un plat à gratin, déposer le poulet, le brocoli et le chou-fleur. Dans un bol, mélanger la crème de poulet, le lait, le jus de citron et le persil. Verser cette préparation sur le poulet et sur les légumes.

Badigeonner le pain de beurre fondu et étaler sur la préparation. Parsemer de fromage et saupoudrer de paprika. Saler et poivrer.

Cuire au four pendant 20 minutes ou jusqu'à ce que le fromage soit gratiné. Servir.

Par portion Calories (Kcal) : 621 Gras : 44 g = 56 % des Kcal provenant du gras
Protéines : 52 g Cholestérol : 20 mg Sodium : 789 mg Hydrates de carbone : 20 g

Gratin de poulet jardinière

Cuisses de poulet au porto

Cuisses de poulet au porto
8 portions

225 g (1/2 lb) de bacon, en dés
8 cuisses de poulet
15 ml (1 c. à s.) de beurre
15 ml (1 c. à s.) d'huile
1 gousse d'ail, hachée
2 oignons, hachés
1 branche de céleri, émincée
450 g (1 lb) de champignons, coupés en 2
5 ml (1 c. à t.) de thym, séché
5 ml (1 c. à t.) d'estragon, séché
2 feuilles de laurier
375 ml (1 1/2 tasse) de bouillon de poulet
250 ml (1 tasse) de porto
30 petits oignons blancs, pelés
30 ml (2 c. à s.) de fécule de maïs
30 ml (2 c. à s.) d'eau
Sel et poivre

Préchauffer le four à 175 °C (350 °F).

Dans une poêle, faire revenir le bacon 3 minutes. Retirer le bacon et le déposer dans un grand plat allant au four. Dans la même poêle, saisir le poulet sur toutes les faces. Retirer le poulet et le déposer dans le plat allant au four.

Retirer le gras de la poêle. Dans cette même poêle, chauffer le beurre et l'huile à feu moyen. Faire revenir l'ail, l'oignon, le céleri et les champignons pendant 5 minutes.

Déposer les légumes sur le poulet. Ajouter le thym, l'estragon, les feuilles de laurier, le bouillon de poulet, le porto et les petits oignons. Couvrir. Cuire au four pendant 45 minutes.

Retirer le poulet du four et le déposer dans un plat de service.

Délayer la fécule de maïs dans l'eau. Ajouter au bouillon. Saler et poivrer. Poursuivre la cuisson jusqu'à épaississement. Napper le poulet de sauce. Servir.

| **Par portion** | Calories (Kcal) : 595 | Gras : 38 g = 61 % des Kcal provenant du gras |
| Protéines : 41 g | Cholestérol : 168 mg | Sodium : 900 mg | Hydrates de carbone : 12 g |

Le porto connaît un engouement sans précédent au Québec depuis quelques années. Il en existe pour tous les goûts et pour toutes les bourses. Il se déguste en apéro ou en digestif, à la maison ou au restaurant, en solo ou entre amis, nature ou dans de bons petits plats comme celui que nous vous proposons. Si vous n'avez pas encore découvert le porto, voici une belle occasion de faire sa connaissance.

MENU

Brochettes de foies de volaille	36
Potage à la provençale	49
Tournedos aux légumes	57
Tombée d'épinards, d'oseille et d'endives	86
Gâteau moka express	93

printemps

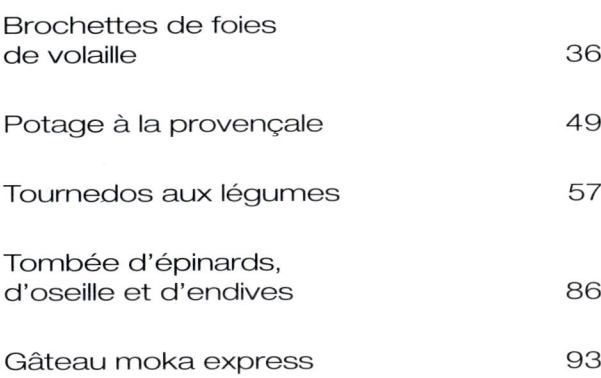

Brochettes de poulet
4 portions

- 125 ml (1/2 tasse) d'huile d'arachide
- 125 ml (1/2 tasse) de sauce tamari légère
- 45 ml (3 c. à s.) de bouillon concentré de poulet
- 2 poitrines de poulet, désossées, en cubes
- 1 oignon, en quartiers
- 250 ml (1 tasse) de champignons
- 1 poivron, en morceaux
- 12 tomates miniatures

Dans un bol, mélanger l'huile, la sauce tamari et le bouillon concentré de poulet. Ajouter le poulet. Faire mariner pendant 4 heures au réfrigérateur.

Préchauffer le gril du four (BROIL).

Enfiler les morceaux de poulet sur des brochettes (utiliser 2 brochettes par portion pour faciliter le maniement) en alternance avec l'oignon, les champignons, le poivron et les tomates.

Déposer sur la grille de la lèchefrite. Cuire sous le gril pendant 12 minutes en retournant 4 fois en cours de cuisson.

Servir avec du riz et de la moutarde forte.

Par portion	Calories (Kcal) : 513	Gras : 36 g = 57 % des Kcal provenant du gras
Protéines : 30 g	Cholestérol : 62 mg	Sodium : 1700 mg	Hydrates de carbone : 30 g

Ragoût de poulet campagnard
6 portions

- 8 pommes de terre, en dés
- 4 carottes, en biseaux
- 30 ml (2 c. à s.) d'huile d'olive
- 2 oignons, en dés
- 1 gousse d'ail, hachée
- 2 boîtes de 254 ml (10 oz) de crème de poulet
- 500 ml (2 tasses) d'eau
- 750 ml (3 tasses) de poulet cuit, en dés
- 500 ml (2 tasses) de haricots verts
- 5 ml (1 c. à t.) d'origan, séché
- 60 ml (4 c. à s.) de persil frais, haché
- Sel et poivre

Dans une grande casserole d'eau salée, faire cuire les pommes de terre et les carottes 5 minutes. Égoutter et réserver.

Dans une casserole, chauffer l'huile à feu moyen. Faire revenir les oignons et l'ail pendant 3 minutes.

Ajouter la crème de poulet et l'eau. Amener à ébullition. Ajouter le poulet, les haricots verts, l'origan et le persil. Saler et poivrer. Laisser mijoter 15 minutes.

Servir.

Par portion	Calories (Kcal) : 589	Gras : 16 g = 24 % des Kcal provenant du gras
Protéines : 33 g	Cholestérol : 63 mg	Sodium : 487 mg	Hydrates de carbone : 80 g

Croquettes de dinde
4 portions

- 500 ml (2 tasses) de dinde, hachée
- 750 ml (3 tasses) de pommes de terre, en purée
- 15 ml (1 c. à s.) d'oignon, râpé
- 60 ml (1/4 tasse) de persil, haché
- 125 ml (1/2 tasse) de lait
- 1 œuf, légèrement battu
- 0,5 ml (1/8 c. à t.) de sel
- 1 ml (1/4 c. à t.) de poivre
- 30 ml (2 c. à s.) de farine
- 30 ml (2 c. à s.) de beurre
- 60 ml (1/4 tasse) de vermouth blanc
- 500 ml (2 tasses) de bettes à carde, émincées, cuites

Dans un bol, mélanger la dinde, la purée, l'oignon, le persil, le lait, l'œuf, le sel et le poivre.

Façonner cette préparation en 8 croquettes et bien les enfariner.

Dans une poêle, chauffer le beurre à feu moyen. Faire revenir les croquettes pendant 5 minutes de chaque côté. Les retirer et les réserver au chaud.

Ajouter le vermouth. Poursuivre la cuisson 1 minute.

Verser la sauce dans une assiette de service. Étaler les bettes à carde émincées au centre de l'assiette et y déposer les croquettes.

Servir.

Par portion	Calories (Kcal) : 392	Gras : 16 g = 38 % des Kcal provenant du gras
Protéines : 26 g	Cholestérol : 129 mg	Sodium : 339 mg	Hydrates de carbone : 32 g

De haut en bas :

Ragoût de poulet campagnard

Brochettes de poulet

Croquettes de dinde

Mets principaux

Bœuf

Le bœuf connaît un «succès bœuf» depuis qu'il a été domestiqué il y a près de 10 000 ans ! Il en existe plusieurs variétés, des dizaines de coupes, qui varient selon les pays, et des milliers de recettes qui changent selon les cuisiniers. Essayez les médaillons farcis à l'échalote ou encore les bâtonnets à la sauce piquante et parions que le bœuf aura encore du succès pour les 10 000 années à venir !

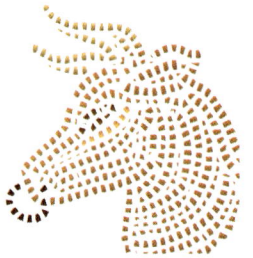

Biftecks à la sauce au thé

Médaillons de bœuf, sauce à l'échalote

Médaillons de bœuf, sauce à l'échalote
4 portions

450 g (1 lb) de filet mignon
115 g (4 oz) de pâté de foie à l'ail
15 ml (1 c. à s.) d'huile d'olive
250 ml (1 tasse) d'échalotes vertes, émincées
125 ml (1/2 tasse) de vin blanc ou de vin rouge
5 ml (1 c. à t.) de bouillon concentré de bœuf
375 ml (1 1/2 tasse) de crème 35 %
Sel et poivre

Préchauffer le four à 200 °C (400 °F).

Tailler le filet en 4 tronçons. Faire une entaille au centre de chaque tronçon et farcir de pâté de foie.

Dans une poêle, chauffer l'huile à feu vif. Saisir le bœuf 2 minutes de chaque côté. Retirer et déposer dans un plat allant au four. Cuire au four 5 minutes. Retirer du four et laisser reposer 15 minutes.

Entre-temps, dans la même poêle, faire revenir les échalotes pendant 2 minutes à feu moyen. Déglacer avec le vin. Ajouter le bouillon concentré et la crème. Saler et poivrer. Laisser mijoter 5 minutes.

Verser la sauce sur les médaillons de bœuf.

Servir.

Par portion Calories (Kcal) : 776 Gras : 70 g = 80 % des Kcal provenant du gras
Protéines : 27 g Cholestérol : 274 mg Sodium : 586 mg Hydrates de carbone : 5 g

Tournedos aux légumes
4 portions

4 médaillons de 115 g (4 oz) chacun
4 bandes de vert de poireaux, blanchies
30 ml (2 c. à s.) d'huile d'olive
45 ml (3 c. à s.) de sauce chili
15 ml (1 c. à s.) de moutarde à l'ancienne
Sel et poivre

Préchauffer le gril du four (BROIL).

Ceinturer les médaillons des bandes de poireaux et fixer à l'aide d'un bâtonnet de bois.

Dans une poêle, chauffer l'huile à feu vif. Saisir les tournedos 1 minute de chaque côté. À l'aide d'une pince, faire rouler les tournedos de côté dans la poêle afin de cuire quelque peu le poireau.

Déposer les tournedos dans une lèchefrite. Badigeonner de sauce chili et de moutarde. Saler et poivrer.

Cuire au four 8 minutes. Retourner à mi-cuisson.

Servir.

Par portion Calories (Kcal) : 427 Gras : 27 g = 59 % des Kcal provenant du gras
Protéines : 35 g Cholestérol : 101 mg Sodium : 1093 mg Hydrates de carbone : 9 g

Biftecks à la sauce au thé
4 portions

30 ml (2 c. à s.) d'huile d'olive
4 biftecks de ronde de 165 g (6 oz) chacun
125 ml (1/2 tasse) de jus de tomate
250 ml (1 tasse) de thé fort
15 ml (1 c. à s.) de bouillon concentré de bœuf
15 ml (1 c. à s.) de fécule de maïs
15 ml (1 c. à s.) d'eau
125 ml (1/2 tasse) de ciboulette, hachée

Préchauffer le four à 175 °C (350 °F).

Dans une poêle, chauffer l'huile à feu vif. Saisir les biftecks 1 minute de chaque côté. Les retirer et les déposer dans un plat allant au four. Réserver au chaud.

Dans une casserole, mélanger le jus de tomate, le thé et le bouillon concentré. Amener à ébullition. Diminuer le feu et laisser mijoter 3 minutes. Délayer la fécule de maïs dans l'eau. Ajouter au mélange précédent. Laisser mijoter jusqu'à épaississement.

Verser la sauce sur les biftecks. Parsemer de ciboulette. Couvrir d'un papier aluminium.

Cuire au four pendant 30 minutes.

Servir.

Par portion Calories (Kcal) : 406 Gras : 33 g = 73 % des Kcal provenant du gras
Protéines : 21 g Cholestérol : 80 mg Sodium : 115 mg Hydrates de carbone : 6 g

Gâteaux de bœuf aux champignons et au parmesan
4 portions

- 450 g (1 lb) de bœuf haché, mi-maigre
- 1 œuf, légèrement battu
- 30 ml (2 c. à s.) de chapelure assaisonnée
- 2 gousses d'ail, hachées
- 1/2 oignon, haché
- 1 ml (1/4 c. à t.) de sauce Worcestershire
- Sel et poivre
- 90 ml (6 c. à s.) de parmesan frais, râpé
- 15 ml (1 c. à s.) d'huile d'olive
- 8 à 10 gros champignons, émincés

Préchauffer le four à 175 °C (350 °F).

Dans un bol, mélanger le bœuf, l'œuf, la chapelure, l'ail, l'oignon et la sauce Worcestershire. Saler et poivrer. Façonner la préparation en 6 boulettes. Les enrober de parmesan. Réserver.

Dans une poêle, chauffer l'huile à feu moyen. Faire revenir les champignons pendant 1 minute.

Tapisser 6 moules à muffins de tranches de champignons. Déposer une boulette dans chaque moule. Presser légèrement.

Cuire au four pendant 35 minutes.

Servir avec une crème de champignons.

Par portion	Calories (Kcal) : 391	Gras : 13 g = 73 % des Kcal provenant du gras	
Protéines : 21 g	Cholestérol : 142 mg	Sodium : 123 mg	Hydrates de carbone : 5 g

Bâtonnets de bœuf, sauce rouge
4 portions

- 450 g (1 lb) de bœuf haché, extra maigre
- 3 gousses d'ail, hachées
- 15 ml (1 c. à s.) de persil, haché
- 15 ml (1 c. à s.) de basilic, haché
- Sel et poivre
- 30 ml (2 c. à s.) d'huile d'olive
- 250 ml (1 tasse) de salsa, du commerce (moyenne)
- 30 ml (2 c. à s.) de raifort dans le vinaigre

Préchauffer le gril du four (BROIL).

Dans un bol, mélanger le bœuf, l'ail, le persil et le basilic. Saler et poivrer. Façonner la préparation en bâtonnets de 5 cm (2 po) de longueur. Badigeonner les bâtonnets d'huile.

Cuire sous le gril pendant 10 minutes en retournant 3 fois en cours de cuisson.

Entre-temps, mélanger la salsa et le raifort.

Servir sur un nid de riz, accompagné de la sauce.

Par portion	Calories (Kcal) : 355	Gras : 27 g = 68 % des Kcal provenant du gras	
Protéines : 22 g	Cholestérol : 78 mg	Sodium : 524 mg	Hydrates de carbone : 6 g

Pain de viande aux épinards
6 portions

- 280 g (10 oz) d'épinards, sans les tiges
- 15 ml (1 c. à s.) d'huile d'olive
- 60 ml (1/4 tasse) de ciboulette, hachée
- 1 échalote verte, hachée
- 250 ml (1 tasse) de champignons, émincés
- 60 ml (1/4 tasse) de persil
- 125 ml (1/2 tasse) de chapelure
- 1 œuf
- Sel et poivre
- 675 g (1 1/2 lb) de bœuf haché, maigre
- 125 ml (1/2 tasse) de chapelure
- 1 œuf
- 2 gousses d'ail, hachées

Préchauffer le four à 175 °C (350 °F).

Dans une casserole d'eau salée bouillante, cuire les épinards 5 minutes. Égoutter. Réserver.

Dans une casserole, chauffer l'huile à feu moyen. Faire revenir la ciboulette, l'échalote et les champignons pendant 4 minutes.

Égoutter et déposer les légumes dans un bol. Ajouter le persil, la chapelure et l'œuf. Saler et poivrer. Bien mélanger. Ajouter les épinards. Mélanger à nouveau.

Dans un autre bol, mélanger le bœuf haché, la chapelure, l'œuf et l'ail. Saler et poivrer.

Huiler un moule à pain. Presser la moitié de la préparation de viande au fond du moule. Recouvrir des légumes. Couvrir du reste de viande.

Cuire au four pendant 1 heure.

Servir avec une crème de tomate.

Par portion	Calories (Kcal) : 433	Gras : 29 g = 60 % des Kcal provenant du gras	
Protéines : 26 g	Cholestérol : 145 mg	Sodium : 290 mg	Hydrates de carbone : 17 g

De haut en bas :

Pain de viande aux épinards

Gâteaux de bœuf aux champignons et au parmesan

Bâtonnets de bœuf, sauce rouge

■■■Bœuf sauté aux légumes
4 portions

15 ml (1 c. à s.) d'huile d'olive
450 g (1 lb) de bifteck de surlonge, émincé
500 ml (2 tasses) de légumes en morceaux (brocoli, carotte, céleri)
2 gousses d'ail, hachées
1 boîte de 284 ml (10 oz) de crème de champignons
15 ml (1 c. à s.) de sauce soja
15 ml (1 c. à s.) de vinaigre balsamique
1 ml (1/4 c. à t.) de poivre

Dans une poêle, chauffer l'huile à feu vif. Saisir le bœuf pendant 3 minutes.

Retirer et réserver.

Dans la même poêle, faire revenir les légumes et l'ail pendant 5 minutes.

Incorporer la crème de champignons, la sauce soja et le vinaigre balsamique. Amener à ébullition. Réduire le feu et laisser mijoter 5 minutes. Ajouter le bœuf et le poivre, bien mélanger.

Retirer du feu. Couvrir et laisser reposer 5 minutes.

Servir.

| Par portion | Calories (Kcal) : 416 | Gras : 30 g = 65 % des Kcal provenant du gras |
| Protéines : 23 g | Cholestérol : 86 mg | Sodium : 906 mg | Hydrates de carbone : 12 g |

Bœuf sauté aux légumes

■■■Bœuf au four
8 portions

30 ml (2 c. à s.) de beurre
5 ml (1 c. à t.) de moutarde en poudre
Sel et poivre
900 g (2 lb) de bœuf (pointe de surlonge)
10 ml (2 c. à t.) de poudre d'oignon
10 ml (2 c. à t.) de poudre d'ail
10 ml (2 c. à t.) de paprika
15 ml (1 c. à s.) de beurre

Préchauffer le four à 175 °C (350 °F).

Dans une casserole, chauffer le beurre à feu doux. Ajouter la moutarde et bien mélanger. Saler et poivrer.

Badigeonner la pointe de surlonge de cette préparation. Saupoudrer de poudre d'oignon, de poudre d'ail et de paprika. Répartir quelques pointes de beurre sur la viande et la déposer dans un plat allant au four.

Cuire au four pendant 15 minutes par livre pour une cuisson saignante ou 20 minutes par livre pour une cuisson à point.

Servir.

| Par portion | Calories (Kcal) : 274 | Gras : 21 g = 69 % des Kcal provenant du gras |
| Protéines : 21 g | Cholestérol : 84 mg | Sodium : 101 mg | Hydrates de carbone : 1 g |

Bœuf au four

Bœuf sans tracas

Bœuf sans tracas
4 portions

30 ml (2 c. à s.) d'huile d'olive
450 g (1 lb) de bœuf, en cubes
1 boîte de 284 ml (10 oz) de crème d'asperges
1 sachet de soupe à l'oignon
284 ml (10 oz) de lait 2 %
2 gousses d'ail, hachées
Poivre
24 asperges fraîches, blanchies

Préchauffer le four à 175 °C (350 °F).

Dans une poêle, chauffer l'huile à feu vif. Saisir le bœuf sur toutes les faces.

Dans un bol, mélanger la crème d'asperges, le sachet de soupe à l'oignon et le lait. Verser dans un plat allant au four.

Ajouter le bœuf et l'ail. Poivrer. Couvrir.

Cuire au four pendant 1 heure.

Garnir d'asperges.

Servir.

Par portion Calories (Kcal) : 427 Gras : 27 g = 56 % des Kcal provenant du gras
Protéines : 27 g Cholestérol : 73 mg Sodium : 1368 mg Hydrates de carbone : 21 g

MENU

Bouchées de crabe	40
Potage de pommes de terre à la ciboulette	43
Veau sauté aux amandes	63
Petites pousses du printemps	84
Tarte au sirop d'érable	94

Quand on voit poindre sa jolie petite tête dans les marchés, c'est signe que le printemps est bel et bien arrivé. Qu'elle soit verte ou blanche, cuite ou crue, chaude ou froide, l'asperge ajoute une touche de chic... ma chère !

Mets principaux

Veau

Le petit de la vache mérite le nom de veau jusqu'à l'âge d'un an alors qu'il se dirige à l'abattoir. Le mâle qui survit devient un bouvillon et sa sœur, une génisse. Le veau est un grand buveur de lait et, justement, quand il s'en nourrit exclusivement on l'appelle «veau de lait» ou «veau blanc» à cause de la couleur de sa chair.

Veau sauté aux amandes

Petits pâtés de veau

Veau sauté aux amandes
4 portions

30 ml (2 c. à s.) de farine de blé entier
10 ml (2 c. à t.) de moutarde en poudre
450 g (1 lb) de veau, émincé
60 ml (1/4 tasse) de bacon, en dés
30 ml (2 c. à s.) de beurre
125 ml (1/2 tasse) d'oignon, haché
500 ml (2 tasses) de champignons, tranchés
Sel et poivre
60 ml (1/4 tasse) d'amandes émondées, effilées
125 ml (1/2 tasse) de vin blanc
60 ml (1/4 tasse) de crème 15 %
225 g (1/2 lb) de linguine, cuites et chaudes
30 ml (2 c. à s.) de persil frais, haché
15 ml (1 c. à s.) d'estragon frais, haché

Dans un bol, mélanger la farine et la moutarde. Enfariner le veau.

Dans une poêle, cuire le bacon. Égoutter et réserver. Retirer le gras de la poêle. Dans la même poêle, chauffer le beurre à feu moyen. Faire revenir le veau pendant 2 minutes. Ajouter les oignons et les champignons. Saler et poivrer. Diminuer le feu et poursuivre la cuisson 3 minutes. Ajouter les amandes, verser le vin et poursuivre la cuisson pendant 3 minutes. Couvrir. Laisser mijoter à feu doux 10 minutes.

Au moment de servir, ajouter la crème et bien l'incorporer au jus de cuisson. Servir sur un nid de pâtes et garnir de bacon, de persil et d'estragon.

Par portion Calories (Kcal) : 618 Gras : 37 g = 57 % des Kcal provenant du gras
Protéines : 34 g Cholestérol : 141 mg Sodium : 531 mg Hydrates de carbone : 31 g

Petits pâtés de veau
4 portions

30 ml (2 c. à s.) de beurre
250 ml (1 tasse) de veau, haché
1 boîte de 284 ml (10 oz) de crème de tomate
125 ml (1/2 tasse) de petits pois
125 ml (1/2 tasse) de carotte, en dés
125 ml (1/2 tasse) de pomme de terre, en dés
1 branche de céleri, émincée
30 ml (2 c. à s.) de bouillon concentré de bœuf
450 g (1 lb) de pâte brisée
45 ml (3 c. à s.) de lait

Préchauffer le four à 175 °C (350 °F).

Dans une poêle, chauffer le beurre à feu moyen. Faire revenir le veau pendant 2 minutes. Ajouter la crème de tomate. Mélanger.

Ajouter les pois, la carotte, la pomme de terre, le céleri et le bouillon concentré. Laisser mijoter à feu doux pendant 15 minutes.

Entre-temps, abaisser la pâte. Découper 8 cercles de 12,5 cm (5 po) de diamètre. Foncer 4 assiettes à tartelettes de 10 cm (4 po).

Déposer le mélange de viande au fond de chaque tartelette. Recouvrir de pâte. Pratiquer une incision sur le dessus de chaque tartelette.

À l'aide d'un pinceau à pâtisserie, badigeonner la pâte de lait.

Cuire au four pendant 30 minutes.

Servir.

Par portion Calories (Kcal) : 459 Gras : 28 g = 55 % des Kcal provenant du gras
Protéines : 17 g Cholestérol : 78 mg Sodium : 946 mg Hydrates de carbone : 35 g

Casserole de veau aux champignons
4 portions

45 ml (3 c. à s.) d'huile d'olive
375 ml (1 1/2 tasse) de champignons, en quartiers
450 g (1 lb) de veau, en cubes
2 gousses d'ail, hachées
60 ml (4 c. à s.) d'oignon, haché
125 ml (1/2 tasse) de bière blonde
30 ml (2 c. à s.) de moutarde forte
375 ml (1 1/2 tasse) de bouillon de poulet
125 ml (1/2 tasse) de crème 35 %
Sel et poivre
15 ml (1 c. à s.) de persil, haché
10 ml (2 c. à t.) de paprika

Dans une poêle, chauffer 15 ml (1 c. à s.) d'huile à feu moyen. Faire revenir les champignons jusqu'à ce qu'ils soient colorés. Réserver.

Dans une casserole à fond épais, chauffer le reste de l'huile. Saisir le veau sur toutes les faces. Ajouter l'ail et l'oignon. Mélanger. Poursuivre la cuisson 2 minutes en remuant de temps à autre.

Déglacer avec la bière et laisser réduire presque à sec. Ajouter la moutarde forte et mélanger.

Ajouter le bouillon de poulet et la crème. Saler et poivrer.

Au premier mijotement, diminuer le feu au minimum. Couvrir à demi et laisser mijoter 15 minutes.

Ajouter les champignons, mélanger et poursuivre la cuisson 5 minutes.

Parsemer de persil haché et de paprika.

Servir.

Par portion Calories (Kcal) : 361 Gras : 25 g = 65 % des Kcal provenant du gras
Protéines : 25 g Cholestérol : 135 mg Sodium : 789 mg Hydrates de carbone : 6 g

Casserole de veau à l'estragon
8 portions

- 900 g (2 lb) de veau, en cubes
- 60 ml (4 c. à s.) de farine
- 3 tranches de bacon, en dés
- 625 ml (2 1/2 tasses) de bouillon de poulet
- 180 ml (3/4 tasse) de carottes, en cubes
- 180 ml (3/4 tasse) de courgettes, en cubes
- 125 ml (1/2 tasse) d'oignon, grossièrement haché
- 30 ml (2 c. à s.) d'estragon, séché
- Sel et poivre
- 250 ml (1 tasse) de rapini, blanchi

Préchauffer le four à 175 °C (350 °F).

Enfariner les cubes de veau. Réserver.

Dans une poêle, faire revenir le bacon pendant 3 minutes. Ajouter le veau et le saisir sur toutes les faces.

Ajouter le bouillon de poulet, les carottes, les courgettes, l'oignon et l'estragon. Saler et poivrer. Couvrir.

Cuire au four pendant 1 h 30.

Servir accompagné de rapini.

Par portion Calories (Kcal) : 382 Gras : 15 g = 30 % des Kcal provenant du gras
Protéines : 25 g   Cholestérol : 98 mg   Sodium : 630 mg   Hydrates de carbone : 7 g

Cretons au veau
8 portions

- 900 g (2 lb) de veau, haché
- Sel et poivre
- 30 ml (2 c. à s.) de bouillon concentré de poulet
- 1 oignon, haché
- 1 gousse d'ail, hachée
- 4 tranches de pain, en dés
- 375 ml (1 1/2 tasse) de lait
- Cannelle, au goût
- Clou de girofle, au goût
- Quatre-épices, au goût

Dans un plat allant au micro-ondes, mélanger tous les ingrédients.

Cuire à ÉLEVÉ pendant 15 minutes en remuant toutes les 5 minutes.

Retirer du micro-ondes et laisser reposer 5 minutes.

À l'aide d'un pilon, bien incorporer les ingrédients.

Presser dans de petits ramequins ou étendre dans une lèchefrite. Laisser reposer au réfrigérateur pendant 1 heure. Tailler à l'aide d'un emporte-pièce.

Servir.

Par portion Calories (Kcal) : 234 Gras : 10 g = 38 % des Kcal provenant du gras
Protéines : 25 g   Cholestérol : 99 mg   Sodium : 327 mg   Hydrates de carbone : 10 g

Blanquette de veau à l'oseille
6 portions

- 1 litre (4 tasses) d'eau
- 1 gros oignon, haché
- 10 ml (2 c. à t.) de thym, séché
- 675 g (1 1/2 lb) de veau, émincé
- 1 sachet de crème de champignons
- 1 jaune d'œuf, battu
- 125 ml (1/2 tasse) de crème 15 %
- 80 ml (1/3 tasse) de basilic frais
- 60 ml (1/4 tasse) de purée d'oseille
- 30 ml (2 c. à s.) de feuilles d'oseille, ciselées

Dans une casserole, amener l'eau, l'oignon et le thym à ébullition. Diminuer le feu. Ajouter le veau et laisser mijoter pendant 45 minutes. Retirer le veau et réserver. Ne conserver que 560 ml (2 1/4 tasses) de bouillon dans la casserole.

Ajouter le contenu du sachet de crème de champignons au bouillon. Amener à ébullition en remuant constamment jusqu'à épaississement.

Incorporer le veau dans la sauce et laisser mijoter à feu doux pendant 10 minutes.

Dans un bol, mélanger le jaune d'œuf et la crème. Incorporer à la préparation.

Ajouter le basilic, la purée d'oseille et l'oseille ciselée.

Servir sur un nid de riz blanc et de riz sauvage.

Par portion Calories (Kcal) : 353 Gras : 18 g = 51 % des Kcal provenant du gras
Protéines : 24 g   Cholestérol : 142 mg   Sodium : 276 mg   Hydrates de carbone : 7 g

De haut en bas :

Blanquette de veau à l'oseille

Casserole de veau à l'estragon

Cretons au veau

printemps 65

Mets principaux

POROC

Le porc a la cote dans nos assiettes depuis des temps immémoriaux. En effet, il est domestiqué depuis des milliers d'années. En cuisine, nous utilisons tous ses morceaux ! La tête, les pattes, les abats et le «bec»... alouette ! D'ailleurs, les abats font la joie des charcutiers qui, selon les pays ou les régions, rivalisent d'imagination pour nous offrir de délicieuses trouvailles.

Côtelettes de porc à l'espagnole

Médaillons de porc à l'érable

Côtelettes de porc à l'espagnole
4 portions

15 ml (1 c. à s.) d'huile d'olive
4 côtelettes de porc épaisses
1 oignon, tranché
625 ml (2 1/2 tasses) de tomates, concassées
5 ml (1 c. à t.) de sel
1 ml (1/4 c. à t.) de poivre
60 ml (1/4 tasse) de vin blanc
30 ml (2 c. à s.) de farine
1 litre (4 tasses) de riz cuit, chaud

Dans une poêle, chauffer l'huile à feu vif. Saisir les côtelettes 4 minutes de chaque côté. Retirer les côtelettes et les réserver.

Dans la même poêle, faire revenir l'oignon pendant 3 minutes. Ajouter les côtelettes, les tomates, le sel et le poivre. Couvrir. Laisser mijoter à feu doux pendant 30 minutes.

Retirer les côtelettes de la poêle. Délayer la farine dans le vin blanc. Verser dans la poêle et laisser mijoter 5 minutes en remuant de temps à autre.

Disposer le riz dans un plat de service, déposer les côtelettes autour et les napper de sauce. Servir.

Par portion   Calories (Kcal) : 520   Gras : 12 g = 21 % des Kcal provenant du gras
Protéines : 32 g   Cholestérol : 62 mg   Sodium : 608 mg   Hydrates de carbone : 67 g

Médaillons de porc à l'érable
4 portions

30 ml (2 c. à s.) de beurre
8 médaillons de longe de porc
160 ml (2/3 tasse) de sirop d'érable
80 ml (1/3 tasse) de jus d'orange
Sel et poivre
15 ml (1 c. à s.) de fécule de maïs
15 ml (1 c. à s.) d'eau froide

Dans une poêle, chauffer 15 ml (1 c. à s.) de beurre à feu moyen. Faire revenir les médaillons 5 minutes de chaque côté.

Entre-temps, dans une autre poêle, chauffer le reste du beurre. Ajouter le sirop d'érable et le jus d'orange. Saler et poivrer. Laisser mijoter 2 minutes.

Délayer la fécule de maïs dans l'eau. Ajouter à la sauce et amener à ébullition. Diminuer le feu et laisser mijoter à feu doux pendant 5 minutes ou jusqu'à épaississement.

Déposer les médaillons dans un plat de service chaud et napper de sauce. Servir.

Par portion   Calories (Kcal) : 553   Gras : 21 g = 34 % des Kcal provenant du gras
Protéines : 52 g   Cholestérol : 139 mg   Sodium : 313 mg   Hydrates de carbone : 39 g

Côtelettes aux 4 fromages
4 portions

8 côtelettes de porc
30 ml (2 c. à s.) de sauce chili
45 ml (3 c. à s.) de moutarde forte
Sel et poivre
30 ml (2 c. à s.) de fromage bleu, égrainé
30 ml (2 c. à s.) de fromage de chèvre, égrainé
30 ml (2 c. à s.) de fromage parmesan, râpé
60 ml (4 c. à s.) de fromage mozzarella, râpé
10 ml (2 c. à t.) d'estragon, haché

Préchauffer le gril du four (BROIL).

Badigeonner les côtelettes de sauce chili et de moutarde. Saler et poivrer.

Déposer les côtelettes dans une lèchefrite et cuire sous le gril pendant 7 minutes. Les retourner et poursuivre la cuisson pendant 4 minutes.

Parsemer les côtelettes des fromages. Poursuivre la cuisson pendant 3 minutes ou jusqu'à ce que les fromages soient fondus.

Retirer du four. Parsemer d'estragon.

Servir.

Par portion   Calories (Kcal) : 527   Gras : 34 g = 59 % des Kcal provenant du gras
Protéines : 51 g   Cholestérol : 159 mg   Sodium : 383 mg   Hydrates de carbone : 2 g

Croquettes de jambon
4 portions

- 500 ml (2 tasses) de pommes de terre, en dés
- 45 ml (3 c. à s.) de lait
- 30 ml (2 c. à s.) de beurre
- 5 ml (1 c. à t.) d'huile d'olive
- 1 oignon, haché
- 1 œuf, battu
- 500 ml (2 tasses) de jambon, haché
- Sel et poivre

Dans une casserole, cuire les pommes de terre dans de l'eau salée. Égoutter. Ajouter le lait et le beurre. Réduire en purée. Laisser tiédir.

Dans une poêle, chauffer l'huile à feu moyen. Faire revenir l'oignon pendant 2 minutes.

Ajouter à la purée de pommes de terre. Ajouter l'œuf battu et le jambon. Mélanger. Saler et poivrer. Façonner la préparation en boulettes.

Dans une poêle, chauffer l'huile à feu moyen. Faire revenir les boulettes sur toutes les faces.

Servir accompagné d'une sauce à la moutarde.

Par portion   Calories (Kcal) : 580   Gras : 25 g = 39 % des Kcal provenant du gras
Protéines : 26 g   Cholestérol : 67 mg   Sodium : 103 mg   Hydrates de carbone : 61 g

Jambon au cari
4 portions

- 15 ml (1 c. à s.) d'huile d'olive
- 60 ml (1/4 tasse) de poivron, haché
- 60 ml (1/4 tasse) d'oignon, haché
- 60 ml (1/4 tasse) de champignons, hachés
- 1 ml (1/4 c. à t.) de poudre de cari
- 250 ml (1 tasse) de crème de céleri, du commerce
- 125 ml (1/2 tasse) de lait
- 60 ml (1/4 tasse) de yogourt nature
- 500 ml (2 tasses) de jambon, cuit, en cubes
- Sel et poivre

Dans une poêle, chauffer l'huile à feu moyen. Faire revenir le poivron, l'oignon et les champignons pendant 5 minutes. Ajouter le cari et poursuivre la cuisson pendant 2 minutes.

Ajouter la crème de céleri, le lait, le yogourt et le jambon. Laisser mijoter 5 minutes en remuant de temps à autre. Saler et poivrer.

Servir.

Par portion   Calories (Kcal) : 296   Gras : 16 g = 48 % des Kcal provenant du gras
Protéines : 16 g   Cholestérol : 102 mg   Sodium : 1005 mg   Hydrates de carbone : 22 g

Fricassée de porc
4 portions

- 15 ml (1 c. à s.) de beurre
- 30 ml (2 c. à s.) d'huile d'olive
- 450 g (1 lb) de porc, en cubes
- 250 ml (1 tasse) de champignons, tranchés
- 15 ml (1 c. à s.) de ciboulette, hachée
- 2 échalotes vertes, hachées
- 15 ml (1 c. à s.) de persil, haché
- Sel et poivre
- 750 ml (3 tasses) de riz, cuit
- 500 ml (2 tasses) de chou, ciselé
- 500 ml (2 tasses) de tomates, concassées
- 125 ml (1/2 tasse) de haricots jaunes
- 125 ml (1/2 tasse) de carottes miniatures

Préchauffer le four à 175 °C (350 °F).

Dans une poêle, chauffer le beurre et l'huile à feu moyen. Faire colorer le porc sur toutes les faces.

Ajouter les champignons, la ciboulette, les échalotes et le persil. Poursuivre la cuisson pendant 3 minutes. Saler et poivrer.

Déposer les cubes de porc dans un plat allant au four. Recouvrir de riz et de chou. Ajouter les tomates, les haricots et les carottes.

Couvrir de papier aluminium. Cuire au four pendant 1 heure.

Servir.

Par portion   Calories (Kcal) : 214   Gras : 14 g = 58 % des Kcal provenant du gras
Protéines : 14 g   Cholestérol : 50 mg   Sodium : 1181 mg   Hydrates de carbone : 8 g

De haut en bas :

Fricassée de porc

Croquettes de jambon

Jambon au cari

printemps

Mets principaux

Agneau

C'est le printemps et les enfants ont hâte de partir à la chasse aux œufs de Pâques. Ils s'en lèchent déjà les doigts. Les petits font la fête, alors pourquoi pas les grands ? Vous aussi pourrez vous lécher les doigts avec le traditionnel agneau pascal. Vous le savez, l'agneau s'harmonise à la perfection avec la menthe, le romarin et le basilic, mais avez-vous pensé le préparer avec du fenouil ?

Carrés d'agneau du printemps

Agneau florentin

Carrés d'agneau du printemps
4 portions

- 60 ml (1/4 tasse) de moutarde forte
- 15 ml (1 c. à s.) de miel, fondu
- 60 ml (1/4 tasse) de purée d'oseille
- 60 ml (1/4 tasse) de chapelure
- 2 gousses d'ail, hachées
- 30 ml (2 c. à s.) d'huile d'olive
- 2 carrés d'agneau, parés
- Sel et poivre
- 15 ml (1 c. à s.) de persil, haché

Préchauffer le four à 200 °C (400 °F).

Dans un bol, mélanger la moutarde, le miel et la purée d'oseille. Réserver. Dans un autre bol, mélanger la chapelure et l'ail. Réserver.

Dans une poêle, chauffer l'huile à feu vif. Saisir l'agneau de chaque côté. Transférer dans une lèchefrite. Badigeonner du mélange de moutarde et saupoudrer de chapelure. Saler et poivrer.

Cuire au four pendant 25 minutes.

Retirer du four. Parsemer de persil. Couvrir de papier aluminium. Laisser reposer 10 minutes.

Servir accompagné de moutarde et de légumes cuits à la vapeur.

Par portion	Calories (Kcal) : 623	Gras : 50 g = 72 % des Kcal provenant du gras
Protéines : 32 g	Cholestérol : 134 mg	Sodium : 354 mg Hydrates de carbone : 11 g

Agneau florentin
4 à 6 portions

- 30 ml (2 c. à s.) d'huile d'olive
- 900 g (2 lb) d'épaule d'agneau, émincé
- 250 ml (1 tasse) d'oignons, émincés
- 280 g (10 oz) d'épinards, déchiquetés
- 250 ml (1 tasse) de jus de tomate
- 250 ml (1 tasse) de bouillon de bœuf
- Sel et poivre

Dans une poêle, chauffer l'huile à feu moyen. Faire revenir l'agneau pendant 2 minutes.

Ajouter les oignons. Couvrir et laisser mijoter 10 minutes.

Ajouter les épinards, le jus de tomate et le bouillon de bœuf. Saler et poivrer. Couvrir. Diminuer le feu et laisser mijoter 30 minutes.

Servir.

Par portion	Calories (Kcal) : 455	Gras : 36 g = 71 % des Kcal provenant du gras
Protéines : 26 g	Cholestérol : 101 mg	Sodium : 989 mg Hydrates de carbone : 7 g

Ragoût d'agneau aux pleurotes
4 portions

- 45 ml (3 c. à s.) d'huile d'olive
- 375 ml (1 1/2 tasse) de pleurotes, émincés
- 450 g (1 lb) d'agneau, en cubes
- 2 gousses d'ail, hachées
- 60 ml (4 c. à s.) d'oignon, haché
- 125 ml (1/2 tasse) de vermouth blanc
- 30 ml (2 c. à s.) de moutarde forte
- 375 ml (1 1/2 tasse) de bouillon de bœuf
- 125 ml (1/2 tasse) de lait évaporé 2 %
- Sel et poivre
- 15 ml (1 c. à s.) de ciboulette, hachée
- 10 ml (2 c. à t.) de paprika

Dans une poêle, chauffer 15 ml (1 c. à s.) d'huile à feu vif. Faire revenir les pleurotes jusqu'à ce qu'ils soient bien colorés. Réserver.

Dans une casserole à fond épais, chauffer le reste de l'huile à feu vif. Saisir l'agneau sur toutes les faces. Ajouter l'ail et l'oignon. Mélanger et poursuivre la cuisson 2 minutes en remuant de temps à autre.

Déglacer avec le vermouth et laisser réduire presque à sec. Ajouter la moutarde forte et mélanger.

Verser le bouillon de bœuf et le lait évaporé. Saler et poivrer.

Au premier mijotement, diminuer le feu au minimum, couvrir à demi et laisser mijoter 15 minutes.

Ajouter les pleurotes, mélanger et poursuivre la cuisson 5 minutes.

Parsemer de ciboulette et de paprika.

Servir.

Par portion	Calories (Kcal) : 355	Gras : 19 g = 55 % des Kcal provenant du gras
Protéines : 27 g	Cholestérol : 83 mg	Sodium : 722 mg Hydrates de carbone : 9 g

■■■ Côtelettes d'agneau haché
4 portions

- 500 ml (2 tasses) d'agneau, haché
- 1 tranche de bacon, hachée
- 45 ml (3 c. à s.) de sauce à bifteck, du commerce
- 1 œuf, battu
- 15 ml (1 c. à s.) de persil, haché
- 1 petit oignon, haché
- Sel et poivre
- 90 ml (6 c. à s.) de farine de blé entier
- 1 jaune d'œuf, battu
- 90 ml (6 c. à s.) de chapelure
- 60 ml (4 c. à s.) d'huile d'olive

Dans un bol, mélanger l'agneau et le bacon. Ajouter la sauce, l'œuf, le persil et l'oignon. Saler et poivrer.

Façonner en boulettes et les aplatir pour leur donner la forme d'une côtelette. Enfariner les côtelettes. Les passer ensuite dans l'œuf, puis dans la chapelure.

Dans une poêle, chauffer l'huile d'olive à feu moyen. Faire revenir les côtelettes de chaque côté.

Servir accompagné d'une purée de pommes de terre et d'une sauce piquante.

Par portion	Calories (Kcal) : 370	Gras : 29 g = 71 % des Kcal provenant du gras
Protéines : 21 g	Cholestérol : 129 mg	Sodium : 206 mg Hydrates de carbone : 5 g

■■■ Côtelettes d'agneau au fenouil
2 portions

- 15 ml (1 c. à s.) d'huile d'olive
- 4 côtelettes d'agneau épaisses
- Sel et poivre
- 1 boîte de 284 ml (10 oz) de crème de céleri
- 125 ml (1/2 tasse) d'eau
- 5 ml (1 c. à t.) de feuilles de fenouil, séchées

Préchauffer le four à 175 °C (350 °F).

Dans une poêle, chauffer l'huile à feu vif. Saisir les côtelettes 3 minutes de chaque côté. Les déposer un plat allant au four. Saler et poivrer.

Dans un bol, mélanger la crème de céleri, l'eau et les feuilles de fenouil. Verser sur les côtelettes. Couvrir de papier aluminium.

Cuire au four pendant 30 minutes.

Servir.

Par portion	Calories (Kcal) : 676	Gras : 58 g = 79 % des Kcal provenant du gras
Protéines : 31 g	Cholestérol : 143 mg	Sodium : 654 mg Hydrates de carbone : 5 g

■■■ Côtelettes d'agneau au four
4 portions

- 30 ml (2 c. à s.) d'huile d'olive
- 12 côtelettes d'agneau
- 1 boîte de 398 ml (14 oz) de sauce tomate
- 1 boîte de 180 ml (6 1/2 oz) de pâte de tomate
- 125 ml (1/2 tasse) de bière brune
- 1/2 oignon, émincé
- 1/2 poivron vert, émincé
- 1 gousse d'ail, hachée
- 1 boîte de 284 ml (10 oz) de champignons, égouttés
- Sel et poivre
- 225 g (1/2 lb) de fromage mozzarella, tranché

Préchauffer le four à 175 °C (350 °F).

Dans une poêle, chauffer l'huile à feu vif. Saisir les côtelettes 3 minutes de chaque côté.

Dans un bol, mélanger la sauce tomate, la pâte de tomate, la bière, l'oignon, le poivron, l'ail et les champignons. Saler et poivrer.

Disposer 6 côtelettes dans un plat allant au four. Verser la moitié de la sauce sur les côtelettes. Recouvrir de la moitié du fromage mozzarella. Disposer les autres côtelettes sur le fromage, recouvrir du reste de sauce et du reste de fromage. Couvrir.

Cuire au four pendant 1 heure.

Servir.

Par portion	Calories (Kcal) : 725	Gras : 62 g = 60 % des Kcal provenant du gras
Protéines : 62 g	Cholestérol : 252 mg	Sodium : 1275 mg Hydrates de carbone : 24 g

De haut en bas :

Côtelettes d'agneau au four

Côtelettes d'agneau au fenouil

Côtelettes d'agneau haché

printemps 73

Mets principaux

Poissons et fruits de mer

Il existe plus de 20 000 espèces de poissons ! Toutefois, la pêche intensive a contribué à la diminution de certaines espèces. Heureusement, l'élevage permet à certains poissons de se reproduire en captivité. C'est le cas notamment de la truite. Notre recette de truites farcies fera le bonheur des pêcheurs et des amateurs de bonne chair ! Amusez-vous après le repas et dites 10 fois de suite, à toute vitesse : «6 petites truites cuites, 6 petites truites crues». Éclats de rire assurés autour de la table.

Truite en salade

Petit délice de la Pérade

Truite en salade
4 portions

2 truites arc-en-ciel de 280 g (10 oz) chacune, nettoyées
250 ml (1 tasse) de vermouth blanc
2 feuilles de laurier
6 grains de poivre noir
5 ml (1 c. à t.) de sel
Jus d'une demi-lime
4 pommes de terre, en dés
1 laitue frisée
24 tomates miniatures
30 ml (2 c. à s.) de ciboulette, hachée
60 ml (1/4 tasse) d'amandes tranchées, grillées
250 ml (1 tasse) de yogourt nature
30 ml (2 c. à s.) de sauce chili
5 ml (1 c. à t.) d'huile de sésame
5 ml (1 c. à t.) de zeste de citron, haché
Sel et poivre

Déposer les truites dans une casserole peu profonde. Ajouter le vermouth, les feuilles de laurier, les grains de poivre, le sel et le jus de lime. Couvrir d'eau froide. Amener à ébullition. Diminuer le feu et laisser mijoter à feu doux pendant 10 minutes. Retirer du feu et laisser tiédir les truites dans le liquide de cuisson. Détacher la chair et l'émietter.

Dans une grande casserole d'eau salée, cuire les pommes de terre. Égoutter et les passer sous l'eau froide.

Dans un grand saladier, combiner la laitue, les pommes de terre, les tomates, la ciboulette et les morceaux de truite.

Garnir d'amandes.

Dans un bol, mélanger le yogourt, la sauce chili, l'huile de sésame et le zeste de citron. Saler et poivrer.

Au moment de servir, verser la vinaigrette sur la salade.

Par portion Calories (Kcal) : 658 Gras : 17 g = 25 % des Kcal provenant du gras
Protéines : 42 g Cholestérol : 89 mg Sodium : 702 mg Hydrates de carbone : 68 g

Petit délice de la Pérade
4 portions

15 ml (1 c. à s.) d'huile
1 oignon, haché
250 ml (1 tasse) de lait écrémé
450 g (1 lb) de filets de poulamon
1 boîte de 284 ml (10 oz) de crème de champignons
Poivre
250 ml (1 tasse) de brocoli, en bouquets
250 ml (1 tasse) de carottes, tranchées
2 pommes de terre, tranchées
5 ml (1 c. à t.) de persil, haché

Dans une poêle, chauffer l'huile à feu moyen. Faire revenir l'oignon pendant 5 minutes. Ajouter le lait et les filets de poisson. Diminuer le feu et laisser mijoter à feu doux pendant 3 minutes.

Ajouter la crème de champignons et mélanger. Poivrer.

Entre-temps, dans une casserole d'eau salée, cuire les légumes. Égoutter.

Déposer les légumes dans une assiette de service. Déposer le poisson sur les légumes et napper de sauce. Parsemer de persil.

Servir.

Par portion Calories (Kcal) : 411 Gras : 15 g = 32 % des Kcal provenant du gras
Protéines : 31 g Cholestérol : 69 mg Sodium : 422 mg Hydrates de carbone : 40 g

Filets de doré au four
4 portions

180 ml (3/4 tasse) de chapelure assaisonnée
10 ml (2 c. à t.) de poudre d'oignon
10 ml (2 c. à t.) de poudre d'ail
10 ml (2 c. à t.) de paprika
0,5 ml (1/8 c. à t.) de sel de céleri
0,5 ml (1/8 c. à t.) de poivre de céleri
5 ml (1 c. à t.) d'huile d'olive
4 filets de doré de 165 g (6 oz) chacun
60 ml (1/4 tasse) de crème sure
15 ml (1 c. à s.) de sauce chili
0,5 ml (1/8 c. à t.) de sauce Worcestershire
15 ml (1 c. à s.) de raifort dans le vinaigre
5 ml (1 c. à t.) de jus de citron
Sel et poivre
5 ml (1 c. à t.) de persil, haché

Préchauffer le four à 190 °C (375 °F).

Dans un bol, mélanger la chapelure, la poudre d'oignon, la poudre d'ail, le paprika, le sel et le poivre de céleri. Bien enrober les filets de doré de cette préparation.

Badigeonner d'huile une lèchefrite et y déposer les filets de poisson. Cuire au four 15 minutes, en retournant les filets à mi-cuisson.

Entre-temps, dans un bol, mélanger la crème sure, la sauce chili, la sauce Worcestershire, le raifort et le jus de citron. Saler et poivrer.

Retirer le poisson du four. Parsemer de persil.

Servir accompagné de sauce au raifort.

Par portion Calories (Kcal) : 266 Gras : 8 g = 27 % des Kcal provenant du gras
Protéines : 29 g Cholestérol : 7 mg Sodium : 757 mg Hydrates de carbone : 18 g

Filets de saumon à la moutarde
4 portions

15 ml (1 c. à s.) d'huile d'olive
4 filets de saumon de 140 g (5 oz) chacun
20 ml (4 c. à t.) de moutarde à l'ancienne
1 gousse d'ail, hachée
5 ml (1 c. à t.) d'aneth, haché
Sel et poivre

Préchauffer le four à 175 °C (350 °F).

Déposer une feuille de papier aluminium dans une lèchefrite et la badigeonner d'huile d'olive. Y déposer les filets de saumon.

Badigeonner les filets de moutarde et d'ail. Saupoudrer d'aneth. Saler et poivrer.

Former une papillote avec le papier aluminium en laissant une toute petite ouverture (cheminée).

Cuire au four pendant 20 minutes.

Servir.

Par portion — Calories (Kcal) : 200   Gras : 9 g = 40 % des Kcal provenant du gras
Protéines : 29 g   Cholestérol : 74 mg   Sodium : 158 mg   Hydrates de carbone : 1 g

Bar au four
4 portions

4 filets de bar de 140 g (5 oz) chacun
250 ml (1 tasse) de tomates, en dés
1 oignon, tranché
4 clous de girofle
Jus d'une lime
Sel et poivre
8 noisettes de beurre
10 ml (2 c. à t.) de persil, haché
1 lime, tranchée

Préchauffer le four à 175 °C (350 °F).

Déposer les filets dans un plat allant au four. Recouvrir des tomates et de l'oignon. Ajouter les clous de girofle et arroser de jus de lime. Saler et poivrer.

Déposer les noisettes de beurre sur les filets et parsemer de persil.

Couvrir d'un papier aluminium.

Cuire au four pendant 15 minutes.

Au moment de servir, garnir de tranches de lime.

Par portion — Calories (Kcal) : 259   Gras : 14 g = 46 % des Kcal provenant du gras
Protéines : 26 g   Cholestérol : 92 mg   Sodium : 212 mg   Hydrates de carbone : 10 g

Bar au four

Filets de saumon à la moutarde

Nid de thon

Nid de thon
4 portions

1 boîte de thon de 175 g (6 1/2 oz)
1 œuf, cuit à la coque, haché
250 ml (1 tasse) de fromage cheddar, râpé
80 ml (1/3 tasse) de céleri, haché
60 ml (1/4 tasse) de yogourt nature
60 ml (1/4 tasse) de crevettes de Matane
Sel et poivre
4 tranches de pain

Préchauffer le four à 190 °C (375 °F).

Dans un bol, mélanger le thon, l'œuf, le fromage, le céleri, le yogourt et les crevettes. Saler et poivrer. Réserver.

Déposer les tranches de pain dans 4 moules à muffins huilés. Remplir les moules de pois cassés pour forcer les tranches de pain à épouser la forme des moules. Cuire au four pendant 10 minutes ou jusqu'à ce que le pain soit doré.

Retirer les moules du four et enlever les pois.

Farcir les tranches de pain du mélange de poisson. Remettre au four 5 minutes.

Servir.

Par portion	Calories (Kcal) : 273	Gras : 12 g = 41 % des Kcal provenant du gras
Protéines : 25 g	Cholestérol : 105 mg	Sodium : 518 mg	Hydrates de carbone : 14 g

Potage au parfum d'érable	44
Carrés aux épinards et à l'oseille	38
Casserole de veau aux champignons	63
Courgettes miniatures à l'huile d'ail	108
Tarte aux poires	102

printemps

La moutarde est un condiment apprécié depuis des lustres par diverses cultures. La moutarde, dite française, est fabriquée à partir des graines de moutarde broyées auxquelles on ajoute du liquide (jus de fruits, vin ou vinaigre) et des aromates qui diffèrent selon les régions. On y pense surtout pour les viandes, mais elle relève aussi à merveille le poisson.

Truites farcies
4 portions

15 ml (1 c. à s.) d'huile d'olive
60 ml (1/4 tasse) de céleri, haché
30 ml (2 c. à s.) d'oignon, haché
2 tranches de pain, en dés
1 ml (1/4 c. à t.) de thym
125 ml (1/2 tasse) de crevettes, cuites, hachées
Sel et poivre
4 truites de 225 g (8 oz) chacune, nettoyées
4 noisettes de beurre

Préchauffer le four à 200 °C (400 °F).

Dans une poêle, chauffer l'huile à feu moyen. Faire revenir le céleri et l'oignon pendant 3 minutes. Ajouter le pain, le thym et les crevettes. Mélanger.

Saler et poivrer l'intérieur des truites. Farcir les truites du mélange de légumes et de crevettes. Ficeler les truites et les déposer dans un plat allant au four. Déposer une noisette de beurre sur chaque truite.

Cuire au four pendant 25 minutes ou jusqu'à ce que la chair se détache.

Retirer du four. Couper la tête et la queue des truites. Enlever la peau.

Servir accompagné d'une crème de champignons.

Par portion Calories (Kcal) : 226 Gras : 12 g = 49 % des Kcal provenant du gras
Protéines : 21 g Cholestérol : 84 mg Sodium : 194 mg Hydrates de carbone : 7 g

Pâté de poisson
4 portions

500 ml (2 tasses) de poisson, cuit, émietté
250 ml (1 tasse) de chapelure de blé entier
60 ml (1/4 tasse) d'oignon, haché
250 ml (1 tasse) de pommes de terre, en purée
2 œufs, légèrement battus
5 ml (1 c. à t.) de persil, haché
Sel et poivre

Préchauffer le four à 175 °C (350 °F).

Dans un bol, mélanger le poisson, la chapelure, l'oignon et la purée de pommes de terre. Ajouter les œufs et le persil. Mélanger. Saler et poivrer.

Placer la préparation dans une assiette à tarte de 20,5 cm (8 po) de diamètre.

Cuire au four pendant 30 minutes.

Servir accompagné d'une mayonnaise à la tomate.

Par portion Calories (Kcal) : 311 Gras : 19 g = 55 % des Kcal provenant du gras
Protéines : 16 g Cholestérol : 110 mg Sodium : 719 mg Hydrates de carbone : 18 g

Croquettes de la mer
4 portions

250 ml (1 tasse) de chair de crabe, émiettée
125 ml (1/2 tasse) de chair de homard, émiettée
250 ml (1 tasse) de pommes de terre, en purée
1 œuf
15 ml (1 c. à s.) de beurre
4 ml (3/4 c. à t.) de sel de céleri
0,5 ml (1/8 c. à t.) de sel d'ail
Poivre
125 ml (1/2 tasse) de chapelure
60 ml (4 c. à s.) d'huile d'arachide

Dans un bol, mélanger le crabe, le homard, la purée, l'œuf, le beurre, le sel de céleri et le sel d'ail. Poivrer. Réfrigérer pendant 12 heures.

Préchauffer le four à 175 °C (350 °F).

Façonner le mélange en croquettes triangulaires. Passer dans la chapelure.

Dans une poêle, chauffer l'huile à feu moyen. Faire dorer les croquettes de chaque côté. Les déposer sur une plaque à biscuits. Cuire au four pendant 5 minutes. Servir.

Par portion Calories (Kcal) : 279 Gras : 5 g = 16 % des Kcal provenant du gras
Protéines : 28 g Cholestérol : 142 mg Sodium : 328 mg Hydrates de carbone : 19 g

De haut en bas :

Pâté de poisson

Croquettes de la mer

Truites farcies

Mets principaux

Viandes chevaline et sauvagine

La viande chevaline, parfois boudée en Amérique du Nord, est pourtant une viande maigre qui renferme moins de calories que les autres viandes de boucherie. Pour apprivoiser le goût délicat de cette viande, essayez notre recette de bifteck à la moutarde de rhubarbe ; vous en redemanderez !

Cailles aux agrumes

Biftecks de cheval à la moutarde de rhubarbe

Cailles aux agrumes
4 portions

2 oranges et 2 pamplemousses
6 cailles, coupées en 2, lavées et essuyées
45 ml (3 c. à s.) de beurre, fondu
Sel et poivre
125 ml (1/2 tasse) de vermouth blanc
5 ml (1 c. à t.) de zeste de lime
5 ml (1 c. à t.) de zeste de citron

Préchauffer le four à 190 °C (375 °F).

Prélever les suprêmes* des oranges et des pamplemousses. Réserver.

Badigeonner les cailles de beurre fondu. Saler et poivrer. Les disposer dans une lèchefrite, côté coupé en dessous. Cuire au four pendant 20 minutes en arrosant de jus de cuisson toutes les 5 minutes. Placer les suprêmes autour des cailles. Arroser de vermouth blanc et poursuivre la cuisson pendant 10 minutes.

Retirer du four. Parsemer des zestes. Servir.

Par portion   Calories (Kcal): 496   Gras: 29 g = 52 % des Kcal provenant du gras
Protéines: 34 g   Cholestérol: 148 mg   Sodium: 182 mg   Hydrates de carbone: 17 g

* voir lexique

Biftecks de cheval à la moutarde de rhubarbe
4 portions

30 ml (2 c. à s.) d'huile d'olive
4 biftecks de cheval de 165 g (6 oz) chacun
Sel et poivre
1 gousse d'ail, hachée
1/2 oignon, haché
60 ml (4 c. à s.) de moutarde forte
125 ml (1/2 tasse) de rhubarbe, pelée, en dés
60 ml (1/4 tasse) de bouillon de bœuf
45 ml (3 c. à s.) d'épinards, ciselés

Dans une poêle, chauffer l'huile à feu vif. Saisir les biftecks 4 minutes de chaque côté. Retirer les biftecks de la poêle. Saler et poivrer. Réserver.

Dans la même poêle, faire revenir l'ail et l'oignon pendant 2 minutes en remuant constamment. Ajouter la moutarde et la rhubarbe. Mélanger. Poursuivre la cuisson pendant 2 minutes tout en continuant de remuer.

Verser le bouillon dans la poêle. Poursuivre la cuisson pendant 2 minutes en remuant de temps à autre. Ajouter les épinards et mélanger.

Passer les biftecks dans la poêle pour bien les enrober de sauce. Servir.

Par portion   Calories (Kcal): 401   Gras: 31 g = 70% des Kcal provenant du gras
Protéines: 27 g   Cholestérol: 93 mg   Sodium: 355 mg   Hydrates de carbone: 3 g

Lapin des jours de fête
4 portions

MARINADE
80 ml (1/3 tasse) d'huile végétale
1 oignon, émincé
10 ml (2 c. à t.) de moutarde en poudre
15 ml (1 c. à s.) de moutarde à l'ancienne
125 ml (1/2 tasse) de vin blanc
80 ml (1/3 tasse) de sirop d'érable
15 ml (1 c. à s.) de sauce soja
10 ml (2 c. à t.) d'ail, haché
15 ml (1 c. à s.) de ciboulette, hachée
15 ml (1 c. à s.) de persil, haché
2 ml (1/2 de c. à t.) de sel
1 ml (1/4 c. à t.) de poivre

2 c. à s. de beurre
1 lapin, en morceaux
375 ml (1 1/2 tasse) de champignons, tranchés
125 ml (1/2 tasse) de crème 35 %

Dans un bol, mélanger tous les ingrédients de la marinade. Bien enrober les morceaux de lapin de cette marinade. Faire mariner de 6 à 8 heures au réfrigérateur.

Préchauffer le four à 175 °C (350 °F).

Placer la préparation dans une lèchefrite. Recouvrir de papier aluminium. Cuire au four pendant 2 heures. Retirer le papier aluminium 15 minutes avant la fin de la cuisson.

Retirer les morceaux de lapin de la lèchefrite et réserver au chaud. Passer le jus de cuisson au tamis et réserver.

Dans une poêle, chauffer le beurre à feu moyen. Faire revenir les champignons pendant 3 minutes.

Déglacer la poêle avec le jus de cuisson. Amener à ébullition. Incorporer la crème et poursuivre la cuisson 3 minutes ou jusqu'à épaississement.

Au moment de servir, napper les morceaux de lapin de sauce.

Par portion   Calories (Kcal): 401   Gras: 24 g = 55 % des Kcal provenant du gras
Protéines: 35 g   Cholestérol: 138 mg   Sodium: 83 mg   Hydrates de carbone: 9 g

Salades et accompagnements

Feuilles d'endive aux agrumes et à la noix de coco

Salade d'épinards, d'oseille et de pissenlits

Si le temps vous manque, vous pouvez attaquer directement le plat principal. Si le temps ou l'occasion s'y prête, il est agréable de prolonger le plaisir avec des salades ou divers accompagnements. Mettez l'eau à la bouche de vos convives. Ils se régaleront d'avance de ce que vous leur réservez. N'hésitez pas à surprendre avec des ingrédients moins classiques, comme les agrumes ou la noix de coco !

Salade d'épinards, d'oseille et de pissenlits
4 portions

250 ml (1 tasse) d'épinards, sans les tiges
250 ml (1 tasse) de feuilles de pissenlit
125 ml (1/2 tasse) de feuilles d'oseille
Sel et poivre
125 ml (1/2 tasse) de tomates miniatures, coupées en 2
75 ml (5 c. à s.) d'huile d'olive
15 ml (1 c. à s.) de vinaigre balsamique
15 ml (1 c. à s.) de purée d'oseille
1 gousse d'ail, hachée
16 brins de ciboulette

Dans un grand bol, mélanger les épinards, les feuilles de pissenlit et les feuilles d'oseille. Saler et poivrer.

Ajouter les tomates au mélange de verdure.

Dans un petit bol, mélanger l'huile d'olive, le vinaigre balsamique, la purée d'oseille et l'ail. Verser sur la salade et mélanger.

Répartir dans 4 assiettes et garnir de ciboulette.

Servir.

Par portion	Calories (Kcal): 165	Gras: 17 g = 90% des Kcal provenant du gras
Protéines: 1 g	Cholestérol: 0 mg	Sodium: 25 mg	Hydrates de carbone: 3 g

Salade de cresson
4 portions

2 bottes de cresson, sans les tiges
125 ml (1/2 tasse) de tomates, en dés
1 œuf, cuit à la coque, grossièrement haché
60 ml (1/4 tasse) de jus de légumes
5 ml (1 c. à t.) de sauce chili
15 ml (1 c. à s.) de moutarde forte
5 ml (1 c. à t.) d'huile d'olive, extra vierge
15 ml (1 c. à s.) de jus de citron
Sel et poivre

Déposer le cresson dans un saladier. Ajouter les tomates et l'œuf. Réserver.

Dans un petit bol, mélanger le jus de légumes, la sauce chili, la moutarde, l'huile d'olive et le jus de citron. Verser sur le cresson. Bien mélanger. Saler et poivrer.

Servir.

Par portion	Calories (Kcal): 172	Gras: 7 g = 35 % des Kcal provenant du gras
Protéines: 8 g	Cholestérol: 1 mg	Sodium: 116 mg	Hydrates de carbone: 24 g

Feuilles d'endive aux agrumes et à la noix de coco
4 portions

1 pamplemousse rose
15 ml (1 c. à s.) d'huile d'olive
1 échalote sèche, émincée
125 ml (1/2 tasse) de champignons, émincés
1 gousse d'ail, hachée
30 ml (2 c. à s.) de noix de coco, râpée
4 endives
5 ml (1 c. à t.) d'huile de sésame
Sel et poivre
1 feuille de laitue frisée rouge, déchiquetée

Prélever les suprêmes* du pamplemousse en prenant soin de récupérer le jus. Réserver.

Dans une poêle, chauffer l'huile à feu moyen. Faire revenir l'échalote, les champignons et l'ail pendant 3 minutes en remuant de temps à autre. Ajouter la noix de coco et poursuivre la cuisson 1 minute. Verser le jus de pamplemousse et mélanger. Retirer du feu.

Détacher les feuilles d'endive et les placer dans 4 assiettes. Garnir de suprêmes de pamplemousse et arroser de quelques gouttes d'huile de sésame. Saler et poivrer.

Verser la préparation de champignons sur les endives.

Garnir de laitue frisée. Servir.

Par portion	Calories (Kcal): 126	Gras: 4 g = 35% des Kcal provenant du gras
Protéines: 3 g	Cholestérol: 54 mg	Sodium: 134 mg	Hydrates de carbone: 3 g

* voir lexique

Il existe plusieurs variétés de cresson, dont la plus connue est le cresson de fontaine. Bien qu'il pousse les pieds dans l'eau, le cresson doit être lavé correctement étant donné qu'il emprisonne du sable et de la terre.

Petites pousses du printemps
4 portions

Feuilles de chêne rouge
1 endive, émincée
16 feuilles de basilic pourpre
1/2 radicchio, déchiqueté
250 ml (1 tasse) de bettes à carde, en morceaux
250 ml (1 tasse) d'épinards, sans les tiges

VINAIGRETTE
80 ml (1/3 tasse) d'huile d'olive, extra vierge
60 ml (1/4 tasse) d'eau
15 ml (1 c. à s.) de bouillon concentré de poulet
60 ml (4 c. à s.) de vinaigre balsamique
20 ml (4 c. à t.) de jus de citron
4 gousses d'ail, hachées
15 ml (1 c. à s.) d'origan frais, finement haché
30 ml (2 c. à s.) de persil frais, haché
Sel et poivre

Dans un grand bol, mélanger les feuilles de chêne, l'endive, le basilic, le radicchio, les bettes à carde et les épinards. Répartir ce mélange dans 4 assiettes.

Dans un autre bol, mélanger les ingrédients de la vinaigrette.

Au moment de servir, verser la vinaigrette sur la salade.

Par portion — Calories (Kcal) : 208 Gras : 19 g = 76 % des Kcal provenant du gras
Protéines : 3 g Cholestérol : 0 mg Sodium : 80 mg Hydrates de carbone : 10 g

Asperges et prosciutto
4 portions

16 asperges, cuites
4 tranches de prosciutto, coupées en 2
375 ml (1 1/2 tasse) de laitue frisée, ciselée
2 tomates, tranchées

VINAIGRETTE
160 ml (2/3 tasse) de yogourt nature
45 ml (3 c. à s.) de vinaigre de framboise
5 ml (1 c. à t.) de câpres, hachées
15 ml (1 c. à s.) de ciboulette, hachée
1 oignon rouge, émincé
16 tomates miniatures

Enrouler les asperges par groupe de 2 dans une tranche de prosciutto. Déposer les asperges sur la salade ciselée et les tomates.

Dans un bol, mélanger le yogourt, le vinaigre, les câpres et la ciboulette.

Verser sur la salade et les asperges. Décorer d'oignon et de tomates miniatures. Servir.

Par portion — Calories (Kcal) : 106 Gras : 3 g = 22 % des Kcal provenant du gras
Protéines : 9 g Cholestérol : 15 mg Sodium : 416 mg Hydrates de carbone : 14 g

Salade de Pâques
4 portions

250 ml (1 tasse) d'eau chaude
1 sachet de gélatine à la lime
1 ml (1/4 c. à t.) de sel
125 ml (1/2 tasse) d'eau froide
15 ml (1 c. à s.) de vinaigre de vin blanc
60 ml (1/4 tasse) de tiges d'asperges, cuites, émincées
8 radis, hachés grossièrement
60 ml (1/4 tasse) de tomates miniatures jaunes et rouges, en quartiers
45 ml (3 c. à s.) d'épinards, ciselés
30 ml (2 c. à s.) de noix, en morceaux
Feuilles de laitue

Dans un grand bol, verser l'eau chaude et y dissoudre la gélatine et le sel. Ajouter l'eau froide et le vinaigre.

Ajouter les asperges, les radis, les tomates, les épinards et les noix. Mélanger. Verser dans 6 ramequins et les placer au réfrigérateur pendant 2 heures ou jusqu'à ce que le mélange soit ferme.

Au moment de servir, démouler sur des feuilles de laitue ou placer les ramequins au centre d'un nid de laitue.

Par portion — Calories (Kcal) : 117 Gras : 3 g = 19 % des Kcal provenant du gras
Protéines : 3 g Cholestérol : 0 mg Sodium : 193 mg Hydrates de carbone : 22 g

De haut en bas :

Salade de Pâques

Asperges et prosciutto

Petites pousses du printemps

printemps

Poêlée de champignons
4 portions

30 ml (2 c. à s.) d'huile d'olive
250 ml (1 tasse) de champignons de Paris, en quartiers
250 ml (1 tasse) de champignons café, en quartiers
250 ml (1 tasse) de pleurotes, émincés
1 gousse d'ail, hachée
30 ml (2 c. à s.) de jus d'orange
30 ml (2 c. à s.) de bouillon de poulet
Sel et poivre
30 ml (2 c. à s.) de zeste d'orange

Dans une poêle, chauffer l'huile à feu moyen. Faire revenir les champignons et l'ail pendant 5 minutes en remuant de temps à autre.

Ajouter le jus d'orange et le bouillon de poulet. Mélanger. Poursuivre la cuisson pendant 1 minute.

Saler et poivrer.

Au moment de servir, garnir de zeste.

Par portion	Calories (Kcal) : 77	Gras : 7 g = 75 % des Kcal provenant du gras
Protéines : 1 g	Cholestérol : 0 mg	Sodium : 740 mg	Hydrates de carbone : 4 g

Courgettes miniatures à la noix de coco

Tombée d'épinards, d'oseille et d'endives
4 portions

15 ml (1 c. à s.) d'huile d'olive
1 gousse d'ail, hachée
1 échalote sèche, hachée
500 ml (2 tasses) d'épinards, sans les tiges
250 ml (1 tasse) d'oseille, sans les tiges
2 endives, émincées
80 ml (1/3 tasse) de vermouth blanc
0,5 ml (1/8 c. à t.) de muscade
Sel et poivre

Dans une poêle, chauffer l'huile à feu moyen. Faire revenir l'ail et l'échalote pendant 2 minutes en remuant de temps à autre.

Ajouter les épinards, l'oseille et les endives. Mélanger et poursuivre la cuisson pendant 2 minutes en remuant constamment.

Ajouter le vermouth et mélanger. Poursuivre la cuisson jusqu'à ce que le liquide soit réduit des deux tiers. Ajouter la muscade. Saler et poivrer.

Servir.

Par portion	Calories (Kcal) : 117	Gras : 4 g = 35 % des Kcal provenant du gras
Protéines : 4 g	Cholestérol : 0 mg	Sodium : 84 mg	Hydrates de carbone : 12 g

Tombée d'épinards, d'oseille et d'endives

Poêlée de champignons

◂◂◂ Courgettes miniatures
à la noix de coco
4 portions

30 ml (2 c. à s.) d'huile d'olive
1 gousse d'ail, hachée
1 échalote verte, hachée
500 ml (2 tasses) de courgettes miniatures
45 ml (3 c. à s.) de noix de coco, râpée
5 ml (1 c. à t.) de miel
10 ml (2 c. à t.) de ciboulette, hachée
0,5 ml (1/8 c. à t.) de muscade
Sel et poivre

Dans une poêle, chauffer l'huile à feu moyen. Faire revenir l'ail et l'échalote pendant 2 minutes en remuant de temps à autre.

Ajouter les courgettes et mélanger. Poursuivre la cuisson pendant 3 minutes en remuant de temps à autre.

Ajouter la noix de coco râpée et mélanger. Poursuivre la cuisson pendant 2 minutes en remuant de temps à autre.

Ajouter le miel et mélanger. Poursuivre la cuisson jusqu'à ce que le miel soit complètement fondu.

Ajouter la ciboulette et la muscade. Saler et poivrer.

Servir.

| **Par portion** | Calories (Kcal) : 114 | Gras : 10 g = 71 % des Kcal provenant du gras |
| Protéines : 2 g | Cholestérol : 1 mg | Sodium : 23 mg | Hydrates de carbone : 7 g |

MENU

Soupe minestrone	48
Croûtons au thon et au fromage	35
Filets de doré au four	75
Courgettes miniatures à la noix de coco	87
Crème au café	96

printemps

L'épinard, selon la variété, peut avoir une feuille ovale, ronde ou triangulaire ! Quelle que soit sa forme, il assure la vôtre. En effet, lorsqu'il est cru, c'est une source de fer, de vitamine A et de vitamine C. Voilà sans doute la raison pour laquelle POPEYE, le sympathique marin de la bande dessinée, y puise sa force !

Macédoine printanière
4 portions

30 ml (2 c. à s.) d'huile d'olive
1 gousse d'ail, hachée
1 échalote verte, hachée
250 ml (1 tasse) de champignons, en quartiers
125 ml (1/2 tasse) de radis, en dés
60 ml (1/4 tasse) de courgette, en dés
60 ml (1/4 tasse) de haricots verts, émincés
60 ml (1/4 tasse) de tiges d'asperges, émincées
15 ml (1 c. à s.) de persil, haché
Sel et poivre

Dans une poêle, chauffer l'huile à feu moyen. Faire revenir l'ail et l'échalote pendant 2 minutes en remuant de temps à autre.

Ajouter les champignons, les radis, la courgette, les haricots verts et les asperges. Mélanger. Poursuivre la cuisson pendant 1 minute en remuant de temps à autre. Couvrir à moitié. Diminuer le feu et poursuivre la cuisson 5 minutes en remuant de temps à autre.

Ajouter le persil. Saler et poivrer.

Servir.

Par portion	Calories (Kcal) : 86	Gras : 7 g = 68 % des Kcal provenant du gras
Protéines : 2 g	Cholestérol : 0 mg	Sodium : 15 mg	Hydrates de carbone : 6 g

Macédoine printanière

Champignons farcis aux perles de courgettes
4 portions

16 gros champignons de Paris, lavés et essuyés
60 ml (1/4 tasse) de courgettes, en perles
45 ml (3 c. à s.) de crème sure
1 gousse d'ail, hachée
5 ml (1 c. à t.) de ciboulette, hachée
10 ml (2 c. à t.) de persil, haché
15 ml (1 c. à s.) d'huile d'olive
Sel et poivre

Préchauffer le four à 220 °C (425 °F).

Retirer les pieds des champignons et n'en hacher que la moitié (conserver le reste pour une soupe). Réserver les têtes.

Dans un bol, mélanger les courgettes, la crème sure, les pieds de champignons hachés, l'ail, la ciboulette et le persil.

Humecter les têtes de champignons d'huile d'olive.

Farcir les têtes de champignons de ce mélange. Saler et poivrer.

Cuire au four pendant 10 minutes.

Servir.

Par portion	Calories (Kcal) : 66	Gras : 5 g = 61 % des Kcal provenant du gras
Protéines : 2 g	Cholestérol : 0 mg	Sodium : 5 mg	Hydrates de carbone : 5 g

Champignons farcis aux perles de courgettes

Chutney coco-arachide au cari

environ 250 ml (1 tasse)

15 ml (1 c. à s.) d'huile d'arachide
1 gousse d'ail, hachée
1 échalote sèche, hachée
125 ml (1/2 tasse) d'arachides, salées
125 ml (1/2 tasse) de noix de coco, en dés
60 ml (1/4 tasse) de jus d'orange
5 ml (1 c. à t.) de zeste d'orange
1 ml (1/4 c. à t.) de cari
0,5 ml (1/8 c. à t.) de feuilles de coriandre, hachées
1 pincée de muscade
1 pincée de cannelle
Sel et poivre
45 ml (3 c. à s.) de yogourt nature

Dans une poêle, chauffer l'huile à feu moyen. Faire revenir l'ail et l'échalote pendant 2 minutes en remuant de temps à autre.

Ajouter les arachides et la noix de coco. Mélanger. Poursuivre la cuisson pendant 3 minutes en remuant de temps à autre.

Ajouter le jus d'orange et mélanger. Couvrir à moitié. Diminuer le feu et poursuivre la cuisson pendant 5 minutes en remuant de temps à autre.

Ajouter le zeste d'orange, le cari, la coriandre, la muscade et la cannelle. Mélanger. Saler et poivrer. Retirer du feu et laisser tiédir.

Ajouter le yogourt et mélanger.

Servir.

Par 15 ml	Calories (Kcal) : 51	Gras : 4 g = 70 % des Kcal provenant du gras
Protéines : 6 g	Cholestérol : 2 mg	Sodium : 15 mg	Hydrates de carbone : 3 g

Saviez-vous que le mot chutney tire ses origines de l'hindi «chatni»? Composé de fruits ou de légumes, ce condiment recèle des saveurs pimentées, sucrées ou vinaigrées selon la façon dont il est préparé. Il agrémentera vos plats d'une touche d'exotisme et, dans un joli pot, fera un cadeau original à offrir aux amis.

Technique

À l'aide d'un gros clou et d'un marteau, transpercer les 3 marques circulaires de l'extrémité de la noix.

Vider la noix de son jus. À l'aide d'un marteau, heurter vivement la noix au centre des 3 trous.

À l'aide d'un économe, parer à vif les morceaux de noix de coco.

Riz frit aux dattes
4 portions

- 125 ml (1/2 tasse) de riz blanc
- 300 ml (1 1/4 tasse) de bouillon de poulet
- 30 ml (2 c. à s.) d'huile d'olive
- 1 gousse d'ail, hachée
- 1 échalote verte, hachée
- 60 ml (1/4 tasse) de dattes, émincées
- 60 ml (1/4 tasse) de champignons, émincés
- 15 ml (1 c. à s.) de sauce tamari
- 0,5 ml (1/8 c. à t.) d'huile de sésame
- Sel et poivre

Dans une casserole, cuire le riz dans le bouillon de poulet. Retirer du feu, verser le riz dans une passoire et laisser tiédir.

Dans une grande poêle, chauffer l'huile à feu moyen. Faire revenir l'ail et l'échalote pendant 2 minutes en remuant de temps à autre. Ajouter les dattes et les champignons. Mélanger et poursuivre la cuisson pendant 2 minutes en remuant de temps à autre. Ajouter le riz et mélanger. Poursuivre la cuisson pendant 2 minutes en remuant de temps à autre.

Ajouter la sauce tamari et l'huile de sésame. Mélanger et poursuivre la cuisson pendant 1 minute en remuant de temps à autre. Saler et poivrer.

Servir.

Par portion	Calories (Kcal) : 194	Gras : 7 g = 33 % des Kcal provenant du gras
Protéines : 4 g	Cholestérol : 0 mg	Sodium : 2240 mg	Hydrates de carbone : 30 g

Cabollée aux haricots
4 portions

- 4 tranches de bacon, en dés
- 1 gousse d'ail, hachée
- 1 échalote sèche, hachée
- 250 ml (1 tasse) de haricots verts, blanchis
- 250 ml (1 tasse) de haricots jaunes, blanchis
- 250 ml (1 tasse) de pommes de terre miniatures, cuites
- 30 ml (2 c. à s.) d'huile d'olive extra vierge
- 10 ml (2 c. à t.) de vinaigre balsamique
- 0,5 ml (1/8 c. à t.) de paprika
- 10 ml (2 c. à t.) de persil, haché
- Sel et poivre

Dans une grande poêle, cuire le bacon à feu moyen. À mi-cuisson, ajouter l'ail et l'échalote et faire revenir 2 minutes en remuant de temps à autre.

Dégraisser la poêle. Ajouter les haricots et les pommes de terre. Mélanger et poursuivre la cuisson pendant 2 minutes en remuant de temps à autre. Retirer du feu et laisser tiédir.

Ajouter l'huile d'olive, le vinaigre balsamique, le paprika et le persil. Mélanger. Saler et poivrer. Servir.

Par portion	Calories (Kcal) : 323	Gras : 11 g = 31 % des Kcal provenant du gras
Protéines : 15 g	Cholestérol : 5 mg	Sodium : 120 mg	Hydrates de carbone : 43 g

Pâtes aux crevettes et aux asperges
4 portions

- 115 g (4 oz) de pâtes au sarrasin
- 30 ml (2 c. à s.) d'huile d'olive
- 1 gousse d'ail, hachée
- 1 échalote verte, hachée
- 125 ml (1/2 tasse) de pointes d'asperges, blanchies
- 80 ml (1/3 tasse) de crème 35 %
- 15 ml (1 c. à s.) de ciboulette, hachée
- 80 ml (1/3 tasse) de crevettes de Matane
- Sel et poivre

Dans une casserole, cuire les pâtes selon les instructions de l'emballage. Égoutter et réserver.

Dans une grande poêle, chauffer l'huile à feu moyen. Faire revenir l'ail et l'échalote pendant 2 minutes en remuant de temps à autre.

Ajouter les asperges et mélanger. Poursuivre la cuisson pendant 1 minute en remuant de temps à autre.

Ajouter la crème, mélanger et laisser réduire de moitié.

Ajouter la ciboulette, les crevettes et les pâtes. Saler et poivrer. Mélanger et poursuivre la cuisson pendant 2 minutes en remuant de temps à autre.

Servir.

Par portion	Calories (Kcal) : 261	Gras : 15 g = 51 % des Kcal provenant du gras
Protéines : 7 g	Cholestérol : 40 mg	Sodium : 28 mg	Hydrates de carbone : 25 g

De haut en bas :

Cabollée aux haricots

Riz frit aux dattes

Pâtes aux crevettes et aux asperges

printemps

# Desserts et gâteries

Tarte à la rhubarbe

Bâtonnets de rhubarbe

Quoi de mieux pour couronner un excellent repas qu'un bon dessert ? Faites en sorte que vos convives se gardent une petite place, car nous vous proposons quelques délices à déguster à petites bouchées... Vous trouverez également des recettes de douces gâteries parfaites pour la pause-café ou la collation des enfants.

Tarte à la rhubarbe
4 à 6 portions

2 abaisses de pâte brisée
375 ml (1 1/2 tasse) de cassonade
60 ml (1/4 tasse) de farine
180 ml (3/4 tasse) de crème 35 %
750 ml (3 tasses) de rhubarbe, en dés
1 jaune d'œuf, battu

Préchauffer le four à 200 °C (400 °F).

Foncer 1 assiette à tarte de 23 cm (9 po) d'une abaisse.

Dans une casserole, mélanger la cassonade, la farine et la crème. Cuire à feu doux pendant 10 minutes.

Déposer la rhubarbe sur l'abaisse. Verser le mélange chaud. Recouvrir de l'autre abaisse.

Badigeonner le dessus de la tarte du jaune d'œuf.

Cuire au four pendant 45 minutes.

Servir.

Par portion	Calories (Kcal) : 615	Gras : 28 g = 41 % des Kcal provenant du gras
Protéines : 6 g	Cholestérol : 76 mg	Sodium : 426 mg	Hydrates de carbone : 87 g

Bâtonnets de rhubarbe
4 portions

450 g (1 lb) de pâte brisée
16 bâtonnets de rhubarbe
375 ml (1 1/2 tasse) de cassonade
250 ml (1 tasse) d'eau
1 noisette de beurre, fondu
5 ml (1 c. à t.) d'essence de vanille

Préchauffer le four à 160 °C (325 °F).

Abaisser la pâte.

Couper en triangles de 10 cm x 5 cm (4 po x 2 po). Enrouler les triangles autour des bâtonnets de rhubarbe.

Déposer les bâtonnets dans un plat allant au four. Réserver.

Dans un bol, mélanger la cassonade, l'eau, le beurre et la vanille. Verser sur les bâtonnets.

Cuire au four pendant 1 heure.

Servir.

Par portion	Calories (Kcal) : 750	Gras : 29 g = 34% des Kcal provenant du gras
Protéines : 8 g	Cholestérol : 2 mg	Sodium : 704 mg	Hydrates de carbone : 98 g

Gâteau moka express
4 à 6 portions

1 gâteau des anges, du commerce
125 ml (1/2 tasse) de café fort, refroidi
750 ml (3 tasses) de crème fouettée
60 ml (1/4 tasse) de sucre glace
2 ml (1/2 c. à t.) d'extrait de vanille
30 ml (2 c. à s.) de café instantané
Grains de café

Couper le gâteau en 4 étages. Réserver 1 étage pour le dessus. Imbiber les 3 autres étages de café. Réserver.

Dans un bol, mélanger la crème fouettée, le sucre, la vanille et le café instantané. Laisser reposer 1 heure au réfrigérateur. Mélanger de temps à autre.

Tartiner de crème moka chaque étage de gâteau imbibé de café. Superposer les 3 étages. Coiffer de l'étage du dessus. À l'aide d'une spatule, recouvrir complètement le gâteau de crème moka. Garnir de grains de café.

Laisser reposer 1 heure au réfrigérateur.

Servir.

Par portion	Calories (Kcal) : 537	Gras : 33 g = 55 % des Kcal provenant du gras
Protéines : 7 g	Cholestérol : 122 mg	Sodium : 591 mg	Hydrates de carbone : 55 g

Saviez-vous que la vanille est le fruit d'une orchidée grimpante d'Amérique ? Ce sont les Espagnols qui l'ont fait découvrir au reste de l'Europe, car ils auraient été agréablement surpris par son petit goût particulier. Gracias !

Tarte au sirop d'érable
8 portions

1 abaisse de pâte brisée
500 ml (2 tasses) de sirop d'érable
250 ml (1 tasse) de lait
90 ml (2 c. à s.) de fécule de maïs
60 ml (4 c. à s.) de jus de raisin blanc

Préchauffer le four à 190 °C (375 °F).

Foncer 1 assiette à tarte de 23 cm (9 po) de l'abaisse.

Dans une casserole, mélanger le sirop et le lait. Ajouter la fécule de maïs délayée dans le jus de raisin. Mélanger.

Cuire à feu doux jusqu'à ce que le mélange épaississe.

Verser la préparation sur l'abaisse.

Cuire au four pendant 50 minutes.

Servir.

| Par portion | Calories (Kcal) : 453 | Gras : 13 g = 26 % des Kcal provenant du gras |
| Protéines : 4 g | Cholestérol : 4 mg | Sodium : 314 mg | Hydrates de carbone : 81 g |

Tarte au sirop d'érable

Tarte à la noix de coco
4 à 6 portions

1 abaisse de pâte brisée
4 œufs
250 ml (1 tasse) de sucre
500 ml (2 tasses) de lait
10 ml (2 c. à t.) de vanille
125 ml (1/2 tasse) de beurre
125 ml (1/2 tasse) de farine
250 ml (1 tasse) de noix de coco, râpée
30 ml (2 c. à s.) de noix de coco, râpée, grillée

Préchauffer le four à 175 °C (350 °F).

Foncer 1 assiette à tarte de 23 cm (9 po) de l'abaisse.

Au robot culinaire, mélanger le reste des ingrédients.

Verser la préparation sur l'abaisse.

Cuire au four pendant 1 heure.

Retirer du four et parsemer de noix de coco grillée.

Servir.

| Par portion | Calories (Kcal) : 496 | Gras : 30 g = 54 % des Kcal provenant du gras |
| Protéines : 10 g | Cholestérol : 177 mg | Sodium : 288 mg | Hydrates de carbone : 87 g |

Tarte à la noix de coco

Tarte au fromage, à l'érable et aux noix

▪▪▪ Tarte au fromage, à l'érable et aux noix
4 à 6 portions

625 ml (2 1/2 tasses) de biscuits Graham, émiettés
30 ml (2 c. à s.) de cassonade
45 ml (3 c. à s.) de beurre, fondu
60 ml (1/4 tasse) d'eau froide
1 sachet de gélatine neutre
450 g (16 oz) de fromage à la crème
180 ml (3/4 tasse) de cassonade
80 ml (1/3 tasse) de sirop d'érable
250 ml (1 tasse) de crème fouettée
80 ml (1/3 tasse) de noix, hachées

Préchauffer le four à 175 °C (350 °F).

Dans un bol, mélanger les biscuits Graham, la cassonade et le beurre. Presser ce mélange dans le fond d'une assiette à tarte. Cuire au four 5 minutes. Laisser tiédir.

Entre-temps, dans un bol, verser l'eau froide et faire gonfler la gélatine.

Dans un autre bol, mélanger le fromage, la cassonade et le sirop d'érable.

Chauffer la gélatine et l'incorporer au mélange de fromage. Ajouter la crème fouettée délicatement.

Verser la garniture sur la croûte et parsemer de noix hachées.

Laisser reposer 3 heures au réfrigérateur. Servir.

Par portion	Calories (Kcal) : 765	Gras : 48 g = 56 % des Kcal provenant du gras
Protéines : 13 g	Cholestérol : 125 mg	Sodium : 640 mg	Hydrates de carbone : 73 g

MENU

Soupe au riz de mon grand-père	44
Endives au gratin	37
Cailles aux agrumes	81
Asperges et prosciutto	84
Bâtonnets de rhubarbe	93

printemps

La noix de coco est le fruit singulier du cocotier, qui fait partie de la grande famille des palmiers. La noix de coco est cachée sous une coquille brune, très dure, qu'on doit briser pour découvrir la chair et l'eau qu'elle renferme. En passant, l'eau de coco étanche la soif !

Charlotte à l'érable
4 à 6 portions

- 250 ml (1 tasse) de sirop d'érable
- 1 sachet de gélatine neutre
- 60 ml (1/4 tasse) d'eau froide
- 500 ml (2 tasses) de crème 35 %
- Biscuits langues-de-chat ou doigts de dame

Dans une casserole, chauffer le sirop d'érable à feu moyen pendant 3 minutes. Retirer du feu.

Dans un bol d'eau froide, faire gonfler la gélatine. Ajouter la gélatine au sirop chaud. Bien mélanger. Laisser tiédir ce mélange pour le laisser prendre à demi en remuant de temps à autre.

Dans un autre bol, fouetter la crème. Incorporer le mélange de gélatine et de sirop en pliant délicatement.

Placer les biscuits sur le pourtour d'un moule démontable préalablement tapissé d'une pellicule plastique. Verser la crème au centre. Laisser refroidir au moins 2 heures au réfrigérateur.

Démouler et servir aussitôt.

Par portion	Calories (Kcal) : 573	Gras : 33 g = 52 % des Kcal provenant du gras
Protéines : 6 g	Cholestérol : 269 mg	Sodium : 100 mg	Hydrates de carbone : 64 g

Crème au café
4 portions

- 125 ml (1/2 tasse) d'eau chaude
- 10 ml (2 c. à t.) de café instantané
- 38 grosses guimauves
- 500 ml (2 tasses) de crème fouettée
- 5 ml (1 c. à t.) de vanille
- 15 ml (1 c. à s.) de sucre
- Gaufrettes au chocolat
- Fruits frais

Dans un bain-marie*, dissoudre le café dans l'eau chaude. Ajouter les guimauves et faire fondre à feu doux. Laisser tiédir.

Dans un bol, mélanger la crème fouettée, la vanille et le sucre. Ajouter délicatement à la préparation de guimauve.

Disposer la moitié des gaufrettes dans 1 moule de 23 cm (9 po). Couvrir avec la moitié de la crème. Recouvrir du reste des biscuits. Terminer avec le reste de la crème. Décorer de fruits frais.

Laisser reposer au congélateur jusqu'au moment de servir.

Par portion	Calories (Kcal) : 577	Gras : 39 g = 60 % des Kcal provenant du gras
Protéines : 5 g	Cholestérol : 83 mg	Sodium : 409 mg	Hydrates de carbone : 54 g

* voir lexique

Charlottes miniatures aux fraises
4 portions

- 250 ml (1 tasse) de fraises, tranchées
- 45 ml (3 c. à s.) de cognac
- 60 ml (1/4 tasse) de brisures de chocolat
- 40 biscuits langues-de-chat
- 500 ml (2 tasses) de crème fouettée

Dans un bol, mélanger les fraises et le cognac. Laisser macérer 1 heure en mélangeant de temps à autre.

Faire fondre le chocolat dans un bain-marie ou 30 secondes au micro-ondes. Tremper une extrémité des biscuits dans le chocolat fondu. Laisser durcir.

Placer les biscuits sur le pourtour de 4 grosses tasses ou 4 petits bols.

Dans un autre bol, mélanger la moitié des fraises à la moitié de la crème fouettée. Verser au centre des biscuits. Recouvrir du reste des fraises. Garnir de crème fouettée.

Placer au réfrigérateur 2 heures.

Servir.

Par portion	Calories (Kcal) : 608	Gras : 34 g = 51 % des Kcal provenant du gras
Protéines : 11 g	Cholestérol : 383 mg	Sodium : 146 mg	Hydrates de carbone : 62 g

De haut en bas :

Charlottes miniatures aux fraises

Crème au café

Charlotte à l'érable

Pouding au riz au beurre d'érable
8 portions

2 œufs, séparés
125 ml (1/2 tasse) de sucre
125 ml (1/2 tasse) de riz
750 ml (3 tasses) de lait
2 ml (1/2 c. à t.) de vanille
750 ml (3 tasses) de sirop d'érable
250 ml (1 tasse) de cassonade
250 ml (1 tasse) de lait
125 ml (1/2 tasse) de sirop de maïs
60 ml (4 c. à s.) de beurre

Dans un bain-marie*, mélanger les jaunes, le sucre, le riz et le lait. Cuire jusqu'à épaississement en remuant de temps à autre. Ajouter la vanille et mélanger.

Dans un bol, fouetter les blancs d'œufs en neige. Ajouter au mélange et poursuivre la cuisson 2 minutes. Retirer du feu.

Dans une casserole, mélanger le sirop d'érable, la cassonade, le lait et le sirop de maïs. Amener à ébullition. Poursuivre la cuisson 20 minutes en remuant de temps à autre. Laisser tiédir 20 minutes. Ajouter le beurre et remuer jusqu'à consistance crémeuse.

Au moment de servir napper le pouding au riz du beurre d'érable tiède.

Par portion	Calories (Kcal) : 703	Gras : 11 g = 14 % des Kcal provenant du gras
Protéines : 6 g	Cholestérol : 77 mg	Sodium : 167 mg	Hydrates de carbone : 149 g

* voir lexique

Pouding aux abricots
4 portions

750 ml (3 tasses) de pain, en dés
750 ml (3 tasses) de lait, chaud
1 œuf, battu
250 ml (1 tasse) de sucre
180 ml (3/4 tasse) d'abricots séchés, émincés
1 pincée de muscade

Préchauffer le four à 175 °C (350 °F).

Dans un bol, mélanger le pain et le lait. Laisser reposer 10 minutes. Ajouter l'œuf, le sucre, les abricots. Mélanger.

Verser le mélange dans un plat de 20,5 cm x 20,5 cm (8 po x 8 po) allant au four. Saupoudrer de muscade.

Cuire au four pendant 45 minutes.

Servir.

Par portion	Calories (Kcal) : 463	Gras : 8 g = 16 % des Kcal provenant du gras
Protéines : 11 g	Cholestérol : 70 mg	Sodium : 274 mg	Hydrates de carbone : 89 g

Pâte brisée
2 abaisses

- 60 ml (1/4 tasse) d'eau
- 15 ml (1 c. à s.) de sucre
- 5 ml (1 c. à t.) de sel
- 160 ml (2/3 tasse) de beurre, ramolli
- 500 ml (2 tasses) de farine

Dans un petit bol, mélanger l'eau, le sucre et le sel. Laisser reposer 15 minutes.

Dans un grand bol, mélanger le beurre et la farine. Travailler la pâte jusqu'à l'obtention d'une consistance granuleuse. Creuser un puits au centre du bol. Verser l'eau dans le puits. Mélanger jusqu'à absorption complète de l'eau en prenant soin de ne pas trop pétrir.

Emballer la boule de pâte de pellicule plastique et laisser reposer 1 heure au réfrigérateur.

Retirer la pâte du réfrigérateur et la couper en 2. Enfariner légèrement un plan de travail et abaisser la pâte à l'aide d'un rouleau à pâte ou d'une bouteille de vin. Enfariner légèrement le rouleau et travailler la pâte jusqu'à l'obtention d'un cercle d'environ 28 cm (11 po) de diamètre et 0,25 cm (1/8 po) d'épaisseur.

Enrouler la pâte sur le rouleau et la déposer dans une assiette à tarte ou dans un moule.

Presser la pâte pour qu'elle épouse bien l'assiette ou le moule.

À l'aide d'un couteau, retirer l'excédent de pâte. Former une bordure de fantaisie avec vos doigts.

OU

Passer le rouleau sur le dessus du moule pour retirer l'excédent de pâte.

Par abaisse — Calories (Kcal) : 986 Gras : 62 g = 55 % des Kcal provenant du gras
Protéines : 14 g Cholestérol : 163 mg Sodium : 1879 mg Hydrates de carbone : 102 g

Technique

Enrouler la pâte sur le rouleau.

Déposer la pâte dans une assiette à tarte ou dans un moule. Presser la pâte pour qu'elle épouse bien l'assiette ou le moule. À l'aide d'un couteau, retirer l'excédent de pâte. Former une bordure de fantaisie avec vos doigts.

OU

Passer le rouleau sur le dessus du moule pour retirer l'excédent de pâte.

L'abricotier, un arbre originaire de Chine, a la grande bonté de nous fournir le délectable abricot, qui signifie «précoce» en arabe. En effet, l'abricotier fleurit de bonne heure au printemps. Il va sans dire que les pays où il pousse, dont la Turquie et l'Italie, ont des climats un tantinet plus chauds que le nôtre !

Gâteau à la salade de fruits
8 portions

2 œufs
1 boîte de 540 ml (19 oz) de salade de fruits, du commerce
5 ml (1 c. à t.) de vanille
500 ml (2 tasses) de farine
375 ml (1 1/2 tasse) de sucre
10 ml (2 c. à t.) de bicarbonate de soude
2 ml (1/2 c. à t.) de sel
125 ml (1/2 tasse) de cassonade

Préchauffer le four à 175 °C (350 °F).

Dans un grand bol, battre les œufs. Ajouter la salade de fruits, son jus et la vanille.

Dans un autre bol, mélanger la farine, le sucre, le bicarbonate et le sel. Incorporer au premier mélange. Ajouter la cassonade et mélanger.

Cuire au four pendant 1 heure ou jusqu'à ce que la pointe d'un couteau insérée au centre en ressorte propre.

Servir.

Par portion	Calories (Kcal) : 577	Gras : 9 g = 14 % des Kcal provenant du gras
Protéines : 7 g	Cholestérol : 332 mg	Sodium : 332 mg	Hydrates de carbone : 68 g

Gâteau des anges aux fraises
8 portions

1 gâteau des anges, du commerce
125 ml (1/2 tasse) de jus d'orange
750 ml (3 tasses) de crème fouettée
60 ml (1/4 tasse) de sucre glace
2 ml (1/2 c. à t.) d'extrait de vanille
750 ml (3 tasses) de fraises, équeutées
250 ml (1 tasse) de confiture de fraises

Couper le gâteau en 3 étages. Réserver 1 étage pour le dessus. Imbiber les 2 autres étages de jus d'orange. Réserver.

Dans un bol, mélanger la crème fouettée, le sucre et la vanille. Réserver.

Dans un autre bol, mélanger 250 ml (1 tasse) de fraises et 125 ml (1/2 tasse) de confiture. Réserver.

Tartiner de confiture les 2 étages de gâteau imbibés de jus. Coiffer du dessus. À l'aide d'une spatule, recouvrir complètement le gâteau de crème fouettée. Entourer de fraises. Verser le mélange de fraises et de confiture au centre du gâteau.

Placer au réfrigérateur 1 heure.

Servir.

Par portion	Calories (Kcal) : 565	Gras : 20 g = 31 % des Kcal provenant du gras
Protéines : 7 g	Cholestérol : 118 mg	Sodium : 510 mg	Hydrates de carbone : 92 g

Gâteau à la rhubarbe
8 portions

125 ml (1/2 tasse) de beurre
375 ml (1 1/2 tasse) de sucre
3 œufs
5 ml (1 c. à t.) de vanille
500 ml (2 tasses) de farine
5 ml (1 c. à t.) de bicarbonate de soude
2 ml (1/2 c. à t.) de sel
250 ml (1 tasse) de yogourt nature
15 ml (1 c. à s.) de farine
500 ml (2 tasses) de rhubarbe, en dés
60 ml (1/4 tasse) de beurre, ramolli
10 ml (2 c. à t.) de cannelle
250 ml (1 tasse) de cassonade

Dans un bol, mélanger le beurre et le sucre jusqu'à consistance crémeuse. Ajouter les œufs et la vanille. Mélanger. Réserver.

Dans un autre bol, tamiser la farine, le bicarbonate et le sel. Ajouter au premier mélange. Incorporer le yogourt.

Enfariner la rhubarbe. Incorporer la rhubarbe au mélange.

Verser dans un plat de 33 cm x 23 cm (13 po x 9 po) allant au four.

Dans un bol, mélanger le beurre, la cannelle et la cassonade et en parsemer le mélange.

Cuire au four pendant 45 minutes.

Servir.

Par portion	Calories (Kcal) : 480	Gras : 17 g = 31 % des Kcal provenant du gras
Protéines : 6 g	Cholestérol : 61 mg	Sodium : 589 mg	Hydrates de carbone : 80 g

De haut en bas :

Gâteau à la salade de fruits

Gâteau des anges aux fraises

Gâteau à la rhubarbe

Tarte aux poires
6 portions

1 abaisse de pâte brisée
1 boîte de 840 ml (28 oz) de poires (coupées en 2)
160 ml (2/3 tasse) de sucre
60 ml (1/4 tasse) de farine
1 ml (1/4 c. à t.) de sel
250 ml (1 tasse) de crème 35 %

Préchauffer le four à 200 °C (400 °F).

Foncer 1 assiette à tarte de 23 cm (9 po) d'une abaisse.

Égoutter les poires. Déposer sur l'abaisse.

Dans un bol, mélanger le sucre, la farine, le sel et la crème. Verser sur les poires.

Cuire au four pendant 45 minutes.

Servir.

Par portion	Calories (Kcal) : 441	Gras : 23 g = 46 % des Kcal provenant du gras
Protéines : 4 g	Cholestérol : 58 mg	Sodium : 304 mg	Hydrates de carbone : 54 g

Tartelettes au fromage

Tartelettes au fromage
8 portions

225 g (8 oz) de fromage à la crème, ramolli
125 ml (1/2 tasse) de lait condensé
80 ml (1/3 tasse) de jus de citron
5 ml (1 c. à t.) d'extrait de vanille
24 croûtes à tartelette de 7,5 cm (2 po)
10 ml (2 c. à t.) de cacao en poudre

Dans un grand bol, battre le fromage au malaxeur. Ajouter le lait et mélanger.

Ajouter le jus de citron et la vanille. Battre à nouveau.

Verser dans les croûtes. Laisser reposer 3 heures au réfrigérateur.

Au moment de servir, décorer de fruits et saupoudrer de cacao.

Par portion	Calories (Kcal) : 497	Gras : 31 g = 55 % des Kcal provenant du gras
Protéines : 9 g	Cholestérol : 41 mg	Sodium : 558 mg	Hydrates de carbone : 48 g

Tarte aux poires

Tartes aux fraises extra

▪▪▪ Tartes aux fraises extra
8 portions

4 abaisses de pâte brisée
1 sachet de glaçage aux fraises, du commerce
250 ml (1 tasse) de sirop d'érable
750 ml (3 tasses) de fraises, coupées en 2

Préchauffer le four à 175 °C (350 °F).

Foncer 2 assiettes à tarte de 2 abaisses. Réserver les 2 autres pour couvrir.

Dans un bol, délayer le glaçage dans le sirop d'érable. Ajouter les fraises. Laisser reposer 15 minutes au réfrigérateur en remuant de temps à autre.

Répartir la préparation dans les assiettes à tarte. Recouvrir des autres abaisses.

Cuire au four pendant 45 minutes.

Servir.

Par portion	Calories (Kcal) : 517	Gras : 25 g = 42 % des Kcal provenant du gras
Protéines : 68 g	Cholestérol : 0 mg	Sodium : 588 mg	Hydrates de carbone : 70 g

▪▪▪ Tartelettes à la ricotta
8 portions

225 g (8 oz) de fromage à la crème, ramolli
125 ml (1/2 tasse) de fromage ricotta
80 ml (1/3 tasse) de jus de citron
5 ml (1 c. à t.) d'extrait de vanille
24 croûtes à tartelette de 7,5 cm (2 po)
Fruits frais

Dans un grand bol, battre les fromages au malaxeur.

Ajouter le jus de citron et la vanille. Battre à nouveau.

Verser dans les croûtes. Laisser reposer 3 heures au réfrigérateur.

Au moment de servir, décorer de fruits.

Par portion	Calories (Kcal) : 527	Gras : 31 g = 51 % des Kcal provenant du gras
Protéines : 12 g	Cholestérol : 61 mg	Sodium : 598 mg	Hydrates de carbone : 46 g

La fraise est l'un des fruits les plus répandus dans le monde. Tous les peuples semblent, pour une fois, unanimes à trouver son parfum et son goût délicieux. D'ailleurs «fraise» veut dire «parfum» en latin. Il existe plusieurs variétés de fraises, mais une constante persiste : il est préférable de les équeuter uniquement après les avoir lavées.

menu
▪▪▪▪▪▪▪▪

Soupe aux haricots noirs et au prosciutto	45
Blanquette de veau à l'oseille	64
Riz frit aux dattes	90
Salade de cresson	83
Gâteau des anges aux fraises	100

printemps

Conserves

Pesto à l'oseille

Asperges marinées

Certains aliments sont éphémères et une fois la saison passée, on ne les revoit plus ! Il est vrai que les ingénieurs mettent au point de nouvelles techniques sophistiquées de transport et d'entreposage permettant de faire durer le plaisir toute l'année. La planète rapetisse et la distance n'a plus d'importance, comme dit si bien le slogan publicitaire. Malgré tout, vous avez tout intérêt à conserver vos aliments préférés. C'est si simple. Inutile d'être ingénieur pour avoir des idées ingénieuses !

Pesto à l'oseille

environ 250 ml (1 tasse)

60 ml (1/4 tasse) d'huile d'olive
6 gousses d'ail, hachées
60 ml (1/4 tasse) de noix de pin
250 ml (1 tasse) de feuilles de basilic, ciselées
250 ml (1 tasse) de feuilles d'oseille, ciselées
Sel et poivre

Dans une poêle, chauffer l'huile à feu moyen. Faire revenir l'ail et les noix de pin 2 minutes en remuant constamment. Retirer du feu. Ajouter les feuilles de basilic et d'oseille. Bien mélanger. Saler et poivrer.

Au robot culinaire, réduire en purée.

Verser dans de petits pots ou faire congeler dans des bacs à glaçons. Le pesto se conservera 2 mois au réfrigérateur.

Par portion	Calories (Kcal) : 44	Gras : 4 g = 84 % des Kcal provenant du gras
Protéines : 1 g	Cholestérol : 0 mg	Sodium : 3 mg	Hydrates de carbone : 1 g

Asperges marinées

4 bocaux de 500 ml (2 tasses)

1,25 litre (5 tasses) de pointes d'asperges
375 ml (1 1/2 tasse) de vinaigre de cidre
375 ml (1 1/2 tasse) d'eau
30 ml (2 c. à s.) de sel pour marinades
30 ml (2 c. à s.) de piments séchés, broyés
15 ml (1 c. à s.) de graines de fenouil

Bien laver et assécher les asperges.

Dans une casserole, amener le reste des ingrédients à ébullition. Laisser mijoter 10 minutes.

Stériliser 4 bocaux Mason de 500 ml (2 tasses) (voir page 20).

Répartir les asperges dans les bocaux en les tassant bien. Remplir de marinade bouillante en laissant un espace de tête de 1,25 cm (1/2 po).

Retirer les bulles d'air à l'aide d'une spatule non-métallique. Essuyer les rebords des bocaux.

Dans une petite casserole, faire bouillir les couvercles 5 minutes. Centrer les couvercles sur les bocaux. Visser les bagues en prenant soin de ne pas trop serrer.

Déposer les bocaux dans une grande marmite et effectuer la mise en conserve (voir page 27).

Par portion	Calories (Kcal) : 91	Gras : 3 g = 23 % des Kcal provenant du gras
Protéines : 7 g	Cholestérol : 0 mg	Sodium : 11 mg	Hydrates de carbone : 16 g

Têtes de violon marinées

4 bocaux de 500 ml (2 tasses)

1,25 litre (5 tasses) de têtes de violon
375 ml (1 1/2 tasse) de vinaigre
375 ml (1 1/2 tasse) d'eau
30 ml (2 c. à s.) de sel pour marinades
15 ml (1 c. à s.) d'estragon séché, haché
15 ml (1 c. à s.) de basilic séché, haché
15 ml (1 c. à s.) de graines d'aneth

Bien laver et assécher délicatement les têtes de violon.

Dans une casserole, amener le reste des ingrédients à ébullition. Laisser mijoter 10 minutes.

Stériliser 4 bocaux Mason de 500 ml (2 tasses) (voir page 20).

Répartir les têtes de violon dans les bocaux en les tassant bien. Remplir de marinade bouillante en laissant un espace de tête de 1,25 cm (1/2 po).

Retirer les bulles d'air à l'aide d'une spatule non-métallique. Essuyer les rebords des bocaux.

Dans une petite casserole, faire bouillir les couvercles 5 minutes. Centrer les couvercles sur les bocaux. Visser les bagues en prenant soin de ne pas trop serrer.

Déposer les bocaux dans une grande marmite et effectuer la mise en conserve (voir page 27).

Par portion	Calories (Kcal) : 58	Gras : 1 g = 17 % des Kcal provenant du gras
Protéines : 3 g	Cholestérol : 0 mg	Sodium : 6 mg	Hydrates de carbone : 13 g

Appelé «pesto» en Italie et «pistou» dans le sud de la France, ce condiment est synonyme de soleil. Les ingrédients qui le composent habituellement (basilic, ail, huile d'olive, noix et fromage) varient selon le pays, la région ou le cuisinier! Justement, notre chef vous propose cette charmante variante à l'oseille.

▸▸▸ Échalotes vertes confites aux agrumes
environ 750 ml (3 tasses)

45 ml (3 c. à s.) d'huile d'olive
2 gousses d'ail, hachées
1 litre (4 tasses) d'échalotes vertes
125 ml (1/2 tasse) de miel
30 ml (2 c. à s.) de zeste d'orange
30 ml (2 c. à s.) de zeste de lime
30 ml (2 c. à s.) de zeste de citron
60 ml (1/4 tasse) de jus de pamplemousse
5 ml (1 c. à t.) de sel pour marinades

Dans une grande poêle, chauffer l'huile à feu doux. Faire revenir l'ail 3 minutes en remuant de temps à autre. Ajouter les échalotes et poursuivre la cuisson 5 minutes en remuant de temps à autre.

Ajouter le reste des ingrédients et poursuivre la cuisson 15 minutes en remuant de temps à autre.

Servir immédiatement ou faire congeler (voir page 28).

Par portion	Calories (Kcal) : 113	Gras : 7 g = 55 % des Kcal provenant du gras
Protéines : 2 g	Cholestérol : 0 mg	Sodium : 21 mg	Hydrates de carbone : 11 g

Ketchup à la rhubarbe et aux tomates

▸▸▸ Rhubarbe et oseille en sauce
5 bocaux de 250 ml (1 tasse)

1 litre (4 tasses) de rhubarbe, en dés
1 pomme Granny Smith, en dés
45 ml (3 c. à s.) de jus de citron
250 ml (1 tasse) de feuilles d'oseille, ciselées
750 ml (3 tasses) de sucre

Bien laver et assécher les fruits.

Dans une casserole, amener à ébullition les fruits et le jus de citron. Ajouter l'oseille et le sucre. Mélanger et laisser mijoter 20 minutes en remuant souvent.

Retirer du feu. Laisser reposer 2 minutes.

Stériliser 5 bocaux Mason de 250 ml (1 tasse) (voir page 20).

Verser la préparation dans les bocaux en laissant un espace de tête de 1,25 cm (1/2 po). Retirer les bulles d'air à l'aide d'une spatule non-métallique. Essuyer les rebords des bocaux.

Dans une petite casserole, faire bouillir les couvercles 5 minutes. Centrer les couvercles sur les bocaux. Visser les bagues en prenant soin de ne pas trop serrer.

Déposer les bocaux dans une grande marmite et effectuer la mise en conserve (voir page 24).

Par 15 ml	Calories (Kcal) : 31	Gras : 0 g = 0 % des Kcal provenant du gras
Protéines : 0 g	Cholestérol : 0 mg	Sodium : 1 mg	Hydrates de carbone : 8 g

Rhubarbe et oseille en sauce

Échalotes vertes confites aux agrumes

Ketchup à la rhubarbe et aux tomates

3 bocaux de 500 ml (2 tasses)

45 ml (3 c. à s.) d'huile d'olive
3 gousses d'ail, hachées
250 ml (1 tasse) d'oignons, hachés
750 ml (3 tasses) de rhubarbe, en dés
750 ml (3 tasses) de tomates vertes, en dés
80 ml (1/3 tasse) de vinaigre de vin
2 ml (1/2 c. à t.) de sauce Worcestershire
15 ml (1 c. à s.) de sel pour marinades

Dans une casserole, chauffer l'huile à feu moyen. Faire revenir l'ail et l'oignon 4 minutes en remuant de temps à autre. Ajouter le reste des ingrédients et poursuivre la cuisson 20 minutes en remuant de temps à autre. Retirer du feu. Laisser reposer 5 minutes.

Stériliser 3 bocaux Mason de 500 ml (2 tasses) (voir page 20).

Verser la préparation dans les bocaux en laissant un espace de tête de 1,25 cm (1/2 po). Retirer les bulles d'air à l'aide d'une spatule non-métallique. Essuyer les rebords des bocaux.

Dans une petite casserole, faire bouillir les couvercles 5 minutes. Centrer les couvercles sur les bocaux. Visser les bagues en prenant soin de ne pas trop serrer.

Déposer les bocaux dans une grande marmite et effectuer la mise en conserve (voir page 26).

Par 15 ml	Calories (Kcal) : 11	Gras : 1 g = 34 % des Kcal provenant du gras
Protéines : 0 g	Cholestérol : 1 mg	Sodium : 1 mg	Hydrates de carbone : 2 g

MENU

Soupe aux gourganes
et à la rhubarbe — 43

Tulipes de pâte filo
aux épinards — 41

Petits pâtés de veau — 63

Feuilles d'endive aux
agrumes et à la noix de coco — 83

Charlotte à l'érable — 96

printemps

La rhubarbe est un légume qui nous viendrait du Tibet ou de la Mongolie. Un légume ? Eh, oui ! Elle mit du temps à faire sa place sur la table des occidentaux (XVIIIe siècle) qui l'ont d'abord utilisée comme plante médicinale. D'une simplicité enfantine à faire cuire, elle est également délicieuse crue, trempée dans du sel ou dans du sucre.

Champignons marinés

3 bocaux de 500 ml (2 tasses)

1,25 litre (5 tasses) de champignons, en quartiers
375 ml (1 1/2 tasse) de vinaigre
375 ml (1 1/2 tasse) d'eau
30 ml (2 c. à s.) de sel pour marinades
30 ml (2 c. à s.) de graines de moutarde
15 ml (1 c. à s.) d'estragon séché, haché

Bien brosser les champignons.

Dans une casserole, amener le reste des ingrédients à ébullition. Laisser mijoter 10 minutes.

Stériliser 3 bocaux Mason de 500 ml (2 tasses) (voir page 20).

Répartir les champignons dans les bocaux en les tassant bien. Remplir de marinade bouillante en laissant un espace de tête de 1,25 cm (1/2 po).

Retirer les bulles d'air à l'aide d'une spatule non-métallique. Essuyer les rebords des bocaux.

Dans une petite casserole, faire bouillir les couvercles 5 minutes. Centrer les couvercles sur les bocaux. Visser les bagues en prenant soin de ne pas trop serrer.

Déposer les bocaux dans une grande marmite et effectuer la mise en conserve (voir page 27).

Par portion	Calories (Kcal) : 105	Gras : 4 g = 27 % des Kcal provenant du gras
Protéines : 5 g	Cholestérol : 0 mg	Sodium : 9 mg	Hydrates de carbone : 18 g

Champignons marinés

Courgettes miniatures à l'huile d'ail

2 bocaux de 250 ml (1 tasse)

500 ml (2 tasses) de courgettes miniatures
375 ml (1 1/2 tasse) d'huile d'arachide
30 ml (2 c. à s.) de flocons d'ail déshydratés
30 ml (2 c. à s.) de sel pour marinades
30 ml (2 c. à s.) de piments séchés, broyés
15 ml (1 c. à s.) de graines de céleri

Bien laver et assécher les courgettes.

Dans une casserole faire chauffer le reste des ingrédients. Retirer du feu. Ajouter les courgettes. Laisser infuser 20 minutes.

Stériliser 2 bocaux Mason de 250 ml (1 tasse) (voir page 20).

Répartir les courgettes dans les bocaux en les tassant bien. Remplir d'huile aromatisée en laissant un espace de tête de 1,25 cm (1/2 po). Fermer les bocaux.

Placer les bocaux au réfrigérateur.

Par portion	Calories (Kcal) : 270	Gras : 23 g = 73 % des Kcal provenant du gras
Protéines : 4 g	Cholestérol : 0 mg	Sodium : 16 mg	Hydrates de carbone : 15 g

Courgettes miniatures à l'huile d'ail

Notes personnelles

éTé

Dame Nature est en effervescence. Respirez à pleins poumons et sentez les bonnes odeurs portées par la brise d'été. Humez l'air du soir en marchant d'un pas tranquille. Respirez les effluves qui se dégagent de la terre mouillée. Identifiez le parfum des fleurs. Appréciez les senteurs qui se mêlent dans l'air chaud. Cuisinez et passez un bel été en notre compagnie.

Hors-d'œuvre et entrées

Bûche au saumon

Entrée au jambon

Enfin, l'été est arrivé. Espérons que le soleil sera de la partie ! Pour la plupart d'entre vous, c'est le temps de planifier les vacances, d'organiser les horaires des enfants et de préparer de bons hors-d'œuvre au cas où les amis arriveraient sans s'annoncer. Si une fête s'organise à l'improviste, vous serez prêt ! Nos hors-d'œuvre rafraîchissants feront de vous la coqueluche des estivants. N'hésitez pas à partager vos recettes avec les copains, comme nos concombres au poulet fumé, vous serez peut-être à votre tour invité à un pique-nique improvisé !

Bûche au saumon
4 portions

250 ml (1 tasse) de saumon fumé, grossièrement haché
125 g (8 oz) de fromage à la crème, ramolli
5 ml (1 c. à t.) de jus de citron
10 ml (2 c. à t.) d'oignon, râpé
0,5 ml (1/8 c. à t.) de sel
1 ml (1/4 c. à t.) de poivre
1 pincée de poudre d'ail
0,5 ml (1/8 c. à t.) de sauce Worcestershire
5 ml (1 c. à t.) de zeste de citron

Dans un bol, mélanger tous les ingrédients. Réfrigérer pendant 1 heure.

Déposer la préparation sur un papier ciré et former un rouleau. Laisser reposer 2 heures au réfrigérateur.

Trancher le rouleau en 16 bouchées.

Servir accompagné de pailles au fromage et de crudités.

Par portion	Calories (Kcal) : 270	Gras : 22 g = 74 % des Kcal provenant du gras	
Protéines : 15 g	Cholestérol : 76 mg	Sodium : 700 mg	Hydrates de carbone : 2 g

Entrée au jambon
4 portions

125 ml (1/2 tasse) de fromage à la crème, ramolli
45 ml (3 c. à s.) de mayonnaise
5 ml (1 c. à t.) de jus de citron
5 ml (1 c. à t.) de raifort
30 ml (2 c. à s.) de câpres
80 ml (1/3 tasse) de petits pois
6 abricots séchés, émincés
1 poire, en dés
Sel et poivre
4 tranches de jambon Forêt-Noire
Baies de poivre rose
1 petite carotte, émincée
1 petite poire, tranchée

Dans un bol, mélanger le fromage à la crème, la mayonnaise, le jus de citron, le raifort, les câpres, les pois, les abricots et les dés de poire. Saler et poivrer.

Déposer un quart de la préparation sur chaque tranche de jambon et former un rouleau. Laisser reposer 1 heure au réfrigérateur.

Au moment de servir, déposer un rouleau dans une assiette et décorer de baies de poivre, de carotte et de poire.

Par portion	Calories (Kcal) : 274	Gras : 21 g = 65 % des Kcal provenant du gras	
Protéines : 7 g	Cholestérol : 45 mg	Sodium : 420 mg	Hydrates de carbone : 18 g

Feuilletés aux artichauts
4 portions

225 g (8 oz) de pâte feuilletée
15 ml (1 c. à s.) d'huile d'olive
125 ml (1/2 tasse) de cœurs d'artichauts, en quartiers
125 ml (1/2 tasse) de fonds d'artichauts, en quartiers
125 ml (1/2 tasse) de pleurotes, émincés
1 gousse d'ail, hachée
1 échalote verte, hachée
45 ml (3 c. à s.) de jus d'orange
60 ml (1/4 tasse) de bouillon de poulet
10 ml (2 c. à t.) de fécule de maïs
30 ml (2 c. à s.) de vin blanc sec
Sel et poivre

Abaisser et cuire la pâte feuilletée (voir technique page 119).

Dans une poêle, chauffer l'huile à feu moyen. Faire revenir les cœurs et les fonds d'artichauts, les pleurotes, l'ail et l'échalote pendant 3 minutes en remuant de temps à autre.

Ajouter le jus d'orange et le bouillon de poulet. Mélanger. Poursuivre la cuisson 2 minutes.

Délayer la fécule dans le vin et l'ajouter au mélange. Poursuivre la cuisson 2 minutes en remuant de temps à autre. Saler et poivrer.

Répartir cette préparation sur 8 bases de pâte feuilletée. Couvrir avec les dessus de feuilletés.

Servir.

Par portion	Calories (Kcal) : 394	Gras : 25 g = 57 % des Kcal provenant du gras	
Protéines : 7 g	Cholestérol : 0 mg	Sodium : 2768 mg	Hydrates de carbone : 36 g

Le saumon fumé dépanne en beauté. Cette recette est si simple que les enfants pourront la préparer eux-mêmes. Laissez-les s'amuser, vos bouchées n'en auront que plus de personnalité ! Attention aux petits gourmands qui videront le plat avant que les invités ne soient arrivés...

Concombres et fenouil aux graines de moutarde
4 portions

1 gousse d'ail, hachée
1 échalote sèche, hachée
15 ml (1 c. à s.) de jus de pamplemousse
60 ml (1/4 tasse) de yogourt nature
15 ml (1 c. à s.) de moutarde forte
1 ml (1/4 c. à t.) de sauce Worcestershire
2 ml (1/2 c. à t.) de graines de moutarde
0,5 ml (1/8 c. à t.) de paprika
5 ml (1 c. à t.) de persil, haché
Sel et poivre
250 ml (1 tasse) de bulbe de fenouil, émincé
250 ml (1 tasse) de concombres, pelés, hachés
250 ml (1 tasse) de concombres, émincés
30 ml (2 c. à s.) de feuilles de fenouil

Dans un bol, mélanger l'ail, l'échalote, le jus de pamplemousse, le yogourt, la moutarde forte, la sauce Worcestershire, les graines de moutarde, le paprika et le persil haché. Saler et poivrer. Ajouter le fenouil et les concombres. Laisser reposer 1 heure au réfrigérateur.

Tapisser 4 petits bols de tranches de concombre. Verser la préparation. Garnir de feuilles de fenouil. Servir.

Par portion	Calories (Kcal) : 84	Gras : 2 g = 15 % des Kcal provenant du gras	
Protéines : 3 g	Cholestérol : 2 mg	Sodium : 70 mg	Hydrates de carbone : 12 g

Radis et compagnie
4 portions

12 radis, en dés
125 ml (1/2 tasse) de poivron vert, en dés
12 tomates miniatures, coupées en 2
60 ml (1/4 tasse) de petits pois
125 ml (1/2 tasse) de fromage cottage
1 gousse d'ail, hachée
1 ml (1/4 c. à t.) de graines de coriandre
5 ml (1 c. à t.) de feuilles de coriandre, hachées
1 ml (1/4 c. à t.) de sauce Worcestershire
Sel et poivre
4 tranches de cantaloup
Feuilles de coriandre

Dans un bol, mélanger les radis, le poivron, les tomates, les pois, le fromage, l'ail, les graines et les feuilles de coriandre et la sauce Worcestershire. Saler et poivrer.

Laisser reposer 1 heure au réfrigérateur.

Déposer les tranches de cantaloup dans 4 assiettes. Verser la préparation au centre. Garnir de feuilles de coriandre. Servir.

Par portion	Calories (Kcal) : 124	Gras : 8 g = 55 % des Kcal provenant du gras	
Protéines : 3 g	Cholestérol : 1 mg	Sodium : 183 mg	Hydrates de carbone : 12 g

Poivrons grillés, sauce à l'estragon

Concombres et fenouil aux graines de moutarde

Radis et compagnie

Poivrons grillés, sauce à l'estragon
4 portions

1 poivron vert, en morceaux
1 poivron rouge, en morceaux
1 poivron jaune, en morceaux
1 poivron orange, en morceaux
30 ml (2 c. à s.) d'huile d'olive
Sel et poivre
1 ml (1/4 c. à t.) d'huile de sésame
1 gousse d'ail, hachée
1 échalote sèche, hachée
10 ml (2 c. à t.) de vinaigre de vin blanc à l'estragon
15 ml (1 c. à s.) de moutarde à l'ancienne
60 ml (1/4 tasse) de bouillon de légumes
0,5 ml (1/8 c. à t.) de sauce Worcestershire
0,5 ml (1/8 c. à t.) de paprika
5 ml (1 c. à t.) d'estragon, haché
15 ml (1 c. à s.) de parmesan, râpé

Préchauffer le barbecue ou chauffer une poêle à cannelures.

Badigeonner les poivrons d'huile d'olive. Saler et poivrer. Cuire 5 minutes de chaque côté à chaleur moyenne. Retirer du barbecue ou de la poêle, emballer de papier aluminium et laisser reposer 5 minutes.

Dans une poêle, chauffer l'huile de sésame à feu moyen. Faire revenir l'ail et l'échalote pendant 2 minutes en remuant de temps à autre. Ajouter le vinaigre de vin et la moutarde. Mélanger. Poursuivre la cuisson 1 minute.

Ajouter le bouillon, la sauce Worcestershire, le paprika et l'estragon. Mélanger. Poursuivre la cuisson 2 minutes.

Au moment de servir, verser sur les poivrons grillés et saupoudrer de parmesan.

| **Par portion** | Calories (Kcal) : 143 | Gras : 2 g = 13 % des Kcal provenant du gras |
| Protéines : 9 g | Cholestérol : 2 mg | Sodium : 166 mg | Hydrates de carbone : 27 g |

Fruit du piment doux, le poivron est beaucoup plus aimable pour les papilles que son cousin, le flamboyant piment. Parlant de sa famille, il a des liens de parenté avec l'aubergine, la tomate et la pomme de terre. Cultivé depuis des milliers d'années sur le continent américain, le poivron s'est retrouvé en Europe grâce à Christophe Colomb. L'explorateur le présenta à ses compatriotes et piqua... leur curiosité !

menu

Feuilletés aux artichauts	113
Crème de concombre au fenouil	126
Poisson à la mexicaine	153
Mesclun au cassis	163
Tarte aux cerises de terre	182

été

Artichauts au fromage de chèvre et au porto
4 portions

4 artichauts frais
60 ml (1/4 tasse) de yogourt nature ferme
5 ml (1 c. à t.) de cerfeuil, haché
15 ml (1 c. à s.) de porto
1 gousse d'ail, hachée
1 échalote verte, hachée
Sel et poivre
5 ml (1 c. à t.) de jus de lime
60 ml (1/4 tasse) de fromage de chèvre, émietté

Couper la tige des artichauts de façon à ce qu'ils tiennent debout. Faire une incision en croix, peu profonde, à la base des artichauts. Cuire dans une casserole d'eau bouillante environ 10 minutes ou jusqu'à ce que les feuilles se détachent facilement. Plonger dans un bol d'eau glacée. Laisser refroidir. Égoutter et réserver.

Dans un bol, mélanger le yogourt, le cerfeuil, le porto, l'ail et l'échalote. Saler et poivrer. Laisser reposer 30 minutes.

Couper les artichauts en 4. Badigeonner de jus de lime. Répartir le fromage de chèvre sur les quartiers d'artichauts. Napper de sauce au porto.

Servir.

Par portion	Calories (Kcal) : 349	Gras : 3 g = 7 % des Kcal provenant du gras
Protéines : 22 g	Cholestérol : 7 mg	Sodium : 532 mg	Hydrates de carbone : 70 g

Courgettes grillées au miel de menthe
4 portions

4 courgettes
30 ml (2 c. à s.) d'huile d'olive
Sel et poivre
45 ml (3 c. à s.) de miel
5 ml (1 c. à t.) de menthe, ciselée
1 pincée de poudre d'ail

Préchauffer le barbecue ou chauffer une poêle à cannelures.

Couper les courgettes en 3 sur la longueur.

Badigeonner d'huile d'olive. Saler et poivrer. Cuire 4 minutes de chaque côté à chaleur moyenne. Retirer du barbecue ou de la poêle, emballer de papier aluminium et laisser reposer 5 minutes.

Dans une poêle, chauffer le miel à feu doux. Ajouter la menthe et la poudre d'ail. Mélanger. Poursuivre la cuisson 1 minute.

Verser sur les courgettes grillées. Servir.

Par portion	Calories (Kcal) : 126	Gras : 7 g = 46 % des Kcal provenant du gras
Protéines : 2 g	Cholestérol : 0 mg	Sodium : 5 mg	Hydrates de carbone : 17 g

Tourte aux tomates à la croûte de basilic
4 portions

2 pitas de 20 cm (8 po)
15 ml (1 c. à s.) de pesto
60 ml (1/4 tasse) de feuilles de basilic
45 ml (3 c. à s.) d'huile d'olive
30 ml (2 c. à s.) de moutarde forte
250 ml (1 tasse) d'oignons, hachés
1 gousse d'ail, hachée
2 tomates rouges, tranchées
2 tomates jaunes, tranchées
250 ml (1 tasse) de mozzarella, râpé
Sel et poivre

Préchauffer le four à 175 °C (350 °F).

Faire une incision sur le côté des pitas et les ouvrir. Tartiner l'intérieur de pesto. Insérer les feuilles de basilic.

Badigeonner d'huile les deux côtés des pitas. Déposer les pitas dans un plat allant au four.

Badigeonner de moutarde un des côtés. Parsemer d'oignon et d'ail. Recouvrir des tomates en alternant les rouges et les jaunes. Parsemer de fromage. Saler et poivrer.

Cuire au four pendant 30 minutes.

Servir.

Par portion	Calories (Kcal) : 370	Gras : 22 g = 53 % des Kcal provenant du gras
Protéines : 12 g	Cholestérol : 28 mg	Sodium : 438 mg	Hydrates de carbone : 31 g

De haut en bas :

Tourte aux tomates à la croûte de basilic

Artichauts au fromage de chèvre et au porto

Courgettes grillées au miel de menthe

été 117

Tomates farcies aux fruits de mer
4 portions

4 tomates
12 huîtres fumées
125 ml (1/2 tasse) de crevettes de Matane
45 ml (3 c. à s.) de crème sure
1 ml (1/4 c. à t.) de sauce Worcestershire
Sel et poivre
2 ml (1/2 c. à t.) d'huile d'olive
12 escargots
1 gousse d'ail, hachée

Couper le dessus des tomates. À l'aide d'une cuillère à parisienne*, évider les tomates en prenant soin de ne pas transpercer la peau. Réserver.

Dans un bol, mélanger les huîtres, les crevettes, la crème sure et la sauce Worcestershire. Saler et poivrer. Laisser reposer 30 minutes. Farcir les tomates de ce mélange.

Dans une poêle, chauffer l'huile à feu moyen. Faire revenir les escargots et l'ail pendant 2 minutes en remuant de temps à autre. Saler et poivrer. Retirer du feu. Répartir les escargots sur les tomates. Servir.

Par portion	Calories (Kcal) : 128	Gras : 8 g = 53 % des Kcal provenant du gras
Protéines : 10 g	Cholestérol : 58 mg	Sodium : 99 mg	Hydrates de carbone : 5 g

* voir lexique

Tomates farcies aux fruits de mer

Concombres garnis de poulet fumé
4 portions

2 concombres
125 ml (1/2 tasse) de fromage cottage
125 ml (1/2 tasse) de poulet fumé, en dés
1 gousse d'ail, hachée
45 ml (3 c. à s.) de poivron rouge, haché
45 ml (3 c. à s.) de poivron jaune, haché
4 pois mange-tout, émincés
5 ml (1 c. à t.) d'estragon, haché
Sel et poivre

Couper les extrémités des concombres. Trancher les concombres en 2 sur la longueur.

À l'aide d'une cuillère à parisienne*, évider les concombres et les couper en tronçons de 10 cm (4 po). Réserver.

Dans un bol, mélanger le fromage, le poulet, l'ail, les poivrons, les pois mange-tout et l'estragon. Saler et poivrer. Laisser reposer 30 minutes.

Farcir les concombres de ce mélange. Servir.

Par portion	Calories (Kcal) : 135	Gras : 3 g = 16 % des Kcal provenant du gras
Protéines : 13 g	Cholestérol : 18 mg	Sodium : 142 mg	Hydrates de carbone : 17 g

Concombres garnis de poulet fumé

Petits feuilletés aux pois
4 portions

225 g (1/2 lb) de pâte feuilletée
45 ml (3 c. à s.) de farine
1 jaune d'œuf
5 ml (1 c. à t.) de lait

15 ml (1 c. à s.) d'huile d'olive
1 gousse d'ail, hachée
1 échalote verte, hachée
125 ml (1/2 tasse) de pois mange-tout
125 ml (1/2 tasse) de petits pois
125 ml (1/2 tasse) de haricots verts, émincés
45 ml (3 c. à s.) de vin blanc
80 ml (1/3 tasse) de crème 35 %
Sel et poivre

Préchauffer le four à 175 °C (350 °F).

Préparer les feuilletés selon la technique ci-contre.

Cuire au four environ 15 minutes.

Entre-temps, dans une poêle, chauffer l'huile à feu moyen. Faire revenir l'ail et l'échalote pendant 1 minute en remuant de temps à autre.

Ajouter les légumes. Mélanger. Poursuivre la cuisson pendant 2 minutes en remuant de temps à autre.

Ajouter le vin. Mélanger. Poursuivre la cuisson 1 minute. Ajouter la crème. Mélanger. Poursuivre la cuisson 2 minutes en remuant de temps à autre. Saler et poivrer. Couvrir et retirer du feu.

Répartir la préparation de légumes sur les 8 bases de feuilleté et couvrir avec les dessus. Servir.

Par portion	Calories (Kcal) : 511	Gras : 34 g = 60 % des Kcal provenant du gras
Protéines : 9 g	Cholestérol : 81 mg	Sodium : 160 mg	Hydrates de carbone : 43 g

Dissipons le malentendu tout de suite : la tomate est un fruit ! Toutefois, vous avez raison de penser qu'on la cuisine surtout comme un légume. Sa jolie silhouette est parfaite pour accueillir toutes sortes de farces. Sans farce, elle fera un réceptacle de choix pour les fruits de mer... comme dans la recette ci-contre.

Technique

À l'aide d'un rouleau à pâtisserie ou d'une bouteille de vin remplie d'eau glacée, abaisser la pâte feuilletée à une épaisseur de 0,5 cm (1/4 po) sur un plan de travail légèrement enfariné.

À l'aide d'un couteau, pratiquer de petites incisions en surface de façon à créer un motif. Couper la pâte en 8 losanges. Badigeonner de jaune d'œuf additionné de lait. Cuire au four environ 15 minutes.

Retirer les feuilletés du four. Laisser reposer 5 minutes. Trancher les feuilletés en 2 de manière à obtenir des bases et des dessus.

🟨🟨🟨 Fondant de légumes fumés
4 portions

- 1 aubergine, en quartiers
- 1/2 poivron jaune, en morceaux
- 1/2 poivron rouge, en morceaux
- 12 carottes miniatures
- 8 courgettes miniatures
- 8 grosses asperges
- 45 ml (3 c. à s.) d'huile d'olive
- Sel et poivre
- 375 ml (1 1/2 tasse) de bouillon de poulet
- 1 gousse d'ail, hachée

Préchauffer le barbecue.

Badigeonner les légumes d'huile. Saler et poivrer. Cuire 2 minutes de chaque côté à chaleur moyenne.

Dans une lèchefrite, verser le bouillon de poulet. Ajouter l'ail. Placer sur la grille du barbecue.

Transférer les légumes dans la lèchefrite. Diminuer le feu au minimum. Fermer le couvercle du barbecue. Poursuivre la cuisson 15 minutes.

Servir accompagné d'une sauce tomate.

| Par portion | Calories (Kcal) : 299 | Gras : 12 g = 32 % des Kcal provenant du gras |
| Protéines : 24 g | Cholestérol : 62 mg | Sodium : 2145 mg | Hydrates de carbone : 32 g |

Aiguillettes de volaille aux fruits

🟨🟨🟨 Bœuf teriyaki
6 portions

- 125 ml (1/2 tasse) de sauce teriyaki
- 60 ml (1/4 tasse) de vin rouge
- 1 échalote sèche, hachée
- 450 g (1 lb) de bœuf, en languettes
- Sel et poivre

Dans un bol, mélanger la sauce teriyaki, le vin et l'échalote. Ajouter le bœuf. Mélanger. Laisser mariner 8 heures au réfrigérateur en mélangeant toutes les 2 heures.

Préchauffer le barbecue ou chauffer une poêle à cannelures.

Égoutter le bœuf en prenant soin de réserver la marinade. Enfiler les languettes sur des brochettes (utiliser 2 brochettes par portion pour faciliter le maniement). Saler et poivrer. Cuire 3 minutes de chaque côté à chaleur moyenne. Retirer du barbecue ou de la poêle, emballer de papier aluminium et laisser reposer 5 minutes.

Dans une casserole, réchauffer la marinade. Napper les brochettes.

Servir accompagné de crudités.

| Par portion | Calories (Kcal) : 204 | Gras : 13 g = 59 % des Kcal provenant du gras |
| Protéines : 14 g | Cholestérol : 45 mg | Sodium : 968 mg | Hydrates de carbone : 6 g |

Bœuf teriyaki

Fondant de légumes fumés

••• Aiguillettes de volaille aux fruits
4 portions

60 ml (1/4 tasse) de bouillon de poulet
60 ml (1/4 tasse) de jus d'orange
60 ml (1/4 tasse) de jus d'ananas
10 ml (2 c. à t.) de fécule de maïs
30 ml (2 c. à s.) de vin blanc
2 ml (1/2 c. à t.) de menthe, hachée
5 ml (1 c. à t.) de persil, haché
Sel et poivre
2 demi-poitrines de poulet
15 ml (1 c. à s.) d'huile d'olive
1 ml (1/4 c. à t.) d'huile de sésame
Sel et poivre
8 fraises, grossièrement hachées
1 pêche, en allumettes
2 kiwis, en quartiers

Préchauffer le barbecue ou chauffer une poêle à cannelures.

Dans une casserole, amener à ébullition le bouillon de poulet, le jus d'orange et le jus d'ananas. Délayer la fécule dans le vin. Ajouter et mélanger. Poursuivre la cuisson pendant 3 minutes à feu doux en remuant de temps à autre. Ajouter la menthe et le persil. Saler et poivrer. Mélanger. Retirer du feu et réserver.

Badigeonner le poulet des huiles. Saler et poivrer. Cuire 6 minutes de chaque côté à chaleur moyenne. Badigeonner de sauce 3 fois en cours de cuisson. Retirer du barbecue ou de la poêle, emballer de papier aluminium et laisser reposer 5 minutes.

Au moment de servir, trancher le poulet, garnir de fruits et napper de sauce.

Par portion   Calories (Kcal) : 458   Gras : 11 g = 57 % des Kcal provenant du gras
Protéines : 21 g   Cholestérol : 62 mg   Sodium : 789 mg   Hydrates de carbone : 15 g

La courgette, communément appelée «zucchini» à cause de sa jumelle italienne, descend d'une grande famille de courges au nom rigolo de «cucurbitacées». Elle peut se vanter d'avoir des liens de «sève» avec le melon et le concombre. La courgette est meilleure cueillie très jeune. S'il arrivait qu'on l'oublie sur sa plante, elle peut atteindre la longueur d'un bâton de baseball. À ne pas utiliser au camping, sur le terrain de balle molle !

Entrée au jambon	113
Soupe de poivrons grillés	124
Côtelettes d'agneau au bleu	149
Salade de pommes de terre au concombre	164
Poires et pêches pochées au porto	180

Soupes et potages

Bouillon de poulet verdurette

Potage de légumes aux agrumes

Lorsque vous vous languissez sous les rayons du soleil, rafraîchissez-vous avec une bonne soupe... froide. Les enfants trouveront peut-être étrange que vous leur serviez de la soupe avec des glaçons, mais gageons qu'ils en raffoleront. Ça les changera des *popsicles*! Dites-vous que s'ils ne font pas honneur à votre soupe, il en restera plus pour vous! La gaspacho, l'une des soupes froides les plus connues, est originaire d'Espagne. Alors mettez une touche d'originalité dans vos bols. Olé!

Bouillon de poulet verdurette
6 portions

1 litre (4 tasses) de bouillon de poulet
2 gousses d'ail, hachées
1 échalote sèche, hachée
1 pincée de cari
1 pincée de paprika
1 pincée de moutarde sèche
1 ml (1/4 c. à t.) de sauce Worcestershire
250 ml (1 tasse) d'épinards, ciselés
60 ml (1/4 tasse) de cresson, ciselé
60 ml (1/4 tasse) d'oseille, ciselée
Sel et poivre

Dans une grande casserole, amener à ébullition le bouillon de poulet, l'ail, l'échalote, le cari, le paprika, la moutarde et la sauce Worcestershire. Diminuer le feu et laisser mijoter 10 minutes.

Ajouter les épinards, le cresson et l'oseille. Saler et poivrer. Mélanger. Poursuivre la cuisson 3 minutes.

Servir.

Par portion	Calories (Kcal) : 24	Gras : 1 g = 19 % des Kcal provenant du gras
Protéines : 2 g	Cholestérol : 0 mg	Sodium : 921 mg Hydrates de carbone : 4 g

Potage de légumes aux agrumes
6 portions

30 ml (2 c. à s.) de beurre
30 ml (2 c. à s.) d'huile
2 gousses d'ail, hachées
1 oignon, haché
250 ml (1 tasse) de tomates, concassées
60 ml (1/4 tasse) de betterave, en dés
1 pomme de terre, râpée
1 branche de céleri, hachée
1 litre (4 tasses) de bouillon de légumes
1 ml (1/4 c. à t.) de basilic
Sel et poivre
15 ml (1 c. à s.) de zeste de lime
15 ml (1 c. à s.) de zeste d'orange
15 ml (1 c. à s.) de zeste de citron

Dans une grande casserole, chauffer le beurre et l'huile à feu moyen. Faire revenir l'ail et les oignons pendant 2 minutes. Ajouter les tomates, les betteraves, la pomme de terre et le céleri. Poursuivre la cuisson 4 minutes.

Ajouter le bouillon de légumes. Amener à ébullition. Diminuer le feu et laisser mijoter 25 minutes. Ajouter le basilic. Saler et poivrer. Au robot culinaire, réduire en purée. Au moment de servir, garnir des zestes.

Par portion	Calories (Kcal) : 242	Gras : 11 g = 40 % des Kcal provenant du gras
Protéines : 6 g	Cholestérol : 12 mg	Sodium : 1158 mg Hydrates de carbone : 32 g

Potage à l'oignon
6 portions

15 ml (1 c. à s.) de beurre
15 ml (1 c. à s.) d'huile
2 gousses d'ail, hachées
4 gros oignons, hachés
2 branches de céleri, hachées
1 litre (4 tasses) de bouillon de bœuf
1 ml (1/4 c. à t.) de thym
5 ml (1 c. à t.) de persil
5 ml (1 c. à t.) de cerfeuil
Sel et poivre

Dans une grande casserole, chauffer le beurre et l'huile à feu moyen. Faire revenir l'ail, les oignons et le céleri pendant 4 minutes.

Ajouter le bouillon de bœuf, le thym, le persil et le cerfeuil. Amener à ébullition. Diminuer le feu et laisser mijoter 20 minutes. Saler et poivrer.

Servir.

Par portion	Calories (Kcal) : 547	Gras : 29 g = 46 % des Kcal provenant du gras
Protéines : 14 g	Cholestérol : 31 mg	Sodium : 2458 mg Hydrates de carbone : 64 g

Vite, vite, vite ! Le temps presse, vous n'avez que quelques minutes pour manger une bouchée, néanmoins l'idée d'avaler un sandwich ne vous sourit guère. Réchauffez-vous un petit bol de soupe et l'affaire sera réglée. Si elle se mange froide, vous venez de gagner quelques minutes. Vous voyez, ce n'est pas compliqué !

◤◤◤ Potage de brocoli à la menthe
6 portions

15 ml (1 c. à s.) d'huile d'olive
1 gousse d'ail, hachée
3 échalotes sèches, hachées
1 branche de céleri, hachée
500 ml (2 tasses) de tiges de brocoli, émincées
1 litre (4 tasses) de bouillon de poulet
5 ml (1 c. à t.) de menthe, hachée
Sel et poivre
Feuilles de menthe

Dans une grande casserole, chauffer l'huile à feu moyen. Faire revenir l'ail, les échalotes et le céleri pendant 2 minutes.

Ajouter le brocoli. Poursuivre la cuisson 4 minutes en remuant de temps à autre.

Ajouter le bouillon de poulet. Amener à ébullition. Diminuer le feu et laisser mijoter 20 minutes. Ajouter la menthe. Saler et poivrer.

Au robot culinaire, réduire en purée.

Au moment de servir, garnir de feuilles de menthe.

Par portion	Calories (Kcal) : 197	Gras : 9 g = 41 % des Kcal provenant du gras
Protéines : 5 g	Cholestérol : 7 mg	Sodium : 1124 mg Hydrates de carbone : 25 g

◤◤◤ Soupe aux courgettes
6 portions

15 ml (1 c. à s.) d'huile d'olive
1 gousse d'ail, hachée
3 échalotes vertes, hachées
125 ml (1/2 tasse) de vert de poireau, émincé
500 ml (2 tasses) de courgettes, émincées
1 litre (4 tasses) de bouillon de poulet
5 ml (1 c. à t.) de cerfeuil, haché
Sel et poivre
Tranches de courgette (très fines)

Dans une grande casserole, chauffer l'huile à feu moyen. Faire revenir l'ail, les échalotes et le poireau pendant 2 minutes.

Ajouter les courgettes. Poursuivre la cuisson pendant 4 minutes en remuant de temps à autre.

Ajouter le bouillon de poulet. Amener à ébullition. Diminuer le feu et laisser mijoter 20 minutes. Ajouter le cerfeuil. Saler et poivrer.

Au robot culinaire, réduire en purée.

Au moment de servir, garnir de tranches de courgette.

Par portion	Calories (Kcal) : 63	Gras : 3 g = 38 % des Kcal provenant du gras
Protéines : 3 g	Cholestérol : 0 mg	Sodium : 2145 mg Hydrates de carbone : 8 g

◤◤◤ Soupe de poivrons grillés
6 portions

30 ml (2 c. à s.) d'huile d'olive
1 poivron jaune, en morceaux
1 poivron rouge, en morceaux
1 poivron vert, en morceaux
Sel et poivre
15 ml (1 c. à s.) de beurre
1 gousse d'ail, hachée
1 oignon, haché
1 branche de céleri, hachée
1 litre (4 tasses) de bouillon de légumes
5 ml (1 c. à t.) de persil, haché

Préchauffer le barbecue ou chauffer une poêle à cannelures.

Badigeonner les poivrons d'huile. Saler et poivrer. Cuire 5 minutes de chaque côté à chaleur moyenne. Retirer du barbecue ou de la poêle.

Dans une grande casserole, chauffer le beurre à feu moyen. Faire revenir l'ail, l'oignon et le céleri pendant 2 minutes.

Ajouter les poivrons grillés. Poursuivre la cuisson 4 minutes en remuant de temps à autre.

Ajouter le bouillon de légumes. Amener à ébullition. Diminuer le feu et laisser mijoter 20 minutes. Ajouter le persil. Saler et poivrer.

Au robot culinaire, réduire en purée.

Servir.

Par portion	Calories (Kcal) : 168	Gras : 4 g = 30 % des Kcal provenant du gras
Protéines : 3 g	Cholestérol : 5 mg	Sodium : 1896 mg Hydrates de carbone : 12 g

De haut en bas :

Soupe aux courgettes

Soupe de poivrons grillés

Potage de brocoli à la menthe

été 125

Gaspacho
4 portions

- 2 concombres, pelés, épépinés
- 8 tomates, épépinées
- 2 échalotes vertes, émincées
- 1 poivron rouge, épépiné
- 1 poivron vert, épépiné
- 2 gousses d'ail, hachées
- 45 ml (3 c. à s.) de pâte de tomate
- 30 ml (2 c. à s.) de vinaigre de vin blanc
- 30 ml (2 c. à s.) d'huile d'olive
- 2 ml (1/2 c. à t.) de sauce Worcestershire
- 125 ml (1/2 tasse) de jus de légumes
- 125 ml (1/2 tasse) de bouillon de poulet
- Sel et poivre
- Croûtons
- Persil, haché
- Thym, haché

Au robot culinaire, réduire en purée les concombres, les tomates, les échalotes, les poivrons et l'ail. Ajouter la pâte de tomate, le vinaigre, l'huile, la sauce Worcestershire, le jus de légumes et le bouillon de poulet. Saler et poivrer.

Placer au réfrigérateur 3 heures.

Au moment de servir, garnir de croûtons, de persil et de thym.

Par portion Calories (Kcal) : 232 Gras : 8 g = 30 % des Kcal provenant du gras
Protéines : 7 g Cholestérol : 0 mg Sodium : 1854 mg Hydrates de carbone : 38 g

Crème de concombre au fenouil
6 portions

- 750 ml (3 tasses) de concombres, pelés, épépinés
- 250 ml (1 tasse) de bulbe de fenouil, blanchi, en dés
- 500 ml (2 tasses) de yogourt nature
- 1 échalote verte, émincée
- 2 gousses d'ail, hachées
- 2 ml (1/2 c. à t.) de sauce Worcestershire
- 10 ml (2 c. à t.) de feuilles de fenouil, hachées
- 5 ml (1 c. à t.) de feuilles d'aneth, hachées
- Sel et poivre
- Feuilles de fenouil

Au robot culinaire, réduire en purée les concombres, le fenouil, le yogourt, l'échalote et l'ail. Ajouter la sauce Worcestershire, les feuilles de fenouil et les feuilles d'aneth. Saler et poivrer.

Placer au réfrigérateur 3 heures.

Au moment de servir, garnir de feuilles de fenouil.

Par portion Calories (Kcal) : 61 Gras : 3 g = 37 % des Kcal provenant du gras
Protéines : 3 g Cholestérol : 10 mg Sodium : 47 mg Hydrates de carbone : 7 g

Crème de concombre au fenouil

Gaspacho

Soupe de melon et d'abricots à l'oseille et au gingembre

▪▪▪ Soupe de melon et d'abricots à l'oseille et au gingembre
6 portions

750 ml (3 tasses) de cantaloup, en dés
250 ml (1 tasse) d'abricots, en dés
500 ml (2 tasses) de yogourt nature
30 ml (2 c. à s.) de gingembre, râpé
45 ml (3 c. à s.) d'oseille, ciselée
1 ml (1/4 c. à t.) de sauce Worcestershire
Sel et poivre
Paprika
Cari

Au robot culinaire, réduire en purée le cantaloup, les abricots, le yogourt, le gingembre, l'oseille et la sauce Worcestershire. Saler et poivrer.

Placer au réfrigérateur 3 heures.

Au moment de servir, saupoudrer de paprika et de cari.

Par portion	Calories (Kcal) : 92	Gras : 3 g = 31 % des Kcal provenant du gras	
Protéines : 4 g	Cholestérol : 10 mg	Sodium : 950 mg	Hydrates de carbone : 12 g

menu

Gaspacho   126

Bûche au saumon   113

Brochettes de veau aux tomates   141

Salade aux nouilles et aux épinards   163

Sorbet aux framboises et aux mûres   176

L'oseille, comme son amie la rhubarbe, a un petit goût acidulé qui vous fera sourire les yeux. Nos cousins de France sourient quand ils en ont, car en argot «oseille» veut dire de l'argent! L'oseille a un double baptisé «patience». Si vous plantez cette vivace, dites-vous : «Patience, je vais avoir de l'oseille»!

Mets principaux

VOLAILLE

L'on connaît bien la poule, le poulet et la dinde, mais la caille nous est moins familière. Ce petit oiseau a d'abord été élevé par les Égyptiens, il y a des dizaines de milliers d'années. Il en existe une multitude d'espèces et même si la caille se classe parmi les oiseaux, elle se déplace le plus souvent en marchant. Il est tentant de penser que c'est la raison pour laquelle sa viande est maigre et contient peu de calories !

Poitrines de poulet farcies aux merguez

Brochettes de poulet marinées à la bière

Poitrines de poulet farcies aux merguez
4 portions

- 10 ml (2 c. à t.) d'huile d'olive
- 30 ml (2 c. à s.) de moutarde forte
- 10 ml (2 c. à t.) de sauce chili
- 4 demi-poitrines de poulet
- 2 saucisses merguez
- **Sel et poivre**

Dans une poêle, chauffer l'huile à feu moyen. Faire revenir les saucisses pendant 4 minutes de chaque côté. Retirer du feu. Réserver les saucisses et conserver le jus de cuisson.

Préchauffer le barbecue ou chauffer une poêle à cannelures.

Dans un bol, mélanger la moutarde, la sauce chili et le jus de cuisson. Réserver. Pratiquer une incision sur la longueur des demi-poitrines et y insérer les saucisses. Badigeonner les poitrines de sauce. Cuire 4 minutes. Tourner les poitrines de 45 degrés de façon à obtenir un marquage. Poursuivre la cuisson 4 minutes de chaque côté. Saler et poivrer. Badigeonner de sauce à nouveau. Couvrir. Poursuivre la cuisson 6 minutes.

Retirer du barbecue ou de la poêle, emballer de papier aluminium et laisser reposer 5 minutes.

Émincer les poitrines. Servir accompagné de pommes de terre rôties et de bâtonnets de poivrons cuits à la vapeur.

Par portion	Calories (Kcal): 646	Gras: 49 g = 65 % des Kcal provenant du gras
Protéines: 58 g	Cholestérol: 209 mg	Sodium: 1012 mg Hydrates de carbone: 209 g

Brochettes de poulet marinées à la bière
4 portions

- 250 ml (1 tasse) de bière rousse sur lie
- 60 ml (1/4 tasse) de sauce tamari légère
- 1 échalote sèche, émincée
- 1 gousse d'ail, hachée
- 2 poitrines de poulet, désossées, en cubes
- 1 oignon, en morceaux
- 1 poivron rouge, en morceaux
- 1 poivron jaune, en morceaux
- 12 tomates miniatures
- **Sel et poivre**

Dans un bol, mélanger la bière, la sauce tamari, l'échalote et l'ail. Ajouter le poulet. Faire mariner pendant 2 heures au réfrigérateur.

Retirer le poulet de la marinade. Enfiler le poulet sur des brochettes (utiliser 2 brochettes par portion pour faciliter le maniement) en alternance avec l'oignon, les poivrons et les tomates. Placer les brochettes dans la marinade et remettre au réfrigérateur 1 heure.

Préchauffer le barbecue ou chauffer une poêle à cannelures.

Égoutter les brochettes. Saler et poivrer. Cuire 12 minutes à chaleur moyenne-vive en retournant 4 fois en cours de cuisson et en badigeonnant de marinade chaque fois.

Servir accompagné d'un riz aux légumes et d'un ketchup maison.

Par portion	Calories (Kcal): 423	Gras: 15 g = 32 % des Kcal provenant du gras
Protéines: 38 g	Cholestérol: 93 mg	Sodium: 1152 mg Hydrates de carbone: 34 g

Poulet barbecue à l'orange
4 portions

- 15 ml (1 c. à s.) de beurre
- 1 oignon, haché
- 1 gousse d'ail, hachée
- 250 ml (1 tasse) de bouillon de poulet
- 60 ml (1/4 tasse) de vin rouge
- 1 orange, en tranches
- Jus d'une orange
- 30 ml (2 c. à s.) de sauce Worcestershire
- 30 ml (2 c. à s.) de sauce au miel et à l'ail, du commerce
- 30 ml (2 c. à s.) de pâte de tomate
- 80 ml (1/3 tasse) de sauce chili
- 1 feuille de laurier
- 1 pincée de poivre de Cayenne
- **Sel et poivre**
- 1 poulet de 1,5 kg (3 lb)
- 45 ml (3 c. à s.) de jus d'orange
- **Tranches d'orange**

Dans une casserole, chauffer le beurre à feu moyen. Faire revenir l'oignon et l'ail pendant 2 minutes. Ajouter le bouillon de poulet, le vin, les tranches et le jus d'orange, la sauce Worcestershire, la sauce au miel, la pâte de tomate, la sauce chili, la feuille de laurier et le poivre de Cayenne. Diminuer le feu et laisser mijoter à feu doux pendant 15 minutes. Saler et poivrer.

Retirer les tranches d'orange et la feuille de laurier et laisser réduire du tiers.

Badigeonner l'intérieur et l'extérieur du poulet de jus d'orange. Saler et poivrer.

Préchauffer le barbecue.

Embrocher le poulet sur le tournebroche. Badigeonner le poulet de sauce. Faire griller à chaleur moyenne pendant 1 h 30 ou jusqu'à ce que la peau soit dorée et croustillante.

Au moment de servir, découper le poulet en morceaux et napper de sauce chaude. Décorer de tranches d'orange.

Par portion	Calories (Kcal): 533	Gras: 21 g = 37 % des Kcal provenant du gras
Protéines: 62 g	Cholestérol: 193 mg	Sodium: 720 mg Hydrates de carbone: 19 g

Poitrines de poulet farcies aux épinards
4 portions

125 ml (1/2 tasse) de fromage ricotta
125 ml (1/2 tasse) de mozzarella, râpé
1 gousse d'ail, hachée
2 ml (1/2 c. à t.) de persil, haché
Poivre
4 demi-poitrines de poulet, désossées
8 feuilles d'épinard, lavées, égouttées
45 ml (3 c. à s.) d'huile d'olive
125 ml (1/2 tasse) de bouillon de poulet
125 ml (1/2 tasse) de jus de tomate

Dans un bol, mélanger les fromages, l'ail, le persil et le poivre. Réserver.

Placer chaque demi-poitrine entre deux feuilles de papier ciré. À l'aide d'un rouleau à pâte aplatir le poulet jusqu'à une épaisseur de 12 mm (1/2 po). Recouvrir le poulet de feuilles d'épinard. Étendre la préparation de fromages sur les épinards. Rouler les poitrines et les fixer à l'aide de bâtonnets de bois ou les ficeler en paupiettes. Laisser reposer pendant 15 minutes au réfrigérateur.

Dans une poêle, chauffer l'huile à feu moyen. Faire revenir les poitrines 3 minutes de chaque côté ou jusqu'à ce qu'elles soient dorées. Ajouter le bouillon de poulet et le jus de tomate. Couvrir. Diminuer le feu et laisser mijoter 15 minutes. Servir.

Par portion — Calories (Kcal) : 464 Gras : 31 g = 55 % des Kcal provenant du gras
Protéines : 51 g Cholestérol : 151 mg Sodium : 530 mg Hydrates de carbone : 6 g

Poitrines de poulet farcies aux épinards

Cuisses de poulet au gingembre
6 portions

125 ml (1/2 tasse) de farine
5 ml (1 c. à t.) de paprika
0,5 ml (1/8 c. à t.) de poudre d'ail
Sel et poivre
6 cuisses de poulet
80 ml (1/3 tasse) d'huile
125 ml (1/2 tasse) de bouillon de poulet
125 ml (1/2 tasse) de jus d'orange
125 ml (1/2 tasse) de vin rouge
3 ml (3/4 c. à t.) de gingembre en poudre
15 ml (1 c. à s.) de cassonade

Dans un bol, mélanger la farine, le paprika, l'ail, le sel et le poivre. Enrober le poulet de cette préparation.

Dans une casserole, chauffer l'huile à feu moyen. Faire revenir le poulet pendant 3 minutes de chaque côté. Retirer l'huile de la poêle. Ajouter le reste des ingrédients. Laisser mijoter 45 minutes. Garnir d'allumettes de gingembre. Servir.

Par portion — Calories (Kcal) : 389 Gras : 21 g = 51 % des Kcal provenant du gras
Protéines : 32 g Cholestérol : 140 mg Sodium : 623 mg Hydrates de carbone : 13 g

Cuisses de poulet au gingembre

Poulet au blanc

Poulet au blanc
4 portions

1 poulet, en morceaux
3 carottes, émincées
4 poireaux, émincés
1 oignon, émincé
250 ml (1 tasse) de champignons, tranchés
3 clous de girofle
3 gousses d'ail, hachées
1 ml (1/4 c. à t.) de thym, haché
1 feuille de laurier
Sel et poivre
30 ml (2 c. à s.) de beurre
30 ml (2 c. à s.) de farine
1 jaune d'œuf
10 ml (2 c. à t.) de persil, haché

Déposer les morceaux de poulet dans une grande casserole et couvrir d'eau froide. Laisser mijoter 1 heure à feu moyen. Écumer* souvent.

À mi-cuisson, ajouter les carottes, les poireaux, l'oignon, les champignons, les clous de girofle, l'ail, le thym et la feuille de laurier. Saler et poivrer.

Retirer le poulet de la casserole. Réserver. Conserver la moitié des légumes et 250 ml (1 tasse) de bouillon.

Dans une autre casserole, chauffer le beurre à feu moyen. Ajouter la farine et mélanger. Ajouter le bouillon. Laisser mijoter 4 minutes en remuant sans arrêt. Ajouter le jaune d'œuf et bien mélanger. Saler et poivrer.

Ajouter le poulet et les légumes. Garnir de persil.

Servir.

Par portion — Calories (Kcal) : 614   Gras : 27 g = 39 % des Kcal provenant du gras
Protéines : 65 g   Cholestérol : 254 mg   Sodium : 285 mg   Hydrates de carbone : 29 g

* voir lexique

Soyons francs, le gingembre ne plaît pas à tout le monde. Par contre, quand on l'aime, on l'aime à la folie et on en met partout. Son rhizome de forme et de couleur variées peut… Attendez, voyons d'abord ce qu'est un rhizome ! Le dictionnaire nous éclaire : «tige souterraine des plantes vivaces qui porte des racines adventives et des tiges feuillées aériennes…» Bon… enfin, si vous aimez le gingembre, c'est tout ce qui compte !

MENU

Tomates farcies aux
fruits de mer   118

Potage de brocoli à la menthe   124

Côtelettes d'agneau
au citron et à la menthe   149

Salade de couscous   164

Tarte aux pêches et aux bleuets   184

été

Poulet à l'indienne
4 portions

- 180 ml (3/4 tasse) de yogourt
- 30 ml (2 c. à s.) de miel, fondu
- 2 gousses d'ail, hachées
- 1 échalote sèche, hachée
- 2 ml (1/2 c. à t.) de cari
- 1 ml (1/4 c. à t.) de paprika
- 1 ml (1/4 c. à t.) de graines de coriandre, moulues
- 45 ml (3 c. à s.) d'huile d'olive
- 1 poulet, coupé en 2
- Sel et poivre

Préchauffer le four à 175 °C (350 °F).

Dans un bol, mélanger le yogourt, le miel, l'ail, l'échalote, le cari, le paprika et les graines de coriandre. Réserver.

Dans une poêle, chauffer l'huile à feu moyen. Saisir le poulet 3 minutes de chaque côté. Transférer dans une lèchefrite. Saler et poivrer. Verser la moitié de la préparation au yogourt sur le poulet.

Cuire au four pendant 20 minutes.

Badigeonner du reste de la préparation au yogourt. Poursuivre la cuisson 40 minutes. Arroser du jus de cuisson à mi-cuisson.

Servir accompagné d'une salade et de crudités.

Par portion Calories (Kcal) : 377 Gras : 14 g = 32 % des Kcal provenant du gras
Protéines : 27 g Cholestérol : 64 mg Sodium : 504 mg Hydrates de carbone : 37 g

Cailles barbecue
4 portions

- 6 cailles, coupées en 2
- 30 ml (2 c. à s.) d'huile d'olive
- Sel et poivre
- 30 ml (2 c. à s.) de miel, fondu
- 10 ml (2 c. à t.) de jus de lime

Préchauffer le barbecue ou chauffer une poêle à cannelures.

Placer les cailles tête-bêche, côté coupé en dessous, par groupe de 3. Enfiler 2 brochettes au travers de chaque groupe.

Badigeonner les cailles d'huile. Saler et poivrer. Cuire 5 minutes à chaleur moyenne du côté de la peau. Retourner les cailles. Badigeonner de la moitié du miel et arroser de jus de lime. Couvrir. Poursuivre la cuisson 10 minutes.

Badigeonner du reste de miel. Poursuivre la cuisson 5 minutes.

Servir sur un nid de riz aux légumineuses sautées au beurre.

Par portion Calories (Kcal) : 369 Gras : 22 g = 55 % des Kcal provenant du gras
Protéines : 32 g Cholestérol : 125 mg Sodium : 88 mg Hydrates de carbone : 9 g

Poulet sur nouilles froides
4 portions

- 30 ml (2 c. à s.) d'huile d'olive
- 2 gousses d'ail, hachées
- 1 échalote verte, émincée
- 500 ml (2 tasses) de poulet, émincé
- 30 ml (2 c. à s.) de tomates séchées, hachées
- 2 ml (1/2 c. à t.) de piment, haché
- 60 ml (1/4 tasse) de courgette, hachée
- 15 ml (1 c. à s.) de moutarde forte
- 160 ml (2/3 tasse) de bouillon de poulet
- 5 ml (1 c. à t.) de feuilles de coriandre, hachées
- 1 ml (1/4 c. à t.) de paprika
- 0,5 ml (1/8 c. à t.) de cari
- Sel et poivre
- 250 ml (1 tasse) de vermicelles de riz, cuits
- 250 ml (1 tasse) de nouilles chinoises, cuites

Dans une casserole, chauffer l'huile à feu moyen. Faire revenir l'ail et l'échalote pendant 2 minutes.

Ajouter le poulet. Poursuivre la cuisson 4 minutes en remuant de temps à autre. Ajouter les tomates séchées, le piment et la courgette. Mélanger. Poursuivre la cuisson 2 minutes.

Ajouter la moutarde. Mélanger. Ajouter le bouillon de poulet. Amener à ébullition. Diminuer le feu et laisser mijoter 10 minutes. Ajouter la coriandre, le paprika et le cari. Mélanger. Saler et poivrer.

Retirer du feu. Laisser reposer 15 minutes.

Servir tiède sur les pâtes froides.

Par portion Calories (Kcal) : 594 Gras : 30 g = 45 % des Kcal provenant du gras
Protéines : 63 g Cholestérol : 191 mg Sodium : 206 mg Hydrates de carbone : 17 g

De haut en bas :

Poulet à l'indienne

Cailles barbecue

Poulet sur nouilles froides

volaille

été 133

Mets principaux

Bœuf

De nature joviale, le bœuf se marie avec des légumes traditionnels comme la carotte, le champignon ou la pomme de terre, et un grand nombre d'épices qui vont du simple gros sel à l'exotique cari. Le bœuf possède une multitude de personnalités, alors n'hésitez pas à les démasquer. Bonne chasse !

Biftecks marinés au fenouil

Tournedos farcis aux herbes et à la moutarde

Biftecks marinés au fenouil
4 portions

- 60 ml (1/4 tasse) de vermouth blanc
- 60 ml (1/4 tasse) de jus d'orange
- 30 ml (2 c. à s.) de pastis
- 1 ml (1/4 c. à t.) de poivre noir
- 4 biftecks de surlonge de 165 g (6 oz) chacun
- 30 ml (3 c. à s.) d'huile d'olive
- Sel et poivre
- 1 gousse d'ail, hachée
- 1 échalote sèche, hachée
- 60 ml (1/4 tasse) de bulbe de fenouil, en dés
- 125 ml (1/2 tasse) de bouillon de poulet
- 1 ml (1/4 c. à t.) de graines de fenouil
- 15 ml (1 c. à s.) de beurre, ramolli
- 15 ml (1 c. à s.) de feuilles de fenouil, hachées

Dans un bol, mélanger le vermouth, le jus d'orange, le pastis et le poivre noir.

Faire mariner les biftecks pendant 2 heures au réfrigérateur.

Préchauffer le barbecue ou chauffer une poêle à cannelures.

Égoutter les biftecks en prenant soin de récupérer 60 ml (1/4 tasse) de marinade.

Badigeonner les biftecks de 15 ml (1 c. à s.) d'huile. Saler et poivrer. Cuire environ 3 minutes de chaque côté à chaleur vive (pour une cuisson à point). Réserver au chaud.

Entre-temps, dans une petite casserole, chauffer le reste de l'huile à feu moyen. Faire revenir l'ail, l'échalote et le fenouil pendant 2 minutes. Ajouter le bouillon. Mélanger. Poursuivre la cuisson 4 minutes. Retirer du feu. Ajouter les graines de fenouil et le beurre. À l'aide d'un fouet, mélanger jusqu'à ce que le beurre soit bien incorporé.

Servir les biftecks nappés de sauce et parsemés de feuilles de fenouil.

Par portion Calories (Kcal) : 533 Gras : 37 g = 66 % des Kcal provenant du gras
Protéines : 34 g Cholestérol : 110 mg Sodium : 305 mg Hydrates de carbone : 9 g

Tournedos farcis aux herbes et à la moutarde
4 portions

- 4 médaillons de bœuf de 140 g (5 oz) chacun
- 15 ml (1 c. à s.) de persil
- 15 ml (1 c. à s.) de cerfeuil
- 5 ml (1 c. à t.) de basilic
- 5 ml (1 c. à t.) de ciboulette, hachée
- 45 ml (3 c. à s.) de moutarde forte
- Sel et poivre
- 30 ml (2 c. à s.) d'huile d'olive
- Épices à bifteck

Préchauffer le barbecue ou chauffer une poêle à cannelures.

Faire une entaille au centre de chaque médaillon. Dans un bol, mélanger le persil, le cerfeuil, le basilic, la ciboulette et la moitié de la moutarde. Saler et poivrer. Farcir les médaillons de ce mélange. Refermer à l'aide de bâtonnets de bois.

Badigeonner les biftecks d'huile. Saupoudrer d'épices à bifteck. Saler et poivrer. Cuire environ 4 minutes de chaque côté à chaleur vive (pour une cuisson à point).

Servir accompagné de moutarde.

Par portion Calories (Kcal) : 708 Gras : 59 g = 76 % des Kcal provenant du gras
Protéines : 41 g Cholestérol : 459 mg Sodium : 253 mg Hydrates de carbone : 2 g

Bœuf au chou frisé
8 portions

- 45 ml (3 c. à s.) d'huile d'olive
- 900 g (2 lb) de bœuf, émincé
- 250 ml (1 tasse) d'oignons, émincés
- 2 échalotes vertes, hachées
- 375 ml (1 1/2 tasse) de chou frisé, émincé
- 250 ml (1 tasse) de jus de légumes
- 250 ml (1 tasse) de bouillon de bœuf
- Sel et poivre

Dans une grande poêle, chauffer l'huile à feu moyen. Faire revenir le bœuf pendant 2 minutes.

Ajouter les oignons et les échalotes. Mélanger. Couvrir et poursuivre la cuisson 5 minutes.

Ajouter le chou, le jus de légumes et le bouillon de bœuf. Saler et poivrer. Amener à ébullition. Diminuer le feu. Couvrir et laisser mijoter 20 minutes.

Servir.

Par portion Calories (Kcal) : 328 Gras : 25 g = 68 % des Kcal provenant du gras
Protéines : 20 g Cholestérol : 68 mg Sodium : 346 mg Hydrates de carbone : 6 g

Brochettes de bœuf à l'ananas
4 portions

- 250 ml (1 tasse) de jus d'ananas
- 60 ml (1/4 tasse) de sauce tamari légère
- 1 échalote sèche, émincée
- 1 gousse d'ail, hachée
- 450 g (1 lb) de bœuf, en cubes
- 16 petits oignons blancs
- 1 poivron rouge et 1 poivron jaune, en morceaux
- 16 têtes de champignons
- Sel et poivre

Dans un bol, mélanger le jus d'ananas, la sauce tamari, l'échalote et l'ail. Ajouter le bœuf. Faire mariner pendant 2 heures au réfrigérateur.

Retirer les cubes de la marinade et les enfiler sur des brochettes (utiliser 2 brochettes par portion pour faciliter le maniement) en alternance avec les oignons, les poivrons et les champignons. Placer les brochettes dans la marinade et remettre au réfrigérateur 1 heure.

Préchauffer le barbecue ou chauffer une poêle à cannelures.

Égoutter les brochettes. Saler et poivrer. Cuire pendant 10 minutes à chaleur moyenne en retournant et en badigeonnant de marinade 3 fois en cours de cuisson.

Servir.

Par portion	Calories (Kcal) : 368	Gras : 20 g = 48 % des Kcal provenant du gras
Protéines : 24 g	Cholestérol : 68 mg	Sodium : 1074 mg	Hydrates de carbone : 25 g

Émincé de bœuf aux tomates
4 portions

- 30 ml (2 c. à s.) d'huile d'olive
- 450 g (1 lb) de bœuf, émincé
- 1 échalote verte, hachée
- 1 gousse d'ail, hachée
- Sel et poivre
- 500 ml (2 tasses) de tomates, concassées
- 250 ml (1 tasse) de tomates vertes, en quartiers
- 15 ml (1 c. à s.) de persil, haché

Préchauffer le four à 175 °C (350 °F).

Dans une poêle, chauffer l'huile à feu vif. Saisir le bœuf. Ajouter l'échalote et l'ail. Poursuivre la cuisson 1 minute. Saler et poivrer. Déposer le bœuf dans un plat allant au four. Recouvrir de tomates. Ajouter le persil.

Couvrir de papier aluminium. Cuire au four 30 minutes.

Retirer du four. Laisser reposer 10 minutes. Servir.

Par portion	Calories (Kcal) : 366	Gras : 27 g = 65 % des Kcal provenant du gras
Protéines : 21 g	Cholestérol : 68 mg	Sodium : 82 mg	Hydrates de carbone : 12 g

Entrecôtes aux fromages fumés
4 portions

- 1 pointe de brie de 115 g (4 oz)
- 10 ml (2 c. à t.) d'huile d'olive
- 30 ml (2 c. à s.) de moutarde forte
- 10 ml (2 c. à t.) de sauce chili
- 4 entrecôtes de bœuf de 140 g (5 oz) chacune
- Sel et poivre
- 30 ml (2 c. à s.) de mozzarella, râpé

Préchauffer le barbecue ou chauffer une poêle à cannelures.

Déposer la pointe de brie sur la grille et cuire à chaleur moyenne 30 secondes de chaque côté. Retirer du feu. Tailler en 4 morceaux. Réserver.

Dans un bol, mélanger l'huile, la moutarde et la sauce chili.

Badigeonner les entrecôtes de la moitié de la sauce. Cuire 1 minute à feu vif. Tourner les entrecôtes de 45 degrés de façon à obtenir un marquage. Poursuivre la cuisson 1 minute. Retourner les entrecôtes. Saler et poivrer. Badigeonner de sauce. Recouvrir du brie. Parsemer de mozzarella. Couvrir. Poursuivre la cuisson 2 minutes.

Retirer du barbecue ou de la poêle. Emballer de papier aluminium et laisser reposer 5 minutes.

Servir accompagné de pommes de terre rôties et de pesto.

Par portion	Calories (Kcal) : 449	Gras : 36 g = 72 % des Kcal provenant du gras
Protéines : 30 g	Cholestérol : 116 mg	Sodium : 358 mg	Hydrates de carbone : 1 g

De haut en bas :

Brochettes de bœuf à l'ananas

Entrecôtes aux fromages fumés

Émincé de bœuf aux tomates

été 137

Petits pains farcis
4 portions

- 450 g (1 lb) de bœuf, haché
- 1 petite carotte, hachée
- 1 branche de céleri, hachée
- 1 oignon, haché
- 1 petit poivron vert, en dés
- 1 petit poivron rouge, en dés
- Sel et poivre
- 250 ml (1 tasse) de riz blanc, cuit
- 45 ml (3 c. à s.) de sauce chili
- 2 ml (1/2 c. à t.) de ciboulette, hachée
- 5 ml (1 c. à t.) de persil, haché
- 24 pains à salade
- 30 ml (2 c. à s.) de beurre, fondu

Préchauffer le four à 175 °C (350 °F).

Dans un grand bol, mélanger le bœuf, la carotte, le céleri, l'oignon et les poivrons. Saler et poivrer. Ajouter le riz, la sauce chili, la ciboulette et le persil.

Couper les pains en 2. Évider la mie de façon à former une cavité. Beurrer l'intérieur des pains. Farcir de la préparation. Déposer les pains dans un plat allant au four. Couvrir de papier aluminium. Cuire au four pendant 45 minutes. Servir.

Par portion — Calories (Kcal) : 501 Gras : 21 g = 37 % des Kcal provenant du gras
Protéines : 22 g Cholestérol : 62 mg Sodium : 758 mg Hydrates de carbone : 75 g

Petits pains farcis

Pain de viande barbecue
6 portions

- 675 g (1 1/2 lb) de bœuf, haché
- 250 ml (1 tasse) de chapelure
- 1 oignon, haché
- 1 œuf, battu
- 1 boîte de 284 ml (10 oz) de soupe aux tomates
- Sel et poivre
- 1 courgette, en bâtonnets
- 12 champignons, lavés, essuyés, tranchés
- 125 ml (1/2 tasse) d'eau
- 30 ml (2 c. à s.) de moutarde forte
- 10 ml (2 c. à t.) de sauce soja

Préchauffer le barbecue.

Dans un bol, mélanger le bœuf, la chapelure, l'oignon, l'œuf et la moitié de la boîte de soupe. Saler et poivrer. Déposer la moitié de cette préparation dans un plat huilé allant au four. Ajouter les courgettes et les champignons. Recouvrir du reste du mélange.

Dans un autre bol, mélanger le reste de la soupe, l'eau, la moutarde et la sauce soja. Verser sur le pain de viande. Cuire 1 heure dans le barbecue, couvert, à chaleur moyenne.

Servir accompagné de légumes cuits en papillote.

Par portion — Calories (Kcal) : 478 Gras : 33 g = 62 % des Kcal provenant du gras
Protéines : 24 g Cholestérol : 127 mg Sodium : 589 mg Hydrates de carbone : 21 g

Pain de viande barbecue

Boulettes de bœuf aux pêches

Boulettes de bœuf aux pêches
8 portions

1,4 kg (3 lb) de bœuf, haché
15 ml (1 c. à s.) de beurre
1 gros oignon, haché
Sel et poivre
125 ml (1/2 tasse) de sauce chili
45 ml (3 c. à s.) de cassonade
5 ml (1 c. à t.) de moutarde forte
125 ml (1/2 tasse) de jus de pêche
2 ml (1/2 c. à t.) de sauce soja
2 pêches, en allumettes
Persil

Préchauffer le four à 150 °C (300 °F).

Façonner le bœuf en boulettes.

Dans une poêle, chauffer le beurre à feu moyen. Faire revenir les boulettes. Ajouter l'oignon. Poursuivre la cuisson 5 minutes. Saler et poivrer. Déposer dans un plat allant au four.

Dans un bol, mélanger la sauce chili, la cassonade, la moutarde, le jus de pêche et la sauce soja. Verser sur le bœuf et couvrir.

Cuire au four pendant 45 minutes.

Ajouter les pêches et poursuivre la cuisson 5 minutes.

Au moment de servir, garnir de persil.

Par portion — Calories (Kcal) : 588   Gras : 47 g = 72 % des Kcal provenant du gras
Protéines : 29 g   Cholestérol : 149 mg   Sodium : 185 mg   Hydrates de carbone : 12 g

menu

Poivrons grillés, sauce à l'estragon	115
Potage de légumes aux agrumes	123
Entrecôtes aux fromages fumés	136
Fondu de poireaux aux carottes	170
Caprices filo aux cerises	175

Préparer nos petits pains farcis vous prendra peu de temps. Tant mieux, car vous avez peut-être du pain sur la planche ! Cette expression, assez moderne, a d'abord voulu dire «ne pas manquer d'argent» étant donné qu'il y avait du pain à couper sur la planche. La raison pour laquelle l'expression est passée au sens «d'avoir beaucoup de travail» reste mystérieuse. De toute façon, si vous avez du pain sur la planche, vous n'avez pas le temps de rêver à l'origine de cette expression. N'est-ce pas ?

Mets principaux

Veau

Le veau est succulent accompagné de crème et sa chair contient peu de gras, ce qui est idéal si l'on fait attention à son poids. Toutefois, si c'est le cas, évitez la crème et optez plutôt pour une sauce à la tomate ! Sachez que si vous voulez tricher, ça restera entre nous !

Côtelettes du jardin

Croquettes de veau

Côtelettes du jardin
4 portions

- 30 ml (2 c. à s.) d'huile d'olive
- 1 petit oignon, haché
- 1/2 aubergine, en dés
- 2 courgettes, en dés
- 3 tomates, pelées, épépinées, hachées
- 1 gousse d'ail, hachée
- 15 ml (1 c. à s.) de persil, haché
- Sel et poivre
- 15 ml (1 c. à s.) d'huile d'arachide
- 4 côtelettes de veau, ouvertes en papillon
- 8 feuilles de basilic

Préchauffer le barbecue.

Dans une poêle, chauffer l'huile d'olive à feu moyen. Faire revenir l'oignon, l'aubergine, les courgettes, les tomates et l'ail. Ajouter le persil. Saler et poivrer. Diminuer le feu et laisser mijoter 15 minutes en remuant de temps à autre.

Entre-temps, badigeonner les côtelettes d'huile d'arachide. Faire griller 4 minutes de chaque côté à chaleur moyenne-vive. Saler et poivrer.

Déposer les légumes dans un plat de service. Recouvrir des côtelettes.

Au moment de servir, garnir de basilic.

Par portion   Calories (Kcal) : 475   Gras : 26 g = 48 % des Kcal provenant du gras
Protéines : 48 g   Cholestérol : 191 mg   Sodium : 205 mg   Hydrates de carbone : 14 g

Croquettes de veau
4 portions

- 450 g (1 lb) de veau, haché
- 45 ml (3 c. à s.) de chapelure de blé entier
- 45 ml (3 c. à s.) d'oignon, haché
- 1 œuf, battu
- 1 gousse d'ail, hachée
- 15 ml (1 c. à s.) de persil, haché
- 1 ml (1/4 c. à t.) de sel
- 0,5 ml (1/8 c. à t.) de poivre
- 2 ml (1/2 c. à t.) de sauce Worcestershire
- 1 pincée de muscade
- 45 ml (3 c. à s.) d'huile d'olive
- 1/2 poivron vert, en morceaux
- 1/2 poivron rouge, en morceaux
- 1/4 d'aubergine, tranchée
- 3 gros champignons, tranchés
- Sel et poivre
- 30 ml (2 c. à s.) de moutarde à l'ancienne
- 45 ml (3 c. à s.) de sauce chili
- 1 ml (1/4 c. à t.) de sauce Worcestershire
- 0,5 ml (1/8 c. à t.) de paprika

Préchauffer le barbecue ou chauffer une poêle à cannelures.

Dans un bol, mélanger le veau, la chapelure, l'oignon, l'œuf, l'ail, le persil, le sel, le poivre, la sauce Worcestershire et la muscade. Façonner 4 croquettes. Réserver.

Badigeonner les croquettes et les légumes d'huile. Saler et poivrer. Cuire 5 minutes de chaque côté à chaleur moyenne. Retirer du barbecue ou de la poêle. Emballer de papier aluminium et laisser reposer 5 minutes.

Dans un bol, mélanger le reste des ingrédients.

Napper les croquettes de sauce et recouvrir de légumes grillés.

Servir.

Par portion   Calories (Kcal) : 319   Gras : 20 g = 56 % des Kcal provenant du gras
Protéines : 25 g   Cholestérol : 138 mg   Sodium : 395 mg   Hydrates de carbone : 10 g

Brochettes de veau aux tomates
4 portions

- 250 ml (1 tasse) de jus de tomate
- 60 ml (1/4 tasse) de sauce tamari légère
- 1 échalote sèche, émincée
- 1 gousse d'ail, hachée
- 450 g (1 lb) de veau, en cubes
- 16 petits oignons blancs
- 1 poivron rouge, en morceaux
- 1 poivron vert, en morceaux
- 16 tomates miniatures
- Sel et poivre

Dans un bol, mélanger le jus de tomate, la sauce tamari, l'échalote et l'ail. Ajouter le veau.

Faire mariner pendant 2 heures au réfrigérateur.

Retirer les cubes de la marinade. Enfiler les morceaux de veau sur des brochettes (utiliser 2 brochettes par portion pour faciliter le maniement) en alternance avec les oignons, les poivrons et les tomates.

Préchauffer le barbecue ou chauffer une poêle à cannelures.

Égoutter les brochettes. Saler et poivrer. Cuire 10 minutes à chaleur moyenne-vive en retournant et en badigeonnant de marinade 3 fois en cours de cuisson.

Servir accompagné d'une salade verte et d'une vinaigrette au vinaigre balsamique.

Par portion   Calories (Kcal) : 389   Gras : 6 g = 12 % des Kcal provenant du gras
Protéines : 35 g   Cholestérol : 95 mg   Sodium : 1645 mg   Hydrates de carbone : 58 g

Émincé de veau citron-lime
4 portions

- 450 g (1 lb) de veau, émincé
- 15 ml (1 c. à s.) de farine
- Sel et poivre
- 45 ml (3 c. à s.) de beurre
- 30 ml (2 c. à s.) de vin blanc
- Jus d'un citron
- Jus d'une lime
- 30 ml (2 c. à s.) de persil, haché
- 2 échalotes vertes, émincées
- 1 jaune d'œuf
- 30 ml (2 c. à s.) d'eau
- 5 ml (1 c. à t.) de zeste de lime

Enfariner le veau. Saler et poivrer.

Dans une poêle, chauffer le beurre à feu moyen. Faire revenir le veau pendant 1 minute. Ajouter le vin, le jus de citron, le jus de lime, le persil et l'échalote. Couvrir et laisser mijoter à feu doux pendant 10 minutes. Retirer le veau de la poêle et réserver.

Dans un bol, battre le jaune d'œuf et l'eau. Ajouter à la sauce de la poêle. Diminuer le feu et laisser mijoter 2 minutes en remuant constamment.

Au moment de servir, napper le veau de sauce et garnir de zeste de lime.

Par portion Calories (Kcal) : 247 Gras : 15 g = 56 % des Kcal provenant du gras
Protéines : 18 g Cholestérol : 140 mg Sodium : 173 mg Hydrates de carbone : 9 g

Veau émincé à la moutarde
4 portions

- 10 ml (2 c. à t.) de moutarde forte
- 5 ml (1 c. à t.) de beurre, fondu
- 450 g (1 lb) de veau, émincé
- Sel et poivre
- 1 œuf
- 500 ml (2 tasses) de chapelure
- 5 ml (1 c. à t.) d'huile
- 1 oignon, haché
- 125 ml (1/2 tasse) de champignons, en quartiers
- 125 ml (1/2 tasse) de tomates italiennes, en dés
- 60 ml (1/4 tasse) de poivron rouge, en dés
- 375 ml (1 1/2 tasse) de bouillon de bœuf
- 125 ml (1/2 tasse) de jus de tomate

Préchauffer le four à 160 °C (325 °F).

Dans un bol, mélanger la moutarde et le beurre. Badigeonner le veau. Saler et poivrer.

Dans un autre bol, battre l'œuf. Passer le veau dans l'œuf, puis dans la chapelure. Réserver dans un plat allant au four.

Dans une poêle, chauffer l'huile à feu moyen. Faire revenir l'oignon, les champignons, les tomates et le poivron pendant 5 minutes.

Déposer les légumes sur le veau. Ajouter le bouillon et le jus de tomate.

Cuire au four pendant 30 minutes.

Au moment de servir, garnir de persil.

Par portion Calories (Kcal) : 432 Gras : 16 g = 33 % des Kcal provenant du gras
Protéines : 25 g Cholestérol : 117 mg Sodium : 1212 mg Hydrates de carbone : 48 g

Médaillons de veau aux amandes
6 portions

- 15 ml (1 c. à s.) de persil, haché
- 45 ml (3 c. à s.) de raifort dans le vinaigre
- 125 ml (1/2 tasse) de yogourt nature
- Poivre
- 6 médaillons de veau
- 30 ml (2 c. à s.) d'amandes, moulues
- 15 ml (1 c. à s.) de paprika
- Sel et poivre
- 30 ml (2 c. à s.) d'huile d'arachide
- 30 ml (2 c. à s.) d'amandes, effilées

Dans un bol, mélanger le persil, le raifort, le yogourt et le poivre. Réserver.

Enrober les médaillons d'amandes. Saupoudrer de paprika. Saler et poivrer.

Dans une poêle, chauffer l'huile à feu moyen. Saisir les médaillons 2 minutes de chaque côté. Diminuer le feu et poursuivre la cuisson 5 minutes. Ajouter les amandes effilées et poursuivre la cuisson 2 minutes.

Napper le veau de sauce.

Servir accompagné de pommes de terre miniatures et de champignons rissolés.

Par portion Calories (Kcal) : 298 Gras : 19 g = 59 % des Kcal provenant du gras
Protéines : 26 g Cholestérol : 103 mg Sodium : 136 mg Hydrates de carbone : 4 g

De haut en bas :

Veau émincé à la moutarde

Émincé de veau citron-lime

Médaillons de veau aux amandes

été 143

Mets principaux

PORC

Le porc a pour ancêtre le féroce sanglier. Pour ceux qui connaissent les bandes dessinées, vous connaissez l'amour qu'Obélix voue aux sangliers. Son appétit vorace, il le doit à la potion magique ! Nos recettes ne contiennent pas de potion magique, mais certains produits, comme la bière, donneront un goût magique à votre jambon…

Brochettes de porc marinées

Brochettes de porc haché

Brochettes de porc haché
4 portions

450 g (1 lb) de porc, haché
1 œuf, battu
30 ml (2 c. à s.) de gingembre, râpé
250 ml (1 tasse) de chapelure
60 ml (1/4 tasse) d'amandes, hachées
1 gousse d'ail, hachée
5 ml (1 c. à t.) de thym
Sel et poivre

Préchauffer le barbecue ou chauffer une poêle à cannelures.

Dans un bol, mélanger le porc, l'œuf, le gingembre, la chapelure, les amandes, l'ail et le thym.

Façonner 4 saucisses. Saler et poivrer. Enfiler sur des brochettes (utiliser 2 brochettes par portion pour faciliter le maniement). Cuire 5 minutes de chaque côté à chaleur moyenne.

Servir.

Par portion	Calories (Kcal) : 291	Gras : 14 g = 42 % des Kcal provenant du gras
Protéines : 21 g	Cholestérol : 67 mg	Sodium : 95 mg	Hydrates de carbone : 22 g

Porc sauté aux olives
4 portions

15 ml (1 c. à s.) d'huile d'olive
450 g (1 lb) de porc, émincé
60 ml (1/4 tasse) d'olives vertes, émincées
60 ml (1/4 tasse) d'olives noires, émincées
2 gousses d'ail, hachées
1 boîte de 284 ml (10 oz) de crème d'asperges
5 ml (1 c. à t.) de sauce soja
Poivre

Dans une poêle, chauffer l'huile à feu vif. Saisir le porc pendant 3 minutes.

Retirer et réserver.

Dans la même poêle, faire revenir les olives et l'ail pendant 2 minutes.

Incorporer la crème d'asperges et la sauce soja. Amener à ébullition. Diminuer le feu et laisser mijoter 5 minutes. Ajouter le porc et bien mélanger.

Retirer du feu. Poivrer. Couvrir et laisser reposer 5 minutes.

Servir.

Par portion	Calories (Kcal) : 488	Gras : 28 g = 53 % des Kcal provenant du gras
Protéines : 35 g	Cholestérol : 152 mg	Sodium : 596 mg	Hydrates de carbone : 22 g

Brochettes de porc marinées
4 portions

375 ml (1 1/2 tasse) de yogourt nature
1 oignon, haché
2 gousses d'ail, hachées
5 ml (1 c. à t.) de sauce chili
15 ml (1 c. à s.) de jus de lime
5 ml (1 c. à t.) de cari
15 ml (1 c. à s.) de feuilles de coriandre, hachées
450 g (1 lb) de filet de porc, en cubes
90 g (3 oz) d'abricots secs
Sel et poivre

Dans un bol, mélanger le yogourt, l'oignon, l'ail, la sauce chili, le jus de lime, le cari et la coriandre. Réserver.

Étendre le porc dans un grand plat. Recouvrir des abricots. Verser la marinade. Couvrir et réfrigérer 6 heures. Pour plus de saveur, laisser mariner 8 heures.

Préchauffer le barbecue ou chauffer une poêle à cannelures.

Égoutter le porc et les abricots et réserver la marinade. Enfiler le porc sur des brochettes (utiliser 2 brochettes par portion pour faciliter le maniement) en alternance avec les abricots. Saler et poivrer.

Cuire 3 minutes sur chaque face à chaleur moyenne. Badigeonner de marinade 2 fois en cours de cuisson. Retirer du barbecue ou de la poêle, emballer de papier aluminium et laisser reposer 5 minutes.

Dans une casserole, réchauffer la marinade.

Au moment de servir, napper les brochettes de la sauce.

Par portion	Calories (Kcal) : 265	Gras : 20 g = 69 % des Kcal provenant du gras
Protéines : 17 g	Cholestérol : 61 mg	Sodium : 652 mg	Hydrates de carbone : 4 g

Biftecks de jambon marinés à la bière
4 portions

- 250 ml (1 tasse) de bière brune
- 15 ml (1 c. à s.) de sauce tamari légère
- 1 échalote sèche, émincée
- 1 gousse d'ail, hachée
- 4 tranches de jambon de 165 g (6 oz) chacune
- Sel et poivre
- 45 ml (3 c. à s.) de mayonnaise
- 15 ml (1 c. à s.) de moutarde forte
- 15 ml (1 c. à s.) de sauce chili
- 0,5 ml (1/8 c. à t.) de sauce Tabasco

Dans un bol, mélanger la bière, la sauce tamari, l'échalote et l'ail. Ajouter le jambon et faire mariner pendant 2 heures au réfrigérateur.

Préchauffer le barbecue ou chauffer une poêle à cannelures.

Égoutter le jambon. Saler et poivrer. Cuire 10 minutes à chaleur moyenne en retournant et en badigeonnant de marinade 3 fois en cours de cuisson.

Dans un bol, mélanger la mayonnaise, la moutarde forte, la sauce chili et la sauce Tabasco. Saler et poivrer.

Au moment de servir, répartir la sauce sur les biftecks de jambon.

Par portion	Calories (Kcal) : 427	Gras : 27 g = 59 % des Kcal provenant du gras	
Protéines : 32 g	Cholestérol : 101 mg	Sodium : 1645 mg	Hydrates de carbone : 11 g

Côtelettes de porc aux tomates
6 portions

- 1/2 oignon, haché
- 250 ml (1 tasse) de tomates, concassées
- 1/2 poivron vert, haché
- 15 ml (1 c. à s.) de cassonade
- 125 ml (1/2 tasse) de fromage parmesan, râpé
- 250 ml (1 tasse) de riz, cuit
- 30 ml (2 c. à s.) d'huile d'olive
- 6 côtelettes de porc épaisses
- Sel et poivre
- 2 ml (1/2 c. à t.) d'origan

Préchauffer le barbecue.

Dans un bol, mélanger l'oignon, les tomates, le poivron, la cassonade, le parmesan et le riz. Réserver.

Badigeonner les côtelettes d'huile. Cuire 2 minutes à chaleur moyenne. Tourner de 45 degrés pour obtenir un marquage. Poursuivre la cuisson 3 minutes. Retourner et cuire 3 minutes.

Retirer du feu. Pratiquer une incision de façon à former une pochette. Farcir du mélange de riz. Déposer dans une lèchefrite. Couvrir. Poursuivre la cuisson 6 minutes. Saler et poivrer.

Au moment de servir, garnir d'origan et accompagner d'une sauce au poivre.

Par portion	Calories (Kcal) : 366	Gras : 21 g = 53 % des Kcal provenant du gras	
Protéines : 27 g	Cholestérol : 79 mg	Sodium : 188 mg	Hydrates de carbone : 15 g

Demi-lunes au porc
8 portions

- 45 ml (3 c. à s.) d'huile d'olive
- 1 oignon, émincé
- 125 ml (1/2 tasse) de carotte, en julienne
- 1 branche de céleri, en julienne
- 225 g (1 tasse) de champignons, émincés
- 900 g (2 lb) de porc haché, maigre
- 5 ml (1 c. à t.) de persil
- 5 ml (1 c. à t.) de ciboulette
- 1 ml (1/4 c. à t.) de romarin
- 1 ml (1/4 c. à t.) de thym
- Sel et poivre
- 450 g (1 lb) de pâte brisée
- 30 ml (2 c. à s.) de lait
- 1 œuf, battu

Préchauffer le four à 175 °C (350 °F).

Dans une poêle, chauffer l'huile à feu moyen. Faire revenir l'oignon, la carotte, le céleri et les champignons. Laisser tiédir.

Dans un bol, ajouter cette préparation au porc. Ajouter le persil, la ciboulette, le romarin et le thym. Façonner 6 boulettes. Saler et poivrer.

Abaisser la pâte et découper 6 rondelles de 25 cm (10 po) de diamètre. Déposer une boulette au centre de chaque rondelle. Replier en demi-lune en prenant soin de badigeonner le contour de lait et le dessus avec l'œuf.

Cuire au four pendant 40 minutes.

Par portion	Calories (Kcal) : 474	Gras : 31 g = 60 % des Kcal provenant du gras	
Protéines : 31 g	Cholestérol : 123 mg	Sodium : 137 mg	Hydrates de carbone : 15 g

De haut en bas :

Demi-lunes au porc

Biftecks de jambon marinés à la bière

Côtelettes de porc aux tomates

été 147

Mets principaux

AGNEAU

Étant donné qu'il est doux comme un agneau, le petit de la brebis s'entend très bien avec une foule d'aliments. Dans les recettes qui suivent vous constaterez l'harmonie des saveurs, notamment, dans ces fondantes côtelettes au fromage bleu ou encore dans notre surprenant émincé d'agneau aux abricots.

Côtelettes d'agneau au citron et à la menthe

Côtelettes d'agneau au bleu

Côtelettes d'agneau au citron et à la menthe
4 portions

- 30 ml (2 c. à s.) de jus de citron
- 30 ml (2 c. à s.) d'huile d'olive
- 1 gousse d'ail, hachée
- 1 ml (1/4 c. à t.) de menthe, séchée
- Sel et poivre
- 8 côtelettes d'agneau
- 30 ml (2 c. à s.) de poivron rouge, haché
- 5 ml (1 c. à t.) de zeste de citron, râpé

Préchauffer le barbecue ou chauffer une poêle à cannelures.

Dans un bol, mélanger le jus de citron, l'huile, l'ail et la menthe. Saler et poivrer.

Badigeonner les côtelettes de cette préparation. Cuire 5 minutes à chaleur moyenne. Retourner et badigeonner de nouveau. Parsemer de poivron et de zeste de citron. Cuire 5 minutes.

Servir.

Par portion	Calories (Kcal) : 345	Gras : 31 g = 81 % des Kcal provenant du gras
Protéines : 15 g	Cholestérol : 67 mg	Sodium : 51 mg	Hydrates de carbone : 1 g

Côtelettes d'agneau au bleu
4 portions

- 8 côtelettes d'agneau
- 45 ml (3 c. à s.) d'huile d'olive
- Sel et poivre
- 40 g (3 oz) de fromage bleu, émietté
- 30 ml (2 c. à s.) de crème 35 %

Préchauffer le barbecue ou chauffer une poêle à cannelures.

Badigeonner les côtelettes d'huile. Saler et poivrer. Cuire pendant 5 minutes de chaque côté à chaleur moyenne.

Dans un bol, mélanger le fromage et la crème. Badigeonner les côtelettes de la préparation de fromage. Poursuivre la cuisson 2 minutes de chaque côté.

Servir.

Par portion	Calories (Kcal) : 641	Gras : 63 g = 78 % des Kcal provenant du gras
Protéines : 31 g	Cholestérol : 149 mg	Sodium : 193 mg	Hydrates de carbone : 0 g

Brochettes d'agneau à l'ananas
4 portions

- 250 ml (1 tasse) de jus d'ananas
- 60 ml (1/4 tasse) de sauce tamari légère
- 1 échalote sèche, émincée
- 1 gousse d'ail, hachée
- 450 g (1 lb) d'agneau, en cubes
- 16 petits oignons blancs
- 16 tomates miniatures
- 1 poivron vert, en morceaux
- 8 tronçons d'ananas, en dés
- Sel et poivre

Dans un bol, mélanger le jus d'ananas, la sauce tamari, l'échalote et l'ail. Ajouter l'agneau.

Faire mariner pendant 2 heures au réfrigérateur.

Retirer les cubes de la marinade et les enfiler sur des brochettes (utiliser 2 brochettes par portion pour faciliter le maniement) en alternance avec les oignons, les tomates, les poivrons et l'ananas.

Préchauffer le barbecue ou une poêle à cannelures.

Égoutter les brochettes. Saler et poivrer. Cuire 10 minutes à chaleur moyenne en retournant et en badigeonnant de marinade 3 fois en cours de cuisson.

Servir accompagné d'une salade verte et de fruits frais.

Par portion	Calories (Kcal) : 754	Gras : 28 g = 18 % des Kcal provenant du gras
Protéines : 32 g	Cholestérol : 63 mg	Sodium : 1101 mg	Hydrates de carbone : 63 g

Rondins d'agneau, de veau et de porc
4 portions

125 ml (1/2 tasse) de yogourt nature
5 ml (1 c. à t.) de crème de menthe
1 gousse d'ail, hachée
2 ml (1/2 c. à t.) de feuilles de menthe, hachées
Sel et poivre
225 g (1/2 lb) d'agneau, haché
115 g (1/4 lb) de veau, haché
115 g (1/4 lb) de porc, haché
2 tranches de pain, en dés
1/2 oignon, haché
60 ml (1/4 tasse) de lait
5 ml (1 c. à t.) de bouillon concentré de bœuf
1 ml (1/4 c. à t.) de muscade
1 ml (1/4 c. à t.) de cari
8 tranches de bacon, coupées en 2

Dans un bol, mélanger le yogourt, la crème de menthe, l'ail et la menthe. Saler et poivrer.

Laisser reposer 30 minutes.

Préchauffer le barbecue ou chauffer une poêle à cannelures.

Dans un grand bol, mélanger l'agneau, le veau, le porc, le pain, l'oignon, le lait, le bouillon, la muscade et le cari. Saler et poivrer.

Façonner des rondins d'environ 5 cm (2 po) de longueur. Enrouler les rondins de bacon. Cuire 12 minutes à chaleur moyenne, en retournant 3 fois en cours de cuisson.

Servir accompagné de la sauce à la menthe.

Par portion	Calories (Kcal) : 559	Gras : 38 g = 62 % des Kcal provenant du gras
Protéines : 42 g	Cholestérol : 160 mg	Sodium : 709 mg	Hydrates de carbone : 11 g

Agneau braisé au céleri fondu
4 portions

30 ml (2 c. à s.) d'huile d'olive
3 oignons, émincés
2 gousses d'ail, hachées
450 g (1 lb) d'agneau, émincé
6 branches de céleri avec feuilles, émincées
500 ml (2 tasses) de bouillon de bœuf
2 ml (1/2 c. à t.) de curcuma
Sel et poivre
60 ml (1/4 tasse) de jus de citron

Dans une poêle, chauffer l'huile à feu moyen. Faire revenir l'oignon et l'ail pendant 5 minutes. Retirer et réserver.

Dans la même poêle, faire revenir l'agneau pendant 2 minutes. Ajouter le céleri. Mélanger et poursuivre la cuisson 3 minutes.

Ajouter le bouillon et le curcuma. Saler et poivrer. Amener à ébullition. Diminuer le feu et laisser mijoter pendant 1 heure.

Ajouter l'oignon, l'ail et le jus de citron et poursuivre la cuisson 10 minutes.

Servir.

Par portion	Calories (Kcal) : 645	Gras : 56 g = 61 % des Kcal provenant du gras
Protéines : 45 g	Cholestérol : 178 mg	Sodium : 1325 mg	Hydrates de carbone : 45 g

Émincé d'agneau aux abricots
4 portions

30 ml (2 c. à s.) d'huile d'olive
450 g (1 lb) d'agneau, émincé
250 ml (1 tasse) d'oignons, hachés
Sel et poivre
250 ml (1 tasse) de bouillon de poulet
5 ml (1 c. à t.) de persil, haché
1 ml (1/4 c. à t.) de feuilles de coriandre, hachées
1 ml (1/4 c. à t.) de thym
1 gousse d'ail, hachée
30 ml (2 c. à s.) de fécule de maïs
30 ml (2 c. à s.) de d'eau
125 ml (1/2 tasse) de vin blanc
5 ml (1 c. à t.) de gingembre
375 ml (1 1/2 tasse) d'abricots, en dés
60 ml (1/4 tasse) de couscous, cuit

Dans une grande poêle, chauffer l'huile à feu moyen. Faire revenir l'agneau 2 minutes. Ajouter l'oignon et poursuivre la cuisson 5 minutes. Saler et poivrer.

Ajouter le bouillon, le persil, la coriandre, le thym et l'ail. Couvrir. Laisser mijoter 45 minutes.

Délayer la fécule de maïs dans l'eau. Ajouter et mélanger. Ajouter le vin et le gingembre. Mélanger. Ajouter les abricots et poursuivre la cuisson 10 minutes.

Servir accompagné de couscous.

Par portion	Calories (Kcal) : 436	Gras : 26 g = 57 % des Kcal provenant du gras
Protéines : 18 g	Cholestérol : 63 mg	Sodium : 754 mg	Hydrates de carbone : 26 g

De haut en bas :

Rondins d'agneau, de veau et de porc

Agneau braisé au céleri fondu

Émincé d'agneau aux abricots

été

Mets principaux

POISSONS ET FRUITS DE MER

Le thon est de bon ton cette saison ! La chair de ce poisson, dont il existe de nombreuses variétés, est ferme et dense. Lorsqu'il est vendu en conserve, le thon nage dans l'huile, dans l'eau ou dans le bouillon. Mais attention, le prix varie selon la présentation ! Par exemple, le thon entier est plus cher que le thon émietté. Le thon frais, quant à lui, se vend en filets, en darnes ou en tronçons. Il n'est pas donné… mais il est si bon !

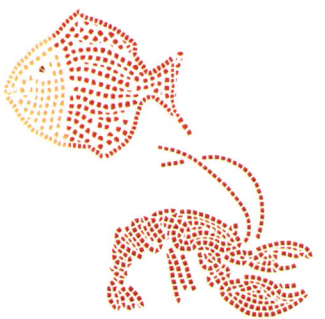

Salade de thon

Quiche au crabe

Salade de thon
4 portions

1 litre (4 tasses) de pâtes aux légumes
375 ml (1 1/2 tasse) de thon, cuit, émietté
2 échalotes vertes, émincées
1/2 poivron rouge, en dés
2 gousses d'ail, hachées
20 ml (4 c. à t.) de moutarde forte
30 ml (2 c. à s.) de vinaigre de vin rouge
Sel et poivre
60 ml (1/4 tasse) d'huile d'olive
45 ml (3 c. à s.) de parmesan, râpé

Dans une casserole d'eau bouillante, cuire les pâtes. Égoutter.

Dans un grand bol, mélanger les pâtes, le thon, l'échalotte et le poivron.

Dans un autre bol, mélanger l'ail, la moutarde et le vinaigre. Saler et poivrer. Ajouter l'huile et mélanger à l'aide d'un fouet. Verser sur les pâtes et mélanger. Laisser reposer au réfrigérateur 30 minutes.

Au moment de servir, garnir de parmesan.

Par portion — Calories (Kcal) : 445 Gras : 17 g = 33 % des Kcal provenant du gras
Protéines : 27 g Cholestérol : 23 mg Sodium : 509 mg Hydrates de carbone : 47 g

Quiche au crabe
4 portions

500 ml (2 tasses) de riz, cuit
1 blanc d'œuf
5 ml (1 c. à t.) de persil, haché
250 ml (1 tasse) de fromage suisse, râpé
250 ml (1 tasse) de chair de crabe, cuite
2 œufs battus
125 ml (1/2 tasse) de lait
125 ml (1/2 tasse) de yogourt nature
2 échalotes vertes, émincées
1 pincée de poivre de Cayenne
1 ml (1/4 c. à t.) de sel
0,5 ml (1/8 c. à t.) de poivre

Préchauffer le four à 190 °C (375 °F).

Dans un bol, mélanger le riz, le blanc d'œuf et le persil. Badigeonner une assiette à tarte d'huile. Presser le mélange de riz au fond et sur les parois de l'assiette. Parsemer de la moitié du fromage.

Dans un bol, mélanger le reste du fromage, le crabe, les œufs, le lait, le yogourt, l'échalote, le sel, le poivre de Cayenne et le poivre.

Verser cette préparation dans l'assiette à tarte.

Cuire au four pendant 40 minutes. Vérifier la cuisson de la croûte après 20 minutes et, au besoin, recouvrir de papier aluminium. Servir.

Par portion — Calories (Kcal) : 461 Gras : 20 g = 40 % des Kcal provenant du gras
Protéines : 32 g Cholestérol : 180 mg Sodium : 463 mg Hydrates de carbone : 37 g

Poisson à la mexicaine
4 portions

4 filets de doré de 140 g (5 oz) chacun
1 tomate, en dés
1 oignon, tranché
125 ml (1/2 tasse) de salsa, du commerce
2 clous de girofle
15 ml (1 c. à s.) de jus de lime
Sel et poivre
10 ml (2 c. à t.) de persil, haché
10 ml (2 c. à t.) de coriandre, hachée
1 lime, en tranches
1 citron, en tranches

Préchauffer le four à 175 °C (350 °F).

Déposer les filets dans un plat allant au four. Recouvrir de la tomate et de l'oignon. Verser la salsa. Ajouter les clous de girofle et arroser de jus de lime. Saler et poivrer.

Parsemer de persil et de coriandre. Couvrir d'un papier aluminium.

Cuire au four pendant 20 minutes.

Au moment de servir, garnir de tranches de lime et de citron.

Par portion — Calories (Kcal) : 211 Gras : 3 g = 11 % des Kcal provenant du gras
Protéines : 39 g Cholestérol : 91 mg Sodium : 345 mg Hydrates de carbone : 8 g

Filets de doré marinés
4 portions

125 ml (1/2 tasse) de vinaigre de vin blanc
45 ml (3 c. à s.) de sucre
5 ml (1 c. à t.) d'épices à marinades
0,5 ml (1/8 c. à t.) de sauce Tabasco
0,5 ml (1/8 c. à t.) de piments séchés, broyés
4 filets de doré
1/2 oignon, tranché

Dans une casserole, chauffer le vinaigre, le sucre, les épices, la sauce Tabasco et le piment.

Verser ce liquide sur le poisson. Ajouter l'oignon. Laisser tiédir.

Servir accompagné d'une salade verte et de croûtons.

| Par portion | Calories (Kcal) : 166 | Gras : 1 g = 6 % des Kcal provenant du gras |
| Protéines : 26 g | Cholestérol : 61 mg | Sodium : 78 mg | Hydrates de carbone : 13 g |

Tartare de saumon aux anchois

Tartare de saumon aux anchois
4 portions

500 ml (2 tasses) de filet de saumon, en dés
125 ml (1/2 tasse) de saumon fumé, émincé
45 ml (3 c. à s.) de câpres, égouttés
45 ml (3 c. à s.) de filets d'anchois, hachés
15 ml (1 c. à s.) d'huile d'olive
30 ml (2 c. à s.) de vinaigre de vin blanc
3 échalotes sèches, tranchées
1 ml (1/4 c. à t.) de sauce Worcestershire
2 gouttes de sauce Tabasco
Sel et poivre
Feuilles de laitue
15 ml (1 c. à s.) de zeste de citron, râpé
1 ml (1/4 c. à t.) de paprika

Dans un bol, mélanger le saumon, le saumon fumé, les câpres, les anchois, l'huile, le vinaigre, les échalotes, la sauce Worcestershire et la sauce Tabasco. Saler et poivrer.

Laisser reposer 2 heures au réfrigérateur en mélangeant 1 fois.

Au moment de servir, tapisser 4 assiettes de feuilles de laitue. Répartir le tartare. Saupoudrer du zeste de citron et du paprika.

| Par portion | Calories (Kcal) : 274 | Gras : 10 g = 33 % des Kcal provenant du gras |
| Protéines : 34 g | Cholestérol : 78 mg | Sodium : 942 mg | Hydrates de carbone : 11 g |

Filets de doré marinés

Filets de perche aux tomates

Filets de perche aux tomates
4 portions

45 ml (3 c. à s.) de farine
450 g (1 lb) de filets de perche
30 ml (2 c. à s.) d'huile d'arachide
30 ml (2 c. à s.) d'huile d'olive
125 ml (1/2 tasse) de champignons, hachés
125 ml (1/2 tasse) d'oignon, haché
1 échalote, hachée
1 gousse d'ail, hachée
60 ml (1/4 tasse) de vin blanc
2 tomates rouges, en dés
1 tomate verte, en dés
5 ml (1 c. à t.) de persil, haché
Haricots verts et jaunes, cuits

Enfariner les filets. Dans une poêle, chauffer l'huile d'arachide à feu moyen. Faire revenir les filets 2 minutes de chaque côté. Retirer et réserver au chaud.

Dans une autre poêle, chauffer l'huile d'olive à feu moyen. Faire revenir les champignons, l'oignon, l'échalote et l'ail pendant 4 minutes.

Ajouter le vin et poursuivre la cuisson 3 minutes. Ajouter les tomates et poursuivre la cuisson 3 minutes.

Au moment de servir, napper le poisson de sauce, parsemer de persil et accompagner de haricots.

Par portion	Calories (Kcal) : 234	Gras : 11 g = 44 % des Kcal provenant du gras
Protéines : 22 g	Cholestérol : 49 mg	Sodium : 71 mg Hydrates de carbone : 9 g

MENU

Fondant de légumes fumés	120
Soupe de melon et d'abricots à l'oseille et au gingembre	127
Biftecks de cheval à l'ail rôti	161
Champignons grillés au citron	170
Terrine de sorbets	177

été

Les anchois, avant d'être au centre d'une grande discussion quand on commande une pizza, sont d'abord de petits poissons avec de grands yeux et une bouche fendue «jusqu'aux oreilles». Rarement vendus frais, car ils ne se conservent pas longtemps, les anchois sont souvent fumés ou salés.

Truites barbecue
4 portions

45 ml (3 c. à s.) de beurre
1 oignon, émincé
500 ml (2 tasses) de champignons, tranchés
60 ml (1/4 tasse) de céleri, émincé
250 ml (1 tasse) de chapelure
30 ml (2 c. à s.) de persil, haché
2 ml (1/2 c. à t.) de poudre d'ail
Sel et poivre
60 ml (1/4 tasse) de crème 35 %
4 petites truites
4 tranches de bacon
30 ml (2 c. à s.) d'huile d'olive

Dans une poêle, chauffer le beurre à feu moyen. Faire revenir l'oignon, les champignons et le céleri. Ajouter la chapelure, le persil et la poudre d'ail. Saler et poivrer. Ajouter la crème. Laisser tiédir.

Farcir les truites de cette préparation et refermer à l'aide de bâtonnets de bois.

Préchauffer le barbecue.

Couper les tranches de bacon sur la longueur. Enrober chaque truite de bacon. Badigeonner d'huile. Cuire 3 minutes de chaque côté à chaleur moyenne.

Envelopper chaque truite dans du papier aluminium. Replacer sur la grille et poursuivre la cuisson pendant 20 minutes. Servir accompagné d'un riz blanc et de légumes cuits en papillote.

Par portion Calories (Kcal) : 468 Gras : 30 g = 57 % des Kcal provenant du gras
Protéines : 24 g Cholestérol : 91 mg Sodium : 735 mg Hydrates de carbone : 26 g

Roulés farcis aux crevettes
4 portions

250 ml (1 tasse) de crevettes de Matane
125 ml (1/2 tasse) de céleri et de poivron vert, hachés
1/2 oignon, émincé
30 ml (2 c. à s.) de yogourt nature
Sel et poivre
750 g (1 1/2 lb) de filets de sole
125 ml (1/2 tasse) de vin blanc

Préchauffer le four à 190 °C (375 °F).

Dans un bol, mélanger la moitié des crevettes, le céleri, le poivron, l'oignon et le yogourt. Saler et poivrer. Étendre ce mélange sur les filets. Enrouler les filets et les fixer à l'aide de bâtonnets de bois.

Façonner 4 papillotes avec du papier aluminium. Répartir le reste des crevettes dans les papillotes. Déposer les filets. Arroser de vin blanc. Refermer les papillotes. Cuire au four pendant 30 minutes.

Servir en papillote.

Par portion Calories (Kcal) : 176 Gras : 2 g = 9 % des Kcal provenant du gras
Protéines : 31 g Cholestérol : 39 mg Sodium : 277 mg Hydrates de carbone : 3 g

Tournedos de saumon grillés
4 portions

2 tranches de bacon
4 médaillons de saumon de 115 g (4 oz) chacun
15 ml (1 c. à s.) d'huile d'olive
30 ml (2 c. à s.) de jus de légumes
15 ml (1 c. à s.) de jus de citron
Sel et poivre
60 ml (1/4 tasse) de sauce chili
15 ml (1 c. à s.) de raifort dans le vinaigre
2 ml (1/2 c. à t.) d'estragon, haché

Préchauffer le barbecue ou chauffer une poêle à cannelures.

Couper les tranches de bacon sur la longueur. Ceinturer chaque médaillon de bacon. Fixer à l'aide de bâtonnets de bois.

Dans un bol, mélanger l'huile d'olive, le jus de légumes et le jus de citron.

Badigeonner les tournedos de la préparation de jus de légumes.

Faire griller 5 minutes de chaque côté à chaleur moyenne. Saler et poivrer. Retirer du barbecue ou de la poêle. Emballer de papier aluminium et laisser reposer 5 minutes.

Dans un bol, mélanger la sauce chili, le raifort et l'estragon.

Servir les tournedos nappés de sauce.

Par portion Calories (Kcal) : 188 Gras : 9 g = 43 % des Kcal provenant du gras
Protéines : 24 g Cholestérol : 62 mg Sodium : 162 mg Hydrates de carbone : 2 g

De haut en bas :

Truites barbecue

Roulés farcis aux crevettes

Tournedos de saumon grillés

été 157

Pétoncles grillés au pesto
4 portions

125 ml (1/2 tasse) de vin blanc
30 ml (2 c. à s.) de pesto
1 ml (1/4 c. à t.) de sauce Worcestershire
1 échalote verte, hachée
1 gousse d'ail, hachée
450 g (1 lb) de pétoncles frais
Sel et poivre
60 ml (1/4 tasse) de poivron blanchi, en brunoise*

Dans un bol, mélanger le vin, le pesto, la sauce Worcestershire, l'échalote et l'ail. Ajouter les pétoncles. Faire mariner pendant 2 heures au réfrigérateur.

Préchauffer le barbecue ou chauffer une poêle à cannelures.

Égoutter les pétoncles. Saler et poivrer. Cuire 5 minutes à chaleur moyenne en retournant et en badigeonnant de marinade 2 fois en cours de cuisson.

Au moment de servir, arroser de quelques gouttes de marinade et parsemer de poivrons.

Par portion	Calories (Kcal) : 172	Gras : 5 g = 27 % des Kcal provenant du gras	
Protéines : 21 g	Cholestérol : 40 mg	Sodium : 245 mg	Hydrates de carbone : 7 g

* voir lexique

Pétoncles grillés au pesto

Crevettes en brochette
4 portions

125 ml (1/2 tasse) de jus de pamplemousse
15 ml (1 c. à s.) de sauce chili
1 échalote verte, hachée
1 gousse d'ail, hachée
450 g (1 lb) de crevettes, décortiquées
Sel et poivre
45 ml (3 c. à s.) de ketchup maison
15 ml (1 c. à s.) de moutarde forte
1 ml (1/4 c. à t.) de sauce Worcestershire
0,5 ml (1/8 c. à t.) de sauce Tabasco

Dans un bol, mélanger le jus de pamplemousse, la sauce chili, l'échalote et l'ail. Ajouter les crevettes. Faire mariner pendant 2 heures au réfrigérateur.

Préchauffer le barbecue ou chauffer une poêle à cannelures.

Égoutter les crevettes. Saler et poivrer. Enfiler sur des brochettes (utiliser 2 brochettes par portion pour faciliter le maniement). Cuire 4 minutes à chaleur moyenne en retournant et en badigeonnant de marinade 1 fois en cours de cuisson.

Dans un bol, mélanger le ketchup, la moutarde, la sauce Worcestershire et la sauce Tabasco. Saler et poivrer.

Servir accompagné de cette sauce.

Par portion	Calories (Kcal) : 166	Gras : 2 g = 12 % des Kcal provenant du gras	
Protéines : 24 g	Cholestérol : 173 mg	Sodium : 359 mg	Hydrates de carbone : 12 g

Crevettes en brochette

Homards au fromage de chèvre
4 portions

4 homards de 675 g (1 1/2 lb) chacun
60 ml (1/4 tasse) de beurre, fondu
2 gousses d'ail, hachées
1 ml (1/4 c. à t.) de persil, haché
0,5 ml (1/8 c. à t.) de sauce Worcestershire
60 ml (1/4 tasse) de chapelure assaisonnée
60 ml (1/4 tasse) de fromage de chèvre, émietté
Sel et poivre

Préchauffer le gril du four (BROIL).

Dans une grande casserole d'eau bouillante légèrement salée, cuire les homards 5 minutes. Retirer de l'eau. Laisser reposer 5 minutes.

Dans un bol, mélanger le beurre, l'ail, le persil et la sauce Worcestershire.

Détacher les pinces et les queues des coffres. Couper les queues en 2 et retirer la membrane du dessus.

À l'aide d'une pince à homard, craquer les pinces directement sur l'articulation et retirer la chair de la carapace. Badigeonner la chair de beurre à l'ail. Réserver.

Conserver les coffres pour faire une soupe ou une sauce.

Badigeonner les queues de beurre à l'ail. Parsemer de chapelure et de fromage de chèvre. Saler et poivrer.

Cuire les queues 3 minutes sous le gril. Ajouter les pinces et poursuivre la cuisson 1 minute.

Servir accompagné d'un riz sauvage aux olives et aux champignons.

Par portion	Calories (Kcal) : 298	Gras : 15 g = 47 % des Kcal provenant du gras
Protéines : 32 g	Cholestérol : 181 mg	Sodium : 785 mg	Hydrates de carbone : 7 g

Technique

Détacher les pinces et les queues des coffres. Couper les queues en 2 et retirer la membrane du dessus.

Badigeonner les queues de beurre à l'ail. Parsemer de chapelure et de fromage de chèvre. Saler et poivrer.

À l'aide d'une pince à homard, craquer les pinces directement sur l'articulation et retirer la chair de la carapace. Badigeonner la chair de beurre à l'ail.

> Le pétoncle, ce petit bijou de la mer, se déplace de fort ingénieuse façon. Il avance grâce au mouvement de l'eau, qu'il évacue de sa coquille. Il grandit plus lentement en eau froide et il peut mettre jusqu'à 7 ans avant d'arriver à maturité. On sait qu'il est impoli de demander l'âge d'une dame, mais pour le pétoncle inutile de lui demander... on n'a qu'à compter les anneaux sur sa coquille !

Mets principaux

Viandes chevaline et sauvagine

Grâce aux talents et aux belles initiatives des cuisiniers, les restaurants et les marchés offrent de plus en plus de variétés de gibiers. Du chevreuil au canard en passant par le lapin, le lièvre ou la perdrix, il y en a pour tous les goûts. Pour ceux qui sont encore timides, essayez quelques-unes de nos suggestions, comme ce délicieux lapin aux poireaux.

Biftecks de cheval à l'ail rôti

Lapin aux poireaux

■■■ Biftecks de cheval à l'ail rôti
4 portions

2 têtes d'ail, entières
45 ml (3 c. à s.) d'huile d'olive
4 biftecks de cheval de 165 g (6 oz) chacun
5 ml (1 c. à t.) d'épices à bifteck
Poivre

Préchauffer le four à 200 °C (400 °F).

Couper le haut des têtes d'ail de façon à exposer l'extrémité de chaque gousse. Badigeonner les faces coupées d'huile d'olive. Dans une lèchefrite, déposer les faces coupées en dessous. Cuire au four 15 minutes.

Entre-temps, dans une poêle, chauffer l'huile à feu vif. Saisir les biftecks 2 minutes de chaque côté. Ajouter les épices et le poivre à mi-cuisson. Retirer de la poêle. Couvrir de papier aluminium. Laisser reposer 5 minutes.

Retirer l'ail du four. À l'aide d'un linge, prendre les têtes d'ail et presser la chair dans un petit bol. En recouvrir les biftecks. Servir.

| Par portion | Calories (Kcal): 401 | Gras: 32 g = 72 % des Kcal provenant du gras |
| Protéines: 22 g | Cholestérol: 76 mg | Sodium: 67 mg | Hydrates de carbone: 6 g |

■■■ Lapin aux poireaux
4 portions

500 ml (2 tasses) de vin blanc
1 oignon, haché
1 carotte, hachée
1 branche de céleri, hachée
2 gousses d'ail, hachées
2 ml (1/2 c. à t.) de poivre
4 clous de girofle
1 lapin, en morceaux
30 ml (4 c. à s.) d'huile d'olive
60 ml (1/4 tasse) de farine
3 poireaux, coupés en 2
Persil, haché

Préchauffer le four à 175 °C (350 °F).

Dans un bol, mélanger le vin, l'oignon, la carotte, le céleri, l'ail, le poivre et les clous de girofle. Ajouter le lapin. Laisser mariner 8 heures au réfrigérateur.

Retirer le lapin de la marinade et l'assécher à l'aide de papier absorbant. Réserver la marinade. Dans une cocotte, chauffer l'huile à feu moyen. Faire revenir le lapin 5 minutes de chaque côté. Ajouter la farine et la marinade. Mélanger.

Recouvrir de poireaux. Couvrir. Cuire au four 1 h 30.

Au moment de servir, parsemer de persil.

| Par portion | Calories (Kcal): 376 | Gras: 18 g = 53 % des Kcal provenant du gras |
| Protéines: 14 g | Cholestérol: 32 mg | Sodium: 69 mg | Hydrates de carbone: 22 g |

■■■ Pintade au cari et au miel
4 portions

125 ml (1/2 tasse) de yogourt nature
45 ml (3 c. à s.) de miel, fondu
2 gousses d'ail, hachées
1 échalote verte, hachée
4 ml (3/4 c. à t.) de cari
0,5 ml (1/8 c. à t.) de muscade
45 ml (3 c. à s.) d'huile d'olive
2 pintades, coupées en 2
Sel et poivre
Feuilles de coriandre

Préchauffer le four à 175 °C (350 °F).

Dans un bol, mélanger le yogourt, le miel, l'ail, l'échalote, le cari et la muscade. Réserver.

Dans une poêle, chauffer l'huile à feu vif. Saisir les pintades 3 minutes de chaque côté. Transférer dans une lèchefrite. Saler et poivrer.

Verser la moitié de la préparation au yogourt sur les pintades.

Cuire au four pendant 20 minutes.

Badigeonner du reste de la préparation. Poursuivre la cuisson 20 minutes. Arroser du jus de cuisson à mi-cuisson.

Au moment de servir, parsemer de feuilles de coriandre.

| Par portion | Calories (Kcal): 645 | Gras: 26 g = 43 % des Kcal provenant du gras |
| Protéines: 58 g | Cholestérol: 125 mg | Sodium: 312 mg | Hydrates de carbone: 18 g |

Salades et accompagnements

Salade aux nouilles et aux épinards

Salade à la gitane

Quand la canicule sévit, certaines personnes perdent l'envie de cuisiner. Ainsi, votre maisonnée se nourrit de crudités et de sandwichs. Rassurez-vous, il est possible de ne passer qu'un peu de temps dans la cuisine et de déguster de savoureux repas. C'est simple, il suffit de préparer des entrées et des salades et le tour est joué ! Inutile de prendre en aversion le sandwich à la tomate, qui est très bon, on vous le concède !

Salade aux nouilles et aux épinards
4 portions

250 ml (1 tasse) d'épinards, hachés
250 ml (1 tasse) de carottes, en allumettes
5 échalotes vertes, émincées
500 ml (2 tasses) de pâtes, cuites
15 ml (1 c. à s.) de vinaigre balsamique
60 ml (1/4 tasse) d'huile d'olive
15 ml (1 c. à s.) de miel
15 ml (1 c. à s.) de moutarde forte
15 ml (1 c. à s.) de sauce soja

Dans un grand bol, mélanger les épinards, les carottes, les échalotes et les pâtes.

Dans un bol, mélanger le vinaigre balsamique, l'huile d'olive, le miel, la moutarde et la sauce soja.

Au moment de servir, verser la vinaigrette sur les légumes et les pâtes.

Par portion	Calories (Kcal) : 323	Gras : 15 g = 39 % des Kcal provenant du gras
Protéines : 6 g	Cholestérol : 0 mg	Sodium : 360 mg	Hydrates de carbone : 44 g

Salade à la gitane
4 portions

8 petits artichauts frais
15 ml (1 c. à s.) de jus de lime
1 tomate jaune, tranchée
1/2 concombre, tranché
1/2 oignon rouge, émincé
30 ml (4 c. à s.) d'huile d'olive
10 ml (2 c. à t.) de purée de tomate
15 ml (1 c. à s.) de vinaigre de vin rouge
1 ml (1/4 c. à t.) de piments séchés, broyés
15 ml (1 c. à s.) de moutarde forte
Sel et poivre
Laitue frisée

Couper la tige des artichauts de façon à ce qu'ils tiennent debout. Faire une incision en croix, peu profonde, à la base des artichauts. Cuire dans une casserole d'eau bouillante environ 10 minutes ou jusqu'à ce que les feuilles se détachent facilement. Plonger dans un bol d'eau glacée. Laisser refroidir. Égoutter. Retirer les cœurs et les fonds et arroser de jus de lime.

Dans un grand bol, déposer les artichauts, la tomate, le concombre et l'oignon.

Dans un pot avec un couvercle, mélanger vigoureusement l'huile, la purée de tomate, le vinaigre, les piments et la moutarde. Saler et poivrer. Verser sur les légumes et laisser mariner 1 heure au réfrigérateur.

Au moment de servir, déposer sur de la laitue frisée.

Par portion	Calories (Kcal) : 279	Gras : 14 g = 42 % des Kcal provenant du gras
Protéines : 11 g	Cholestérol : 0 mg	Sodium : 328 mg	Hydrates de carbone : 35 g

Mesclun au cassis
4 portions

250 ml (1 tasse) d'épinards, sans les tiges
250 ml (1 tasse) de cresson
125 ml (1/2 tasse) d'endives, émincées
Sel et poivre
125 ml (1/2 tasse) de tomates miniatures, coupées en 2
75 ml (5 c. à s.) d'huile d'olive
15 ml (1 c. à s.) de vinaigre balsamique
15 ml (1 c. à s.) de moutarde forte
15 ml (1 c. à s.) de crème de cassis
1 gousse d'ail, hachée
60 ml (1/4 tasse) de cassis ou de bleuets frais

Dans un grand bol, mélanger les épinards, le cresson et les endives. Saler et poivrer.

Ajouter les tomates.

Dans un petit bol, mélanger l'huile, le vinaigre, la moutarde, la crème de cassis et l'ail. Verser sur la salade et mélanger.

Répartir dans 4 assiettes et garnir des fruits.

Servir.

Par portion	Calories (Kcal) : 182	Gras : 17 g = 82 % des Kcal provenant du gras
Protéines : 1 g	Cholestérol : 0 mg	Sodium : 62 mg	Hydrates de carbone : 7 g

Les pâtes, contrairement à ce que beaucoup de gens pensent, ne sont pas originaires d'Italie, mais bien de Chine. Selon certains historiens, ce serait l'explorateur Marco Polo qui les aurait fait découvrir à ses concitoyens européens.

Salade de pommes de terre au concombre
4 portions

- 6 pommes de terre, cuites, en dés
- 125 ml (1/2 tasse) d'oignon, haché
- 250 ml (1 tasse) de céleri, émincé
- 10 ml (2 c. à t.) de persil
- 250 ml (1 tasse) de concombres, en parisienne*
- Sel et poivre
- 250 ml (1 tasse) d'huile d'olive
- 80 ml (1/3 tasse) de vinaigre
- 5 ml (1 c. à t.) de sucre
- 2 ml (1/2 c. à t.) de paprika
- 2 ml (1/2 c. à t.) de moutarde sèche
- 1 gousse d'ail, hachée
- 5 ml (1 c. à t.) de gingembre, râpé
- 2 œufs cuits durs, en dés

Dans un grand bol, mélanger, les pommes de terre, l'oignon, le céleri, le persil et le concombre. Saler et poivrer.

Dans un pot avec un couvercle, mélanger vigoureusement l'huile, le vinaigre, le sucre, le paprika, la moutarde, l'ail et le gingembre. Verser la vinaigrette sur les légumes.

Au moment de servir, décorer avec les œufs.

| Par portion | Calories (Kcal) : 512 | Gras : 45 g = 63 % des Kcal provenant du gras |
| Protéines : 5 g | Cholestérol : 56 mg | Sodium : 2141 mg | Hydrates de carbone : 39 g |

* voir lexique

Salade mexicaine
4 portions

- 15 ml (1 c. à s.) d'huile d'olive
- 225 g (1/2 lb) de bœuf, haché
- 125 ml (1/2 tasse) de haricots rouges, égouttés
- 4 gouttes de sauce Tabasco
- Sel et poivre
- 1/2 laitue frisée, déchiquetée
- 1 tomate, en dés
- 1/2 oignon, haché
- 45 ml (3 c. à s.) d'huile d'arachide
- 15 ml (1 c. à s.) de vinaigre de vin
- 125 ml (1/2 tasse) de fromage cheddar, râpé
- Nachos

Dans une poêle, chauffer l'huile à feu moyen. Faire revenir le bœuf. Ajouter les haricots et la sauce Tabasco. Mélanger. Saler et poivrer. Réserver au chaud.

Dans un grand bol, déposer la laitue, la tomate et l'oignon. Ajouter l'huile et le vinaigre. Ajouter la préparation de bœuf et le fromage. Mélanger. Servir accompagné de nachos.

| Par portion | Calories (Kcal) : 715 | Gras : 45 g = 60 % des Kcal provenant du gras |
| Protéines : 22 g | Cholestérol : 63 mg | Sodium : 510 mg | Hydrates de carbone : 51 g |

Salade de couscous
4 portions

- 160 ml (2/3 tasse) de bouillon de poulet
- 160 ml (2/3 tasse) de couscous
- 5 ml (1 c. à t.) de curcuma
- 5 ml (1 c. à t.) de cari
- 284 ml (10 oz) de pois chiches, égouttés
- 1 poivron vert, en dés
- 180 ml (3/4 tasse) de raisins secs
- 125 ml (1/2 tasse) de fromage cheddar, râpé
- 5 ml (1 c. à t.) de feuilles de coriandre
- 180 ml (3/4 tasse) de yogourt nature
- 60 ml (1/4 tasse) de mayonnaise
- 15 ml (1 c. à s.) de moutarde
- 30 ml (2 c. à s.) de jus de citron
- 10 ml (2 c. à t.) de miel
- 12 cerises de terre

Dans une casserole, amener le bouillon de poulet à ébullition. Retirer du feu.

Ajouter le couscous, le curcuma et le cari. Laisser gonfler 5 minutes.

Ajouter les pois chiches, le poivron, les raisins, le fromage et la coriandre.

Dans un autre bol, mélanger le yogourt, la mayonnaise, la moutarde, le jus de citron et le miel.

Verser sur la préparation de couscous. Mélanger.

Au moment de servir, garnir de cerises de terre.

| Par portion | Calories (Kcal) : 615 | Gras : 23 g = 29 % des Kcal provenant du gras |
| Protéines : 25 g | Cholestérol : 25 mg | Sodium : 498 mg | Hydrates de carbone : 101 g |

De haut en bas :

Salade de couscous

Salade mexicaine

Salade de pommes de terre au concombre

Radicchio et chicorée garnis
4 portions

- 80 ml (3/4 tasse) de haricots verts
- 180 ml (3/4 tasse) de haricots jaunes
- 125 ml (1/2 tasse) de carotte, en bâtonnets
- 1/2 chicorée, déchiquetée
- 2 tomates, tranchées
- 1 radicchio, déchiqueté
- 60 ml (1/4 tasse) de champignons, en quartiers
- 75 ml (5 c. à s.) d'huile d'olive,
- 30 ml (2 c. à s.) de vinaigre balsamique
- Sel et poivre

Dans une casserole d'eau bouillante, cuire les haricots et les carottes environ 3 minutes. Rincer à l'eau froide et égoutter.

Dans 4 assiettes, monter la salade en superposant les légumes. Placer un lit de chicorée, recouvrir de tomates, de haricots jaunes, de radicchio, de haricots verts, de chicorée et terminer par les carottes et les champignons.

Arroser d'huile d'olive et de vinaigre balsamique. Saler et poivrer. Servir.

Par portion	Calories (Kcal) : 253	Gras : 25 g = 83 % des Kcal provenant du gras
Protéines : 2 g	Cholestérol : 10 mg	Sodium : 320 mg	Hydrates de carbone : 9 g

Salade arménienne
4 portions

- 750 ml (3 tasses) de haricots verts, cuits
- 16 olives farcies, tranchées
- 3 échalotes vertes, émincées
- 1 poivron rouge, en julienne
- Sel et poivre
- 125 ml (1/2 tasse) de mayonnaise
- 15 ml (1 c. à s.) de vinaigre de vin blanc
- 30 ml (2 c. à s.) de vin blanc sec
- 1 gousse d'ail, hachée
- 10 ml (2 c. à t.) de persil, haché
- Paprika

Dans un grand bol, mélanger les haricots, les olives, les échalotes et le poivron. Saler et poivrer.

Dans un autre bol, mélanger la mayonnaise, le vinaigre, le vin et l'ail. Ajouter au mélange de haricots et laisser reposer pendant 1 heure au réfrigérateur.

Au moment de servir, saupoudrer de persil et de paprika.

Par portion	Calories (Kcal) : 180	Gras : 18 g = 84 % des Kcal provenant du gras
Protéines : 1 g	Cholestérol : 0 mg	Sodium : 309 mg	Hydrates de carbone : 6 g

Salade arménienne

Frisée aux légumes grillés

Radicchio et chicorée garnis

Frisée aux légumes grillés
6 portions

75 ml (5 c. à s.) d'huile d'olive
15 ml (1 c. à s.) de sauce soja
1 gousse d'ail, hachée
1/2 poivron vert, en morceaux
1/2 poivron rouge, en morceaux
1/2 courgette verte, tranchée
1/2 courgette jaune, tranchée
1/2 petite aubergine, tranchée
Sel et poivre
1 ml (1/4 c. à t.) d'huile de sésame
1 échalote verte, hachée
10 ml (2 c. à t.) de vinaigre de vin blanc
15 ml (1 c. à s.) de moutarde forte
0,5 ml (1/8 c. à t.) de sauce Worcestershire
0,5 ml (1/8 c. à t.) de paprika
5 ml (1 c. à t.) de cerfeuil, haché
1 laitue frisée, déchiquetée

Préchauffer le barbecue ou chauffer une poêle à cannelures.

Dans un bol, mélanger l'huile d'olive, la sauce soja et l'ail. Badigeonner les poivrons, les courgettes et l'aubergine de la moitié de cette préparation. Saler et poivrer. Cuire 5 minutes de chaque côté à chaleur moyenne. Retirer. Emballer de papier aluminium et laisser reposer 5 minutes.

Dans un grand bol, mélanger le reste des ingrédients. Ajouter le reste de la préparation d'huile et de sauce soja.

Disposer la laitue dans 6 assiettes. Recouvrir des légumes grillés et verser la vinaigrette.

Servir.

Par portion	Calories (Kcal) : 215	Gras : 12 g = 49 % des Kcal provenant du gras
Protéines : 7 g	Cholestérol : 0 mg	Sodium : 25 mg	Hydrates de carbone : 22 g

MENU

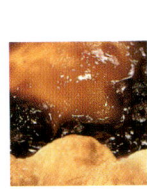

Soupe aux courgettes	124
Bœuf teriyaki	120
Tournedos de saumon grillés	156
Salade à la gitane	163
Tarte veloutée à la menthe	184

Avec un nom pareil, vous vous doutez bien que le radicchio a des origines italiennes. C'est bien vrai, car on appelle parfois cette chicorée rouge : salade de Trévise ou salade de Vérone. D'ailleurs, l'Italie est le plus grand producteur de radicchio depuis les années... 1500. Mama mia !

Poivrons farcis au riz garni
4 portions

2 poivrons rouges, coupés en 2
30 ml (2 c. à s.) d'huile d'olive
Sel et poivre
250 ml (1 tasse) de riz, cuit
30 ml (2 c. à s.) de grains de maïs
60 ml (1/4 tasse) de courgette, émincée
30 ml (2 c. à s.) de tige de bette à carde, émincée
15 ml (1 c. à s.) de sauce chili
1 gousse d'ail, hachée
1 échalote sèche, hachée

Préchauffer le barbecue ou chauffer une poêle à cannelures.

Badigeonner les poivrons d'huile. Saler et poivrer. Cuire 2 minutes de chaque côté à chaleur moyenne. Retirer. Emballer de papier aluminium et laisser reposer 5 minutes.

Dans un grand bol, mélanger le reste des ingrédients. Farcir les poivrons de ce mélange. Les emballer de papier aluminium. Remettre sur le feu et poursuivre la cuisson 10 minutes.

Servir.

Par portion	Calories (Kcal) : 137	Gras : 7 g = 45 % des Kcal provenant du gras
Protéines : 2 g	Cholestérol : 0 mg	Sodium : 17 mg	Hydrates de carbone : 17 g

Poivrons farcis au riz garni

Oignons grillés
4 portions

8 oignons, coupés en 2
30 ml (2 c. à s.) d'huile d'olive
30 ml (2 c. à s.) de sauce chili
15 ml (1 c. à s.) de bouillon concentré de bœuf
2 ml (1/2 c. à t.) d'huile de sésame
Poivre

Préchauffer le barbecue ou chauffer une poêle à cannelures.

Badigeonner les oignons d'huile d'olive.

Dans un bol, mélanger la sauce chili, le bouillon et l'huile de sésame. Poivrer.

Cuire les oignons 4 minutes sur la face coupée. Retourner et poursuivre la cuisson 10 minutes. Badigeonner de la préparation 3 fois en cours de cuisson. Retirer du feu. Emballer de papier aluminium et laisser reposer 5 minutes.

Servir.

Par portion	Calories (Kcal) : 185	Gras : 8 g = 37 % des Kcal provenant du gras
Protéines : 4 g	Cholestérol : 0 mg	Sodium : 894 mg	Hydrates de carbone : 26 g

Oignons grillés

Fagots de légumes
4 portions

- 125 ml (1/2 tasse) de haricots verts
- 125 ml (1/2 tasse) de haricots jaunes
- 125 ml (1/2 tasse) de carotte, en bâtonnets
- 125 ml (1/2 tasse) de tiges de bettes à carde
- 125 ml (1/2 tasse) de pointes d'asperges
- 4 tranches de bacon, coupées en 2
- 8 tiges d'échalotes vertes, blanchies
- 30 ml (2 c. à s.) d'huile d'olive
- Sel et poivre

Diviser les haricots, les carottes, les tiges de bettes à carde et les pointes d'asperges en 8 groupes.

Entourer chaque groupe de bacon. Ceinturer d'une tige d'échalote et la nouer.

Dans une grande poêle, chauffer l'huile à feu moyen. Cuire les fagots en retournant de temps à autre. Saler et poivrer. Poursuivre la cuisson jusqu'à ce que le bacon soit bien cuit.

Servir.

Par portion	Calories (Kcal) : 219	Gras : 11 g = 43 % des Kcal provenant du gras
Protéines : 10 g	Cholestérol : 5 mg	Sodium : 174 mg Hydrates de carbone : 23 g

Technique

Diviser les haricots, les carottes, les tiges de bettes à carde et les pointes d'asperges en groupes.

Entourer chaque groupe d'une tranche de bacon.

Ceinturer d'une tige d'échalote et la nouer. Dans une poêle, chauffer l'huile à feu moyen et cuire les fagots en retournant de temps à autre.

L'oignon a parfois mauvaise réputation, car son goût prononcé laisse des traces dans l'haleine. Un petit brin de persil ou un grain de café aura raison de ce petit inconvénient. À la fois condiment et légume, l'oignon accompagne presque tous les repas. Il en existe plusieurs variétés, dont la plus connue est l'oignon jaune.

Maïs aux herbes folles
4 portions

4 épis de maïs, épluchés
60 ml (1/4 tasse) de beurre
1 ml (1/4 c. à t.) de romarin, haché
1 ml (1/4 c. à t.) de thym, haché
1 ml (1/4 c. à t.) de sauge, hachée
2 ml (1/2 c. à t.) de ciboulette, hachée
1 gousse d'ail, hachée
Sel et poivre
Paprika

Dans une casserole d'eau bouillante, cuire les épis de maïs environ 8 minutes ou jusqu'à ce que les grains soient tendres.

Entre-temps, dans une petite casserole, chauffer le beurre à feu doux. Ajouter le romarin, le thym, la sauge, la ciboulette et l'ail. Mélanger et retirer du feu. Laisser reposer 5 minutes.

Égoutter les épis. Couper chaque épi en 5 rondins, puis en 2. Badigeonner de beurre aux herbes. Saler et poivrer. Parsemer de paprika.

Servir.

| Par portion | Calories (Kcal) : 145 | Gras : 12 g = 70 % des Kcal provenant du gras |
| Protéines : 2 g | Cholestérol : 31 mg | Sodium : 124 mg | Hydrates de carbone : 10 g |

Fondu de poireaux aux carottes
4 portions

30 ml (2 c. à s.) d'huile d'olive
8 petits poireaux
250 ml (1 tasse) de bouillon de poulet
Sel et poivre
1 gousse d'ail, hachée
125 ml (1/2 tasse) de carotte, râpée
60 ml (1/4 tasse) de jus de légumes

Préchauffer le four à 175 °C (350 °F).

Dans une poêle allant au four, chauffer 15 ml (1 c. à s.) d'huile à feu doux. Faire revenir les poireaux 2 minutes en remuant de temps à autre. Ajouter le bouillon. Saler et poivrer. Amener à ébullition. Retirer du feu. Couvrir et poursuivre la cuisson au four pendant 15 minutes.

Entre-temps, dans une autre poêle, chauffer le reste de l'huile à feu moyen. Faire revenir l'ail et les carottes 4 minutes en remuant de temps à autre. Ajouter le jus de légumes. Amener à ébullition. Diminuer le feu et laisser mijoter 5 minutes. Saler et poivrer. Retirer du feu. Au robot culinaire, réduire en purée. Réserver.

Au moment de servir, napper les poireaux du coulis de carottes.

| Par portion | Calories (Kcal) : 98 | Gras : 8 g = 67 % des Kcal provenant du gras |
| Protéines : 1 g | Cholestérol : 1 mg | Sodium : 461 mg | Hydrates de carbone : 7 g |

Champignons grillés au citron
4 portions

30 ml (2 c. à s.) de jus de citron
30 ml (2 c. à s.) de bouillon de poulet
16 gros champignons, tranchés
8 pleurotes, tranchés
2 champignons portobello, tranchés
45 ml (3 c. à s.) d'huile d'olive
Sel et poivre
5 ml (1 c. à t.) de zeste de citron
2 ml (1/2 c. à t.) de persil, haché

Préchauffer le barbecue ou chauffer une poêle à cannelures.

Dans un bol, mélanger le jus de citron et le bouillon. Ajouter les champignons. Mélanger. Laisser reposer 5 minutes en remuant de temps à autre. Lorsque les champignons auront absorbé tout le liquide, ajouter l'huile et mélanger. Saler et poivrer.

Cuire 3 minutes de chaque côté à chaleur moyenne. Retirer. Emballer de papier aluminium et laisser reposer 5 minutes.

Au moment de servir, parsemer de zeste de citron et de persil.

| Par portion | Calories (Kcal) : 56 | Gras : 2 g = 19 % des Kcal provenant du gras |
| Protéines : 2 g | Cholestérol : 0 mg | Sodium : 50 mg | Hydrates de carbone : 2 g |

De haut en bas :

Maïs aux herbes folles

Fondu de poireaux aux carottes

Champignons grillés au citron

été 171

Tomates sur le gril
4 portions

4 tomates vertes
30 ml (2 c. à s.) d'huile d'olive
15 ml (1 c. à s.) de jus de citron
1 gousse d'ail, hachée
Sel et poivre
2 ml (1/2 c. à t.) de persil, haché

Préchauffer le barbecue ou chauffer une poêle à cannelures.

Couper une fine tranche à la base des tomates de façon à ce qu'elles tiennent debout et badigeonner d'huile la face coupée.

Cuire 15 minutes les faces coupées en dessous, sans retourner, à chaleur moyenne. Badigeonner de jus de citron additionné d'ail à mi-cuisson. Saler et poivrer. Retirer. Emballer de papier aluminium et laisser reposer 5 minutes.

Au moment de servir, parsemer de persil.

Par portion	Calories (Kcal) : 61	Gras : 7 g = 98 % des Kcal provenant du gras
Protéines : 0 g	Cholestérol : 0 mg	Sodium : 0 mg Hydrates de carbone : 0 g

Tomates sur le gril

Macédoine de poivrons à la moutarde
4 portions

45 ml (3 c. à s.) d'huile d'olive
1 gousse d'ail, hachée
1 échalote sèche, hachée
60 ml (1/4 tasse) de poivron vert, en dés
60 ml (1/4 tasse) de poivron rouge, en dés
60 ml (1/4 tasse) de poivron orange, en dés
60 ml (1/4 tasse) de poivron jaune, en dés
1 branche de céleri, en dés
30 ml (2 c. à s.) de moutarde forte
2 ml (1/2 c. à t.) de miel
Sel et poivre
125 ml (1/2 tasse) de bouillon de poulet

Dans une poêle, chauffer l'huile à feu moyen. Faire revenir l'ail et l'échalote 2 minutes. Ajouter les poivrons et le céleri. Mélanger. Poursuivre la cuisson 5 minutes en remuant de temps à autre.

Incorporer la moutarde et le miel. Saler et poivrer. Ajouter le bouillon et poursuivre la cuisson 5 minutes en remuant de temps à autre.

Servir.

Par portion	Calories (Kcal) : 32	Gras : 2 g = 23 % des Kcal provenant du gras
Protéines : 1 g	Cholestérol : 0 mg	Sodium : 291 mg Hydrates de carbone : 5 g

Pommes de terre en papillote

Macédoine de poivrons à la moutarde

Pommes de terre en papillote
4 portions

60 ml (1/4 tasse) de beurre
1 ml (1/4 c. à t.) de romarin, haché
1 ml (1/4 c. à t.) d'estragon, haché
1 ml (1/4 c. à t.) de cerfeuil, haché
2 ml (1/2 c. à t.) de ciboulette, hachée
1 gousse d'ail, hachée
4 pommes de terre
Sel et poivre
Paprika

Préchauffer le barbecue.

Dans une petite casserole, chauffer le beurre à feu doux. Ajouter le romarin, l'estragon, le cerfeuil, la ciboulette et l'ail. Mélanger et retirer du feu. Laisser reposer 5 minutes.

Préparer 4 feuilles de papier aluminium pour faire des papillotes. Trancher les pommes de terre.

Disposer l'équivalent d'une pomme de terre au centre de chaque feuille. Badigeonner de beurre aux herbes. Saler et poivrer. Parsemer de paprika. Refermer les papillotes.

Cuire 10 minutes de chaque côté à chaleur vive. Retirer du feu et laisser reposer 5 minutes.

Servir.

Par portion	Calories (Kcal): 313	Gras: 12 g = 33% des Kcal provenant du gras
Protéines: 6 g	Cholestérol: 31 mg	Sodium: 132 mg Hydrates de carbone: 48 g

MENU

Tourte aux tomates à la croûte de basilic	116
Côtelettes de porc aux tomates	146
Maïs aux herbes folles	170
Salade arménienne	166
Dessert glacé aux kiwis	176

été

Parfois ronde, parfois ovale, la tomate est rarement carrée. Ne riez pas, nos voisins du Sud ont inventé une tomate carrée qui serait, notamment, plus facile à empaqueter! Il existe des centaines de variétés de tomates dont l'adorable tomate miniature - aussi appelée tomate cerise - que l'on croque comme un bonbon! Il existe une variété encore plus petite: la tomate raisin. À quand une tomate petit pois?

Desserts et gâteries

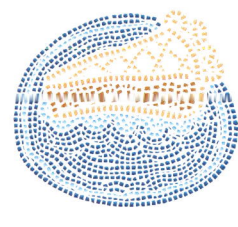

Caprices filo aux cerises

Délices de fruit Graham

Pendant la saison estivale, les fruits sont à l'honneur. Cerises, framboises, bleuets, kiwis, mûres, prunes et pêches se disputent votre attention pour se retrouver dans vos desserts. Voilà que les légumes s'en mêlent aussi! La carotte et la courgette ne veulent pas être en reste! Pour faire plaisir à tous, nous vous proposons une tarte aux carottes et, sa consœur, la tartelette aux courgettes.

◼◼◼ Délices de fruit Graham
4 à 6 portions

125 ml (1/2 tasse) de lait 2 %
1 jaune d'œuf
125 ml (1/2 tasse) de sucre
30 ml (2 c. à s.) de farine
375 ml (1 1/2 tasse) de lait 2 %, chaud
2 ml (1/2 c. à t.) de vanille
6 biscuits Graham
4 kiwis, tranchés

Dans un bol, mélanger le lait et le jaune d'œuf.

Dans une casserole, mélanger le sucre et la farine. Ajouter le mélange de lait graduellement en remuant constamment. Ajouter le lait chaud et la vanille. Cuire à feu doux pendant 3 minutes tout en continuant de remuer. Laisser tiédir la crème.

Dans un plat de 12,5 cm x 20,5 cm (5 po x 8 po), déposer 6 biscuits. Couvrir de crème. Recouvrir des kiwis. Laisser reposer 10 minutes au réfrigérateur.

Servir.

Par portion	Calories (Kcal) : 235	Gras : 5 g = 17 % des Kcal provenant du gras
Protéines : 6 g	Cholestérol : 52 mg	Sodium : 116 mg	Hydrates de carbone : 44 g

◼◼◼ Caprices filo aux cerises
6 portions

8 feuilles de pâte filo
30 ml (2 c. à s.) de beurre, fondu
30 ml (2 c. à s.) de beurre
250 ml (1 tasse) de brisures de chocolat (sucrées)
2 œufs, battus
125 ml (1/2 tasse) de crème fouettée
250 ml (1 tasse) de cerises, égouttées
Feuilles de menthe

Préchauffer le four à 175°C (350°F).

Badigeonner de beurre chaque feuille de pâte. Superposer 4 feuilles. Couvrir le reste des autres feuilles d'un linge humide.

Découper 6 rectangles de 12,5 cm x 5 cm (5 po x 2 po) et les déposer sur une plaque à biscuits. Cuire au four pendant 5 minutes. Répéter l'opération pour le reste des feuilles. Réserver.

Dans une casserole, chauffer le beurre et le chocolat à feu doux. Retirer du feu et incorporer les œufs. Laisser tiédir pendant 30 minutes. Ajouter la crème fouettée et les cerises. Réserver quelques cerises pour la décoration.

Déposer la préparation au centre de 6 feuilletés et coiffer des 6 autres feuilletés.

Au moment de servir, garnir de cerises et de feuilles de menthe.

Par portion	Calories (Kcal) : 468	Gras : 30 g = 55 % des Kcal provenant du gras
Protéines : 7 g	Cholestérol : 108 mg	Sodium : 289 mg	Hydrates de carbone : 49 g

◼◼◼ Salade de fruits au rhum
4 à 6 portions

2 pêches, pelées, en dés
2 prunes, en dés
1 nectarine, pelée, en dés
1 poire, pelée, en dés
3 abricots, pelés, en dés
125 ml (1/2 tasse) de cerises, dénoyautées, coupées en 2
125 ml (1/2 tasse) de raisins verts, sans pépins, coupés en 2
2 kiwis, tranchés
60 ml (1/4 tasse) de jus de lime
125 ml (1/2 tasse) de jus d'ananas
45 ml (3 c. à s.) de sucre
2 ml (1/2 c. à t.) d'extrait de vanille
125 ml (1/2 tasse) de rhum brun
Feuilles de menthe

Dans un grand bol, mélanger les fruits, le jus de lime, le jus d'ananas et le sucre.

Placer au réfrigérateur et laisser reposer 2 heures en remuant de temps à autre.

Ajouter la vanille et le rhum et mélanger. Laisser macérer 30 minutes en remuant de temps à autre.

Au moment de servir, garnir de feuilles de menthe.

Par portion	Calories (Kcal) : 157	Gras : 1 g = 33 % des Kcal provenant du gras
Protéines : 1 g	Cholestérol : 0 mg	Sodium : 2 mg	Hydrates de carbone : 26 g

Ce caprice à la cerise fera la joie de toute la famille. Il ferait aussi la joie des oiseaux ! Ils adorent tellement les cerises qu'on les retrouve parfois aux pieds des cerisiers... ivres morts de gourmandise !

Dessert glacé aux kiwis
4 portions

750 ml (3 tasses) de crème glacée à la vanille
16 biscuits Graham
6 kiwis bien mûrs
45 ml (3 c. à s.) de jus d'orange
30 ml (2 c. à s.) de sucre glace

Retirer la crème glacée du congélateur 15 minutes avant de procéder à l'assemblage.

Recouvrir 1 biscuit d'une boule de crème glacée. Couvrir d'un autre biscuit. Couvrir d'une boule de crème glacée. Couvrir d'un biscuit. Couvrir d'une boule de crème glacée. Terminer par 1 biscuit. Presser légèrement le dessus de manière à ce que les étages de crème glacée se répartissent également entre les biscuits. Répéter pour obtenir 4 portions. Placer au congélateur pendant 1 heure.

Entre-temps, au robot culinaire, réduire le reste des ingrédients en purée.

Retirer les desserts glacés du congélateur 5 minutes avant de servir. Napper du coulis aux kiwis.

Par portion	Calories (Kcal) : 406	Gras : 14 g = 30 % des Kcal provenant du gras
Protéines : 7 g	Cholestérol : 44 mg	Sodium : 251 mg	Hydrates de carbone : 67 g

Sorbet aux framboises et aux mûres
4 à 6 portions

625 ml (2 1/2 tasses) de framboises
30 ml (2 c. à s.) de sucre
375 ml (1 1/2 tasse) de jus de framboise
125 ml (1/2 tasse) de vin rouge
500 ml (2 tasses) de mûres

Au robot culinaire, réduire en purée 500 ml (2 tasses) de framboises et le sucre. Ajouter le jus de framboise et le vin rouge. Mélanger de nouveau.

Transférer dans un bol. Couvrir. Placer au congélateur 4 heures ou jusqu'à l'obtention d'une consistance presque ferme.

Au robot culinaire, battre jusqu'à ce que le mélange ait une consistance granuleuse.

Replacer au congélateur 2 heures.

Au robot culinaire, battre à nouveau la préparation. Ajouter le reste des framboises; battre jusqu'à une consistance presque lisse. Remettre au congélateur 2 heures.

Retirer du congélateur, 5 minutes avant de servir.

Au moment de servir, disposer les mûres dans 4 coupes et couvrir de sorbet.

Par portion	Calories (Kcal) : 119	Gras : 1 g = 3 % des Kcal provenant du gras
Protéines : 1 g	Cholestérol : 0 mg	Sodium : 29 mg	Hydrates de carbone : 25 g

Terrine de sorbets

Dessert glacé aux kiwis

Sorbet aux framboises et aux mûres

Terrine de sorbets
6 à 8 portions

375 ml (1 1/2 tasse) de fraises, tranchées
30 ml (2 c. à s.) de sucre
250 ml (1 tasse) de yogourt nature
15 ml (1 c. à s.) de jus de citron
375 ml (1 1/2 tasse) de pêches très mûres, tranchées
15 ml (1 c. à s.) de sucre
250 ml (1 tasse) de jus d'orange
375 ml (1 1/2 tasse) de bleuets
30 ml (2 c. à s.) de sucre
250 ml (1 tasse) de jus de framboise
15 ml (1 c. à s.) de jus de citron

Au robot culinaire, réduire en purée les fraises et le sucre. Ajouter le yogourt et le jus de citron. Mélanger à nouveau. Transférer dans un bol. Couvrir. Placer au congélateur 4 heures ou jusqu'à l'obtention d'une consistance presque ferme.

Au robot culinaire, battre jusqu'à ce que le mélange ait une consistance granuleuse.

Replacer au congélateur 2 heures.

Procéder de la même manière avec les pêches, le sucre et le jus d'orange.

Procéder de la même manière avec les bleuets, le sucre, le jus de framboise et le jus de citron.

Placer le sorbet aux pêches au fond d'un moule à pain préalablement tapissé d'une pellicule plastique. Recouvrir de yogourt glacé aux fraises. Terminer par une couche de sorbet aux bleuets. Placer au congélateur 2 heures.

Au moment de servir, retirer du congélateur, démouler et trancher.

Verser un coulis de fruits dans 4 assiettes et déposer les tranches de sorbet.

Par portion	Calories (Kcal) : 124	Gras : 1 g = 9 % des Kcal provenant du gras
Protéines : 2 g	Cholestérol : 22 mg	Sodium : 28 mg Hydrates de carbone : 28 g

Le kiwi a fait son apparition dans nos supermarchés il y a une vingtaine d'années et nous a rapidement séduit par sa joliesse et son goût exotique. Originaire de Chine, il doit l'explosion de son exploitation à la Nouvelle-Zélande. En retour, on l'a baptisé «kiwi» du nom de l'oiseau emblématique de ce pays, aussi appelé l'aptéryx. On comprendra que la préférence soit allée à «kiwi» !

MENU

Potage à l'oignon	123
Concombres garnis de poulet fumé	118
Poitrines de poulet farcies aux merguez	129
Salade mexicaine	164
Petits feuilletés aux fraises poivrées	181

été

Gâteau aux framboises
8 portions

- 1 gâteau des anges, du commerce
- 500 ml (2 tasses) de crème 35 %
- 60 ml (4 c. à s.) de sucre glace
- 5 ml (1 c. à t.) de vanille
- 225 g (8 oz) de fromage à la crème, ramolli
- 250 ml (1 tasse) de confiture de framboises
- 750 ml (3 tasses) de framboises

Couper le gateau en 2 étages. Placer 1 moitié dans une assiette. Réserver.

Dans un bol, fouetter la crème jusqu'à ce qu'elle forme des pics. Ajouter le sucre, la vanille et le fromage. Mélanger.

Couvrir 1 moitié de gâteau de ce mélange. Recouvrir de l'autre moitié de gâteau.

Dans un autre bol, mélanger la confiture et les framboises. Couvrir le gâteau de ce mélange.

Laisser reposer 30 minutes au congélateur.

Servir.

| Par portion | Calories (Kcal) : 989 | Gras : 55 g = 40 % des Kcal provenant du gras |
| Protéines : 19 g | Cholestérol : 180 mg | Sodium : 1508 mg | Hydrates de carbone : 164 g |

Gâteau quatre-quarts aux 2 coulis
8 portions

- 1 gâteau quatre-quarts, du commerce
- 90 ml (3 oz) de liqueur de framboise
- 250 ml (1 tasse) de fraises
- 45 ml (3 c. à s.) de jus d'orange
- 15 ml (1 c. à s.) de sucre glace
- 250 ml (1 tasse) de framboises
- 45 ml (3 c. à s.) de jus d'orange
- 15 ml (1 c. à s.) de sucre glace

Trancher le gâteau. Disposer les tranches sur une plaque à biscuits. Arroser de liqueur de framboise. Placer au réfrigérateur 30 minutes.

Entre-temps, au robot culinaire, réduire en purée les fraises, le jus d'orange et le sucre glace. Réserver.

Au robot culinaire, réduire en purée, les framboises, le jus d'orange et le sucre glace. Réserver.

Répartir les 2 coulis dans 4 assiettes creuses. Couvrir de 2 tranches de gâteau. Servir.

| Par portion | Calories (Kcal) : 205 | Gras : 7 g = 33 % des Kcal provenant du gras |
| Protéines : 2 g | Cholestérol : 22 mg | Sodium : 151 mg | Hydrates de carbone : 29 g |

Gâteau aux bleuets à la sauce aigre-douce
8 à 10 portions

- 560 ml (2 1/4 tasses) de farine de blé entier
- 250 ml (1 tasse) de sucre
- 180 ml (3/4 tasse) de beurre
- 5 ml (1 c. à t.) de bicarbonate de soude
- 1 œuf
- 125 ml (1/2 tasse) de yogourt nature
- 10 ml (2 c. à t.) de jus de citron
- 750 ml (3 tasses) de bleuets
- 5 ml (1 c. à t.) de zeste de citron
- 250 ml (1 tasse) de crème 35 %
- 125 ml (1/2 tasse) de yogourt nature
- 15 ml (1 c. à s.) de jus de citron
- 30 ml (2 c. à s.) de sucre

Préchauffer le four à 200 °C (400 °F).

Dans un grand bol, mélanger la farine et le sucre. Ajouter le beurre et mélanger jusqu'à ce que le mélange soit granuleux. Réserver 250 ml (1 tasse) de ce mélange.

Ajouter le bicarbonate de soude dans le grand bol.

Dans un autre bol, battre l'œuf. Ajouter le yogourt et le jus de citron. Incorporer au grand bol. Ajouter 250 ml (1 tasse) de bleuets et le zeste. Verser ce mélange dans un moule démontable de 25 cm (10 po) de diamètre, graissé. Parsemer du reste des bleuets. Saupoudrer du mélange réservé.

Cuire au four pendant 1 heure.

Entre-temps, dans un bol, fouetter la crème. Ajouter le yogourt, le jus de citron et le sucre. Couvrir. Laisser reposer 1 heure au réfrigérateur.

Au moment de servir, recouvrir le gâteau de crème.

| Par portion | Calories (Kcal) : 427 | Gras : 22 g = 45 % des Kcal provenant du gras |
| Protéines : 5 g | Cholestérol : 82 mg | Sodium : 320 mg | Hydrates de carbone : 55 g |

De haut en bas :

Gâteau aux framboises

Gâteau quatre-quarts aux 2 coulis

Gâteau aux bleuets à la sauce aigre-douce

été

Poires et pêches pochées au porto
4 portions

4 petites poires, pelées
12 prunes, pelées
375 ml (1 1/2 tasse) de porto
250 ml (1 tasse) d'eau
45 ml (3 c. à s.) de cassonade
2 ml (1/2 c. à t.) de cannelle
1 ml (1/4 c. à t.) de muscade

À l'aide d'un évidoir, retirer le cœur des poires. Les couper en 4 et les déposer dans une casserole.

Couper les prunes en 2. Retirer les noyaux. Déposer dans la casserole avec les poires. Ajouter le porto, l'eau, la cassonade, la cannelle et la muscade. Mélanger. Amener à ébullition. Laisser mijoter 20 minutes.

Retirer du feu. Laisser refroidir complètement.

Servir.

Par portion	Calories (Kcal) : 361	Gras : 1 g = 3 % des Kcal provenant du gras
Protéines : 2 g	Cholestérol : 0 mg	Sodium : 9 mg	Hydrates de carbone : 68 g

Poires et pêches pochées au porto

Crème brûlée aux 3 baies
6 portions

250 ml (1 tasse) de framboises
250 ml (1 tasse) de fraises
250 ml (1 tasse) de mûres
30 ml (2 c. à s.) de sucre
1 ml (1/4 c. à t.) de cannelle
180 ml (3/4 tasse) de vin
250 ml (1 tasse) de crème sure
45 ml (3 c. à s.) de cassonade

Préchauffer le gril du four (BROIL).

Dans une casserole, mélanger les framboises, les fraises, les mûres, le sucre, la cannelle et le vin. Cuire à feu doux pendant 5 minutes. À l'aide d'une cuillère trouée, retirer les fruits et les répartir dans 6 ramequins. Réserver.

Amener le sirop à ébullition et laisser réduire de moitié. Verser le sirop sur les fruits. Laisser refroidir.

Déposer la crème sure sur les fruits. Saupoudrer de cassonade. Placer sous le gril du four jusqu'à ce qu'une croûte se forme.

Laisser tiédir et placer au réfrigérateur pendant 4 heures.

Servir.

Par portion	Calories (Kcal) : 189	Gras : 10 g = 52 % des Kcal provenant du gras
Protéines : 2 g	Cholestérol : 21 mg	Sodium : 32 mg	Hydrates de carbone : 19 g

Crème brûlée aux 3 baies

Petits feuilletés aux fraises poivrées
4 portions

8 feuilles de pâte filo
45 ml (3 c. à s.) de beurre non-salé
500 ml (2 tasses) de fraises, coupées en 2
Poivre du moulin
45 ml (3 c. à s.) de miel
Feuilles de menthe

Badigeonner de beurre chaque feuille de pâte. Superposer 4 feuilles. Couvrir le reste des feuilles d'un linge humide.

Découper des formes selon votre inspiration et les déposer sur une plaque à biscuits. Cuire au four pendant 5 minutes. Répéter l'opération pour le reste des feuilles. Réserver.

Dans une poêle, chauffer le beurre à feu moyen. Faire revenir les fraises 3 minutes en remuant de temps à autre. Poivrer. Ajouter le miel et poursuivre la cuisson 1 minute.

Placer 4 feuilletés dans des assiettes. Recouvrir des fraises poivrées et coiffer des autres feuilletés.

Servir.

Par portion	Calories (Kcal): 285	Gras: 11 g = 41 % des Kcal provenant du gras
Protéines: 3 g	Cholestérol: 24 mg	Sodium: 140 mg Hydrates de carbone: 33 g

Technique

Badigeonner de beurre chaque feuille de pâte. Superposer 4 feuilles.

Découper des formes selon votre inspiration et les déposer sur une plaque à biscuits.

Cuire au four pendant 5 minutes.

Les pêches sont fragiles, alors il faut les consommer rapidement. De toute façon, si un panier entre dans la maison, il faudra vous dépêcher (!) de faire votre dessert, car de petits gourmands vous le videront. Pour éviter que la chair de la pêche brunisse, versez-y quelques gouttes de jus de citron. Elle se conserve également dans l'alcool, mais son goût n'est plus tout à fait le même...

Tarte aux cerises de terre
8 portions

- 2 abaisses de pâte brisée
- 60 ml (1/4 tasse) de farine
- 180 ml (3/4 tasse) de sucre
- 5 ml (1 c. à t.) de sel
- 1 ml (1/4 c. à t.) de cannelle
- Jus d'un citron
- Eau
- 750 ml (3 tasses) de cerises de terre, nettoyées

Préchauffer le four à 190 °C (375 °F).

Foncer une assiette à tarte de 23 cm (9 po) d'une abaisse.

Dans un bol, mélanger la farine, le sucre, le sel et la cannelle. Ajouter le jus de citron et assez d'eau pour former une pâte. Mélanger. Ajouter les cerises de terre.

Verser dans l'assiette et couvrir de l'autre abaisse. Faire une incision sur le dessus de la tarte.

Cuire au four pendant 45 minutes.

Servir.

Par portion	Calories (Kcal) : 318	Gras : 12 g = 34 % des Kcal provenant du gras
Protéines : 4 g	Cholestérol : 0 mg	Sodium : 560 mg Hydrates de carbone : 50 g

Tarte aux carottes
8 portions

- 1 abaisse de pâte brisée
- 425 ml (1 3/4 tasse) de carottes, râpées, blanchies
- 125 ml (1/2 tasse) de cassonade
- 60 ml (1/4 tasse) de sirop d'érable
- 2 œufs, battus
- 250 ml (1 tasse) de lait évaporé
- 125 ml (1/2 tasse) d'eau
- 2 ml (1/2 c. à t.) de gingembre, moulu
- 2 ml (1/2 c. à t.) de cannelle
- 1 pincée de clou de girofle, moulu

Préchauffer le four à 230 °C (450 °F).

Foncer une assiette à tarte de 23 cm (9 po) de l'abaisse.

Au robot culinaire, réduire en purée, la carotte, la cassonade, le sirop d'érable, les œufs, le lait, l'eau, le gingembre, la cannelle et le clou de girofle.

Verser dans l'assiette. Cuire au four 10 minutes. Diminuer la chaleur à 200 °C (400 °F). Poursuivre la cuisson pendant 45 minutes ou jusqu'à ce que la lame d'un couteau insérée au centre en ressorte propre. Retirer du four et laisser refroidir.

Servir.

Par portion	Calories (Kcal) : 257	Gras : 10 g = 33 % des Kcal provenant du gras
Protéines : 5 g	Cholestérol : 55 mg	Sodium : 215 mg Hydrates de carbone : 58 g

Tartelettes aux courgettes
6 portions

- 6 croûtes à tartelettes de 10 cm (4 po)
- 425 ml (1 3/4 tasse) de courgettes, tranchées, blanchies
- 125 ml (1/2 tasse) de cassonade
- 60 ml (1/4 tasse) de sirop d'érable
- 2 œufs, battus
- 250 ml (1 tasse) de lait évaporé
- 125 ml (1/2 tasse) d'eau
- 2 ml (1/2 c. à t.) de gingembre, moulu
- 2 ml (1/2 c. à t.) de cannelle
- 1 pincée de clou de girofle, moulu

Préchauffer le four à 230 °C (450 °F).

Au robot culinaire, réduire en purée, les courgettes, la cassonade, le sirop d'érable, les œufs, le lait, l'eau, le gingembre, la cannelle et le clou de girofle.

Verser dans les tartelettes. Cuire au four pendant 10 minutes. Diminuer la chaleur à 200 °C (400 °F).

Poursuivre la cuisson pendant 25 minutes ou jusqu'à ce que la lame d'un couteau insérée au centre en ressorte propre. Retirer du four et laisser refroidir.

Servir.

Par portion	Calories (Kcal) : 321	Gras : 13 g = 35 % des Kcal provenant du gras
Protéines : 7 g	Cholestérol : 73 mg	Sodium : 266 mg Hydrates de carbone : 46 g

De haut en bas :

Tarte aux cerises de terre

Tarte aux carottes

Tartelettes aux courgettes

été 183

◾◾◾ Tarte veloutée à la menthe
8 à 10 portions

60 ml (1/4 tasse) de beurre
40 gaufrettes au chocolat, émiettées
32 grosses guimauves
60 ml (1/4 tasse) de crème de menthe verte
500 ml (2 tasses) de crème 35 %
Brisures de chocolat

Préchauffer le four à 175 °C (350 °F).

Dans une casserole, chauffer le beurre à feu doux. Ajouter les gaufrettes et mélanger.

Tapisser le fond de 2 assiettes à tarte de ce mélange. Cuire au four pendant 10 minutes. Retirer du four. Laisser refroidir.

Dans une casserole, faire fondre les guimauves avec la crème de menthe en remuant de temps à autre. Placer au congélateur pendant 10 minutes.

Entre-temps, dans un bol, fouetter la crème. Retirer les guimauves du congélateur et ajouter la crème délicatement. Verser la préparation dans l'assiette.

Au moment de servir, garnir de brisures de chocolat.

Par portion	Calories (Kcal) : 378	Gras : 27 g = 64 % des Kcal provenant du gras
Protéines : 3 g	Cholestérol : 73 mg	Sodium : 167 mg	Hydrates de carbone : 31 g

◾◾◾ Tarte aux pêches et aux bleuets
8 portions

1 abaisse de pâte brisée
125 ml (1/2 tasse) de sucre
45 ml (3 c. à s.) de farine
20 ml (4 c. à t.) de fécule de maïs
1 ml (1/4 c. à t.) de cannelle
5 pêches, pelées, dénoyautées, tranchées
500 ml (2 tasses) de bleuets
10 ml (2 c. à t.) de jus de citron
15 ml (1 c. à s.) de sucre glace

Préchauffer le four à 200 °C (400 °F).

Foncer une assiette à tarte de 23 cm (9 po) de l'abaisse.

Dans un bol, mélanger le sucre, la farine, la fécule de maïs et la cannelle.

Dans une casserole, mélanger les pêches, les bleuets et le jus de citron. Cuire à feu doux pendant 4 minutes. Verser la préparation dans l'assiette. Cuire au four pendant 20 minutes. Retirer du four. Laisser refroidir.

Au moment de servir, saupoudrer de sucre glace.

Par portion	Calories (Kcal) : 209	Gras : 6 g = 26 % des Kcal provenant du gras
Protéines : 2 g	Cholestérol : 0 mg	Sodium : 148 mg	Hydrates de carbone : 37 g

••• Tartelettes aux fraises
6 portions

625 ml (2 1/2 tasses) de chapelure
30 ml (2 c. à s.) de miel
60 ml (4 c. à s.) de beurre, fondu
750 ml (3 tasses) de fraises, équeutées
250 ml (1 tasse) de sucre
250 ml (1 tasse) d'eau
45 ml (3 c. à s.) de fécule de maïs
45 ml (3 c. à s.) de d'eau
12 fraises

Préchauffer le four à 175 °C (350 °F).

Dans un bol, mélanger la chapelure, le miel et le beurre.

Tapisser le fond de six moules à tartelettes de ce mélange. Cuire au four pendant 10 minutes. Retirer du four et laisser refroidir.

Dans une casserole, mélanger 250 ml (1 tasse) de fraises, le sucre et l'eau. Cuire à feu doux pendant 15 minutes. Délayer la fécule de maïs dans l'eau. Ajouter aux fraises en remuant constamment jusqu'à épaississement. Poursuivre la cuisson 5 minutes en remuant de temps à autre. Retirer du feu. Laisser refroidir.

Ajouter le reste des fraises. Mélanger. Verser dans les moules. Décorer de fraises.

Laisser reposer pendant 1 heure au réfrigérateur.

Servir.

Par portion	Calories (Kcal) : 392	Gras : 10 g = 22 % des Kcal provenant du gras
Protéines : 4 g	Cholestérol : 20 mg	Sodium : 342 mg	Hydrates de carbone : 75 g

menu
•••••••

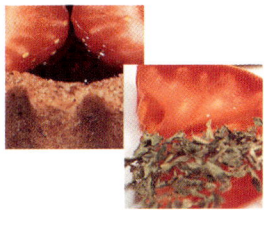

Bouillon de poulet verdurette — 123

Artichauts au fromage de chèvre et au porto — 116

Tournedos farcis aux herbes et à la moutarde — 135

Tomates sur le gril — 172

Crème brûlée aux 3 baies — 180

Les industrieuses abeilles nous font cadeau de leur miel depuis la nuit des temps. Longtemps utilisé à la place du sucre (dans les pays occidentaux, du moins), le miel permettrait, notamment, d'ouvrir l'appétit, de faciliter la digestion et de soulager les maux de gorge. Dans cette recette, il soulagera aussi votre gourmandise !

Conserves

Tomates aux herbes

Salsa classique

Profitez de l'été pour faire provision d'aromates. Certains peuvent se congeler, alors que d'autres tolèrent moins bien le froid. C'est le cas notamment du fenouil qui perd un peu de sa saveur au congélateur. Pour savourer le fenouil encore un bon moment, essayez la recette que nous vous proposons à la page 190.

Tomates aux herbes
6 bocaux de 500 ml (2 tasses)

36 petites tomates
15 ml (1 c. à s.) de basilic séché, haché
15 ml (1 c. à s.) d'origan séché, haché
5 ml (1 c. à t.) de romarin séché, haché
1 ml (1 c. à t.) de poudre d'ail
1 ml (1 c. à t.) de poudre d'oignon
6 ml (1 1/2 c. à t.) de gros sel
90 ml (6 c. à s.) de vinaigre de vin blanc

Stériliser 6 bocaux Mason de 500 ml (2 tasses) (voir page 20).

Faire une incision en croix à la base des tomates. Plonger dans l'eau bouillante 1 minute, puis dans l'eau glacée. Peler les tomates. Les remettre dans l'eau bouillante et laisser mijoter 3 minutes. Les retirer du feu et les égoutter en prenant soin de récupérer environ 750 ml (3 tasses) de jus de cuisson.

Dans un petit bol, mélanger le basilic, l'origan, le romarin, la poudre d'ail, la poudre d'oignon et le gros sel. Répartir ce mélange dans les bocaux. Verser 15 ml (1 c. à s.) de vinaigre dans chaque bocal. Placer les tomates dans les bocaux en les tassant bien. Remplir de jus de cuisson en laissant un espace de tête de 1,25 cm (1/2 po).

Retirer les bulles d'air à l'aide d'une spatule non-métallique. Essuyer les rebords des bocaux.

Dans une petite casserole, faire bouillir les couvercles 5 minutes. Centrer les couvercles sur les bocaux. Visser les bagues en prenant soin de ne pas trop serrer.

Déposer les bocaux dans une grande marmite et effectuer la mise en conserve (voir page 26).

| **Par bocal** | Calories (Kcal): 217 | Gras: 3 g = 12 % des Kcal provenant du gras |
| Protéines: 9 g | Cholestérol: 0 mg | Sodium: 622 mg | Hydrates de carbone: 48 g |

Salsa classique
3 bocaux de 500 ml (2 tasses)

45 ml (3 c. à s.) d'huile d'olive
3 gousses d'ail, hachées
250 ml (1 tasse) d'oignons, hachés
1 litre (4 tasses) de tomates, en dés
250 ml (1 tasse) de poivrons verts, en dés
250 ml (1 tasse) de poivrons rouges, en dés
15 ml (1 c. à s.) de piment jalapeño, haché
15 ml (1 c. à s.) de feuilles de coriandre, hachées
5 ml (1 c. à t.) de graines de coriandre
5 ml (1 c. à t.) de sauce Worcestershire
80 ml (1/3 tasse) de vinaigre de vin
2 ml (1/2 c. à t.) de sauce Tabasco
15 ml (1 c. à s.) de sel

Dans une casserole, chauffer l'huile à feu moyen. Faire revenir l'ail et l'oignon 4 minutes. Ajouter le reste des ingrédients et poursuivre la cuisson 15 minutes en remuant de temps à autre. Retirer du feu. Laisser reposer 5 minutes.

Stériliser 3 bocaux Mason de 500 ml (2 tasses) (voir page 20).

Verser la préparation dans les bocaux en laissant un espace de tête de 1,25 cm (1/2 po). Retirer les bulles d'air à l'aide d'une spatule non-métallique. Essuyer les rebords des bocaux.

Dans une petite casserole, faire bouillir les couvercles 5 minutes. Centrer les couvercles sur les bocaux. Visser les bagues en prenant soin de ne pas trop serrer.

Déposer les bocaux dans une grande marmite et effectuer la mise en conserve (voir page 26).

| **Par 15 ml** | Calories (Kcal): 22 | Gras: 1 g = 49 % des Kcal provenant du gras |
| Protéines: 0 g | Cholestérol: 0 mg | Sodium: 204 mg | Hydrates de carbone: 3 g |

Chou-fleur et brocoli marinés au parfum de moutarde
3 bocaux de 500 ml (2 tasses)

625 ml (2 1/2 tasses) de chou-fleur, en bouquets
625 ml (2 1/2 tasses) de brocoli, en bouquets
500 ml (2 tasses) de vinaigre
500 ml (2 tasses) d'eau
30 ml (2 c. à s.) de sel pour marinades
15 ml (1 c. à s.) de moutarde forte
5 ml (1 c. à t.) de graines de moutarde

Bien laver et assécher les légumes.

Dans une casserole, amener le reste des ingrédients à ébullition. Laisser mijoter 10 minutes.

Stériliser 3 bocaux Mason de 500 ml (2 tasses) (voir page 20).

Répartir les légumes dans les bocaux en les tassant bien. Remplir de marinade bouillante en laissant un espace de tête de 1,25 cm (1/2 po).

Retirer les bulles d'air à l'aide d'une spatule non-métallique. Essuyer les rebords des bocaux.

Dans une petite casserole, faire bouillir les couvercles 5 minutes. Centrer les couvercles sur les bocaux. Visser les bagues en prenant soin de ne pas trop serrer.

Déposer les bocaux dans une grande marmite et effectuer la mise en conserve (voir page 27).

| **Par bocal** | Calories (Kcal): 16 | Gras: 1 g = 18 % des Kcal provenant du gras |
| Protéines: 1 g | Cholestérol: 0 mg | Sodium: 75 mg | Hydrates de carbone: 3 g |

◂◂◂ Marinade de poivrons, de poireaux et de haricots
3 bocaux de 500 ml (2 tasses)

1 poivron vert, en morceaux
1 poivron rouge, en morceaux
1 poivron orange, en morceaux
12 petits poireaux
250 ml (1 tasse) de haricots verts
250 ml (1 tasse) de haricots jaunes
500 ml (2 tasses) de vinaigre
500 ml (2 tasses) d'eau
30 ml (2 c. à s.) de sel pour marinades
15 ml (1 c. à s.) de sucre
5 ml (1 c. à t.) de graines d'aneth

Bien laver et assécher les légumes. Tailler les légumes, au besoin, de façon à ce qu'ils soient au moins 2,5 cm (1 po) plus courts que la hauteur des bocaux.

Dans une casserole, amener le reste des ingrédients à ébullition. Laisser mijoter 10 minutes.

Stériliser 3 bocaux Mason de 500 ml (2 tasses) (voir page 20).

Répartir les légumes dans les bocaux en les tassant bien. Remplir de marinade bouillante en laissant un espace de tête de 1,25 cm (1/2 po).

Retirer les bulles d'air à l'aide d'une spatule non-métallique. Essuyer les rebords des bocaux.

Effectuer la mise en conserve (voir page 27).

Marinade de poivrons, de poireaux et de haricots

Par bocal	Calories (Kcal) : 55	Gras : 1 g = 4 % des Kcal provenant du gras
Protéines : 2 g	Cholestérol : 0 mg	Sodium : 14 mg	Hydrates de carbone : 13 g

◂◂◂ Artichauts aux piments
3 bocaux de 500 ml (2 tasses)

1,25 litre (5 tasses) de cœurs d'artichauts, coupés en 2
375 ml (1 1/2 tasse) de vinaigre
375 ml (1 1/2 tasse) d'eau
30 ml (2 c. à s.) de sel pour marinades
15 ml (1 c. à s.) de sucre
30 ml (2 c. à s.) de piments séchés, broyés

Bien laver et assécher les artichauts.

Dans une casserole, amener le reste des ingrédients à ébullition. Laisser mijoter 10 minutes.

Stériliser 3 bocaux Mason de 500 ml (2 tasses) (voir page 20).

Répartir les artichauts dans les bocaux en les tassant bien. Remplir de marinade bouillante en laissant un espace de tête de 1,25 cm (1/2 po).

Retirer les bulles d'air à l'aide d'une spatule non-métallique. Essuyer les rebords des bocaux.

Effectuer la mise en conserve (voir page 27).

Artichauts aux piments

Par bocal	Calories (Kcal) : 160	Gras : 1 g = 2 % des Kcal provenant du gras
Protéines : 10 g	Cholestérol : 0 mg	Sodium : 268 mg	Hydrates de carbone : 39 g

Carottes croquantes

••• Carottes croquantes
3 bocaux de 500 ml (2 tasses)

1,25 litres (5 tasses) de carottes miniatures
375 ml (1 1/2 tasse) de vinaigre
375 ml (1 1/2 tasse) d'eau
30 ml (2 c. à s.) de sel pour marinades
15 ml (1 c. à s.) de sucre
15 ml (1 c. à s.) d'estragon séché, haché
15 ml (1 c. à s.) de graines de moutarde

Bien laver et assécher les carottes. Tailler les carottes, au besoin, de façon à ce qu'elles soient au moins 2,5 cm (1 po) plus courtes que la hauteur des bocaux.

Dans une casserole, amener le reste des ingrédients à ébullition. Laisser mijoter 10 minutes.

Stériliser 3 bocaux Mason de 500 ml (2 tasses) (voir page 20).

Répartir les carottes dans les bocaux en les tassant bien. Remplir de marinade bouillante en laissant un espace de tête de 1,25 cm (1/2 po).

Retirer les bulles d'air à l'aide d'une spatule non-métallique. Essuyer les rebords des bocaux.

Dans une petite casserole, faire bouillir les couvercles 5 minutes. Centrer les couvercles sur les bocaux. Visser les bagues en prenant soin de ne pas trop serrer.

Déposer les bocaux dans une grande marmite et effectuer la mise en conserve (voir page 27).

Par bocal   Calories (Kcal) : 153   Gras : 1 g = 4 % des Kcal provenant du gras
Protéines : 4 g   Cholestérol : 0 mg   Sodium : 132 mg   Hydrates de carbone : 36 g

Concombres et fenouil aux graines de moutarde	114
Aiguillettes de volaille aux fruits	121
Roulés farcis aux crevettes	156
Frisée aux légumes grillés	167
Délices de fruit Graham	175

été 189

Les enfants seront intrigués devant l'artichaut, ce légume qui a si fière allure. Les petits bouts de chou vous demanderont peut-être ce qu'est un «archi chaud», alors que les plus grands ne manqueront pas de remarquer sa ressemblance avec une grenade. Surtout n'allez pas gâcher leur plaisir en leur disant que l'artichaut renferme du potassium, du magnésium et qu'il est excellent pour la digestion !

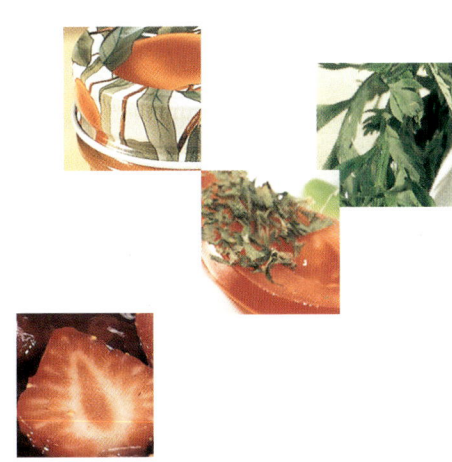

■■■ Pois mange-tout confits à l'oseille et à l'orange
environ 750 ml (3 tasses)

45 ml (3 c. à s.) d'huile d'olive
2 gousses d'ail, hachées
2 échalotes sèches, hachées
1 litre (4 tasses) de pois mange-tout
125 ml (1/2 tasse) de miel
60 ml (1/4 tasse) de zeste d'orange
45 ml (3 c. à s.) d'oseille, ciselée
5 ml (1 c. à t.) de sel pour marinades

Dans une casserole, chauffer l'huile à feu doux. Faire revenir l'ail et l'échalote 3 minutes en remuant de temps à autre. Ajouter les pois mange-tout et poursuivre la cuisson 5 minutes en remuant de temps à autre. Ajouter le reste des ingrédients et poursuivre la cuisson 15 minutes en continuant de remuer.

Servir immédiatement ou faire congeler (voir page 28).

Par 250 ml	Calories (Kcal) : 274	Gras : 10 g = 31 % des Kcal provenant du gras
Protéines : 3 g	Cholestérol : 0 mg	Sodium : 21 mg	Hydrates de carbone : 49 g

■■■ Courgettes et tomates au parfum de sauge
4 bocaux de 500 ml (2 tasses)

6 courgettes
2 grosses tomates, roses
2 grosses tomates, jaunes
375 ml (1 1/2 tasses) de vinaigre de vin
375 ml (1 1/2 tasses) d'eau
30 ml (2 c. à s.) de sel pour marinades
15 ml (1 c. à s.) de sucre
30 ml (2 c. à s.) de sauge séchée, hachée
15 ml (1 c. à s.) de graines de moutarde

Bien laver et assécher les légumes. Les couper en tranches de 1,25 cm (1/2 po) d'épaisseur. Réserver.

Dans une casserole, amener le reste des ingrédients à ébullition. Laisser mijoter 10 minutes.

Stériliser 4 bocaux Mason de 500 ml (2 tasses) (voir page 20).

Répartir les légumes dans les bocaux en les tassant bien. Remplir de marinade bouillante en laissant un espace de tête de 1,25 cm (1/2 po).

Retirer les bulles d'air à l'aide d'une spatule non-métallique. Essuyer les rebords des bocaux.

Dans une petite casserole, faire bouillir les couvercles 5 minutes. Centrer les couvercles sur les bocaux. Visser les bagues en prenant soin de ne pas trop serrer.

Effectuer la mise en conserve (voir page 27).

Par bocal	Calories (Kcal) : 79	Gras : 1 g = 14 % des Kcal provenant du gras
Protéines : 4 g	Cholestérol : 0 mg	Sodium : 18 mg	Hydrates de carbone : 16 g

■■■ Céleri et fenouil au thym
4 bocaux de 500 ml (2 tasses)

16 branches de céleri, en bâtonnets
2 bulbes de fenouil, en bâtonnets
375 ml (1 1/2 tasse) de vinaigre de cidre
375 ml (1 1/2 tasse) d'eau
30 ml (2 c. à s.) de sel pour marinades
15 ml (1 c. à s.) de sucre
30 ml (2 c. à s.) de thym séché, haché
15 ml (1 c. à s.) de graines de fenouil

Bien laver et assécher les légumes.

Dans une casserole, amener le reste des ingrédients à ébullition. Laisser mijoter 10 minutes.

Stériliser 4 bocaux Mason de 500 ml (2 tasses) (voir page 20).

Répartir les légumes dans les bocaux en les tassant bien. Remplir de marinade bouillante en laissant un espace de tête de 1,25 cm (1/2 po).

Retirer les bulles d'air à l'aide d'une spatule non-métallique. Essuyer les rebords des bocaux.

Dans une petite casserole, faire bouillir les couvercles 5 minutes. Centrer les couvercles sur les bocaux. Visser les bagues en prenant soin de ne pas trop serrer.

Déposer les bocaux dans une grande marmite et effectuer la mise en conserve (voir page 27).

Par bocal	Calories (Kcal) : 56	Gras : 1 g = 9 % des Kcal provenant du gras
Protéines : 2 g	Cholestérol : 0 mg	Sodium : 167 mg	Hydrates de carbone : 12 g

De haut en bas :

Courgettes et tomates au parfum de sauge

Pois mange-tout confits à l'oseille et à l'orange

Céleri et fenouil au thym

été 191

Confiture de baies
5 bocaux Mason de 250 ml (1 tasse)

500 ml (2 tasses) de fraises
500 ml (2 tasses) de framboises
250 ml (1 tasse) de mûres
2 pommes Granny Smith
45 ml (3 c. à s.) de jus de citron
750 ml (3 tasses) de sucre

Bien laver et assécher les fruits. Équeuter les fraises et les couper en 2. Couper les pommes en dés.

Dans une casserole, amener à ébullition les fruits et le jus de citron. Ajouter le sucre et mélanger. Laisser mijoter 30 minutes en remuant souvent.

Retirer du feu. Laisser reposer 2 minutes.

Stériliser 5 bocaux Mason de 250 ml (1 tasse) (voir page 20).

Verser la préparation dans les bocaux en laissant un espace de tête de 1,25 cm (1/2 po). Retirer les bulles d'air à l'aide d'une spatule non-métallique. Essuyer les rebords des bocaux.

Effectuer la mise en conserve (voir page 24).

Par 15 ml	Calories (Kcal) : 34	Gras : 1 g = 1 % des Kcal provenant du gras
Protéines : 0 g	Cholestérol : 0 mg	Sodium : 0 mg	Hydrates de carbone : 9 g

Confiture de baies

Marmelade d'oranges aux abricots
5 bocaux de 250 ml (1 tasse)

5 oranges, non pelées
500 ml (2 tasses) d'eau
60 ml (1/4 tasse) de jus de citron
1 litre (4 tasses) de sucre
10 abricots, pelés, en dés

Bien laver et assécher les oranges. Les trancher le plus finement possible. Retirer les pépins. Réserver.

Dans une grande casserole, amener l'eau et le jus de citron à ébullition. Ajouter les oranges, couvrir et laisser mijoter 30 minutes.

Ajouter le sucre en 3 temps en remuant jusqu'à dissolution complète entre chaque ajout. Ajouter les abricots et laisser mijoter 45 minutes en remuant souvent ou jusqu'à l'obtention d'une consistance de gelée (voir page 25).

Stériliser 5 bocaux Mason de 250 ml (1 tasse) (voir page 20).

Verser la préparation dans les bocaux en laissant un espace de tête de 1,25 cm (1/2 po). Retirer les bulles d'air à l'aide d'une spatule non-métallique. Essuyer les rebords des bocaux.

Effectuer la mise en conserve (voir page 24).

Par 15 ml	Calories (Kcal) : 80	Gras : 1 g = 1 % des Kcal provenant du gras
Protéines : 1 g	Cholestérol : 0 mg	Sodium : 2 mg	Hydrates de carbone : 21 g

Marmelade d'oranges aux abricots

■■■ Écorces de pastèque
5 bocaux de 250 ml (1 tasse)

1 pastèque, coupée en 4
125 ml (1/2 tasse) de gros sel
30 ml (2 c. à s.) de sucre
500 ml (2 tasses) de sucre
375 ml (1 1/2 tasse) de vinaigre de cidre
2 ml (1/2 c. à t.) de cannelle moulue

Couper chaque morceau de pastèque en tranches de 2 cm (3/4 po) d'épaisseur.

Retirer la chair en prenant soin de n'en laisser qu'une mince couche sur l'écorce. Conserver la chair au réfrigérateur pour un emploi ultérieur. Retirer la peau des écorces. Les couper en morceaux de 4 cm (1 1/2 po) de longueur et les déposer dans une grande passoire. Ajouter le sel et le sucre, mélanger. Laisser dégorger 2 heures.

Rincer les écorces et les placer dans un bol d'eau froide. Laisser reposer 4 heures au réfrigérateur. Égoutter.

Dans une casserole, amener le reste des ingrédients à ébullition. Ajouter les écorces et laisser mijoter 30 minutes.

Stériliser 5 bocaux Mason de 250 ml (1 tasse) (voir page 20).

Verser la préparation dans les bocaux en laissant un espace de tête de 1,25 cm (1/2 po). Retirer les bulles d'air à l'aide d'une spatule non-métallique. Essuyer les rebords des bocaux.

Dans une petite casserole, faire bouillir les couvercles 5 minutes. Centrer les couvercles sur les bocaux. Visser les bagues en prenant soin de ne pas trop serrer.

Déposer les bocaux dans une grande marmite et effectuer la mise en conserve (voir page 24).

Par bocal — Calories (Kcal) : 315 Gras : 3 g = 9 % des Kcal provenant du gras
Protéines : 5 g Cholestérol : 0 mg Sodium : 745 mg Hydrates de carbone : 60 g

Communément appelée «melon d'eau», parce qu'elle contient 92 % d'eau, la pastèque appartient à la famille des melons. Elle apaise la soif de fort agréable façon et est une bonne source de vitamine C. Entière, elle prendra toute la place dans le frigo, mais une fois entamée, elle disparaîtra comme par enchantement. Ne jetez surtout pas les écorces, car elles vous serviront dans cette recette.

Technique

Retirer la chair en prenant soin de n'en laisser qu'une mince couche sur l'écorce. Conserver la chair au réfrigérateur pour un emploi ultérieur.

Retirer la peau des écorces.

Couper les écorces en morceaux de 4 cm (1 1/2 po) de longueur et les déposer dans une grande passoire. Ajouter le sel et le sucre, mélanger. Laisser dégorger 2 heures.

Gelée de pommettes aux framboises
2 bocaux de 250 ml (1 tasse)

1,25 litre (5 tasses) de pommettes, coupées en 2
125 ml (1/2 tasse) de framboises
Jus de citron
Sucre

Placer les pommettes dans une casserole et couvrir d'eau. Amener à ébullition et laisser mijoter 15 minutes en remuant de temps à autre. Ajouter les framboises, mélanger et poursuivre la cuisson 15 minutes en remuant souvent.

Disposer un sac à gelée au-dessus d'un bol (voir page 25). Verser la préparation cuite dans le sac et laisser couler doucement de 4 à 6 heures.

Mesurer le jus recueilli et verser dans une casserole. Pour chaque 250 ml (1 tasse) de jus, ajouter 15 ml (1 c. à s.) de jus de citron et 160 ml (2/3 tasse) de sucre. Faire chauffer à feu moyen en remuant constamment jusqu'à dissolution complète du sucre. Laisser mijoter en remuant souvent pendant environ 20 minutes ou jusqu'à l'obtention d'une consistance de gelée (voir page 25).

Stériliser 2 bocaux Mason de 250 ml (1 tasse) (voir page 20).

Verser dans les bocaux en laissant un espace de tête de 1,25 cm (1/2 po). Retirer les bulles d'air à l'aide d'une spatule non-métallique. Essuyer les rebords des bocaux. Effectuer la mise en conserve (voir page 24).

Par 15 ml	Calories (Kcal) : 36	Gras : 1 g = 1 % des Kcal provenant du gras
Protéines : 0 g	Cholestérol : 0 mg	Sodium : 0 mg	Hydrates de carbone : 9 g

Gelée de pommettes aux framboises

Tartinade aux bleuets et aux mûres
5 bocaux de 250 ml (1 tasse)

750 ml (3 tasses) de bleuets
500 ml (2 tasses) de mûres
1 pomme Granny Smith, en dés
45 ml (3 c. à s.) de jus de citron
750 ml (3 tasses) de sucre

Bien laver et assécher les fruits.

Dans une casserole, amener à ébullition les fruits et le jus de citron. Ajouter le sucre et mélanger. Laisser mijoter 30 minutes en remuant souvent. Retirer du feu. Laisser reposer 2 minutes.

Stériliser 5 bocaux Mason de 250 ml (1 tasse) (voir page 20).

Verser dans les bocaux en laissant un espace de tête de 1,25 cm (1/2 po). Retirer les bulles d'air à l'aide d'une spatule non-métallique. Essuyer les rebords des bocaux. Effectuer la mise en conserve (voir page 24).

Par 15 ml	Calories (Kcal) : 35	Gras : 1 g = 1 % des Kcal provenant du gras
Protéines : 0 g	Cholestérol : 0 mg	Sodium : 0 mg	Hydrates de carbone : 9 g

Tartinade aux bleuets et aux mûres

NOTES PERSONNELLES

AUTOMNE

Dame Nature offre un spectacle haut en couleur. Ouvrez l'œil et admirez la vue. Regardez le soleil jeter mille feux sur l'horizon. Contemplez la récolte de votre jardin ou admirez celle que vous offrent les marchés. Promenez vos yeux sur les beautés de la nature. Couvrez vos proches de mille attentions. Cuisinez et passez un bel automne en notre compagnie.

Hors-d'œuvre et entrées

Quartiers de courge épicés

Tomates farcies aux légumes et à la crème d'ail

Les splendides couleurs de l'automne scintilleront jusque dans vos maisons. En effet, nous vous proposons des hors-d'œuvre délicieux... pour les yeux. Le rouge des tomates, les orangés des courges, les bruns des champignons et les verts des choux rivaliseront de coloris pour mettre vos convives en appétit. Tel un peintre avec sa palette, jouez avec les teintes et créez des chefs-d'œuvre de hors-d'œuvre !

Quartiers de courge épicés
4 portions

1 courge poivrée
45 ml (3 c. à s.) d'huile d'olive
Sel et poivre
2 ml (1/2 c. à t.) de poudre d'oignon
2 ml (1/2 c. à t.) de poudre d'ail
2 ml (1/2 c. à t.) de piments séchés, broyés
1 ml (1/4 c. à t.) de muscade
4 ml (3/4 c. à t.) de paprika
10 ml (2 c. à t.) de persil, haché

Préchauffer le four à 200 °C (400 °F).

Couper la courge en 2. Évider l'intérieur. Couper chaque morceau en 6 quartiers. Badigeonner d'huile d'olive. Saler et poivrer. Déposer sur une plaque à biscuits.

Cuire au four 10 minutes. Retourner les quartiers de courge. Poursuivre la cuisson 5 minutes. Parsemer de poudre d'oignon, de poudre d'ail, de piments, de muscade, de paprika et de persil. Couvrir d'un papier aluminium. Poursuivre la cuisson 5 minutes.

Servir nature ou accompagné d'un yogourt à l'ail.

Par portion	Calories (Kcal) : 128	Gras : 10 g = 69 % des Kcal provenant du gras
Protéines : 1 g	Cholestérol : 0 mg	Sodium : 6 mg	Hydrates de carbone : 10 g

Bouchées de crabe en coquille
4 portions

15 ml (1 c. à s.) de beurre
1 gousse d'ail, hachée
1 échalote verte, hachée
125 ml (1/2 tasse) d'escargots
125 ml (1/2 tasse) de vermouth blanc
125 ml (1/2 tasse) de crème 35 %
5 ml (1 c. à t.) de cerfeuil, haché
125 ml (1/2 tasse) de chair de crabe, émiettée
Sel et poivre
24 petites coquilles à farcir, du commerce
Paprika

Dans une poêle, chauffer le beurre à feu moyen. Faire revenir l'ail et l'échalote 3 minutes. Ajouter les escargots et poursuivre la cuisson 2 minutes en remuant de temps à autre. Ajouter le vermouth et laisser réduire de moitié.

Ajouter la crème 35 % et le cerfeuil. Poursuivre la cuisson jusqu'à épaississement. Ajouter le crabe et mélanger. Saler et poivrer. Retirer du feu et laisser reposer 3 minutes.

Farcir les coquilles et saupoudrer de paprika.

Servir.

Par portion	Calories (Kcal) : 278	Gras : 24 g = 74 % des Kcal provenant du gras
Protéines : 3 g	Cholestérol : 62 mg	Sodium : 54 mg	Hydrates de carbone : 14 g

Tomates farcies aux légumes et à la crème d'ail
4 portions

4 tomates
30 ml (2 c. à s.) d'huile d'olive
3 gousses d'ail, hachées
45 ml (3 c. à s.) de vin blanc
Sel et poivre
180 ml (3/4 tasse) de crème 35 %
80 ml (1/3 tasse) de carotte, blanchie, en dés
80 ml (1/3 tasse) de betterave, blanchie, en dés,
80 ml (1/3 tasse) de brocoli, en petits bouquets, blanchis
80 ml (1/3 tasse) de rabiole, en dés, blanchis

Couper le dessus des tomates. À l'aide d'une cuillère à parisienne*, évider les tomates en prenant soin de ne pas transpercer la peau. Réserver.

Dans une poêle, chauffer l'huile à feu moyen. Faire revenir l'ail pendant 3 minutes en remuant de temps à autre. Ajouter le vin. Saler et poivrer. Ajouter la crème et mélanger. Poursuivre la cuisson 3 minutes en remuant de temps à autre. Retirer du feu.

Dans un bol, mélanger le reste des ingrédients. Saler et poivrer. Farcir les tomates de ce mélange.

Répartir la sauce sur les tomates. Couvrir d'un papier aluminium. Laisser reposer 5 minutes.

Servir.

Par portion	Calories (Kcal) : 208	Gras : 15 g = 73 % des Kcal provenant du gras
Protéines : 6 g	Cholestérol : 48 mg	Sodium : 54 mg	Hydrates de carbone : 6 g

* voir lexique

Les Égyptiens donnaient de l'ail à leurs esclaves pour qu'ils soient plus forts et qu'ils aient plus d'endurance pour construire les pyramides ! On pensait également que l'ail avait des vertus médicinales. S'il éloigne la maladie, l'odeur qu'il donne à l'haleine... éloigne les indésirables !

▰▰▰ Bouchées spéciales
4 portions

1 boîte de 180 g (6 1/2 oz) de flocons de poulet
125 ml (1/2 tasse) de crème de champignons
125 ml (1/2 tasse) de crème 15 %
12 petits vol-au-vent
Poivre
Ciboulette

Dans un bol, mélanger le poulet, la crème de champignons et la crème.

Farcir les vol-au-vent. Poivrer.

Cuire 1 minute au micro-ondes à chaleur moyenne.

Au moment de servir, garnir de ciboulette.

Par portion	Calories (Kcal) : 315	Gras : 34 g = 60 % des Kcal provenant du gras	
Protéines : 16 g	Cholestérol : 30 mg	Sodium : 612 mg	Hydrates de carbone : 45 g

Bouchées spéciales

▰▰▰ Gâteau à la courgette
4 portions

375 ml (1 1/2 tasse) de courgettes, râpées
1 gousse d'ail, hachée
1 oignon, haché
15 ml (1 c. à s.) de basilic
1 œuf, battu
Sel et poivre
125 ml (1/2 tasse) de fromage mozzarella, râpé
45 ml (3 c. à s.) de parmesan, râpé

Préchauffer le four à 175 °C (350 °F).

Dans un bol, mélanger la courgette, l'ail, l'oignon, le basilic et l'œuf. Saler et poivrer.

Déposer la préparation dans des moules à tartelettes graissés et parsemer des fromages.

Cuire au four pendant 20 minutes.

Servir.

Par portion	Calories (Kcal) : 102	Gras : 6 g = 50 % des Kcal provenant du gras	
Protéines : 7 g	Cholestérol : 61 mg	Sodium : 178 mg	Hydrates de carbone : 6 g

Gâteau à la courgette

Bouchées de lapin à la moutarde

Bouchées de lapin à la moutarde
4 portions

500 ml (2 tasses) de lapin, cuit, en dés
180 ml (3/4 tasse) de yogourt nature
10 ml (2 c. à t.) de jus de citron
45 ml (3 c. à s.) de moutarde forte
125 ml (1/2 tasse) de courge poivrée, cuite, en dés
Sel et poivre
250 ml (1 tasse) d'eau
125 ml (1/2 tasse) de beurre
250 ml (1 tasse) de farine
3 œufs

Préchauffer le four à 200 °C (400 °F).

Dans un bol, mélanger le lapin, le yogourt, le jus de citron, la moutarde et la courge. Saler et poivrer. Réserver.

Dans une casserole, amener l'eau à ébullition. Ajouter le beurre. Mélanger. Ajouter la farine. Retirer du feu et remuer constamment.

Ajouter les œufs un à un en mélangeant bien entre chaque ajout. Recouvrir une plaque à biscuits de papier parchemin*. Déposer la préparation par petites quantités en utilisant une cuillère à soupe.

Cuire au four pendant 30 minutes. Diminuer la chaleur à 160 °C (325 °F) et poursuivre la cuisson pendant 15 minutes.

Retirer du four. Couper le dessus de chaque bouchée. À l'aide d'une cuillère à parisienne*, retirer l'intérieur. Farcir les bouchées de la préparation au lapin.

Servir.

| **Par portion** | Calories (Kcal) : 452 | Gras : 28 g = 55 % des Kcal provenant du gras |
| Protéines : 28 g | Cholestérol : 185 mg | Sodium : 480 mg | Hydrates de carbone : 19 g |

* voir lexique

Cultivées depuis des milliers d'années sur le continent américain, les courgettes font partie de la grande famille des cucurbitacées, où l'on retrouve les courges. Il existe de nombreuses variétés de courges, divisées en deux grands groupes : les courges d'été (dont la courgette) et les courges d'hiver. Les premières, appelées ainsi parce qu'elles se conservent moins longtemps, sont moins sucrées que les secondes.

Pailles doubles au fenouil	205
Potage à la tomate et à l'oignon	210
Émincé de veau aux légumes	229
Salade de chou rouge aux pommes et aux poires	251
Délice à l'orange	268

automne

Champignons farcis
4 portions

12 champignons
2 tranches de bacon, cuites, émiettées
60 ml (1/4 tasse) de poivron rouge, en brunoise
60 ml (1/4 tasse) d'aubergine, en brunoise
125 ml (1/2 tasse) de fromage mozzarella, râpé

Préchauffer le four à 190 °C (375 °F).

Retirer les pieds de champignons. Réserver les têtes. Hacher les pieds finement.

Dans un bol, mélanger les pieds, le bacon, le poivron et l'aubergine. Farcir les têtes de champignons de ce mélange.

Déposer sur une plaque à biscuits. Parsemer de fromage.

Cuire au four pendant 8 minutes.

Servir.

Par portion — Calories (Kcal) : 79 — Gras : 5 g = 58 % des Kcal provenant du gras
Protéines : 5 g — Cholestérol : 15 mg — Sodium : 112 mg — Hydrates de carbone : 3 g

Baluchons de camembert à l'huile d'herbes
6 portions

7 feuilles de pâte filo
60 ml (1/4 tasse) d'huile d'olive
1 morceau de camembert d'environ 200 g (7 1/2 oz)
1 pincée de romarin, haché
1 pincée de ciboulette, hachée
1 pincée de thym, haché

Badigeonner d'huile chaque feuille de pâte. Superposer 4 feuilles. Déposer le fromage au centre. Badigeonner le fromage d'huile. Parsemer de romarin, de ciboulette et de thym. Refermer les feuilles.

Superposer 3 autres feuilles. Déposer le fromage emballé au centre et refermer en baluchon. Badigeonner d'huile. Déposer sur une plaque à biscuits. Couvrir et laisser reposer 15 minutes au réfrigérateur.

Préchauffer le four à 190 °C (375 °F).

Badigeonner à nouveau les baluchons d'huile. Cuire au four pendant 10 minutes ou jusqu'à ce que la croûte soit dorée. Retirer du four et laisser reposer 5 minutes.

Présenter à table le baluchon entier. Au moment de servir, couper en pointes.

Par portion — Calories (Kcal) : 189 — Gras : 17 g = 82 % des Kcal provenant du gras
Protéines : 7 g — Cholestérol : 24 mg — Sodium : 296 mg — Hydrates de carbone : 2 g

Chou braisé aux viandes marinées
4 portions

80 ml (1/3 tasse) de peperoni, en dés
80 ml (1/3 tasse) de jambon fumé, en dés
80 ml (1/3 tasse) de salami, en dés
1 échalote verte, émincée
1 gousse d'ail, hachée
30 ml (2 c. à s.) d'huile d'olive
15 ml (1 c. à s.) de vermouth blanc
Sel et poivre
45 ml (3 c. à s.) d'huile d'olive
1 gousse d'ail, hachée
1 échalote sèche, hachée
750 ml (3 tasses) de chou rouge, émincé
160 ml (2/3 tasse) de vermouth rouge
1 ml (1/4 c. à t.) de muscade

Dans un bol, mélanger le peperoni, le jambon, le salami, l'échalote, l'ail, l'huile d'olive et le vermouth blanc. Saler et poivrer. Laisser reposer 1 heure au réfrigérateur en remuant de temps à autre.

Dans une poêle, chauffer l'huile à feu moyen. Faire revenir l'ail et l'échalote 2 minutes. Ajouter le chou et poursuivre la cuisson 5 minutes en remuant constamment. Ajouter le vermouth rouge et la muscade. Mélanger. Saler et poivrer. Couvrir et poursuivre la cuisson 10 minutes en remuant de temps à autre. Retirer du feu et laisser reposer 15 minutes.

Former des nids de chou dans 4 assiettes et y déposer les viandes.

Servir.

Par portion — Calories (Kcal) : 106 — Gras : 9 g = 76 % des Kcal provenant du gras
Protéines : 5 g — Cholestérol : 16 mg — Sodium : 412 mg — Hydrates de carbone : 2 g

De haut en bas :

Champignons farcis

Baluchons de camembert à l'huile d'herbes

Chou braisé aux viandes marinées

■■■ Bruschetta peperonata
4 portions

1 pain baguette, en tranches
60 ml (1/4 tasse) d'huile d'olive
2 gousses d'ail, hachées
1 échalote sèche, hachée
250 ml (1 tasse) de poivrons rouges, en dés
125 ml (1/2 tasse) de poivron vert, en dés
60 ml (1/4 tasse) de tomate, en dés
60 ml (1/4 tasse) d'aubergine, en dés
Sel et poivre

Préchauffer le gril du four (BROIL).

Badigeonner d'huile chaque côté des tranches de pain. Disposer sur une plaque à biscuits. Passer sous le gril 4 minutes. Retourner et poursuivre la cuisson 1 minute. Retirer du four. Réserver.

Dans une poêle, chauffer le reste d'huile à feu moyen. Faire revenir l'ail et l'échalote 2 minutes. Ajouter les poivrons, la tomate et l'aubergine. Mélanger et poursuivre la cuisson 5 minutes en remuant de temps à autre. Saler et poivrer. Retirer du feu. Recouvrir le côté moins doré des croûtons de cette préparation. Passer sous le gril 3 minutes.

Servir la bruschetta chaude, tiède ou froide.

Par portion	Calories (Kcal) : 401	Gras : 14 g = 33 % des Kcal provenant du gras
Protéines : 8 g	Cholestérol : 0 mg	Sodium : 625 mg	Hydrates de carbone : 50 g

Bruschetta peperonata

■■■ Plateau de fromages gratinés
4 portions

1 pain baguette, en tranches
30 ml (2 c. à s.) d'huile d'olive
60 g (2 oz) de brie, en petites tranches
60 g (2 oz) de fromage de chèvre, émietté
60 g (2 oz) de fromage bleu, émietté
30 ml (2 c. à s.) de miel, fondu
30 ml (2 c. à s.) de pacanes, émiettées
30 ml (2 c. à s.) de gruyère, râpé
15 ml (1 c. à s.) de porto
Sel et poivre

Préchauffer le gril du four (BROIL).

Badigeonner d'huile chaque côté des tranches de pain. Disposer sur une plaque à biscuits. Passer sous le gril 4 minutes. Retourner et poursuivre la cuisson 1 minute. Retirer du four. Réserver.

Recouvrir un tiers des croûtons de brie, un autre tiers de fromage de chèvre et le dernier tiers de fromage bleu. Badigeonner le brie de miel et parsemer de pacanes. Parsemer de gruyère le fromage de chèvre. Humecter le fromage bleu de porto. Saler et poivrer. Passer sous le gril 3 minutes. Servir ce plat chaud, tiède ou froid.

Par portion	Calories (Kcal) : 410	Gras : 20 g = 40 % des Kcal provenant du gras
Protéines : 18 g	Cholestérol : 31 mg	Sodium : 986 mg	Hydrates de carbone : 58 g

Plateau de fromages gratinés

●●● Pailles doubles au fenouil
8 portions

450 g (1 lb) de pâte feuilletée
80 ml (1/3 tasse) de pesto
30 ml (2 c. à s.) de graines de fenouil
60 ml (1/4 tasse) de gruyère, râpé
1 jaune d'œuf, battu
15 ml (1 c. à s.) de lait

Préchauffer le four à 175 °C (350 °F).

Enfariner légèrement le plan de travail et abaisser la pâte feuilletée, à une épaisseur de 0,5 cm (1/4 po), à l'aide d'un rouleau à pâte ou d'une bouteille de vin remplie d'eau glacée.

À l'aide d'un couteau, couper la pâte en longues languettes.

Tartiner la moitié des languettes de pesto. Parsemer de graines de fenouil et de fromage. Recouvrir du reste des languettes. Presser légèrement pour qu'elles adhèrent bien. Torsader les languettes et les déposer sur une plaque à biscuits.

Dans un bol, mélanger le jaune d'œuf et le lait. Badigeonner les pailles de ce mélange.

Cuire au four environ 15 minutes.

Servir.

Par portion	Calories (Kcal) : 53	Gras : 4 g = 61 % des Kcal provenant du gras
Protéines : 1 g	Cholestérol : 11 mg	Sodium : 29 mg	Hydrates de carbone : 4 g

Technique

Enfariner légèrement le plan de travail et abaisser la pâte feuilletée. Couper la pâte en longues languettes.

Tartiner la moitié des languettes de pesto. Parsemer de graines de fenouil et de fromage. Recouvrir du reste des languettes.

Presser légèrement pour qu'elles adhèrent bien. Torsader les languettes. Cuire au four environ 15 minutes.

Le fenouil, que l'on confond parfois avec l'anis ou l'aneth à cause des ressemblances de goût et d'allure, vous enchantera. Le bulbe, les feuilles, les graines et les tiges se consomment et possèdent de nombreuses vertus, notamment celle de faciliter la digestion. C'est bon à savoir si l'on a fait quelques excès...

◾◾◾ Crevettes marinées sur feuilles de chou
6 portions

250 ml (1 tasse) d'oignons, hachés
180 ml (3/4 tasse) de vinaigre de cidre
10 ml (2 c. à t.) de sucre
15 ml (1 c. à s.) d'épices à marinades
15 ml (1 c. à s.) de graines de céleri
5 ml (1 c. à t.) de sel
250 ml (1 tasse) d'huile d'arachide
375 ml (1 1/2 tasse) de crevettes
8 feuilles de chou frisé
Zeste de lime
Zeste d'orange
Zeste de citron

Dans une casserole, chauffer les oignons, le vinaigre, le sucre, les épices et les graines de céleri pendant 2 minutes. Saler. Ajouter l'huile. Laisser tiédir.

Ajouter les crevettes. Laisser mariner 12 heures au réfrigérateur.

Cuire les feuilles de chou à la vapeur ou dans de l'eau bouillante pendant 2 minutes. Rincer à l'eau froide. Bien égoutter.

Tapisser 4 assiettes de feuilles de chou. Recouvrir de crevettes. Garnir des zestes. Servir.

Par portion	Calories (Kcal) : 358	Gras : 40 g = 90 % des Kcal provenant du gras
Protéines : 1 g	Cholestérol : 0 mg	Sodium : 521 mg	Hydrates de carbone : 8 g

Crevettes marinées sur feuilles de chou

◾◾◾ Pommes au four aux poissons fumés
4 portions

1 pomme Granny Smith
1 pomme Red Delicious
30 ml (2 c. à s.) de jus de lime
45 ml (3 c. à s.) d'huile d'olive
1 gousse d'ail, hachée
1 échalote verte, hachée
Sel et poivre
8 tranches de saumon fumé
8 huîtres fumées

Préchauffer le four à 175 °C (350 °F).

À l'aide d'un évidoir, retirer le cœur des pommes. Trancher les pommes en 4. Arroser de jus de lime. Déposer sur une plaque à biscuits. Badigeonner d'huile d'olive. Parsemer d'ail et d'échalote. Saler et poivrer.

Cuire au four pendant 12 minutes. Recouvrir les pommes de saumon fumé. Poursuivre la cuisson 5 minutes. Retirer du four.

Au moment de servir, garnir d'huîtres fumées.

Par portion	Calories (Kcal) : 114	Gras : 3 g = 20 % des Kcal provenant du gras
Protéines : 11 g	Cholestérol : 13 mg	Sodium : 446 mg	Hydrates de carbone : 12 g

Pommes au four aux poissons fumés

Poulet confit sur nid d'aubergine

Poulet confit sur nid d'aubergine
4 portions

- 60 ml (1/4 tasse) de gros sel
- 2 gousses d'ail, hachées
- 2 échalotes sèches, hachées
- 15 ml (1 c. à s.) de carotte, hachée
- 15 ml (1 c. à s.) de céleri, haché
- 4 cuisses de poulet
- 750 ml (3 tasses) d'huile d'arachide
- 15 ml (1 c. à s.) d'huile de sésame
- 1 petite aubergine, tranchée
- 1 courgette, tranchée
- Sel et poivre

Dans un bol, mélanger le gros sel, l'ail, l'échalote, la carotte et le céleri haché.

Enrober les cuisses de ce mélange et laisser reposer 24 heures au réfrigérateur.

À l'aide d'un papier absorbant, essuyer les cuisses. Dans une casserole, chauffer les huiles à feu moyen. Plonger le poulet dans la casserole et diminuer le feu au minimum. Laisser cuire doucement pendant environ 1 heure (l'huile ne doit jamais bouillir).

Entre-temps, récupérer un peu d'huile de la cuisson. Dans une poêle, chauffer l'huile à feu moyen. Faire revenir les aubergines et les courgettes 3 minutes de chaque côté. Saler et poivrer.

Servir les cuisses confites sur un lit d'aubergine et de courgette.

Par portion — Calories (Kcal): 301 Gras: 20 g = 48 % des Kcal provenant du gras
Protéines: 24 g Cholestérol: 112 mg Sodium: 2145 mg Hydrates de carbone: 12 g

MENU

Gâteau à la courgette	200
Soupe à la citrouille	209
Filet de porc aux betteraves	233
Chou braisé aux poires	255
Salade de fruits sous un nuage	269

L'aubergine est la baie d'une plante potagère originaire d'Asie. Les Européens ont d'abord cru qu'elle rendait fou et ne s'en servaient que comme objet décoratif! L'aubergine la plus connue est mauve et ressemble à une grosse poire, mais il en existe des jaunes, des blanches, des orange et même des roses! Peu importe sa forme ou sa couleur, elle vous rendra fou... de joie!

Soupes et potages

Potage aux 3 courges

Soupe à la citrouille

Les recettes de soupe que nous vous proposons sont idéales pour les journées d'automne pluvieuses, comme notre potage aux poireaux et aux pommes. La soupe mijote, vous êtes installé dans votre fauteuil préféré, vous lisez un bon livre et le téléphone est débranché. Le bonheur! Ne sortez même pas, vous seriez trempé comme une soupe! Trempé comme une soupe? Eh oui! avant d'être un potage, la soupe désignait une tranche de pain imbibée de bouillon.

Soupe à la citrouille
6 portions

30 ml (2 c. à s.) de beurre
30 ml (2 c. à s.) d'huile
1 gousse d'ail, hachée
1 gros oignon, haché
500 ml (2 tasses) de chair de citrouille, en dés
250 ml (1 tasse) de navet, en dés
2 branches de céleri, hachées
1 feuille de laurier
1 ml (1/4 c. à t.) de thym
1 ml (1/4 c. à t.) de muscade
1 litre (4 tasses) de bouillon de poulet
Sel et poivre
Graines de citrouille, grillées

Dans une grande casserole, chauffer le beurre et l'huile à feu moyen. Faire revenir l'ail et l'oignon pendant 2 minutes. Ajouter la citrouille, le navet, le céleri, la feuille de laurier, le thym et la muscade. Poursuivre la cuisson 3 minutes en remuant de temps à autre. Verser le bouillon et amener à ébullition. Saler et poivrer. Diminuer le feu et laisser mijoter 25 minutes.

Au robot culinaire, réduire en purée.

Au moment de servir, garnir des graines de citrouille.

| Par portion | Calories (Kcal) : 126 | Gras : 10 g = 72 % des Kcal provenant du gras |
| Protéines : 2 g | Cholestérol : 12 mg | Sodium : 1124 mg | Hydrates de carbone : 7 g |

Potage du jardin
10 portions

15 ml (1 c. à s.) d'huile d'olive
500 ml (2 tasses) de navet, en dés
500 ml (2 tasses) de panais, en dés
1 litre (4 tasses) de courge musquée, en dés
1 gros oignon, haché
1 branche de céleri, émincée
1 gros poireau, émincé
1,25 litre (5 tasses) de bouillon de poulet
500 ml (2 tasses) de lait
15 ml (1 c. à s.) de gingembre frais, haché
5 ml (1 c. à t.) de basilic
3 gousses d'ail, hachées
Sel et poivre
125 ml (1/2 tasse) de crème 15 %
15 ml (1 c. à s.) de persil, haché

Dans une grande casserole, chauffer l'huile à feu moyen. Faire revenir le navet, le panais, la courge, l'oignon, le céleri et le poireau pendant 10 minutes.

Ajouter le bouillon de poulet, le lait, le gingembre, le basilic et l'ail. Saler et poivrer. Laisser mijoter pendant 15 minutes.

Au robot culinaire, réduire en purée.

Au moment de servir, ajouter la crème et garnir de persil.

| Par portion | Calories (Kcal) : 126 | Gras : 7 g = 47 % des Kcal provenant du gras |
| Protéines : 3 g | Cholestérol : 7 mg | Sodium : 654 mg | Hydrates de carbone : 14 g |

Potage aux 3 courges
6 portions

30 ml (2 c. à s.) de beurre
30 ml (2 c. à s.) d'huile
1 gousse d'ail, hachée
1 gros oignon, haché
250 ml (1 tasse) de courge poivrée, en dés
250 ml (1 tasse) de courge musquée, en dés
250 ml (1 tasse) de courge spaghetti, en dés
2 branches de céleri, hachées
1 feuille de laurier
1 ml (1/4 c. à t.) de sauge
1 ml (1/4 c. à t.) de muscade
1 pincée de cannelle
1 litre (4 tasses) de bouillon de légumes
Sel et poivre
Paprika

Dans une grande casserole, chauffer le beurre et l'huile à feu moyen. Faire revenir l'ail et l'oignon pendant 2 minutes.

Ajouter les courges, le céleri, la feuille de laurier, la sauge, la muscade et la cannelle. Poursuivre la cuisson 3 minutes en remuant de temps à autre. Verser le bouillon et amener à ébullition. Saler et poivrer. Diminuer le feu et laisser mijoter 25 minutes.

Au robot culinaire, réduire en purée.

Au moment de servir, saupoudrer de paprika.

| Par portion | Calories (Kcal) : 220 | Gras : 11 g = 16 % des Kcal provenant du gras |
| Protéines : 7 g | Cholestérol : 26 mg | Sodium : 1124 mg | Hydrates de carbone : 24 g |

Qu'on l'appelle «citrouille» en Amérique du Nord ou «potiron» en Europe, cette courge d'hiver renferme des graines foncées, délicieuses lorsqu'elles sont grillées. À l'Halloween, les petits bricoleurs pourront se confectionner des colliers avec les graines séchées.

Potage à la tomate et à l'oignon
6 portions

60 ml (1/4 tasse) de beurre
750 ml (3 tasses) d'oignons, hachés
8 tomates, pelées, épépinées, en morceaux
5 ml (1 c. à t.) de thym
2 ml (1/2 c. à t.) de sel
1 ml (1/4 c. à t.) de quatre-épices
1 litre (4 tasses) de bouillon de poulet
10 ml (2 c. à t.) de pâte de tomate
Persil

Dans une casserole, chauffer le beurre à feu moyen. Faire revenir les oignons. Ajouter les tomates, le thym, le sel et les épices. Laisser mijoter pendant 10 minutes.

Ajouter le bouillon et la pâte de tomate. Poursuivre la cuisson 15 minutes.

Au robot culinaire, réduire en purée.

Au moment de servir, garnir de persil.

Par portion	Calories (Kcal) : 179	Gras : 10 g = 49 % des Kcal provenant du gras
Protéines : 4 g	Cholestérol : 24 mg	Sodium : 1224 mg Hydrates de carbone : 20 g

Potage à la tomate et à l'oignon

Potage à la carotte, au panais et au navet
8 portions

45 ml (3 c. à s.) de beurre
1 oignon, haché
1 gousse d'ail, hachée
1,25 litre (5 tasses) d'eau
250 ml (1 tasse) de carottes, en dés
250 ml (1 tasse) de panais, en dés
250 ml (1 tasse) de navet, en dés
60 ml (1/4 tasse) de riz
30 ml (2 c. à s.) de bouillon concentré de poulet
Sel et poivre
Persil

Dans une casserole, chauffer le beurre à feu moyen. Faire revenir l'oignon et l'ail pendant 3 minutes. Ajouter l'eau, les carottes, le panais, le navet, le riz et le bouillon. Amener à ébullition. Diminuer le feu et laisser mijoter pendant 20 minutes. Saler et poivrer.

Réserver quelques dés de légumes pour garnir.

Au robot culinaire, réduire en purée.

Au moment de servir, garnir de persil et de quelques dés de légumes.

Par portion	Calories (Kcal) : 86	Gras : 5 g = 47 % des Kcal provenant du gras
Protéines : 2 g	Cholestérol : 12 mg	Sodium : 945 mg Hydrates de carbone : 10 g

Potage à la carotte, au panais et au navet

Aubergine, brocoli, chou-fleur et poivrons en bouillon

Aubergine, brocoli, chou-fleur et poivrons en bouillon

6 portions

30 ml (2 c. à s.) d'huile d'olive
1 gousse d'ail, hachée
1 oignon, haché
125 ml (1/2 tasse) de poivron vert, en bâtonnets
125 ml (1/2 tasse) de poivron rouge, en bâtonnets
125 ml (1/2 tasse) d'aubergine, en dés
750 ml (3 tasses) de bouillon de poulet
500 ml (2 tasses) de bouillon de légumes
Sel et poivre
125 ml (1/2 tasse) de brocoli, en bouquets
125 ml (1/2 tasse) de chou-fleur, en bouquets
15 ml (1 c. à s.) de persil, haché
5 ml (1 c. à t.) de basilic, haché

Dans une casserole, chauffer l'huile à feu moyen. Faire revenir l'ail et l'oignon pendant 3 minutes.

Ajouter les poivrons et poursuivre la cuisson pendant 3 minutes en remuant de temps à autre. Ajouter l'aubergine et poursuivre la cuisson 1 minute. Verser les bouillons et amener à ébullition. Saler et poivrer. Diminuer le feu et laisser mijoter 10 minutes. Ajouter le brocoli et le chou-fleur et poursuivre la cuisson 5 minutes.

Au moment de servir, parsemer de persil et de basilic.

Par portion			
Protéines : 3 g	Calories (Kcal) : 133	Gras : 7 g = 48 % des Kcal provenant du gras	
	Cholestérol : 2 mg	Sodium : 1245 mg	Hydrates de carbone : 14 g

MENU

Bouchées de lapin à la moutarde	201
Soupe aux choux	212
Poulet aux champignons	217
Salade grand-mère aux betteraves	251
Tartelettes mousseline à la citrouille	259

automne

Saviez-vous que la première carotte était beige et qu'elle poussait en Afghanistan ? Ce sont des agronomes français qui, au XIX$_e$ siècle, lui ont donné son éclatante couleur orange. Que les rouquins, qu'on appelle familièrement «poils de carotte», se consolent, car une grande consommation de carottes améliore la vue ou, comme on dit affectueusement, «fait de beaux yeux».

Soupe aux choux
6 portions

- 30 ml (2 c. à s.) d'huile d'olive
- 1 gousse d'ail, hachée
- 1 oignon, haché
- 250 ml (1 tasse) de chou, émincé
- 250 ml (1 tasse) de chou frisé, émincé
- 1,25 litre (5 tasses) de bouillon de poulet
- Sel et poivre
- 5 ml (1 c. à t.) d'estragon, haché

Dans une casserole, chauffer l'huile à feu moyen. Faire revenir l'ail et l'oignon pendant 3 minutes.

Ajouter les choux et poursuivre la cuisson 3 minutes en remuant de temps à autre. Verser le bouillon et amener à ébullition. Saler et poivrer. Diminuer le feu et laisser mijoter 10 minutes.

Au moment de servir, parsemer d'estragon.

Par portion	Calories (Kcal) : 87	Gras : 7 g = 71 % des Kcal provenant du gras
Protéines : 2 g	Cholestérol : 2 mg	Sodium : 1302 mg Hydrates de carbone : 5 g

Potage d'automne
6 portions

- 45 ml (3 c. à s.) de beurre
- 3 carottes, en dés
- 1 poireau, émincé
- 1 oignon, haché
- 1/2 navet, en dés
- 1 litre (4 tasses) de bouillon de poulet
- 1 pomme de terre, en dés
- 2 ml (1/2 c. à t.) de sarriette, hachée
- 2 tranches de bacon, en dés
- Sel et poivre

Dans une casserole, chauffer le beurre à feu moyen. Faire revenir les carottes, le poireau, l'oignon, le navet pendant 5 minutes en remuant de temps à autre. Ajouter le bouillon et laisser mijoter 10 minutes. Ajouter la pomme de terre, la sarriette et le bacon et poursuivre la cuisson 15 minutes. Saler et poivrer.

Servir.

Par portion	Calories (Kcal) : 105	Gras : 3 g = 25 % des Kcal provenant du gras
Protéines : 3 g	Cholestérol : 3 mg	Sodium : 1014 mg Hydrates de carbone : 17 g

Potage aux poireaux et aux pommes
6 portions

- 45 ml (3 c. à s.) de beurre
- 2 poireaux, émincés
- 3 pommes de terre, en dés
- 1 litre (4 tasses) de bouillon de poulet
- 1 ml (1/4 c. à t.) de thym
- 1 feuille de laurier
- Sel et poivre
- 2 pommes
- Cerfeuil, haché

Dans une casserole, chauffer le beurre à feu moyen. Faire revenir les poireaux et les pommes de terre pendant 10 minutes. Ajouter le bouillon de poulet, le thym et le laurier. Laisser mijoter pendant 40 minutes. Saler et poivrer.

Retirer la feuille de laurier. Au robot culinaire, réduire en purée.

Remettre le potage dans la casserole. Couper les pommes en dés et ajouter. Laisser mijoter à feu doux pendant 5 minutes.

Au moment de servir, garnir de cerfeuil.

Par portion	Calories (Kcal) : 170	Gras : 2 g = 11 % des Kcal provenant du gras
Protéines : 4 g	Cholestérol : 2 mg	Sodium : 1055 mg Hydrates de carbone : 35 g

De haut en bas :

Soupe aux choux

Potage aux poireaux et aux pommes

Potage d'automne

automne

Soupe aux feuilles de betterave
8 portions

- 1 litre (4 tasses) de feuilles de betterave, hachées
- 125 ml (1/2 tasse) de beurre
- 1 oignon, haché
- 1 gousse d'ail, hachée
- 125 ml (1/2 tasse) de farine
- 1 litre (4 tasses) de bouillon de poulet
- 1 litre (4 tasses) de lait évaporé
- 125 ml (1/2 tasse) de betteraves (rouges, blanches et jaunes) en perles*
- 2 ml (1/2 c. à t.) de basilic

Dans une casserole d'eau bouillante, blanchir les feuilles de betterave 1 minute. Égoutter et réserver.

Dans une grande casserole à fond épais, chauffer le beurre à feu moyen. Faire revenir l'oignon et l'ail pendant 2 minutes. Retirer du feu. Ajouter la farine et mélanger.

Replacer la casserole sur le feu. Ajouter le bouillon de poulet, le lait et les perles de betteraves. Poursuivre la cuisson en remuant constamment jusqu'à épaississement. Ajouter les feuilles de betteraves et le basilic.

Servir.

Par portion	Calories (Kcal) : 333	Gras : 22 g = 60 % des Kcal provenant du gras
Protéines : 11 g	Cholestérol : 69 mg	Sodium : 1062 mg	Hydrates de carbone : 23 g

* voir lexique

Soupe aux feuilles de betterave

Velouté de volaille aux poires et au bleu
6 portions

- 60 ml (1/4 tasse) de beurre
- 60 ml (1/4 tasse) de farine
- 1 litre (4 tasses) de bouillon de poulet, chaud
- Sel et poivre
- 1 poire
- 2 ml (1/2 c. à t.) de jus de lime
- 30 ml (2 c. à s.) de fromage bleu, émietté
- 5 ml (1 c. à t.) d'estragon, haché

Dans une casserole à fond épais, faire fondre le beurre à feu moyen. Retirer la casserole du feu et ajouter la farine en remuant constamment. Replacer la casserole sur le feu et incorporer le bouillon chaud tout en continuant de remuer. Saler et poivrer. Couvrir. Laisser mijoter à feu doux pendant 10 minutes. Remuer de temps à autre.

Entre-temps, couper la poire en allumettes et l'enduire de jus de lime. Ajouter à la soupe. Poursuivre la cuisson 2 minutes.

Au moment de servir, parsemer de fromage et d'estragon.

Par portion	Calories (Kcal) : 143	Gras : 10 g = 64 % des Kcal provenant du gras
Protéines : 2 g	Cholestérol : 24 mg	Sodium : 1154 mg	Hydrates de carbone : 11 g

Velouté de volaille aux poires et au bleu

Crème en courge
6 portions

30 ml (2 c. à s.) de beurre
30 ml (2 c. à s.) d'huile
1 gousse d'ail, hachée
1 gros oignon, haché
750 ml (3 tasses) de courge poivrée, en dés
1 feuille de laurier
1 ml (1/4 c. à t.) de sauge
1 ml (1/4 c. à t.) de muscade
1 pincée de cannelle
500 ml (2 tasses) de bouillon de poulet
500 ml (2 tasses) de lait
Sel et poivre
6 petites courges poivrées, évidées

Dans une grande casserole, chauffer le beurre et l'huile à feu moyen. Faire revenir l'ail et l'oignon pendant 2 minutes.

Ajouter la courge, la feuille de laurier, la sauge, la muscade et la cannelle. Poursuivre la cuisson 3 minutes en remuant de temps à autre. Verser le bouillon et le lait. Amener presque à ébullition. Saler et poivrer. Diminuer le feu et laisser cuire à feu doux pendant 15 minutes. Retirer la feuille de laurier.

Au robot culinaire, réduire en purée.

Servir dans les petites courges évidées (voir technique ci-contre).

Par portion	Calories (Kcal) : 173	Gras : 12 g = 61 % des Kcal provenant du gras
Protéines : 5 g	Cholestérol : 22 mg	Sodium : 603 mg	Hydrates de carbone : 12 g

Vous le savez, la betterave tache. Ce que vous ne savez sans doute pas, c'est qu'elle doit sa couleur à la bétacyanine, un pigment de la famille des anthocyanines ! D'accord, il n'est pas très utile de retenir ces noms à dormir debout, toutefois retenez que quelques gouttes de citron feront disparaître les taches importunes !

Technique

Couper une tranche fine sous les courges de façon à ce qu'elles tiennent debout. Couper une tranche plus épaisse sur le dessus et réserver.

À l'aide d'une cuillère à parisienne*, évider les courges de façon à ce qu'elles puissent contenir environ 250 ml (1 tasse) de liquide.

Badigeonner l'intérieur des courges d'huile d'olive. Saler et poivrer. Déposer les courges, ouverture vers le bas, sur une plaque à biscuits et cuire au four à 175 °C (350 °F) pendant 20 minutes. Retirer du four, remplir de soupe chaude et couvrir des dessus. Servir.

Mets principaux

Volaille

Le canard est l'un des plus affectueux occupants de la basse-cour. Les éleveurs vous le diront, il vous suit comme un «chien de poche». En France, on apprécie le canard non pas pour sa grandeur d'âme, mais pour son foie. En effet, les Français produisent un foie gras de canard qu'ils exportent dans le monde entier.

Poulet aux champignons

Poulet sans tracas

Poulet aux champignons
6 portions

1 poulet de 2 kg (4 1/2 lb)
30 ml (2 c. à s.) d'huile végétale
4 échalotes vertes, émincées
250 ml (1 tasse) de champignons, en quartiers
250 ml (1 tasse) d'asperges, émincées
15 ml (1 c. à s.) de ciboulette
5 ml (1 c. à t.) d'épices à volaille
2 ml (1/2 c. à t.) de poivre
1 sachet de soupe à l'oignon
250 ml (1 tasse) de jus de pomme
180 ml (3/4 tasse) d'eau
15 ml (1 c. à s.) de fécule de maïs
60 ml (1/4 tasse) d'eau

Préchauffer le four à 190 °C (375 °F).

Retirer la peau du poulet et le couper en 8 morceaux. Déposer dans une cocotte.

Dans une poêle, chauffer l'huile à feu moyen. Faire revenir les échalotes, les champignons et les asperges pendant 3 minutes. Ajouter au poulet. Saupoudrer de ciboulette, d'épices et de poivre. Ajouter le sachet de soupe, le jus de pomme et l'eau. Délayer la fécule de maïs dans l'eau. Ajouter à la préparation et mélanger.

Couvrir et cuire au four pendant 2 heures en remuant à mi-cuisson.

Servir accompagné de riz.

Par portion   Calories (Kcal) : 589   Gras : 21 g = 41 % des Kcal provenant du gras
Protéines : 74 g   Cholestérol : 212 mg   Sodium : 1143 mg   Hydrates de carbone : 19 g

Poulet sans tracas
4 portions

30 ml (2 c. à s.) de beurre
30 ml (2 c. à s.) d'huile
1 poulet de 1,4 kg (3 lb), en morceaux
Sel et poivre
Paprika
1 oignon, émincé
1/2 poivron vert, tranché
60 ml (1/4 tasse) de vinaigre
125 ml (1/2 tasse) d'eau
125 ml (1/2 tasse) de sauce chili
1 gousse d'ail, hachée
4 clous de girofle
1 feuille de laurier

Préchauffer le four à 175 °C (350 °F).

Dans une cocotte, chauffer le beurre et l'huile à feu moyen. Faire revenir le poulet 4 minutes de chaque côté. Saler et poivrer. Saupoudrer de paprika.

Ajouter l'oignon et le poivron et poursuivre la cuisson 5 minutes.

Dans un bol, mélanger le vinaigre, l'eau, la sauce chili, l'ail, les clous de girofle et la feuille de laurier. Verser sur le poulet. Couvrir.

Cuire au four pendant 1 h 30, puis placer sous le gril 5 minutes.

Servir sur un lit de pommes de terre tranchées.

Par portion   Calories (Kcal) : 590   Gras : 32 g = 49 % des Kcal provenant du gras
Protéines : 62 g   Cholestérol : 201 mg   Sodium : 262 mg   Hydrates de carbone : 14 g

Émincé de volaille
4 portions

1 litre (4 tasses) de tortellinis
45 ml (3 c. à s.) de beurre
3 demi-poitrines de poulet, émincées
1 poireau, émincé
1 carotte, râpée
10 champignons, en quartiers
1 poivron vert, en julienne
375 ml (1 1/2 tasse) de bouillon de poulet
30 ml (2 c. à s.) de sauce soja
Sel et poivre
15 ml (1 c. à s.) de fécule de maïs
30 ml (2 c. à s.) d'eau

Dans une casserole d'eau salée, faire cuire les tortellinis. Réserver au chaud.

Dans une poêle, chauffer le beurre à feu moyen. Faire revenir le poulet pendant 3 minutes.

Ajouter le poireau, la carotte, les champignons et le poivron. Poursuivre la cuisson pendant 5 minutes, en remuant de temps à autre.

Ajouter le bouillon de poulet et la sauce soja. Saler et poivrer.

Délayer la fécule de maïs dans l'eau. Ajouter au bouillon, mélanger et laisser mijoter jusqu'à épaississement.

Au moment de servir, napper la sauce sur les tortellinis.

Par portion   Calories (Kcal) : 701   Gras : 35 g = 39 % des Kcal provenant du gras
Protéines : 78 g   Cholestérol : 285 mg   Sodium : 1424 mg   Hydrates de carbone : 41 g

Sauté de poulet
4 portions

- 30 ml (2 c. à s.) d'huile
- 4 demi-poitrines de poulet, émincées
- 1/2 poivron rouge, en bâtonnets
- 1/2 poivron vert, en bâtonnets
- 1/2 poivron jaune, en bâtonnets
- 10 ml (2 c. à t.) de cari
- 180 ml (3/4 tasse) de bouillon de poulet
- 10 ml (2 c. à t.) de sauce soja

Dans une poêle, chauffer l'huile à feu moyen. Faire revenir le poulet 5 minutes.

Ajouter les poivrons et poursuivre la cuisson pendant 5 minutes.

Ajouter le cari, le bouillon et la sauce soja. Laisser mijoter 10 minutes.

Servir sur un lit de riz.

Par portion — Calories (Kcal) : 281 Gras : 15 g = 43 % des Kcal provenant du gras
Protéines : 43 g Cholestérol : 124 mg Sodium : 557 mg Hydrates de carbone : 4 g

Sauté de poulet

Poitrines de poulet au coulis de poivrons rouges
4 portions

- 30 ml (2 c. à s.) de farine
- 4 demi-poitrines de poulet, sans peau
- Sel et poivre
- 30 ml (2 c. à s.) de beurre
- 30 ml (2 c. à s.) d'huile végétale
- 1 gros oignon, haché
- 1 gousse d'ail, hachée
- 2 gros poivrons rouges, en julienne
- 1 ml (1/4 c. à t.) d'estragon, haché
- 180 ml (3/4 tasse) de bouillon de poulet
- 180 ml (3/4 tasse) de vin blanc
- 125 ml (1/2 tasse) de crème 15 %

Enfariner le poulet. Saler et poivrer.

Dans une poêle, chauffer le beurre et l'huile à feu moyen. Faire revenir le poulet 5 minutes de chaque côté. Retirer et réserver.

Dans la même poêle, faire revenir l'oignon et l'ail pendant 4 minutes. Ajouter les poivrons et poursuivre la cuisson 5 minutes. Ajouter l'estragon. Saler et poivrer. Ajouter le bouillon, le vin et le poulet. Amener à ébullition. Diminuer le feu et laisser mijoter à feu doux pendant 30 minutes.

Retirer le poulet. Ajouter la crème et poursuivre la cuisson 5 minutes. Au robot culinaire, réduire en purée.

Au moment de servir, napper le poulet de sauce.

Par portion — Calories (Kcal) : 601 Gras : 40 g = 52 % des Kcal provenant du gras
Protéines : 39 g Cholestérol : 121 mg Sodium : 210 mg Hydrates de carbone : 31 g

Suprêmes de poulet aux pommes

Poitrines de poulet au coulis de poivrons rouges

Suprêmes de poulet aux pommes
4 portions

500 ml (2 tasses) de jus de pomme
80 ml (1/3 tasse) de vinaigre de cidre
30 ml (2 c. à s.) de sirop d'érable
30 ml (2 c. à s.) de moutarde à l'ancienne
10 ml (2 c. à t.) de sarriette
80 ml (1/3 tasse) d'huile d'arachide
1 bâton de cannelle
4 demi-poitrines de poulet
30 ml (2 c. à s.) de beurre
30 ml (2 c. à s.) d'huile d'olive
3 échalotes sèches, hachées
3 branches de céleri, blanchies, émincées
2 pommes Cortland, en quartiers
15 ml (1 c. à s.) de fécule de maïs
45 ml (3 c. à s.) de d'eau

Dans un bol, mélanger le jus, le vinaigre, le sirop, la moutarde, la sarriette, l'huile et la cannelle. Ajouter le poulet et laisser mariner 2 heures au réfrigérateur. Retourner le poulet de temps à autre.

Égoutter et assécher le poulet à l'aide de papier absorbant. Réserver la marinade.

Dans une poêle, chauffer la moitié du beurre et de l'huile à feu moyen. Faire revenir le poulet 5 minutes de chaque côté. Retirer et réserver. Dégraisser la poêle.

Dans la même poêle, chauffer le restant d'huile et de beurre à feu moyen. Faire revenir les échalotes, le céleri et les pommes. Ajouter le poulet et la marinade réservée. Diminuer le feu et laisser mijoter 20 minutes.

Retirer le poulet de la poêle et réserver. Délayer la fécule de maïs dans l'eau. Ajouter à la sauce et laisser mijoter jusqu'à épaississement.

Au moment de servir, napper le poulet de sauce.

Par portion   Calories (Kcal) : 488   Gras : 30 g = 54 % des Kcal provenant du gras
Protéines : 41 g   Cholestérol : 142 mg   Sodium : 875 mg   Hydrates de carbone : 10 g

L'automne, les vergers fourmillent d'activité alors que la saison de la récolte bat son plein. Il existe des centaines de variétés de pommes, dont la plus connue est la McIntosh. La Chine et la Nouvelle-Zélande sont d'importants producteurs, alors que le Québec se taille une place enviable dans le marché. Cet automne, encouragez les producteurs québécois qui vous offrent des produits frais, cultivés avec amour.

MENU

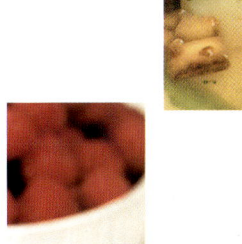

Bouchées spéciales	200
Potage aux 3 courges	209
Entrecôtes au confit d'ail et de piment	223
Feuilles de vigne farcies	257
Pommes et poires au four	268

automne

Faisan en sauce
4 portions

45 ml (3 c. à s.) d'huile d'olive
1 tranche de lard salé, en dés
1 faisan, sans peau
1 blanc de poireau, émincé
250 ml (1 tasse) de céleri, haché
250 ml (1 tasse) de carottes, hachées
30 ml (2 c. à s.) de farine
1 boîte de 284 ml (10 oz) de consommé de bœuf
284 ml (10 oz) d'eau
1 ml (1/4 c. à t.) de thym
Sel et poivre

Préchauffer le four à 175 °C (350 °F).

Dans une grande casserole, chauffer l'huile à feu moyen. Faire revenir le lard pendant 3 minutes. Le retirer. Dans la même casserole, faire revenir le faisan 5 minutes de chaque côté.

Dans une lèchefrite, déposer le poireau, le céleri et la carotte. Ajouter le faisan sur les légumes.

Dans la casserole qui a servi à cuire le faisan, incorporer la farine au gras de cuisson. Ajouter le consommé, l'eau et le thym. Saler et poivrer. Arroser le faisan de ce bouillon.

Couvrir la lèchefrite et cuire au four pendant 2 heures. Désosser.

Au moment de servir, napper de sauce.

Par portion	Calories (Kcal) : 492	Gras : 24 g = 45 % des Kcal provenant du gras
Protéines : 50 g	Cholestérol : 150 mg	Sodium : 747 mg Hydrates de carbone : 15 g

Casserole de perdrix
4 portions

45 ml (3 c. à s.) d'huile d'olive
2 perdrix, désossées
125 ml (1/2 tasse) de vin rouge
125 ml (1/2 tasse) d'ocra*
1/2 oignon, haché
15 ml (1 c. à s.) de sauce soja
15 ml (1 c. à s.) de fécule de maïs
30 ml (2 c. à s.) de bouillon de poulet
Sel et poivre

Dans une poêle, chauffer l'huile à feu moyen. Faire revenir les perdrix 2 minutes de chaque côté. Ajouter le vin, l'ocra et l'oignon. Diminuer le feu et poursuivre la cuisson à feu doux 3 minutes.

Dans un bol, délayer la fécule de maïs dans la sauce soja. Ajouter le bouillon. Verser dans la poêle en remuant constamment jusqu'à épaississement. Saler et poivrer. Servir.

Par portion	Calories (Kcal) : 392	Gras : 14 g = 35 % des Kcal provenant du gras
Protéines : 53 g	Cholestérol : 132 mg	Sodium : 481 mg Hydrates de carbone : 5 g

* voir lexique

Aiguillettes de canard au coulis de courges
4 portions

45 ml (3 c. à s.) d'huile d'olive
4 suprêmes de canard
Sel et poivre
1 oignon, haché
1 gousse d'ail, hachée
180 ml (3/4 tasse) de courge poivrée, en dés
180 ml (3/4 tasse) de bouillon de poulet
1 ml (1/4 c. à t.) d'estragon

Préchauffer le four à 175 °C (350 °F).

Dans une poêle allant au four, chauffer 30 ml (2 c. à s.) d'huile à feu moyen. Cuire les suprêmes 4 minutes de chaque côté. Saler et poivrer. Poursuivre la cuisson 10 minutes au four.

Entre-temps, dans une autre poêle, chauffer le reste d'huile à feu moyen. Faire revenir l'oignon et l'ail pendant 3 minutes. Ajouter les courges. Mélanger et poursuivre la cuisson 3 minutes en remuant de temps à autre. Ajouter le bouillon et l'estragon. Amener à ébullition. Diminuer le feu et laisser mijoter 10 minutes. Au robot culinaire, réduire en purée.

Retirer les suprêmes du four. Emballer de papier aluminium et laisser reposer 5 minutes. Émincer les suprêmes et napper de sauce.

Servir.

Par portion	Calories (Kcal) : 265	Gras : 17 g = 60 % des Kcal provenant du gras
Protéines : 22 g	Cholestérol : 87 mg	Sodium : 378 mg Hydrates de carbone : 5 g

De haut en bas :

Faisan en sauce

Casserole de perdrix

Aiguillettes de canard au coulis de courges

automne 221

Mets principaux

Bœuf

Le bœuf, tout comme l'agneau, se cuit à divers niveaux. Certains le préfèrent bleu, d'autres saignant, la plupart à point et quelques-uns bien cuit. En ragoût, en rôti, en brochette, en bifteck ou haché, il est toujours succulent. Nous vous proposons, entre autres, un apaisant ragoût d'automne qui mettra un baume sur la grisaille du temps.

Tournedos au beurre de tomate

Entrecôtes au confit d'ail et de piment

Tournedos au beurre de tomate
4 portions

2 c. à s. d'huile d'olive
4 tournedos de 115 g (4 oz) chacun
Sel et poivre
45 ml (3 c. à s.) de beurre, ramolli
1 ml (1/4 c. à t.) de poudre d'ail
1 ml (1/4 c. à t.) de poudre d'oignon
1 ml (1/4 c. à t.) de sauce Worcestershire
1 ml (1/4 c. à t.) de sauce chili
30 ml (2 c. à s.) de tomate, hachée

Préchauffer le gril du four (BROIL).

Dans une poêle, chauffer l'huile à feu vif. Saisir les tournedos 1 minute de chaque côté. À l'aide d'une pince, faire rouler les tournedos de côté dans la poêle afin de cuire quelque peu la barde.

Déposer les tournedos dans une lèchefrite. Saler et poivrer. Poursuivre la cuisson au four 8 minutes. Retourner à mi-cuisson.

Entre-temps, dans un bol, mélanger le beurre, la poudre d'ail, la poudre d'oignon, la sauce Worcestershire, la sauce chili et la tomate. Retirer le bœuf du four. Répartir le beurre de tomate sur les tournedos.

Servir.

Par portion Calories (Kcal) : 458   Gras : 41 g = 80 % des Kcal provenant du gras
Protéines : 20 g   Cholestérol : 103 mg   Sodium : 179 mg   Hydrates de carbone : 1 g

Entrecôtes au confit d'ail et de piment
4 portions

30 ml (2 c. à s.) d'huile d'olive
4 entrecôtes de 140 g (5 oz) chacune
15 ml (1 c. à s.) de beurre
8 gousses d'ail, pelées
2 piments, en morceaux
10 ml (2 c. à t.) de miel
1 ml (1/4 c. à t.) de sauce Worcestershire
Sel et poivre

Dans une poêle, chauffer l'huile à feu vif. Saisir les entrecôtes pendant 3 minutes de chaque côté.

Retirer du feu. Emballer de papier aluminium et laisser reposer 5 minutes.

Entre-temps, dans une poêle, chauffer le beurre à feu moyen. Faire revenir l'ail et les piments pendant 2 minutes. Ajouter le miel et la sauce Worcestershire. Mélanger et poursuivre la cuisson 5 minutes en remuant de temps à autre. Saler et poivrer. Déposer les légumes confits sur les entrecôtes.

Servir accompagné de moutarde forte.

Par portion Calories (Kcal) : 611   Gras : 51 g = 74 % des Kcal provenant du gras
Protéines : 32 g   Cholestérol : 110 mg   Sodium : 125 mg   Hydrates de carbone : 5 g

Bœuf aux amandes
4 portions

30 ml (2 c. à s.) de farine de blé entier
10 ml (2 c. à t.) de moutarde en poudre
10 ml (2 c. à t.) de poudre d'amandes
450 g (1 lb) de bœuf, émincé
30 ml (2 c. à s.) d'huile d'olive
125 ml (1/2 tasse) d'oignon, haché
500 ml (2 tasses) de champignons, tranchés
Sel et poivre
60 ml (1/4 tasse) d'amandes, effilées
125 ml (1/2 tasse) de vin rouge
60 ml (1/4 tasse) de crème 15 %
30 ml (2 c. à s.) de persil, haché
15 ml (1 c. à s.) d'estragon, haché

Dans un bol, mélanger la farine, la moutarde et la poudre d'amandes. Enfariner le bœuf.

Dans une poêle, chauffer l'huile à feu moyen. Faire revenir le bœuf pendant 2 minutes. Ajouter les oignons et les champignons. Saler et poivrer. Diminuer le feu et poursuivre la cuisson 3 minutes.

Ajouter les amandes, verser le vin et poursuivre la cuisson 3 minutes. Couvrir. Laisser mijoter à feu doux pendant 10 minutes. Ajouter la crème, le persil et l'estragon. Poursuivre la cuisson 3 minutes.

Servir.

Par portion Calories (Kcal) : 430   Gras : 32 g = 69 % des Kcal provenant du gras
Protéines : 22 g   Cholestérol : 78 mg   Sodium : 94 mg   Hydrates de carbone : 10 g

Ragoût d'automne
8 portions

- 30 ml (2 c. à s.) de farine
- 900 g (2 lb) de bœuf, en cubes
- Sel et poivre
- 30 ml (2 c. à s.) d'huile d'olive
- 1 gros oignon, en quartiers
- 500 ml (2 tasses) d'eau chaude
- 4 pommes de terre, en cubes
- 4 carottes, en cubes
- 1 navet, en cubes
- 1 feuille de laurier
- 125 ml (1/2 tasse) de chou frisé, ciselé

Enfariner les cubes de bœuf. Saler et poivrer.

Dans une poêle, chauffer l'huile à feu vif. Saisir les cubes de bœuf sur toutes les faces. Ajouter l'oignon et faire revenir pendant 3 minutes.

Ajouter l'eau et poursuivre la cuisson 5 minutes. Couvrir à demi. Diminuer le feu et laisser mijoter pendant 1 heure.

Ajouter les pommes de terre, les carottes, le navet et la feuille de laurier. Poursuivre la cuisson 15 minutes. Ajouter le chou et poursuivre la cuisson 2 minutes.

Servir.

Par portion	Calories (Kcal) : 409	Gras : 23 g = 51 % des Kcal provenant du gras
Protéines : 22 g	Cholestérol : 68 mg	Sodium : 75 mg Hydrates de carbone : 28 g

bœuf

Bourguignon aux tomates
4 portions

- 30 ml (2 c. à s.) d'huile d'olive
- 2 gousses d'ail, hachées
- 30 ml (4 c. à s.) d'oignon, haché
- 450 g (1 lb) de bœuf, en cubes
- 180 ml (3/4 tasse) de vin rouge
- 375 ml (1 1/2 tasse) de tomates, en quartiers
- 15 ml (1 c. à s.) de moutarde forte
- 15 ml (1 c. à s.) de sauce chili
- 375 ml (1 1/2 tasse) de bouillon de bœuf
- Sel et poivre
- 15 ml (1 c. à s.) de persil, haché
- 3 tranches de bacon, cuites, émincées
- 2 ml (1/2 c. à t.) de paprika

Dans une casserole à fond épais, chauffer l'huile. Faire revenir l'ail et l'oignon pendant 2 minutes. Ajouter le bœuf et poursuivre la cuisson 5 minutes en remuant de temps à autre.

Déglacer avec le vin rouge et laisser réduire de moitié. Ajouter la tomate, la moutarde forte et la sauce chili. Mélanger et poursuivre la cuisson 3 minutes en remuant de temps à autre.

Verser le bouillon de bœuf. Saler et poivrer.

Amener à ébullition. Diminuer le feu, couvrir à demi et laisser mijoter 20 minutes.

Ajouter le persil et le bacon et poursuivre la cuisson 5 minutes.

Au moment de servir, parsemer de paprika.

Par portion	Calories (Kcal) : 412	Gras : 29 g = 66 % des Kcal provenant du gras
Protéines : 22 g	Cholestérol : 72 mg	Sodium : 731 mg Hydrates de carbone : 9 g

Rôti à la moutarde en croûte
6 portions

- 45 ml (3 c. à s.) d'huile d'olive
- 1 rôti de bœuf de 900 g (2 lb)
- Sel et poivre
- 5 feuilles de pâte filo
- 45 ml (3 c. à s.) de beurre, fondu
- 45 ml (3 c. à s.) de moutarde à l'ancienne
- 30 ml (2 c. à s.) de persil, haché

Préchauffer le four à 175 °C (350 °F).

Dans une grande poêle allant au four, chauffer l'huile à feu vif. Saisir le rôti de tous les côtés. Saler et poivrer. Poursuivre la cuisson 15 minutes au four.

Retirer du four et déposer le rôti sur du papier absorbant. Superposer les feuilles de pâte filo en les badigeonnant de beurre fondu. Placer le rôti au centre. Badigeonner le bœuf de moutarde et parsemer de persil. Envelopper le rôti de pâte filo en prenant soin de replier les bords sous le rôti. Badigeonner de beurre fondu et déposer dans une lèchefrite.

Remettre au four 15 minutes pour une cuisson saignante ou 20 minutes pour une cuisson à point.

Retirer du four. Laisser reposer 5 minutes.

Servir.

Par portion	Calories (Kcal) : 501	Gras : 39 g = 71 % des Kcal provenant du gras
Protéines : 26 g	Cholestérol : 105 mg	Sodium : 309 mg Hydrates de carbone : 9 g

De haut en bas :

Ragoût d'automne

Rôti à la moutarde en croûte

Bourguignon aux tomates

■■■ Casserole mexicaine
8 portions

15 ml (1 c. à s.) d'huile de maïs
1 petit oignon, haché
900 g (2 lb) de bœuf, haché
Sel et poivre
250 ml (1 tasse) de maïs en grains
250 ml (1 tasse) de macédoine de légumes
250 ml (1 tasse) de sauce tomate
45 ml (3 c. à s.) de pâte de tomate
15 ml (1 c. à s.) de feuilles de coriandre, hachées
15 ml (1 c. à s.) de graines de coriandre
1 piment jalapeño, haché

Dans une poêle, chauffer l'huile à feu moyen. Faire revenir l'oignon pendant 3 minutes. Ajouter le bœuf et poursuivre la cuisson 10 minutes en remuant de temps à autre. Saler et poivrer.

Ajouter le maïs, la macédoine, la sauce tomate, la pâte de tomate, la coriandre, les graines de coriandre et le piment. Mélanger. Couvrir à demi et laisser mijoter 5 minutes en remuant de temps à autre.

Servir.

Par portion	Calories (Kcal) : 419	Gras : 32 g = 70 % des Kcal provenant du gras
Protéines : 21 g	Cholestérol : 96 mg	Sodium : 307 mg	Hydrates de carbone : 11 g

Casserole mexicaine

■■■ Pain de viande aux légumes d'automne
6 portions

675 g (1 1/2 lb) de bœuf haché, maigre
125 ml (1/2 tasse) de chapelure
1 œuf
30 ml (2 c. à s.) de sauce chili
2 gousses d'ail, hachées
1 échalote verte, hachée
Sel et poivre
125 ml (1/2 tasse) de courge poivrée, émincée
125 ml (1/2 tasse) de courgette, émincée
2 tranches de bacon

Préchauffer le four à 175 °C (350 °F).

Dans un bol, mélanger le bœuf, la chapelure, l'œuf, la sauce chili, l'ail et l'échalote. Saler et poivrer.

Huiler un moule à pain. Presser le quart de la préparation de viande au fond du moule. Placer un rang de légumes. Répéter 2 fois. Terminer par le reste de la viande. Couvrir de bacon.

Cuire au four pendant 1 heure.

Au moment de servir, napper d'une crème de tomate.

Par portion	Calories (Kcal) : 505	Gras : 27 g = 44 % des Kcal provenant du gras
Protéines : 30 g	Cholestérol : 98 mg	Sodium : 909 mg	Hydrates de carbone : 45 g

Cigares au chou

Pain de viande aux légumes d'automne

Cigares au chou
4 portions

450 g (1 lb) de bœuf haché, maigre
250 ml (1 tasse) de tomates, en dés
1 œuf, légèrement battu
30 ml (2 c. à s.) de chapelure assaisonnée
2 gousses d'ail, hachées
1/2 oignon, haché
1 ml (1/4 c. à t.) de sauce Worcestershire
Sel et poivre
60 ml (1/4 tasse) de parmesan frais, râpé
8 feuilles de chou frisé
15 ml (1 c. à s.) d'huile d'olive
500 ml (2 tasses) de sauce tomate

Préchauffer le four à 175 °C (350 °F).

Dans un bol, mélanger le bœuf, les tomates, l'œuf, la chapelure, l'ail, l'oignon et la sauce Worcestershire. Saler et poivrer.

Façonner la préparation en 8 boulettes et les enrober de parmesan. Réserver.

Cuire les feuilles de chou 2 minutes dans l'eau bouillante. Égoutter et assécher.

Emballer chaque boulette dans une feuille de chou.

Dans une casserole à fond épais, chauffer l'huile à feu moyen. Faire revenir les cigares au chou 3 minutes en remuant de temps à autre. Verser la sauce tomate. Saler et poivrer. Couvrir à demi et poursuivre la cuisson 30 minutes.

Servir.

Par portion	Calories (Kcal) : 637	Gras : 49 g = 70 % des Kcal provenant du gras
Protéines : 33 g	Cholestérol : 193 mg	Sodium : 305 mg	Hydrates de carbone : 15 g

MENU

Champignons farcis	202
Soupe aux feuilles de betterave	214
Faisan en sauce	220
Tartelettes au chou-fleur	252
Gâteau à la compote de pommes et de raisins	262

Le chou appartient à une famille nombreuse, les crucifères, où l'on retrouve notamment le chou de Bruxelles, le chou-fleur, le chou chinois et le chou-rave. Vert, blanc ou rouge, le chou contient, selon les variétés, près de 90% d'eau. Excellent pour la santé, cru ou cuit, il vous procure de la vitamine C et du fer.

Mets principaux

Veau

Le veau demande certaines petites attentions à la cuisson, car c'est une viande qui peut renfermer jusqu'à 75% d'eau. Selon le régime alimentaire de l'animal, la chair recèle plus ou moins de fer, qui lui confère une jolie teinte rosée. Nous vous proposons des recettes qui mettront en valeur son goût délicat, comme nos douillets chaussons de veau à la pomme, et vous n'avez rien à craindre... ils ne goûtent pas le fer!

Émincé de veau aux légumes

Rognons sautés à la sauce moutarde

Rognons sautés à la sauce moutarde
4 portions

450 g (1 lb) de rognons de veau
60 ml (1/4 tasse) de farine
45 ml (3 c. à s.) d'huile d'olive
125 ml (1/2 tasse) de bouillon de bœuf
30 ml (2 c. à s.) de moutarde à l'ancienne
Sel et poivre
15 ml (1 c. à s.) de persil, haché

Tailler les rognons en tranches de 1,25 cm (1/2 po) d'épaisseur. Retirer le gras et les nerfs.

Enfariner les rognons.

Dans une poêle, chauffer l'huile à feu moyen. Faire revenir les rognons 2 minutes de chaque côté. Retirer la poêle du feu.

Dans un bol, mélanger le bouillon de bœuf et la moutarde. Verser sur les rognons. Saler et poivrer.

Replacer la poêle sur le feu et poursuivre la cuisson pendant 2 minutes en remuant constamment. Garnir de persil.

Servir accompagné de riz.

Par portion — Calories (Kcal): 282 Gras: 16 g = 51 % des Kcal provenant du gras
Protéines: 22 g Cholestérol: 351 mg Sodium: 361 mg Hydrates de carbone: 12 g

Émincé de veau aux poivrons
4 portions

30 ml (2 c. à s.) d'huile d'olive
450 g (1 lb) de veau, émincé
1/2 poivron rouge, en bâtonnets
1/2 poivron vert, en bâtonnets
1/2 poivron jaune, en bâtonnets
10 ml (2 c. à t.) de cari
180 ml (3/4 tasse) de bouillon de poulet
10 ml (2 c. à t.) de sauce tamari
Poivre

Dans une poêle, chauffer l'huile à feu moyen. Faire revenir le veau 5 minutes en remuant de temps à autre.

Ajouter les poivrons et poursuivre la cuisson pendant 5 minutes.

Ajouter le cari, le bouillon et la sauce tamari. Poivrer et laisser mijoter 10 minutes.

Servir sur un lit de riz.

Par portion — Calories (Kcal): 195 Gras: 13 g = 59 % des Kcal provenant du gras
Protéines: 16 g Cholestérol: 65 mg Sodium: 531 mg Hydrates de carbone: 3 g

Émincé de veau aux légumes
8 portions

30 ml (2 c. à s.) d'huile
15 ml (1 c. à s.) de beurre
900 g (2 lb) de veau, émincé
2 oignons, hachés
2 gousses d'ail, hachées
3 carottes, en dés
1/2 navet, en dés
15 ml (1 c. à s.) de persil, haché
1 ml (1/4 c. à t.) de thym
1 ml (1/4 c. à t.) de sarriette
1 ml (1/4 c. à t.) d'origan
750 ml (3 tasses) de bouillon de poulet
Sel et poivre

Dans une grande casserole, chauffer l'huile et le beurre. Faire revenir le veau pendant 3 minutes. Retirer et réserver.

Dans la même casserole, faire revenir les oignons, l'ail, les carottes et le navet pendant 5 minutes. Ajouter le persil, le thym, la sarriette, l'origan, le bouillon et le veau. Amener à ébullition. Couvrir. Diminuer le feu et laisser mijoter 1 heure. Saler et poivrer. Poursuivre la cuisson 10 minutes.

Servir.

Par portion — Calories (Kcal): 245 Gras: 13 g = 51 % des Kcal provenant du gras
Protéines: 16 g Cholestérol: 68 mg Sodium: 531 mg Hydrates de carbone: 5 g

Petits roulés dorés
6 portions

- 250 ml (1 tasse) de mie de pain, en dés
- 125 ml (1/2 tasse) de lait
- 675 g (1 1/2 lb) de veau, haché
- 2 œufs, battus
- 125 ml (1/2 tasse) d'oignon, haché
- Sel et poivre
- 30 ml (2 c. à s.) de farine
- 3 tranches de bacon, émincées
- 250 ml (1 tasse) de bouillon de poulet
- 5 ml (1 c. à t.) de persil, haché
- 1 ml (1/4 c. à t.) de basilic

Préchauffer le four à 175 °C (350 °F).

Faire tremper le pain dans le lait pendant 5 minutes. Ajouter le veau, les œufs et l'oignon. Saler et poivrer.

Façonner en petits rouleaux de 2 cm (3/4 po) de diamètre. Enfariner et réserver.

Dans une poêle, faire revenir le bacon pendant 3 minutes. Retirer le gras. Réserver le bacon. Faire revenir les rouleaux dans la poêle 5 minutes en remuant de temps à autre.

Déposer les rouleaux dans un plat allant au four. Ajouter le bouillon et le bacon. Cuire au four pendant 20 minutes.

Au moment de servir, parsemer de persil et de basilic.

Par portion	Calories (Kcal) : 300	Gras : 13 g = 40 % des Kcal provenant du gras	
Protéines : 28 g	Cholestérol : 160 mg	Sodium : 588 mg	Hydrates de carbone : 16 g

Rôti de veau aux oignons
6 portions

- 45 ml (3 c. à s.) d'huile d'olive
- 1 rôti de veau de 900 g (2 lb)
- Sel et poivre
- 45 ml (3 c. à s.) de moutarde à l'ancienne
- 4 oignons jaunes, en quartiers
- 4 oignons rouges, en quartiers
- 250 ml (1 tasse) de bouillon de bœuf
- Persil, haché

Préchauffer le four à 175 °C (350 °F).

Dans une grande poêle, chauffer l'huile à feu vif. Saisir le rôti de tous les côtés. Saler et poivrer. Transférer dans une lèchefrite et badigeonner de moutarde. Déposer les oignons autour du rôti.

Cuire au four 15 minutes. Verser le bouillon sur le veau et poursuivre la cuisson 20 minutes.

Retirer du four. Laisser reposer 5 minutes.

Au moment de servir, garnir de persil.

Par portion	Calories (Kcal) : 278	Gras : 15 g = 47 % des Kcal provenant du gras	
Protéines : 23 g	Cholestérol : 86 mg	Sodium : 411 mg	Hydrates de carbone : 14 g

Chaussons de veau à la pomme
4 portions

- 30 ml (2 c. à s.) de beurre
- 4 médaillons de veau de 1,25 cm (1/2 po) d'épaisseur
- 1 pomme, en dés
- 15 ml (1 c. à s.) de beurre, fondu
- 1 abaisse de pâte brisée
- Sel et poivre
- 60 ml (1/4 tasse) de vin blanc
- 250 ml (1 tasse) de bouillon de bœuf
- 30 ml (2 c. à s.) de crème 15 %
- 1 ml (1/4 c. à t.) de thym

Préchauffer le four à 175 °C (350 °F).

Dans une poêle, chauffer le beurre à feu moyen. Faire revenir les médaillons 2 minutes de chaque côté. Ajouter la pomme. Retirer du feu et réserver.

Badigeonner l'abaisse de beurre. Découper 4 cercles de 15 cm (6 po) de diamètre. Déposer les médaillons et quelques dés de pomme au centre. Saler et poivrer. Refermer la pâte pour former un chausson. Placer les chaussons sur une plaque à biscuits. Cuire au four pendant 15 minutes.

Déglacer la poêle avec le vin. Ajouter le bouillon de bœuf et laisser réduire de moitié. Ajouter la crème et le thym. Mélanger.

Au moment de servir, napper les chaussons de crème.

Par portion	Calories (Kcal) : 442	Gras : 28 g = 58 % des Kcal provenant du gras	
Protéines : 20 g	Cholestérol : 92 mg	Sodium : 758 mg	Hydrates de carbone : 26 g

De haut en bas :

Chaussons de veau à la pomme

Petits roulés dorés

Rôti de veau aux oignons

Mets principaux

PORC

Il existe plusieurs races de porc dont l'asiatique, la celtique et la napolitaine, desquelles sont nés plusieurs croisements. Les coupes de la viande sont assez différentes qu'on la cuisine en Amérique du Nord ou en Europe. Malgré ces différences, nos côtelettes de porc à la saveur du verger feront l'unanimité de tout le monde !

Filet de porc aux betteraves

Côtelettes de porc du verger

Filet de porc aux betteraves
6 portions

45 ml (3 c. à s.) d'huile d'olive
1 filet de porc de 675 g (1 1/2 lb)
Sel et poivre
45 ml (3 c. à s.) de moutarde forte
15 ml (1 c. à s.) de sauce chili
16 petites betteraves, en conserve, égouttées
250 ml (1 tasse) de bouillon de bœuf
30 ml (2 c. à s.) d'estragon, haché

Préchauffer le four à 175 °C (350 °F).

Dans une grande poêle, chauffer l'huile à feu vif. Saisir le filet de tous les côtés. Saler et poivrer. Transférer dans une lèchefrite et badigeonner de moutarde et de sauce chili. Cuire au four pendant 10 minutes.

Retirer du four et déposer les betteraves autour du filet. Remettre au four. Après 5 minutes, verser le bouillon sur le porc et parsemer d'estragon. Poursuivre la cuisson 10 minutes.

Retirer du four. Laisser reposer 5 minutes.

Servir.

Par portion Calories (Kcal) : 433 Gras : 19 g = 39 % des Kcal provenant du gras
Protéines : 22 g Cholestérol : 54 mg Sodium : 1745 mg Hydrates de carbone : 46 g

Côtelettes de porc du verger
4 portions

30 ml (2 c. à s.) d'huile d'olive
4 côtelettes de porc
30 ml (2 c. à s.) de beurre
1 oignon, émincé
250 ml (1 tasse) de champignons, émincés
2 pommes, en quartiers
250 ml (1 tasse) de jus de pomme
5 ml (1 c. à t.) de sauce soja
10 ml (2 c. à t.) de bouillon concentré de poulet
10 ml (2 c. à t.) de fécule de maïs
30 ml (2 c. à s.) de cidre
Sel et poivre

Dans une poêle, chauffer l'huile à feu vif. Saisir les côtelettes 3 minutes de chaque côté.

Dans une casserole, chauffer le beurre. Faire revenir l'oignon, les champignons et les pommes pendant 3 minutes.

Entre-temps, dans une autre casserole, chauffer le jus de pomme, la sauce soja et le bouillon. Délayer la fécule de maïs dans le cidre. Ajouter au bouillon et poursuivre la cuisson 3 minutes ou jusqu'à épaississement. Saler et poivrer. Déposer les côtelettes dans les assiettes. Recouvrir des légumes et napper de sauce.

Servir.

Par portion Calories (Kcal) : 439 Gras : 28 g = 57 % des Kcal provenant du gras
Protéines : 25 g Cholestérol : 89 mg Sodium : 794 mg Hydrates de carbone : 23 g

Sauté de porc et de légumes d'automne
4 portions

30 ml (2 c. à s.) de sauce soja
2 ml (1/2 c. à t.) de gingembre, râpé
1 gousse d'ail, hachée
450 g (1 lb) de porc, émincé
45 ml (3 c. à s.) d'huile d'arachide
180 ml (3/4 tasse) de carottes, en dés
500 ml (2 tasses) de brocoli, en bouquets
500 ml (2 tasses) de chou-fleur, en bouquets
125 ml (1/2 tasse) de pois mange-tout
30 ml (2 c. à s.) d'huile d'arachide
180 ml (3/4 tasse) d'oignons, émincés
180 ml (3/4 tasse) de poivrons rouges, en dés
250 ml (1 tasse) de céleri, émincé
125 ml (1/2 tasse) de courgette, en dés
1 litre (4 tasses) de chou chinois, émincé
250 ml (1 tasse) de champignons, en quartiers
15 ml (1 c. à s.) de fécule de maïs
60 ml (1/4 tasse) d'eau

Dans un bol, mélanger la sauce soja, le gingembre et l'ail. Ajouter le porc. Faire mariner environ 30 minutes.

Dans une grande poêle, chauffer l'huile à feu moyen. Faire revenir les carottes, le brocoli, le chou-fleur, les pois mange-tout en les ajoutant, tour à tour, à une minute d'intervalle. Retirer et réserver au chaud.

Dans une autre poêle, chauffer l'huile à feu moyen. Faire revenir l'oignon, le poivron, le céleri, la courgette, le chou et les champignons. Ajouter le porc et poursuivre la cuisson 3 minutes. Délayer la fécule de maïs dans l'eau. Ajouter au mélange et poursuivre la cuisson 1 minute en remuant constamment.

Ajouter les légumes cuits et poursuivre la cuisson 2 minutes en remuant de temps à autre.

Servir.

Par portion Calories (Kcal) : 422 Gras : 32 g = 66 % des Kcal provenant du gras
Protéines : 20 g Cholestérol : 60 mg Sodium : 618 mg Hydrates de carbone : 17 g

Côtelettes de porc piquantes
4 portions

- 30 ml (2 c. à s.) de beurre
- 8 côtelettes de porc
- 3 oignons, hachés
- 1 boîte de 284 ml (10 oz) de crème de tomate
- 125 ml (1/2 tasse) de petits pois
- 125 ml (1/2 tasse) d'eau
- 1 ml (1/4 c. à t.) de sauce Tabasco
- 1 ml (1/4 c. à t.) de poudre d'ail
- Poivre

Préchauffer le four à 175 °C (350 °F).

Dans une poêle, chauffer le beurre à feu moyen. Faire revenir les côtelettes 2 minutes de chaque côté. Ajouter les oignons et poursuivre la cuisson 3 minutes. Ajouter la crème de tomate, les pois, l'eau, la sauce Tabasco et la poudre d'ail. Poivrer.

Transférer dans une lèchefrite, couvrir et cuire au four pendant 25 minutes.

Servir.

Par portion Calories (Kcal): 526 Gras: 29 g = 50 % des Kcal provenant du gras
Protéines: 47 g Cholestérol: 150 mg Sodium: 358 mg Hydrates de carbone: 16 g

Médaillons de porc au chou d'automne
4 portions

- 30 ml (2 c. à s.) d'huile d'olive
- 8 médaillons de porc
- 1 oignon, haché
- 1 gousse d'ail, hachée
- 250 ml (1 tasse) de jus de tomate
- 60 ml (1/4 tasse) de vinaigre
- 30 ml (2 c. à s.) de sauce soja
- 15 ml (1 c. à s.) de cassonade
- 2 ml (1/2 c. à t.) de sel
- 1 ml (1/4 c. à t.) de poivre
- 1 litre (4 tasses) de chou, émincé

Dans une poêle, chauffer l'huile à feu vif. Saisir les médaillons 2 minutes de chaque côté. Ajouter l'oignon et l'ail et poursuivre la cuisson 2 minutes en remuant de temps à autre.

Ajouter le jus de tomate, le vinaigre, la sauce soja, la cassonade, le sel et le poivre. Couvrir et laisser mijoter 10 minutes. Ajouter le chou et poursuivre la cuisson 5 minutes.

Servir.

Par portion Calories (Kcal): 223 Gras: 11 g = 43 % des Kcal provenant du gras
Protéines: 19 Cholestérol: 56 mg Sodium: 789 mg Hydrates de carbone: 13 g

Rôti de porc aux pommes et au navet
10 portions

- 2 gousses d'ail
- 15 ml (1 c. à s.) de sarriette
- 2 ml (1/2 c. à t.) de sel
- 1,4 kg (3 lb) de longe de porc
- 45 ml (3 c. à s.) d'huile d'olive
- 2 branches de céleri, émincées
- 2 carottes, hachées
- 2 oignons, tranchés
- 250 ml (1 tasse) de bouillon de poulet
- 1 navet, pelé, en dés, blanchis
- 2 pommes Cortland, en quartiers
- Sel et poivre
- 60 ml (1/4 tasse) de vinaigre de cidre
- 500 ml (2 tasses) de jus de pomme
- 250 ml (1 tasse) de bouillon de poulet

Préchauffer le four à 160 °C (325 °F).

Dans un bol, broyer l'ail. Ajouter la sarriette et le sel et bien incorporer pour faire une pâte. Faire des incisions dans la longe de porc et insérer 2 ml (1/2 c. à t.) de cette préparation dans chaque incision.

Dans une grande casserole, chauffer l'huile à feu vif. Saisir la longe de tous les côtés. Retirer.

Dans une lèchefrite, déposer le céleri, les carottes et les oignons. Placer la longe sur les légumes. Ajouter le bouillon. Disposer les dés de navet autour du porc. Saler et poivrer. Couvrir.

Cuire au four pendant 1 h 30 en arrosant de temps à autre.

Ajouter les pommes et poursuivre la cuisson pendant 30 minutes. Retirer et réserver au chaud.

Déglacer la lèchefrite avec le vinaigre de cidre. Ajouter le jus de pomme et le bouillon de poulet. Mélanger. Filtrer et dégraisser le liquide. Au robot culinaire, réduire en purée.

Au moment de servir, napper de sauce.

Par portion Calories (Kcal): 380 Gras: 25 g = 49 % des Kcal provenant du gras
Protéines: 32 g Cholestérol: 101 mg Sodium: 625 mg Hydrates de carbone: 32 g

De haut en bas:

Médaillons de porc au chou d'automne

Rôti de porc aux pommes et au navet

Côtelettes de porc piquantes

Mets principaux

Agneau

L'agneau, qu'il soit haché, en côtelette ou en gigot se conjugue à merveille avec le romarin, le basilic, la sauge et la menthe. D'ailleurs, saviez-vous que si l'on mange de la menthe en trop grande quantité on risque de mal dormir? Cependant, si on la consomme en petite quantité, on dormira comme un bébé!

Moussaka

Brochettes d'agneau marinées à la menthe

Brochettes d'agneau marinées à la menthe
4 portions

450 g (1 lb) d'agneau, en cubes
1 poivron rouge, en dés
1 poivron vert, en dés
1 gros oignon rouge, en quartiers
80 ml (1/3 tasse) d'huile d'olive
30 ml (2 c. à s.) de vinaigre de vin
Feuilles de menthe, hachées
Sel et poivre
6 tranches de bacon, coupées en 2

Préchauffer le gril du four (BROIL).

Dans une terrine, mélanger l'agneau, les poivrons, l'oignon, l'huile, le vinaigre et la menthe. Saler et poivrer. Laisser mariner 2 heures en remuant de temps à autre.

Égoutter l'agneau et enrober chaque cube de bacon.

Enfiler les cubes sur des brochettes (utiliser 2 brochettes par portion pour faciliter le maniement) en alternance avec les poivrons et l'oignon. Cuire sous le gril pendant 12 minutes en badigeonnant de marinade et en retournant 3 fois en cours de cuisson.

Servir.

Par portion Calories (Kcal): 341 Gras: 27 g = 72 % des Kcal provenant du gras
Protéines: 18 g Cholestérol: 71 mg Sodium: 204 mg Hydrates de carbone: 5 g

Gigot d'agneau à la moutarde
8 portions

3 oignons, tranchés
1 gigot d'agneau de 1,8 kg (4 lb)
2 gousses d'ail, coupées en 4
30 ml (2 c. à s.) d'huile d'olive
80 ml (1/3 tasse) de moutarde forte
Herbes de Provence
Sel et poivre

Préchauffer le four à 160 °C (325 °F).

Déposer les tranches d'oignons au fond d'une lèchefrite. Faire des incisions dans le gigot et y insérer l'ail.

Dans un bol, mélanger l'huile, la moutarde et les herbes. Étendre cette préparation sur le gigot. Saler et poivrer.

Cuire au four pendant 1 h 15. Retirer du four et laisser reposer 10 minutes.

Servir.

Par portion Calories (Kcal): 370 Gras: 27 g = 66 % des Kcal provenant du gras
Protéines: 25 g Cholestérol: 93 mg Sodium: 202 mg Hydrates de carbone: 6 g

Moussaka
4 portions

1 aubergine de 450 g (1 lb), en tranches
30 ml (4 c. à s.) de beurre
1 oignon, haché
1 gousse d'ail, hachée
350 g (12 oz) d'agneau, haché
30 ml (2 c. à s.) de farine
250 ml (1 tasse) de tomates, concassées
10 ml (2 c. à t.) de pâte de tomate
Sel et poivre
30 ml (2 c. à s.) de beurre
30 ml (2 c. à s.) de farine
300 ml (1 1/4 tasse) de lait
60 ml (1/4 tasse) de fromage cheddar
1 œuf, battu
30 ml (4 c. à s.) de chapelure

Dans une casserole d'eau bouillante, cuire l'aubergine pendant 10 minutes. Égoutter et réserver.

Dans une poêle, chauffer le beurre à feu moyen. Faire revenir l'oignon pendant 3 minutes. Ajouter l'ail, l'agneau, la farine, les tomates et la pâte de tomate. Poursuivre la cuisson 3 minutes. Saler et poivrer.

Dans une casserole allant au four, disposer les tranches d'aubergine. Couvrir de la moitié du mélange de viande. Recouvrir d'aubergine. Couvrir du reste du mélange de viande. Réserver.

Dans une autre casserole, chauffer le beurre à feu moyen. Ajouter la farine et le lait et poursuivre la cuisson 2 minutes en remuant de temps à autre. Ajouter 45 ml (3 c. à s.) de fromage et l'œuf. Mélanger. Saler et poivrer.

Préchauffer le gril du four (BROIL)

Verser cette préparation sur la viande et cuire à feu moyen 10 minutes. Couvrir du reste du fromage et parsemer de chapelure. Placer le plat au four jusqu'à ce que le fromage soit doré. Retirer du four et laisser reposer 5 minutes.

Servir.

Par portion Calories (Kcal): 638 Gras: 47 g = 65 % des Kcal provenant du gras
Protéines: 26 g Cholestérol: 145 mg Sodium: 514 mg Hydrates de carbone: 30 g

Côtelettes d'agneau aux courges poivrées
4 portions

- 15 ml (1 c. à s.) d'huile d'olive
- 15 ml (1 c. à s.) de vinaigre de vin
- 5 ml (1 c. à t.) de poivre
- 5 ml (1 c. à t.) de moutarde forte
- 30 ml (2 c. à s.) de sauce soja
- 2 ml (1/2 c. à t.) de sauce Worcestershire
- 2 ml (1/2 c. à t.) de thym, séché
- 2 gousses d'ail, hachées
- 30 ml (2 c. à s.) d'échalotes sèches, hachées
- 8 côtelettes d'agneau
- 45 ml (3 c. à s.) de beurre
- 500 ml (2 tasses) de courge poivrée, en julienne

Dans un bol, mélanger l'huile, le vinaigre, le poivre, la moutarde, la sauce soja, la sauce Worcestershire, le thym, l'ail et les échalotes. Ajouter les côtelettes. Faire mariner pendant 2 heures au réfrigérateur.

Préchauffer le gril du four (BROIL).

Égoutter les côtelettes et les transférer dans une lèchefrite. Cuire sous le gril 5 minutes de chaque côté.

Entre-temps, dans une poêle, chauffer le beurre à feu moyen. Faire revenir les courges 8 minutes en remuant de temps à autre.

Disposer les côtelettes dans 4 assiettes sur un lit de courge poivrée.

Servir.

Par portion Calories (Kcal): 666 Gras: 58 g = 79 % des Kcal provenant du gras
Protéines: 30 g Cholestérol: 157 mg Sodium: 280 mg Hydrates de carbone: 4 g

Navarin d'agneau
4 portions

- 30 ml (2 c. à s.) de beurre
- 450 g (1 lb) d'agneau, en cubes
- 30 ml (2 c. à s.) de farine
- 30 ml (2 c. à s.) de sucre en poudre
- 1 gousse d'ail
- 250 ml (1 tasse) de tomates, concassées
- 250 ml (1 tasse) de bouillon d'agneau
- 1 bouquet garni*
- 2 ml (1/2 c. à t.) de thym, haché
- 2 ml (1/2 c. à t.) d'origan, haché
- 12 petits oignons
- 1/2 navet, en cubes
- Sel et poivre

Dans une casserole à fond épais, chauffer le beurre. Faire revenir l'agneau sur toutes les faces. Saupoudrer de farine et bien mélanger.

Ajouter le sucre, l'ail, les tomates, le bouillon, le bouquet garni, le thym, l'origan, les oignons et le navet. Saler et poivrer. Couvrir et laisser mijoter pendant 1 heure.

Retirer la gousse d'ail et le bouquet garni.

Servir.

Par portion Calories (Kcal): 389 Gras: 25 g = 57 % des Kcal provenant du gras
Protéines: 18 g Cholestérol: 78 mg Sodium: 123 mg Hydrates de carbone: 24 g

* voir lexique

Émincé d'agneau aux poires
4 portions

- 30 ml (2 c. à s.) d'huile d'olive
- 450 g (1 lb) d'agneau, émincé
- 1 échalote verte, hachée
- 1 gousse d'ail, hachée
- Sel et poivre
- 3 poires, en quartiers
- 250 ml (1 tasse) de bouillon de poulet
- 5 ml (1 c. à t.) de moutarde en poudre
- 15 ml (1 c. à s.) de persil, haché

Préchauffer le four à 175 °C (350 °F).

Dans une poêle, chauffer l'huile à feu vif et saisir l'agneau.

Ajouter l'échalote et l'ail. Poursuivre la cuisson 1 minute. Saler et poivrer.

Déposer l'agneau dans un plat allant au four. Recouvrir de poires. Verser le bouillon. Saupoudrer de moutarde et parsemer de persil.

Couvrir de papier aluminium. Cuire au four pendant 30 minutes.

Retirer du four. Laisser reposer 10 minutes.

Servir accompagné d'un riz frit.

Par portion Calories (Kcal): 503 Gras: 35 g = 61 % des Kcal provenant du gras
Protéines: 21 g Cholestérol: 83 mg Sodium: 478 mg Hydrates de carbone: 29 g

De haut en bas :

Navarin d'agneau

Côtelettes d'agneau aux courges poivrées

Émincé d'agneau aux poires

automne

239

Mets principaux

POISSONS ET FRUITS DE MER

Si vous n'aimez pas la consistance des huîtres crues, nous vous proposons cette recette d'huîtres farcies... une perle de petite recette. Parlant de perle, les huîtres les produisent après qu'un grain de sable se soit infiltré dans leur coquille. Par un ingénieux procédé, elles neutralisent l'intrus en sécrétant un liquide nacré.

Huîtres farcies

Moules aux petits légumes

Huîtres farcies
4 portions

12 grosses huîtres, brossées
250 ml (1 tasse) de petits pétoncles
250 ml (1 tasse) de sauce béchamel, chaude
1 gousse d'ail, hachée
Sel et poivre
375 ml (1 1/2 tasse) de pommes de terre chaudes, en purée
60 ml (1/4 tasse) de chapelure
15 ml (1 c. à s.) de persil, haché
5 ml (1 c. à t.) de paprika

Ouvrir les huîtres. Verser les huîtres et leur jus dans un bol. Ajouter les pétoncles, la sauce béchamel et l'ail. Saler et poivrer. Bien mélanger et réserver.

Préchauffer le gril du four (BROIL).

À l'aide d'une poche à pâtisserie, ceinturer de purée le pourtour des 12 écailles profondes. Verser la préparation d'huîtres au centre. Parsemer de chapelure.

Passer sous le gril 5 minutes.

Parsemer de persil et de paprika. Servir.

Par portion	Calories (Kcal) : 251	Gras : 8 g = 29 % des Kcal provenant du gras
Protéines : 18 g	Cholestérol : 61 mg	Sodium : 492 mg Hydrates de carbone : 26 g

Moules aux petits légumes
4 portions

375 ml (1 1/2 tasse) de vermouth blanc
2 échalotes sèches, hachées
1 gousse d'ail, hachée
1 kg (2,2 lb) de moules, brossées
80 ml (1/3 tasse) de carotte, en julienne
80 ml (1/3 tasse) de navet, en julienne
80 ml (1/3 tasse) de courgette, en julienne
125 ml (1/2 tasse) de crème 35 %
Sel et poivre

Dans une grande casserole, amener le vermouth, les échalotes et l'ail à ébullition. Ajouter les moules et bien mélanger. Diminuer le feu et couvrir. Poursuivre la cuisson 3 minutes.

Ajouter les légumes et la crème. Saler et poivrer. Bien mélanger. Couvrir à nouveau et poursuivre la cuisson 3 minutes.

Répartir les moules dans 4 bols creux (jeter les moules qui ne se sont pas ouvertes). Couvrir de légumes et arroser de sauce. Servir.

Par portion	Calories (Kcal) : 456	Gras : 17 g = 41 % des Kcal provenant du gras
Protéines : 32 g	Cholestérol : 111 mg	Sodium : 744 mg Hydrates de carbone : 23 g

Moules à la bière
4 portions

375 ml (1 1/2 tasse) de bière brune
2 échalotes sèches, hachées
1 gousse d'ail, hachée
1 kg (2,2 lb) de moules, brossées
80 ml (1/3 tasse) de poireau, en julienne
80 ml (1/3 tasse) de pomme de terre, en julienne
80 ml (1/3 tasse) de poivron rouge, en julienne
Sel et poivre
15 ml (1 c. à s.) de cerfeuil, haché

Dans une grande casserole, amener la bière, les échalotes et l'ail à ébullition. Ajouter les moules et bien mélanger. Diminuer le feu et couvrir. Poursuivre la cuisson 3 minutes.

Ajouter les légumes. Saler et poivrer. Bien mélanger. Couvrir à nouveau et poursuivre la cuisson pendant 3 minutes.

Mélanger. Répartir les moules dans 4 bols creux (jeter les moules qui ne se sont pas ouvertes). Couvrir de légumes et arroser de sauce.

Servir.

Par portion	Calories (Kcal) : 273	Gras : 6 g = 21 % des Kcal provenant du gras
Protéines : 31 g	Cholestérol : 70 mg	Sodium : 723 mg Hydrates de carbone : 17 g

Filets de sole vite fait
4 portions

- 1 boîte de 284 ml (10 oz) de crème d'asperges
- 125 ml (1/2 tasse) d'eau
- 125 ml (1/2 tasse) d'asperges, en conserve
- 450 g (1 lb) de filets de sole
- Poivre
- 15 ml (1 c. à s.) d'estragon, haché

Préchauffer le four à 175 °C (350 °F).

Dans un bol, mélanger la crème d'asperges, l'eau et les asperges.

Placer les filets dans un plat allant au four. Recouvrir de la préparation. Poivrer. Couvrir.

Cuire au four pendant 30 minutes.

Au moment de servir, parsemer d'estragon.

Par portion	Calories (Kcal) : 123	Gras : 1 g = 11 % des Kcal provenant du gras
Protéines : 18 g	Cholestérol : 1 mg	Sodium : 396 mg	Hydrates de carbone : 3 g

Filets de sole vite fait

Flétan aux champignons
4 portions

- 2 boîtes de 284 ml (10 oz) de crème de champignons
- 250 ml (1 tasse) de lait
- 5 ml (1 c. à t.) de jus de citron
- 500 ml (2 tasses) de riz, cuit
- 1 ml (1/4 c. à t.) de poivre
- 500 ml (2 tasses) de brocoli, cuit, en bouquets
- 4 darnes de flétan
- 250 ml (1 tasse) de chapelure

Préchauffer le four à 200 °C (400 °F).

Dans un plat allant au four, mélanger la crème de champignons, le lait, le jus de citron, le riz et le poivre. Recouvrir de brocoli.

Enrober les filets de chapelure et les déposer sur le brocoli. Couvrir.

Cuire au four pendant 20 minutes.

Servir.

Par portion	Calories (Kcal) : 326	Gras : 7 g = 20 % des Kcal provenant du gras
Protéines : 10 g	Cholestérol : 10 mg	Sodium : 581 mg	Hydrates de carbone : 55 g

Pâté aux fruits de mer sans croûte

Flétan aux champignons

▬▬▬ Pâté aux fruits de mer sans croûte

4 portions

250 ml (1 tasse) de pommes de terre, blanchies, en dés
500 ml (2 tasses) de pétoncles, en dés
250 ml (1 tasse) de crabe, émietté
500 ml (2 tasses) de crevettes, décortiquées
125 ml (1/2 tasse) de céleri, blanchi, en dés
125 ml (1/2 tasse) d'oignon, haché
1 carotte, râpée
2 échalotes vertes, hachées
250 ml (1 tasse) de crème 15 %
1 ml (1/4 c. à t.) de muscade
2 gousses d'ail, hachées
Sel et poivre
Persil
Paprika

Préchauffer le four à 175 °C (350 °F).

Dans un plat allant au four, mélanger tous les ingrédients. Saler et poivrer.

Couvrir et cuire au four pendant 30 minutes.

Au moment de servir, parsemer de persil et de paprika.

Par portion	Calories (Kcal) : 367	Gras : 14 g = 35 % des Kcal provenant du gras
Protéines : 40 g	Cholestérol : 185 mg	Sodium : 423 mg Hydrates de carbone : 19 g

Le flétan appartient aux poissons plats, dont fait aussi partie la sole et le turbot. Le flétan nage en eaux froides et se retrouve en abondance près de Terre-Neuve. Il a une drôle d'allure avec sa queue fourchue, mais on lui pardonne aisément étant donné que sa chair contient peu d'arêtes !

menu

Baluchons de camembert à l'huile d'herbes	202
Potage d'automne	212
Moussaka	237
Poivrons farcis au riz de courge	252
Gâteau à la citrouille et à l'érable	262

Darnes de saumon à la crème de moutarde
4 portions

- 5 ml (1 c. à t.) de beurre
- 1 gousse d'ail, hachée
- 1 échalote sèche, hachée
- 180 ml (3/4 tasse) de crème 15 %
- 15 ml (1 c. à s.) de moutarde à l'ancienne
- 5 ml (1 c. à t.) de persil, haché
- 4 darnes de saumon
- 60 ml (1/4 tasse) de farine
- Sel et poivre
- 45 ml (3 c. à s.) d'huile d'olive

Dans une petite casserole à fond épais, faire fondre le beurre à feu moyen. Faire revenir l'ail et l'échalote 2 minutes en remuant de temps à autre. Ajouter la crème et mélanger. Poursuivre la cuisson 4 minutes. Ajouter la moutarde et le persil. Mélanger et poursuivre la cuisson 2 minutes en remuant de temps à autre. Retirer du feu et couvrir.

Entre-temps, enfariner les darnes. Saler et poivrer. Dans une poêle, chauffer l'huile à feu moyen. Faire cuire les darnes 3 minutes de chaque côté.

Au moment de servir, napper les darnes de crème de moutarde.

Par portion — Calories (Kcal) : 419   Gras : 26 g = 57 % des Kcal provenant du gras
Protéines : 36 g   Cholestérol : 121 mg   Sodium : 191 mg   Hydrates de carbone : 9 g

Ailes de raie au beurre blanc
4 portions

- 30 ml (1 c. à s.) d'huile d'olive
- 4 ailes de raie de 115 g (4 oz) chacune
- Sel et poivre
- 180 ml (3/4 tasse) de vin blanc
- 2 échalotes sèches, hachées
- 1 gousse d'ail, hachée
- 60 ml (1/4 tasse) de crème 35 %
- 45 ml (3 c. à s.) de beurre, ramolli

Dans une poêle, chauffer l'huile à feu moyen. Faire revenir la raie 2 minutes de chaque côté. Saler et poivrer. Réserver au chaud.

Dans une petite casserole, amener le vin, les échalotes et l'ail à ébullition. Poursuivre la cuisson jusqu'à réduction des deux tiers. Diminuer le feu et ajouter la crème en mélangeant. Poursuivre la cuisson jusqu'à réduction de moitié.

Retirer du feu et à l'aide d'un fouet, incorporer le beurre.

Au moment de servir, napper de sauce.

Par portion — Calories (Kcal) : 254   Gras : 15 g = 60 % des Kcal provenant du gras
Protéines : 21 g   Cholestérol : 92 mg   Sodium : 158 mg   Hydrates de carbone : 2 g

Mijotée de lotte
4 portions

- 15 ml (1 c. à s.) de beurre
- 1 gousse d'ail, hachée
- 1 échalote verte, hachée
- 60 ml (1/4 tasse) de vermouth blanc
- 125 ml (1/2 tasse) de poivron rouge, en bâtonnets
- 125 ml (1/2 tasse) de navet blanc, en bâtonnets
- 180 ml (3/4 tasse) de crème 15 %
- 30 ml (1 c. à s.) d'huile d'olive
- 450 g (1 lb) de médaillons de lotte
- Sel et poivre
- 60 ml (1/4 tasse) d'olives farcies, tranchées
- 10 ml (2 c. à t.) de basilic, haché

Dans une casserole à fond épais, chauffer le beurre à feu moyen. Faire revenir l'ail et l'échalote 2 minutes en remuant de temps à autre. Ajouter le vermouth. Poursuivre la cuisson 2 minutes. Ajouter le poivron et le navet. Mélanger et poursuivre la cuisson à nouveau 2 minutes en remuant de temps à autre. Ajouter la crème et laisser réduire du tiers. Retirer du feu et couvrir.

Entre-temps, dans une poêle, chauffer l'huile à feu moyen. Faire cuire les médaillons de lotte 2 minutes de chaque côté. Saler et poivrer. Retirer les médaillons et les ajouter au contenu de la casserole. Ajouter les olives et le basilic. Saler et poivrer. Remettre la casserole sur le feu et poursuivre la cuisson 2 minutes.

Servir.

Par portion — Calories (Kcal) : 280   Gras : 17 g = 58 % des Kcal provenant du gras
Protéines : 22 g   Cholestérol : 86 mg   Sodium : 342 mg   Hydrates de carbone : 5 g

De haut en bas :

Darnes de saumon à la crème de moutarde

Mijotée de lotte

Ailes de raie au beurre blanc

Mets principaux

Viandes chevaline et sauvagine

L'automne est une saison idéale pour se promener dans les sous-bois et admirer les couleurs. Mais, attention aux chasseurs ! Pour ces derniers et pour les amateurs de bonne chère, nous avons concocté cette recette de bourguignon au chevreuil et ce filet d'orignal à la bière. Encore faut-il que la chasse ait été bonne ! Vous pourrez toujours acheter votre gibier au marché...

Bourguignon de chevreuil

Biftecks d'orignal marinés à la bière

Bourguignon de chevreuil
4 portions

60 ml (1/4 tasse) de farine
450 g (1 lb) de chevreuil, en cubes
30 ml (2 c. à s.) d'huile d'olive
2 gousses d'ail, hachées
80 ml (1/3 tasse) de petits oignons blancs, pelés
180 ml (3/4 tasse) de vin rouge
250 ml (1 tasse) de champignons portobello, tranchés
125 ml (1/2 tasse) de courgette, tranchée
125 ml (1/2 tasse) de haricots rouges, cuits
15 ml (1 c. à s.) de moutarde forte
500 ml (2 tasses) de bouillon de bœuf
Sel et poivre
15 ml (1 c. à s.) de persil, haché
4 tranches de bacon, cuites, émincées
2 ml (1/2 c. à t.) de paprika

Enfariner les cubes de chevreuil et réserver.

Dans une casserole à fond épais, chauffer l'huile à feu moyen. Faire revenir l'ail et les oignons pendant 2 minutes. Ajouter le chevreuil et mélanger. Poursuivre la cuisson 5 minutes en remuant de temps à autre.

Déglacer avec le vin rouge et laisser réduire de moitié. Ajouter les champignons, les courgettes, les haricots et la moutarde. Mélanger et poursuivre la cuisson 3 minutes en remuant de temps à autre.

Verser le bouillon de bœuf. Saler et poivrer.

Amener à ébullition, diminuer le feu, couvrir à demi et laisser mijoter 30 minutes.

Ajouter le persil et le bacon, mélanger et poursuivre la cuisson 5 minutes.

Parsemer de paprika.

Servir.

Par portion Calories (Kcal) : 478 Gras : 19 g = 38 % des Kcal provenant du gras
Protéines : 44 g Cholestérol : 100 mg Sodium : 1051 mg Hydrates de carbone : 25 g

Biftecks d'orignal marinés à la bière
4 portions

250 ml (1 tasse) de bière rousse
15 ml (1 c. à s.) de sauce soja légère
15 ml (1 c. à s.) de sucre
1 échalote sèche, émincée
1 gousse d'ail, hachée
4 biftecks d'orignal de 165 g (6 oz) chacun
Sel et poivre
45 ml (3 c. à s.) d'huile d'olive

Dans un bol, mélanger la bière, la sauce soja, le sucre, l'échalote et l'ail.

Ajouter les biftecks. Faire mariner pendant 2 heures au réfrigérateur.

Égoutter les biftecks. Saler et poivrer.

Dans une poêle, chauffer l'huile à feu vif. Saisir les biftecks 3 minutes de chaque côté.

Servir accompagné d'une sauce tomate.

Par portion Calories (Kcal) : 438 Gras : 20 g = 44 % des Kcal provenant du gras
Protéines : 51 g Cholestérol : 140 mg Sodium : 380 mg Hydrates de carbone : 6 g

Pâté costaud
8 portions

225 g (8 oz) de chevreuil, en dés
225 g (8 oz) de veau, en dés
225 g (8 oz) de porc, en dés
225 g (8 oz) de faisan, en dés
2 oignons, émincés
125 ml (1/2 tasse) de carotte, en dés
2 ml (1/2 c. à t.) de thym
250 ml (1 tasse) de patate douce, en cubes
Sel et poivre
5 ml (1 c. à t.) de quatre-épices
250 ml (1 tasse) de bouillon de poulet
1 abaisse de pâte brisée

Dans un grand bol, mélanger les viandes, les oignons, les carottes et le thym. Laisser reposer au réfrigérateur 2 heures. Pour plus de saveur, laisser reposer toute la nuit.

Préchauffer le four à 175 °C (350 °F).

Déposer la moitié des viandes dans un plat allant au four. Recouvrir de la moitié des patates douces. Saler et poivrer.

Recouvrir du reste de viande. Couvrir du reste des patates douces. Saler et poivrer. Ajouter les épices. Verser le bouillon de poulet. Recouvrir de l'abaisse. Faire quelques incisions dans la pâte.

Cuire au four pendant 1 h 30.

Servir.

Par portion Calories (Kcal) : 444 Gras : 24 g = 48 % des Kcal provenant du gras
Protéines : 30 g Cholestérol : 89 mg Sodium : 569 mg Hydrates de carbone : 27 g

Perdrix aux tomates caramélisées
4 portions

4 petites perdrix
Sel et poivre
45 ml (3 c. à s.) d'huile d'olive
60 ml (1/4 tasse) de miel liquide
2 gousses d'ail, hachées
6 tomates, coupées en 2
5 ml (1 c. à t.) de persil, haché

Préchauffer le four à 200 °C (400 °F).

Couper les perdrix en 2. Saler et poivrer. Déposer les perdrix tête-bêche dans une lèchefrite. Badigeonner d'huile d'olive. Cuire au four 10 minutes.

Entre-temps, dans un bol, mélanger le miel et l'ail. Réserver.

Saler et poivrer les tomates. Réserver.

Diminuer le four à 175 °C (350 °F). Badigeonner les perdrix de miel et poursuivre la cuisson 10 minutes.

Placer les tomates autour des perdrix et badigeonner à nouveau de miel. Poursuivre la cuisson 10 minutes. Arroser de jus de cuisson et parsemer de persil. Poursuivre la cuisson 10 minutes.

Par portion	Calories (Kcal) : 326	Gras : 14 g = 38 % des Kcal provenant du gras	
Protéines : 21 g	Cholestérol : 60 mg	Sodium : 65 mg	Hydrates de carbone : 31 g

Perdrix aux tomates caramélisées

Émincé de pintade aux champignons
4 portions

30 ml (2 c. à s.) d'huile d'olive
1 oignon, haché
2 gousses d'ail, hachées
1 boîte de 284 ml (10 oz) de crème de champignons
250 ml (1 tasse) d'eau
750 ml (3 tasses) de pintade, émincée
2 pommes de terre, en dés
250 ml (1 tasse) de champignons, émincés
125 ml (1/2 tasse) de haricots rouges
5 ml (1 c. à t.) d'origan, séché
30 ml (4 c. à s.) de persil frais, haché
Sel et poivre

Dans une casserole, chauffer l'huile à feu moyen. Faire revenir l'oignon et l'ail pendant 3 minutes. Ajouter la crème de champignons et l'eau. Amener à ébullition. Ajouter la pintade et les pommes de terre. Laisser mijoter 15 minutes. Ajouter les champignons, les haricots, l'origan et le persil. Saler et poivrer. Poursuivre la cuisson 10 minutes en remuant de temps à autre. Servir.

Par portion	Calories (Kcal) : 825	Gras : 45 g = 50 % des Kcal provenant du gras	
Protéines : 92 g	Cholestérol : 284 mg	Sodium : 515 mg	Hydrates de carbone : 7 g

Émincé de pintade aux champignons

Faisans au coulis de poivrons

Faisans au coulis de poivrons
4 portions

2 faisans, en morceaux
Sel et poivre
30 ml (2 c. à s.) d'huile d'olive
45 ml (3 c. à s.) de moutarde forte
250 ml (1/2 tasse) de bouillon de légumes
1 gousse d'ail, hachée
2 échalotes sèches, hachées
2 ml (1/2 c. à t.) de sauce Worcestershire
1 poivron vert, en dés
1 poivron rouge, en dés

Préchauffer le four à 175 °C (350 °F).

Saler et poivrer les morceaux de faisan. Les déposer tête-bêche dans une lèchefrite. Badigeonner d'huile d'olive et de moutarde. Cuire au four 40 minutes en arrosant de jus de cuisson de temps à autre.

Entre-temps, dans 2 casseroles, répartir le bouillon, l'ail, les échalotes et la sauce Worcestershire. Ajouter le poivron vert dans une casserole et le poivron rouge dans l'autre. Amener à ébullition. Diminuer le feu, couvrir à demi et laisser mijoter 15 minutes. Au robot culinaire, réduire en purée séparément et réserver au chaud.

Au moment de servir, verser un peu de chaque coulis dans les assiettes et y répartir les morceaux de faisan.

Par portion — Calories (Kcal) : 544 Gras : 20 g = 32 % des Kcal provenant du gras
Protéines : 45 g   Cholestérol : 110 mg   Sodium : 417 mg   Hydrates de carbone : 47 g

Crevettes marinées sur feuilles de chou	206
Crème en courge	215
Moules aux petits légumes	241
Aubergine roulée aux légumes	252
Tartelettes aux canneberges et aux pommes	266

Quand les Romains ont «annexé» la Numidie (ancienne grande région de l'Afrique septentrionale) à leur empire, ils ont découvert un drôle d'oiseau qu'ils ont naturellement baptisé la «poule de Numidie». Cette «poule» est en fait une pintade! Lorsqu'elle pousse son cri strident, on dit que la pintade criaille. Sa viande maigre ne contient qu'une calorie par gramme... de quoi crier de joie!

Salades et accompagnements

Salade de chou rouge aux pommes et aux poires

Salade grand-mère aux betteraves

Cet automne, nous avons pensé rendre hommage aux choux, notamment avec cette recette de chou rouge aux pommes et aux poires. Le chou rouge, comme ses compères blanc et vert, s'entend très bien avec les fruits. Croquant sous la dent, sa belle robe rouge vin est un plaisir pour les yeux. Justement, afin de conserver sa couleur, il est préférable de trancher le chou rouge avec un couteau en acier inoxydable, sinon il bleuit.

■■■ Salade de chou rouge aux pommes et aux poires
4 portions

30 ml (2 c. à s.) de vinaigre de vin blanc
60 ml (1/4 tasse) d'huile d'olive
1 gousse d'ail, hachée
1 échalote sèche, hachée
2 ml (1/2 c. à t.) de sarriette, hachée
15 ml (1 c. à s.) de miel liquide
1 ml (1/4 c. à t.) de muscade
Sel et poivre
1 litre (4 tasses) de chou rouge, émincé
1 pomme Granny Smith
1 poire Bosch
15 ml (1 c. à s.) de jus de lime
Cerises de terre

Dans un grand bol, mélanger le vinaigre, l'huile, l'ail, l'échalote, la sarriette, le miel et la muscade. Saler et poivrer.

Ajouter le chou et bien mélanger. Laisser reposer 30 minutes en mélangeant de temps à autre.

Entre-temps, couper la pomme en dés. Peler et trancher la poire. Badigeonner de jus de lime. Ajouter au chou et mélanger. Au moment de servir, garnir de cerises de terre.

| Par portion | Calories (Kcal) : 434 | Gras : 15 g = 29 % des Kcal provenant du gras |
| Protéines : 6 g | Cholestérol : 0 mg | Sodium : 27 mg | Hydrates de carbone : 77 g |

■■■ Salade grand-mère aux betteraves
4 portions

250 ml (1 tasse) de carottes, émincées
250 ml (1 tasse) de céleri, émincé
60 ml (1/4 tasse) de mayonnaise
15 ml (1 c. à s.) de moutarde forte
1 ml (1/4 c. à t.) de sauce Worcestershire
Sel et poivre
500 ml (2 tasses) de betteraves, cuites, tranchées
125 ml (1/2 tasse) de betteraves blanches, cuites, en quartiers
Paprika

Dans une casserole d'eau salée, cuire les carottes et le céleri pendant 4 minutes. Rafraîchir à l'eau froide. Égoutter.

Dans un bol, mélanger la mayonnaise, la moutarde et la sauce Worcestershire. Saler et poivrer.

Répartir la sauce dans 4 assiettes. Recouvrir des légumes.

Au moment de servir, parsemer de paprika.

| Par portion | Calories (Kcal) : 166 | Gras : 12 g = 61 % des Kcal provenant du gras |
| Protéines : 2 g | Cholestérol : 5 mg | Sodium : 233 mg | Hydrates de carbone : 15 g |

■■■ Salade de blé dur
4 portions

1 litre (4 tasses) d'eau
500 ml (2 tasses) de blé dur
60 ml (1/4 tasse) de sauce tamari
1 ml (1/4 c. à t.) de poivre
1 poivron rouge, en brunoise
1 poivron vert, en brunoise
1 branche de céleri, en brunoise
250 ml (1 tasse) de raisins secs
Persil

Dans un bol, mélanger l'eau et le blé. Laisser reposer toute une nuit.

Égoutter. Dans une casserole, déposer le blé et couvrir d'eau. Amener à ébullition. Diminuer le feu et laisser mijoter à feu doux pendant 1 heure. Égoutter.

Transférer dans un bol. Ajouter la sauce tamari et le poivre. Laisser tiédir.

Ajouter les légumes et les raisins. Mélanger.

Au moment de servir, garnir de persil.

| Par portion | Calories (Kcal) : 442 | Gras : 2 g = 4 % des Kcal provenant du gras |
| Protéines : 19 g | Cholestérol : 0 mg | Sodium : 1023 mg | Hydrates de carbone : 96 g |

C'est sur le poirier, arbre de la famille des pommiers, que se pend la succulente poire. Fait intéressant à noter, il est préférable de la cueillir avant qu'elle ne soit trop mûre. En outre, lorsqu'une poire est trop mûre, on dira qu'elle est blette.

Aubergine roulée aux légumes
4 portions

- 250 ml (1 tasse) de jus de tomate
- 30 ml (2 c. à s.) de sauce chili
- 1 gousse d'ail, hachée
- 5 ml (1 c. à t.) de gingembre, haché
- 1 ml (1/4 c. à t.) de muscade
- Sel et poivre
- 8 tranches d'aubergine de 0,5 cm (1/4 po) d'épaisseur
- 60 ml (1/4 tasse) de poivron vert, en bâtonnets
- 60 ml (1/4 tasse) de poivron rouge, en bâtonnets
- 60 ml (1/4 tasse) de carotte, en bâtonnets
- 60 ml (1/4 tasse) de navet blanc, en bâtonnets
- 60 ml (1/4 tasse) de courgette, en bâtonnets

Préchauffer le four à 175 °C (350 °F).

Dans un bol, mélanger le jus de tomate, la sauce chili, l'ail, le gingembre et la muscade. Saler et poivrer. Réserver.

Poser les tranches d'aubergine sur un plan de travail. Répartir les bâtonnets de légumes à l'une des extrémités de chaque tranche. Enrouler et fixer à l'aide de bâtonnets de bois.

Déposer les rouleaux dans un plat allant au four. Arroser de la sauce tomate au gingembre. Cuire au four 20 minutes. Servir.

Par portion	Calories (Kcal) : 220	Gras : 2 g = 5 % des Kcal provenant du gras
Protéines : 9 g	Cholestérol : 0 mg	Sodium : 254 mg	Hydrates de carbone : 51 g

Poivrons farcis au riz de courge
4 portions

- 250 ml (1 tasse) de bouillon de poulet
- 250 ml (1 tasse) de riz à cuisson rapide
- 45 ml (3 c. à s.) de carotte, en perles
- 45 ml (3 c. à s.) de courgette, en perles
- 45 ml (3 c. à s.) de navet, en perles
- 1 ml (1/4 c. à t.) de sauce Worcestershire
- Sel et poivre
- 2 poivrons rouges, épépinés, coupés en 2

Préchauffer le four à 175 °C (350 °F).

Dans une casserole, amener le bouillon à ébullition. Ajouter le riz et mélanger. Retirer du feu et couvrir. Laisser reposer 5 minutes. Ajouter les perles de légumes et la sauce Worcestershire au riz. Mélanger. Saler et poivrer. Farcir les demi-poivrons de riz aux légumes. Déposer dans une lèchefrite. Couvrir de papier aluminium. Cuire au four 20 minutes.

Servir avec une sauce veloutée de poulet.

Par portion	Calories (Kcal) : 195	Gras : 1 g = 5 % des Kcal provenant du gras
Protéines : 4 g	Cholestérol : 1 mg	Sodium : 404 mg	Hydrates de carbone : 41 g

Tartelettes au chou-fleur
4 portions

- 45 ml (3 c. à s.) d'huile d'olive
- 500 ml (2 tasses) de pommes de terre, tranchées
- 45 ml (3 c. à s.) de beurre
- 60 ml (1/4 tasse) d'oignon, haché
- 1 gousse d'ail, hachée
- 1 pincée de thym, haché
- 1 pincée de basilic, haché
- 1 pincée de paprika
- 750 ml (3 tasses) de chou-fleur, en bouquets
- Sel et poivre
- 250 ml (1 tasse) de fromage cheddar, râpé
- 60 ml (1/4 tasse) de lait

Préchauffer le four à 200 °C (400 °F).

Badigeonner d'huile 2 moules à tartelettes de 12 cm (5 po). Déposer un rang de pommes de terre au fond et sur le pourtour de chaque moule. Chaque tranche doit recouvrir en partie la voisine d'au moins 1,25 cm (1/2 po).

Dans une poêle, chauffer le beurre à feu moyen. Faire revenir l'oignon et l'ail pendant 3 minutes. Ajouter les herbes et le chou-fleur. Poursuivre la cuisson 10 minutes. Saler et poivrer.

Étendre la moitié du fromage dans les moules. Recouvrir des légumes. Verser le lait et parsemer de reste de fromage.

Cuire au four pendant 40 minutes.

Servir.

Par portion	Calories (Kcal) : 367	Gras : 27 g = 65 % des Kcal provenant du gras
Protéines : 13 g	Cholestérol : 144 mg	Sodium : 306 mg	Hydrates de carbone : 20 g

De haut en bas :

Aubergine roulée aux légumes

Tartelettes au chou-fleur

Poivrons farcis au riz de courge

■■■ Purée de courge poivrée
4 portions

- 750 ml (3 tasses) de courge poivrée, en dés
- 45 ml (3 c. à s.) de beurre
- 80 ml (1/3 tasse) de lait
- 1 œuf, battu
- 1 gousse d'ail, hachée
- 1 échalote sèche, hachée
- 1 ml (1/4 c. à t.) de cari
- 1 ml (1/4 c. à t.) de muscade
- 1 pincée de cannelle
- 2 ml (1/2 c. à t.) de romarin, haché
- Sel et poivre

Préchauffer le four à 175 °C (350 °F).

Dans une casserole d'eau salée, cuire les dés de courge 5 minutes. Égoutter, transférer sur une plaque à biscuits et assécher au four 5 minutes.

Au robot culinaire ou à l'aide d'un pilon, réduire en purée les dés de courge et le reste des ingrédients.

Servir.

Par portion	Calories (Kcal) : 141	Gras : 11 g = 64 % des Kcal provenant du gras
Protéines : 4 g	Cholestérol : 71 mg	Sodium : 119 mg	Hydrates de carbone : 10 g

Courges sautées à la citrouille

■■■ Courges sautées à la citrouille
4 portions

- 30 ml (2 c. à s.) d'huile d'olive
- 15 ml (1 c. à s.) de beurre
- 250 ml (1 tasse) de courge poivrée, en dés
- 250 ml (1 tasse) de courge musquée, en dés
- 60 ml (1/4 tasse) de graines de citrouille
- Sel et poivre
- 2 ml (1/2 c. à t.) de paprika
- 1 ml (1/4 c. à t.) de cerfeuil, haché
- 1 ml (1/4 c. à t.) d'estragon, haché
- 5 ml (1 c. à t.) de persil, haché

Préchauffer le four à 175 °C (350 °F).

Dans une grande poêle, chauffer l'huile et le beurre à feu moyen. Faire revenir les dés de courges 5 minutes en remuant constamment ou jusqu'à ce qu'ils commencent à dorer. Ajouter les graines de citrouille. Saler et poivrer.

Mélanger.

Poursuivre la cuisson au four 5 minutes. Retirer du four. Saupoudrer de paprika et parsemer d'herbes. Mélanger de nouveau.

Servir.

Par portion	Calories (Kcal) : 257	Gras : 21 g = 74 % des Kcal provenant du gras
Protéines : 10 g	Cholestérol : 51 mg	Sodium : 57 mg	Hydrates de carbone : 7 g

Chou braisé aux poires

Purée de courge poivrée

••• Chou braisé aux poires
4 portions

30 ml (2 c. à s.) d'huile d'olive
15 ml (1 c. à s.) de beurre
2 gousses d'ail, hachées
1 échalote verte, hachée
750 ml (3 tasses) de chou vert, émincé
60 ml (1/4 tasse) de vinaigre de cidre
15 ml (1 c. à s.) de miel
1 poire Bosch
1 poire rouge
Sel et poivre
1 ml (1/4 c. à t.) de muscade
1 ml (1/4 c. à t.) d'estragon, haché
5 ml (1 c. à t.) de persil, haché

Dans une grande poêle, chauffer l'huile et le beurre à feu moyen. Faire revenir l'ail et l'échalote pendant 2 minutes. Ajouter le chou et poursuivre la cuisson 5 minutes en remuant de temps à autre.

Ajouter le vinaigre et le miel. Mélanger. Couvrir et poursuivre la cuisson 5 minutes.

Couper les poires en dés. Les ajouter au chou. Saler et poivrer. Ajouter la muscade, l'estragon et le persil et poursuivre la cuisson 2 minutes en remuant de temps à autre.

Servir.

Par portion — Calories (Kcal) : 177   Gras : 10 g = 48 % des Kcal provenant du gras
Protéines : 2 g   Cholestérol : 8 mg   Sodium : 45 mg   Hydrates de carbone : 23 g

MENU

Bruschetta peperonata	204
Potage du jardin	209
Bourguignon de chevreuil	247
Courge à la gelée de pommes	256
Tarte aux pommes et au caramel	266

automne

La franche couleur orangée de cette purée de courge poivrée ajoutera une note de gaieté dans votre assiette. Vous devrez cependant vous armer d'un bon couteau pour l'éplucher parce que les nervures de sa peau lisse rendent la manœuvre un peu ardue. Soyez patient, l'effort en vaut la chandelle.

Tomates farcies aux huîtres fumées
4 portions

- 30 ml (2 c. à s.) de beurre
- 1 gousse d'ail, hachée
- 1 échalote sèche, hachée
- 125 ml (1/2 tasse) de champignons, hachés
- 60 ml (1/4 tasse) d'huîtres fumées
- Sel et poivre
- 4 tomates
- 180 ml (3/4 tasse) de couscous, cuit

Préchauffer le four à 175 °C (350 °F).

Dans une poêle, faire fondre le beurre à feu moyen. Faire revenir l'ail et l'échalote pendant 2 minutes. Ajouter les champignons et poursuivre la cuisson 5 minutes en remuant de temps à autre. Ajouter les huîtres fumées. Saler et poivrer. Poursuivre la cuisson 1 minute en remuant de temps à autre. Retirer du feu et réserver. Couper le dessus des tomates. À l'aide d'une cuillère à parisienne*, évider les tomates en prenant soin de ne pas transpercer la peau. Réserver.

Ajouter le couscous aux champignons. Bien mélanger et farcir les tomates de ce mélange. Déposer dans une lèchefrite. Couvrir d'un papier aluminium. Cuire au four 10 minutes.

Servir.

Par portion	Calories (Kcal) : 261	Gras : 7 g = 25 % des Kcal provenant du gras
Protéines : 8 g	Cholestérol : 24 mg	Sodium : 415 mg	Hydrates de carbone : 42 g

Tomates farcies aux huîtres fumées

Courge à la gelée de pommes
6 portions

- 1 courge spaghetti
- 30 ml (2 c. à s.) d'huile d'olive
- Sel et poivre
- 60 ml (1/4 tasse) de poivron, en brunoise
- 60 ml (1/4 tasse) de gelée de pommes
- 10 ml (2 c. à t.) de persil, haché

Préchauffer le four à 175 °C (350 °F).

Couper la courge en 2. Badigeonner les faces coupées d'huile. Saler et poivrer. Déposer face coupée en dessous sur une plaque à biscuits. Cuire au four 30 minutes. Retirer du four et laisser reposer 10 minutes.

À l'aide d'une fourchette, racler l'intérieur des demi-courges de façon à détacher la chair. Déposer les filaments de chair dans une casserole. Ajouter le poivron, la gelée de pommes et le persil. Saler et poivrer. Mélanger et poursuivre la cuisson 5 minutes à feu doux en remuant de temps à autre. Servir.

Par portion	Calories (Kcal) : 82	Gras : 7 g = 73 % des Kcal provenant du gras
Protéines : 0 g	Cholestérol : 0 mg	Sodium : 7 mg	Hydrates de carbone : 5 g

Courge à la gelée de pommes

Feuilles de vigne farcies
4 portions

- 30 ml (2 c. à s.) d'huile d'olive
- 1 gousse d'ail, hachée
- 1 échalote sèche, hachée
- 250 ml (1 tasse) de poireau, en julienne
- 60 ml (1/4 tasse) de vermouth blanc
- 30 ml (2 c. à s.) de moutarde à l'ancienne
- Sel et poivre
- 250 ml (1 tasse) de riz, cuit
- 2 ml (1/2 c. à t.) de menthe, hachée
- 10 ml (2 c. à t.) de persil, haché
- 12 feuilles de vigne
- 375 ml (1 1/2 tasse) de sauce tomate

Préchauffer le four à 175 °C (350 °F).

Dans une poêle, chauffer l'huile à feu moyen. Faire revenir l'ail et l'échalote pendant 2 minutes. Ajouter le poireau et poursuivre la cuisson 3 minutes en remuant de temps à autre. Ajouter le vermouth et la moutarde. Mélanger. Saler et poivrer. Poursuivre la cuisson 1 minute en remuant de temps à autre. Retirer du feu. Réserver.

Dans un bol, mélanger le riz, la menthe et le persil. Saler et poivrer.

Poser les feuilles de vigne sur un plan de travail. Répartir le riz au centre de chaque feuille. Recouvrir de la tombée de poireau. Rouler de façon à former des cigares. Replier les extrémités de façon à obtenir des petits paquets.

Déposer dans un plat allant au four. Verser la sauce tomate. Couvrir d'un papier aluminium. Cuire au four 15 minutes. Servir.

Par portion	Calories (Kcal) : 132	Gras : 5 g = 36 % des Kcal provenant du gras
Protéines : 3 g	Cholestérol : 0 mg	Sodium : 453 mg	Hydrates de carbone : 18 g

Technique

Poser les feuilles de vigne sur un plan de travail. Répartir le riz au centre de chaque feuille. Recouvrir de la tombée de poireau.

Rouler de façon à former des cigares.

Replier les extrémités de façon à obtenir des petits paquets. Déposer dans un plat allant au four.

La moutarde, dite anglaise, est fabriquée à partir de la poudre de moutarde et les épices qu'on y ajoute se distinguent de celles de sa cousine française. Française ou anglaise, la moutarde relève une foule de plats qui vont de ces distinguées feuilles de vigne au modeste sandwich au jambon.

Desserts et gâteries

Tartelettes mousseline à la citrouille

Tarte à la citrouille et aux pacanes

Le dictionnaire définit la tarte comme ceci : «pâtisserie formée d'un fond de pâte entouré d'un rebord et garni de confiture, de fruits ou de crème», alors qu'il parle du biscuit en ces termes : «gâteau sec, fait de farine et d'œufs». Ces définitions, aussi instructives soient-elles, ne vous mettent pas vraiment l'eau à la bouche. Préparez les recettes qui suivent et parions qu'elles vous feront saliver !

Tartelettes mousseline à la citrouille
6 portions

250 ml (1 tasse) de crème fouettée
250 ml (1 tasse) de purée de citrouille, du commerce
12 croûtes à tartelettes de 7,5 cm (3 po), cuites
60 ml (1/4 tasse) de graines de citrouille
12 clous de girofle

Dans un bol, mélanger la crème fouettée et la purée.

Déposer dans un sac à pâtisserie et remplir les tartelettes de cette préparation. Garnir de graines de citrouille et de clous de girofle.

Placer au réfrigérateur pendant 2 heures.

Servir.

Par portion Calories (Kcal) : 270 Gras : 18 g = 58 % des Kcal provenant du gras
Protéines : 5 g Cholestérol : 27 mg Sodium : 211 mg Hydrates de carbone : 24 g

Tarte à la citrouille et aux pacanes
6 portions

250 ml (1 tasse) de purée de citrouille, du commerce
310 ml (1 1/4 tasse) de lait condensé
60 ml (1/4 tasse) de cassonade
2 œufs, battus
30 ml (2 c. à s.) de farine
2 ml (1/2 c. à t.) de sel
2 ml (1/2 c. à t.) de cannelle
2 ml (1/2 c. à t.) de muscade
2 ml (1/2 c. à t.) de gingembre, moulu
1 abaisse de pâte brisée
30 ml (2 c. à s.) de pacanes
30 ml (2 c. à s.) d'amandes
30 ml (2 c. à s.) de noisettes

Préchauffer le four à 190 °C (375 °F).

Dans un bol, mélanger la purée, le lait, la cassonade, les œufs, la farine, le sel, la cannelle, la muscade et le gingembre.

Foncer une assiette à tarte de 23 cm (9 po) de l'abaisse.

Verser la préparation dans l'abaisse. Parsemer de pacanes, d'amandes et de noisettes.

Cuire au four pendant 40 minutes. Laisser tiédir.

Servir.

Par portion Calories (Kcal) : 424 Gras : 19 g = 39 % des Kcal provenant du gras
Protéines : 9 g Cholestérol : 77 mg Sodium : 461 mg Hydrates de carbone : 57 g

Tarte aux pommes
6 portions

1 abaisse de pâte brisée
4 pommes Red Delicious, tranchées
60 ml (1/4 tasse) de sucre
60 ml (1/4 tasse) de raisins secs
2 ml (1/2 c. à t.) de cannelle
250 ml (1 tasse) de fromage à la crème
1 œuf
2 ml (1/2 c. à t.) de vanille
60 ml (1/4 tasse) d'amandes, effilées

Préchauffer le four à 175 °C (350 °F).

Foncer une assiette à tarte de 23 cm (9 po) de l'abaisse.

Dans un bol, mélanger les pommes, le sucre, les raisins secs et la cannelle. Verser dans l'abaisse.

Dans un bain-marie*, mélanger le fromage, l'œuf et la vanille. Cuire pendant 5 minutes en remuant constamment. Verser sur les pommes.

Cuire au four pendant 40 minutes. Laisser tiédir.

Au moment de servir, garnir d'amandes.

Par portion Calories (Kcal) : 470 Gras : 18 g = 33 % des Kcal provenant du gras
Protéines : 10 g Cholestérol : 45 mg Sodium : 439 mg Hydrates de carbone : 71 g

* voir lexique

On obtient le raisin sec par déshydratation. Ce procédé permet de le conserver plus longtemps pour s'en régaler toute l'année. De plus, une poignée de raisins secs est une excellente source de potassium.

■■■ Surprise à la courge chocolatée
24 petits muffins

375 ml (1 1/2 tasse) de farine
45 ml (3 c. à s.) de cacao, en poudre
180 ml (3/4 tasse) de cassonade
2 ml (1/2 c. à t.) de sel
2 ml (1/2 c. à t.) de gingembre moulu
1 ml (1/4 c. à t.) de cannelle
250 ml (1 tasse) de courge musquée, hachée
2 œufs, battus
250 ml (1 tasse) de crème 15 %

Préchauffer le four à 175 °C (350 °F).

Tamiser la farine, le cacao, la cassonade, le sel, le gingembre et la cannelle.

Dans un bol, mélanger la courge, les œufs et la crème. Ajouter le mélange de farine et mélanger.

Verser dans 24 moules à muffins graissés.

Cuire au four pendant 20 minutes.

Servir.

Par muffin	Calories (Kcal) : 84	Gras : 3 g = 27 % des Kcal provenant du gras
Protéines : 2 g	Cholestérol : 22 mg	Sodium : 56 mg	Hydrates de carbone : 14 g

Surprise à la courge chocolatée

■■■ Muffins aux pommes et aux canneberges
12 muffins

250 ml (1 tasse) de sucre
60 ml (1/4 tasse) d'huile
1 œuf
180 ml (3/4 tasse) de jus d'orange
430 ml (1 3/4 tasse) de farine
2 ml (1/2 c. à t.) de poudre à pâte
2 ml (1/2 c. à t.) de bicarbonate de soude
2 ml (1/2 c. à t.) de sel
125 ml (1/2 tasse) de canneberges
125 ml (1/2 tasse) de pomme, en dés
30 ml (2 c. à s.) de cassonade
2 ml (1/2 c. à t.) de cannelle

Préchauffer le four à 175 °C (350 °F).

Dans un bol, mélanger le sucre, l'huile, l'œuf et le jus d'orange. Ajouter la farine, la poudre à pâte, le bicarbonate, le sel, la cassonade et la cannelle. Mélanger. Ajouter les canneberges et la pomme.

Verser la préparation dans des moules à muffins graissés. Parsemer de cassonade et de cannelle.

Cuire au four pendant 20 minutes.

Par muffin	Calories (Kcal) : 197	Gras : 5 g = 23 % des Kcal provenant du gras
Protéines : 2 g	Cholestérol : 15 mg	Sodium : 74 mg	Hydrates de carbone : 36 g

Muffins aux pommes et aux canneberges

Muffins renversés à la rhubarbe

Muffins renversés à la rhubarbe

12 muffins

60 ml (1/4 tasse) de beurre, ramolli
125 ml (1/2 tasse) de cassonade
250 ml (1 tasse) de rhubarbe, en dés
80 ml (1/3 tasse) de sucre
1 œuf
375 ml (1 1/2 tasse) de farine
30 ml (2 c. à s.) de poudre à pâte
2 ml (1/2 c. à t.) de sel
1 ml (1/4 c. à t.) de muscade
80 ml (1/3 tasse) de beurre
125 ml (1/2 tasse) de lait

Préchauffer le four à 175 °C (350 °F).

Dans un bol, mélanger le beurre et la cassonade. Ajouter la rhubarbe. Déposer la préparation dans 12 moules à muffins graissés.

Dans un bol, mélanger le sucre et l'œuf.

Dans un autre bol, tamiser la farine, la poudre à pâte, le sel et la muscade. Ajouter le beurre et le lait. Mélanger.

Verser sur la rhubarbe. Cuire au four pendant 25 minutes. Démouler et servir.

Par muffin Calories (Kcal) : 205 Gras : 10 g = 42 % des Kcal provenant du gras
Protéines : 3 g Cholestérol : 40 mg Sodium : 253 mg Hydrates de carbone : 28 g

MENU

Quartiers de courge épicés	199
Potage aux poireaux et aux pommes	212
Rôti de veau aux oignons	230
Salade de chou rouge aux pommes et aux poires	251
Tarte aux pommes	259

> On obtient les bâtons de cannelle en faisant sécher l'écorce du cannelier, un arbre de la famille de l'avocatier. Une des plus anciennes épices, la cannelle aiderait, notamment, à soulager les troubles digestifs. L'aromathérapie affirme qu'elle rendrait de bonne humeur. C'est la raison pour laquelle certains centres commerciaux en diffusent dans l'air afin d'inciter les clients à dépenser allègrement !

Gâteau à la compote de pommes et de raisins
10 portions

- 500 ml (2 tasses) de raisins secs
- 250 ml (1 tasse) de compote de pommes, du commerce (non-sucrée)
- 2 œufs
- 180 ml (3/4 tasse) d'huile
- 125 ml (1/2 tasse) de sucre
- 5 ml (1 c. à t.) de bicarbonate de soude
- 1 ml (1/4 c. à t.) de cannelle
- 500 ml (2 tasses) de farine

Préchauffer le four à 160 °C (325 °F).

Dans une casserole d'eau bouillante, cuire les raisins pendant 5 minutes ou jusqu'à ce qu'ils soient tendres. Égoutter.

Dans un bol, mélanger les raisins, la compote, les œufs, l'huile, le sucre, le bicarbonate de soude, la cannelle et la farine.

Dans un moule de 20,5 cm x 20, 5 cm (8 po x 8 po), graissé et enfariné, déposer la préparation aux pommes.

Cuire au four pendant 40 minutes.

Servir.

Par portion	Calories (Kcal) : 379	Gras : 18 g = 40 % des Kcal provenant du gras
Protéines : 5 g	Cholestérol : 37 mg	Sodium : 140 mg Hydrates de carbone : 53 g

Gâteau au rhum
10 portions

- 180 ml (3/4 tasse) de beurre
- 375 ml (1 1/2 tasse) de cassonade
- 450 g (1 lb) de dattes, dénoyautées, hachées
- 450 g (1 lb) de noix de Grenoble, hachées
- 5 ml (1 c. à t.) de bicarbonate de soude
- 250 ml (1 tasse) d'eau bouillante
- 3 œufs, battus
- 560 ml (2 1/4 tasses) de farine
- 3,5 ml (3/4 c. à t.) de sel
- 30 ml (2 c. à s.) de rhum
- Crème glacée au rhum

Préchauffer le four à 150 °C (300 °F).

Dans un bol, mélanger le beurre et la cassonade. Ajouter les dattes, les noix, le bicarbonate de soude, et l'eau. Mélanger. Incorporer les œufs. Ajouter la farine, le sel et le rhum. Mélanger.

Dans un moule de 33 cm x 23 cm (13 po x 9 po), déposer la préparation.

Cuire au four pendant 1 h 30. Laisser tiédir.

Servir accompagné d'une crème glacée au rhum.

Par portion	Calories (Kcal) : 607	Gras : 40 g = 43 % des Kcal provenant du gras
Protéines : 11 g	Cholestérol : 37 mg	Sodium : 444 mg Hydrates de carbone : 108 g

Gâteau à la citrouille et à l'érable
8 portions

- 300 ml (1 1/3 tasse) de chapelure de biscuits Graham
- 30 ml (2 c. à s.) de miel liquide
- 30 ml (2 c. à s.) de beurre
- 3 paquets de 225 g (8 oz) de fromage à la crème, ramolli
- 125 ml (1/2 tasse) de sucre
- 4 œufs
- 125 ml (1/2 tasse) de sirop d'érable
- 5 ml (1 c. à t.) d'extrait d'amandes
- 250 ml (1 tasse) de purée de citrouille, du commerce
- Crème fouettée

Préchauffer le four à 190 °C (375 °F).

Dans un bol, mélanger la chapelure, le miel et le beurre. Presser cette préparation au fond d'un moule à charnière de 23 cm (9 po). Cuire au four pendant 8 minutes. Laisser tiédir.

Dans un bol, mélanger le fromage et le sucre. Ajouter les œufs un par un en remuant bien entre chaque ajout. Ajouter le sirop d'érable, l'extrait d'amandes et la purée de citrouille. Au robot culinaire, réduire en purée.

Verser dans le moule. Cuire au four pendant 1 heure. Laisser tiédir. Réfrigérer toute une nuit.

Au moment de servir, garnir de crème fouettée.

Par portion	Calories (Kcal) : 433	Gras : 22 g = 43 % des Kcal provenant du gras
Protéines : 14 g	Cholestérol : 129 mg	Sodium : 668 mg Hydrates de carbone : 50 g

De haut en bas :

Gâteau à la citrouille et à l'érable

Gâteau au rhum

Gâteau à la compote de pommes et de raisins

Biscuits fondants à la compote de pommes
48 biscuits

180 ml (3/4 tasse) de graisse végétale
300 ml (1 1/4 tasse) de cassonade foncée
2 œufs
250 ml (1 tasse) de compote de pommes
5 ml (1 c. à t.) de vanille
500 ml (2 tasses) de farine
5 ml (1 c. à t.) de poudre à pâte
5 ml (1 c. à t.) de cannelle, moulue
2 ml (1/2 c. à t.) de bicarbonate de soude
2 ml (1/2 c. à t.) de sel
5 ml (1 c. à t.) de quatre-épices
250 ml (1 tasse) de raisins secs
250 ml (1 tasse) de brisures de chocolat
250 ml (1 tasse) de dattes et de noix, hachées

Préchauffer le four à 175 °C (350 °F).

Dans un grand bol, mélanger la graisse et la cassonade. Ajouter les œufs, la compote de pommes et la vanille. Dans un autre bol, mélanger les ingrédients secs. Incorporer au premier mélange. Déposer la préparation en petites boules sur une plaque à biscuits graissée. Cuire au four de 10 à 12 minutes. Servir.

Biscuits fondants à la compote de pommes

Par biscuits	Calories (Kcal) : 95	Gras : 5 g = 41 % des Kcal provenant du gras
Protéines : 1 g	Cholestérol : 6 mg	Sodium : 28 mg	Hydrates de carbone : 14 g

Biscuits pour le thé
48 biscuits

250 ml (1 tasse) de beurre, fondu
500 ml (2 tasses) de cassonade
2 œufs
5 ml (1 c. à t.) de vanille
125 ml (1/2 tasse) de yogourt nature
250 ml (1 tasse) de raisins secs
750 ml (3 tasses) de gruau
750 ml (3 tasses) de farine
5 ml (1 c. à t.) de bicarbonate de soude
60 ml (1/4 tasse) de brisures de chocolat blanc
80 ml (1/3 tasse) de carotte, hachée

Préchauffer le four à 160 °C (325 °F).

Dans un bol, mélanger le beurre et la cassonade. Ajouter les œufs un par un en remuant bien entre chaque ajout. Ajouter la vanille, le yogourt et les raisins. Mélanger. Dans un autre bol, mélanger le gruau, la farine et le bicarbonate de soude. Incorporer au premier mélange. Diviser la préparation en 2. Ajouter les brisures de chocolat à la première partie et la carotte à la seconde. Déposer de petites boules de pâte sur une plaque à biscuits tapissée d'un papier parchemin*. Cuire au four pendant 15 minutes. Servir.

Biscuits pour le thé

Par biscuits	Calories (Kcal) : 98	Gras : 4 g = 32 % des Kcal provenant du gras
Protéines : 2 g	Cholestérol : 15 mg	Sodium : 58 mg	Hydrates de carbone : 16 g

••• Biscuits deux couleurs
48 biscuits

500 ml (2 tasses) de pâte à biscuits aux brisures de chocolat, blanche, du commerce

500 ml (2 tasses) de pâte à biscuits aux brisures de chocolat, brune, du commerce

45 ml (3 c. à s.) de farine

15 ml (1 c. à s.) de sucre glace

Retirer les pâtes à biscuits du réfrigérateur. Laisser reposer 30 minutes.

Saupoudrer légèrement un plan de travail de farine et de sucre glace. Rouler les pâtes à biscuits de façon à obtenir 2 longs rouleaux d'environ 2 cm (3/4 po) de diamètre.

Disposer les rouleaux côte à côte. Former une torsade. Rouler de nouveau de façon à égaliser le rouleau.

Placer au réfrigérateur 30 minutes.

Préchauffer le four à 175 °C (350 °F).

Couper le rouleau en tranches de 1,25 cm (1/2 po) d'épaisseur. Déposer les tranches sur une plaque à biscuits tapissée d'un papier parchemin*. Cuire au four environ 15 minutes. Laisser tiédir.

Servir.

Par biscuits	Calories (Kcal) : 97	Gras : 4 g = 40 % des Kcal provenant du gras
Protéines : 1 g	Cholestérol : 5 mg	Sodium : 44 mg	Hydrates de carbone : 14 g

* voir lexique

Technique

Saupoudrer légèrement un plan de travail de farine et de sucre glace. Rouler les pâtes à biscuits de façon à obtenir 2 longs rouleaux.

Disposer les rouleaux côte à côte. Former une torsade. Rouler de nouveau de façon à égaliser le rouleau.

Couper le rouleau en tranches de 1,25 cm (1/2 po) d'épaisseur. Déposer les tranches sur une plaque à biscuits tapissée d'un papier parchemin*.

Il existe plus de 1000 variétés de pommes. Selon l'usage qu'on veut en faire, il faudra la choisir avec soin. Par exemple pour confectionner des tartes, on choisira plutôt une pomme qui contient peu d'eau, avec un petit goût acidulé (cortland ou délicieuse jaune). Toutefois, pour la cuisson au four on optera pour une pomme comme la idared ou la gala.

Tartelettes aux canneberges et aux pommes
9 portions

- 250 ml (1 tasse) de cassonade
- 250 ml (1 tasse) de sucre
- 45 ml (3 c. à s.) de fécule de maïs
- 2 ml (1/2 c. à t.) de cannelle
- 125 ml (1/2 tasse) de jus d'orange
- 500 ml (2 tasses) de pommes, tranchées
- 375 ml (1 1/2 tasse) de canneberges
- 18 croûtes à tartelettes de 7,5 cm (3 po)
- 5 ml (1 c. à t.) de zeste d'orange

Préchauffer le four à 175 °C (350 °F).

Dans un bol, mélanger la cassonade, le sucre, la fécule de maïs, la cannelle et le jus d'orange.

Disposer les pommes et les canneberges dans les tartelettes. Recouvrir du mélange. Parsemer de zeste d'orange. Cuire au four pendant 20 minutes ou jusqu'à ce que la pâte soit dorée.

Retirer du four et laisser tiédir. Placer au réfrigérateur 1 heure.

Servir.

Par portion	Calories (Kcal) : 417	Gras : 13 g = 28 % des Kcal provenant du gras
Protéines : 3 g	Cholestérol : 7 mg	Sodium : 295 mg Hydrates de carbone : 74 g

Tarte aux pommes et au caramel
8 portions

- 45 ml (3 c. à s.) de beurre
- 60 ml (1/4 tasse) de farine
- 1 ml (1/4 c. à t.) de sel
- 250 ml (1 tasse) d'eau
- 250 ml (1 tasse) de cassonade
- 1 ml (1/4 c. à t.) de vanille
- 1 abaisse de pâte brisée
- 3 pommes, en quartiers
- 2 blancs d'œufs
- 1 ml (1/4 c. à t.) de crème de tartre
- 45 ml (3 c. à s.) de sucre
- 1 ml (1/4 c. à t.) de vanille

Préchauffer le four à 175 °C (350 °F).

Dans une casserole à fond épais, chauffer le beurre. Ajouter la farine et le sel. Cuire pendant 2 minutes.

Ajouter l'eau et la cassonade en remuant constamment. Poursuivre la cuisson à feu doux jusqu'à épaississement. Retirer du feu et ajouter la vanille.

Foncer une assiette à tarte de 23 cm (9 po) de l'abaisse. Placer les quartiers de pomme en cercle concentrique dans l'abaisse. Recouvrir du mélange précédent.

Dans un bol, battre les blancs d'œufs, la crème de tartre, le sucre et la vanille jusqu'à la formation de pics. Recouvrir la tarte de ce mélange.

Cuire au four jusqu'à ce que la meringue soit dorée. Laisser tiédir.

Servir.

Par portion	Calories (Kcal) : 614	Gras : 21 g = 30 % des Kcal provenant du gras
Protéines : 6 g	Cholestérol : 23 mg	Sodium : 561 mg Hydrates de carbone : 104 g

Tarte aux pommes avec croûte au cheddar
8 portions

- 375 ml (1 1/2 tasse) de farine
- 1 pincée de sel
- 125 ml (1/2 tasse) de graisse végétale
- 375 ml (1 1/2 tasse) de fromage cheddar, râpé
- 60 ml (1/4 tasse) d'eau
- 125 ml (1/2 tasse) de sucre
- 30 ml (2 c. à s.) de farine
- 1 ml (1/4 c. à t.) de cannelle
- 1,5 litre (6 tasses) de pommes, pelées, tranchées
- 30 ml (2 c. à s.) de beurre

Préchauffer le four à 220 °C (425 °F).

Dans un bol, mélanger la farine et le sel. Incorporer la graisse jusqu'à l'obtention d'un mélange granuleux. Ajouter le fromage et l'eau et mélanger délicatement.

Diviser cette préparation en 2 abaisses.

Foncer une assiette à tarte de 23 cm (9 po) d'une abaisse.

Dans un bol, mélanger le sucre, la farine et la cannelle. Ajouter les pommes. Déposer ce mélange dans l'abaisse. Parsemer de noisettes de beurre.

Couvrir la tarte de l'autre abaisse. Sceller, pincer les bords et pratiquer des incisions.

Cuire au four pendant 35 minutes.

Servir.

Par portion	Calories (Kcal) : 410	Gras : 23 g = 50 % des Kcal provenant du gras
Protéines : 8 g	Cholestérol : 30 mg	Sodium : 178 mg Hydrates de carbone : 44 g

De haut en bas :

Tarte aux pommes et au caramel

Tarte aux pommes avec croûte au cheddar

Tartelettes aux canneberges et aux pommes

automne

267

◖◖◖ Pommes et poires au four
4 portions

60 ml (1/4 tasse) de beurre, fondu
125 ml (1/2 tasse) de cassonade
1 ml (1/4 c. à t.) de cannelle
4 pommes
4 poires
45 ml (3 c. à s.) de jus de lime
30 ml (2 c. à s.) de sucre glace

Préchauffer le four à 175 °C (350 °F).

Dans un bol, mélanger le beurre, la cassonade et la cannelle. Réserver.

Couper les fruits en 2. À l'aide d'une cuillère à parisienne*, retirer les cœurs. Badigeonner de jus de lime.

Placer les fruits dans une lèchefrite. Parsemer du mélange de cassonade. Cuire au four 25 minutes. Arroser de jus de cuisson à mi-cuisson.

Retirer du four et laisser tiédir. Saupoudrer de sucre glace. Servir.

Par portion	Calories (Kcal) : 432	Gras : 13 g = 25 % des Kcal provenant du gras
Protéines : 1 g	Cholestérol : 31 mg	Sodium : 127 mg Hydrates de carbone : 86 g

* voir lexique

Pommes et poires au four

◖◖◖ Délice à l'orange
4 portions

1 sachet de 11 g de poudre pour gelée à l'orange
250 ml (1 tasse) d'eau bouillante
250 ml (1 tasse) de crème glacée à la vanille
3 clémentines, en quartiers

Dans un bol, mélanger la poudre pour gelée et l'eau bouillante. Remuer jusqu'à dissolution complète. Ajouter la crème glacée et laisser fondre. Mélanger.

Déposer quelques quartiers dans 4 bols à fruits. Recouvrir de la crème. Laisser reposer pendant 2 heures au réfrigérateur.

Au moment de servir, garnir du reste des quartiers.

Par portion	Calories (Kcal) : 209	Gras : 11 g = 46 % des Kcal provenant du gras
Protéines : 2 g	Cholestérol : 41 mg	Sodium : 23 mg Hydrates de carbone : 28 g

Salade de fruits sous un nuage

Délice à l'orange

Salade de fruits sous un nuage
6 portions

375 ml (1 1/2 tasse) de poires, en dés
15 ml (1 c. à s.) de jus de lime
1 boîte de 284 ml (10 oz) de mandarines
500 ml (2 tasses) de guimauves miniatures
2 bananes, tranchées
375 ml (1 1/2 tasse) de pêches, en quartiers
500 ml (2 tasses) de crème fouettée
60 ml (1/4 tasse) de cerises au marasquin

Dans un bol, mélanger les poires et le jus de lime. Laisser reposer 10 minutes.

Dans un plat transparent, déposer les mandarines et recouvrir du tiers des guimauves. Ajouter les bananes. Recouvrir d'un autre tiers de guimauves. Ajouter les poires. Recouvrir du reste des guimauves. Ajouter la moitié des pêches.

Recouvrir de crème fouettée. Laisser reposer pendant 1 heure au réfrigérateur.

Au moment de servir, décorer de cerises et du reste des pêches.

Par portion	Calories (Kcal) : 148	Gras : 3 g = 15 % des Kcal provenant du gras	
Protéines : 2 g	Cholestérol : 10 mg	Sodium : 36 mg	Hydrates de carbone : 32 g

MENU

Tomates farcies aux légumes et à la crème d'ail	199
Potage à la carotte, au panais et au navet	210
Côtelettes de porc piquantes	234
Courges sautées à la citrouille	254
Tarte aux pommes avec croûte au cheddar	266

automne **269**

La juteuse orange se classe parmi les 5 fruits les plus vendus au monde. Pourtant, il n'y a pas si longtemps, trouver une orange dans son bas de Noël était un présent exceptionnel. Les oranges se classent en deux grandes catégories : les amères et les douces. Les premières étant surtout utilisées pour la conserve alors que les secondes sont réservées à la consommation.

CONSERVES

Légumes d'automne marinés

Marinade indienne

Le temps des conserves est arrivé. Les marchands prévoient la demande et offrent des légumes et des fruits en grande quantité. Des caisses de tomates, de betteraves et de pommes s'entassent dans la voiture. Vous voilà prêt, c'est parti ! En plus de vos recettes habituelles, laissez-vous tenter par nos suggestions et vous pourrez les échanger avec les amis. Posez vos conditions : vous voulez revoir vos bocaux, une fois vidés !

Légumes d'automne marinés

4 bocaux de 500 ml (2 tasses)

1 gros chou-fleur, en bouquets
625 ml (2 1/2 tasses) d'oignons, en morceaux
1,25 litre (5 tasses) de concombres, en morceaux
250 ml (1 tasse) de poivrons rouges, en morceaux
250 ml (1 tasse) de haricots jaunes, coupés en 2
250 ml (1 tasse) de haricots verts, coupés en 2
125 ml (1/2 tasse) de gros sel
375 ml (1 1/2 tasse) de vinaigre
425 ml (1 3/4 tasse) de sucre
30 ml (2 c. à s.) d'épices à marinades

Dans un bol, mélanger les légumes. Parsemer de gros sel. Couvrir et laisser reposer au réfrigérateur toute une nuit.

Rincer à l'eau fraîche et égoutter.

Dans une casserole, amener à ébullition le vinaigre et le sucre. Diminuer le feu et laisser mijoter pendant 5 minutes. Retirer du feu. Envelopper les épices dans un coton à fromage (étamine). Ajouter les légumes et les épices. Mélanger. Laisser reposer 2 heures. Remettre sur le feu. Amener à ébullition de nouveau, diminuer le feu et laisser mijoter 8 minutes.

Retirer le sachet d'épices.

Stériliser 4 bocaux Mason de 500 ml (2 tasses) (voir page 20).

Répartir les légumes dans les bocaux en les tassant bien. Remplir de marinade bouillante en laissant un espace de tête de 1,25 cm (1/2 po).

Effectuer la mise en conserve (voir page 27).

Par bocal — Calories (Kcal) : 89   Gras : 1 g = 12 % des Kcal provenant du gras
Protéines : 3 g   Cholestérol : 0 mg   Sodium : 3124 mg   Hydrates de carbone : 18 g

Marinade indienne

8 bocaux de 500 ml (2 tasses)

1 litre (4 tasses) de vinaigre
875 ml (3 1/2 tasses) de sucre
60 ml (1/4 tasse) de graines de moutarde
30 ml (2 c. à s.) de sel
30 ml (2 c. à s.) de graines de céleri
2 ml (1/2 c. à t.) de piments séchés, broyés
2 ml (1/2 c. à t.) de curcuma
5 ml (1 c. à t.) de gingembre, râpé
125 ml (1/2 tasse) d'arachides salées
4 poivrons rouges, en morceaux
4 poivrons verts, en morceaux
4 gros oignons, en quartiers
250 ml (1 tasse) de brocoli, en bouquets
45 ml (3 c. à s.) de fécule de maïs
80 ml (1/3 tasse) d'eau

Dans une casserole, amener à ébullition, le vinaigre, le sucre, les graines de moutarde, le sel, les graines de céleri, le piment, le curcuma, le gingembre et les arachides.

Ajouter les poivrons, les oignons et le brocoli. Amener à ébullition de nouveau. Diminuer le feu et laisser mijoter à feu doux pendant 30 minutes. Délayer la fécule de maïs dans l'eau. Ajouter à la préparation et mélanger.

Stériliser 8 bocaux Mason de 500 ml (2 tasses) (voir page 20).

Répartir les légumes dans les bocaux en les tassant bien. Remplir de marinade bouillante en laissant un espace de tête de 1,25 cm (1/2 po).

Effectuer la mise en conserve (voir page 27).

Par bocal — Calories (Kcal) : 232   Gras : 2 g = 7 % des Kcal provenant du gras
Protéines : 8 g   Cholestérol : 0 mg   Sodium : 1626 mg   Hydrates de carbone : 52 g

Légumes et fruits séchés en marinade

6 bocaux de 250 ml (1 tasse)

250 ml (1 tasse) de courgettes, en quartiers
250 ml (1 tasse) d'échalotes vertes, coupées en 3
250 ml (1 tasse) de broco-fleur, en bouquets
125 ml (1/2 tasse) d'abricots secs
125 ml (1/2 tasse) de raisins secs
375 ml (1 1/2 tasse) de vinaigre de cidre
125 ml (1/2 tasse) de vinaigre balsamique
250 ml (1 tasse) d'eau
30 ml (2 c. à s.) de sel pour marinades
30 ml (2 c. à s.) de piments séchés, broyés
15 ml (1 c. à s.) de graines de fenouil

Laver et assécher les légumes.

Dans une casserole, amener le reste des ingrédients à ébullition. Diminuer le feu et laisser mijoter pendant 10 minutes. Ajouter les légumes et les fruits et poursuivre la cuisson 5 minutes.

Stériliser 6 bocaux Mason de 250 ml (1 tasse) (voir page 20).

Répartir les légumes et les fruits dans les bocaux en les tassant bien. Remplir de marinade bouillante en laissant un espace de tête de 1,25 cm (1/2 po).

Retirer les bulles d'air à l'aide d'une spatule non-métallique. Essuyer les rebords des bocaux.

Effectuer la mise en conserve (voir page 27).

Par bocal — Calories (Kcal) : 87   Gras : 1 g = 8 % des Kcal provenant du gras
Protéines : 2 g   Cholestérol : 0 mg   Sodium : 11 mg   Hydrates de carbone : 20 g

■■■ Haricots à la moutarde
7 bocaux de 500 ml (2 tasses)

1,25 litre (5 tasses) de vinaigre
375 ml (1 1/2 tasse) d'eau
30 ml (2 c. à s.) de graines de céleri
80 ml (1/3 tasse) de moutarde sèche
180 ml (3/4 tasse) de farine
375 ml (1 1/2 tasse) de cassonade
375 ml (1 1/2 tasse) de sucre
15 ml (3 c. à t.) de sel
1 ml (1/4 c. à t.) de poivre
3 ml (3/4 c. à t.) de graines de moutarde
7 ml (1 1/2 c. à t.) de curcuma
180 ml (3/4 tasse) de vinaigre
2 litres (8 tasses) de haricots jaunes, blanchis

Dans une casserole, amener à ébullition le vinaigre, l'eau et les graines de céleri.

Dans un bol, mélanger la moutarde, la farine, la cassonade, le sucre, le sel, le poivre, les graines de moutarde, le curcuma et le vinaigre. Ajouter au premier mélange et poursuivre la cuisson pendant 5 minutes ou jusqu'à épaississement.

Stériliser 7 bocaux Mason de 500 ml (2 tasses) (voir page 20).

Répartir les haricots dans les bocaux en les tassant bien. Remplir de marinade bouillante en laissant un espace de tête de 1,25 cm (1/2 po).

Effectuer la mise en conserve (voir page 27).

Par bocal — Calories (Kcal) : 436 Gras : 2 g = 3 % des Kcal provenant du gras
Protéines : 5 g Cholestérol : 0 mg Sodium : 939 mg Hydrates de carbone : 106 g

■■■ Concombres à l'aneth
4 bocaux de 500 ml (2 tasses)

250 ml (1 tasse) de vinaigre
60 ml (1/4 tasse) de sucre
10 ml (2 c. à t.) de graines d'aneth
Sel et poivre
24 petits concombres à marinade, coupés en 2

Dans une casserole, amener à ébullition le vinaigre, le sucre et les graines d'aneth. Diminuer le feu et laisser mijoter 5 minutes. Saler et poivrer.

Stériliser 4 bocaux Mason de 500 ml (2 tasses) (voir page 20).

Répartir les concombres dans les bocaux en les tassant bien. Remplir de marinade bouillante en laissant un espace de tête de 1,25 cm (1/2 po).

Retirer les bulles d'air à l'aide d'une spatule non-métallique. Essuyer les rebords des bocaux.

Effectuer la mise en conserve (voir page 27).

Par bocal — Calories (Kcal) : 414 Gras : 4 g = 8 % des Kcal provenant du gras
Protéines : 21 g Cholestérol : 0 mg Sodium : 62 mg Hydrates de carbone : 89 g

Concombres à l'aneth

Chou-fleur et brocoli marinés

Haricots à la moutarde

■■■ Chou-fleur et brocoli marinés

5 bocaux de 500 ml (2 tasses)

500 ml (2 tasses) de chou-fleur, en bouquets
500 ml (2 tasses) de brocoli, en bouquets
60 ml (1/4 tasse) de sel pour marinades
750 ml (3 tasses) de vinaigre
500 ml (2 tasses) de sucre
15 ml (1 c. à s.) de graines de moutarde
 5 ml (1 c. à t.) de graines de céleri
15 ml (1 c. à s.) de piments séchés, broyés
15 ml (1 c. à s.) de paprika

Laver et assécher les légumes.

Dans une casserole, amener à ébullition le sel pour marinades, le vinaigre, le sucre, les graines de moutarde et de céleri, le piment séché et le paprika. Diminuer le feu et laisser mijoter 5 minutes.

Ajouter les légumes et poursuivre la cuisson jusqu'à ébullition. Retirer du feu.

Stériliser 5 bocaux Mason de 500 ml (2 tasses) (voir page 20).

Répartir les légumes dans les bocaux en les tassant bien. Remplir de marinade bouillante en laissant un espace de tête de 1,25 cm (1/2 po).

Retirer les bulles d'air à l'aide d'une spatule non-métallique. Essuyer les rebords des bocaux.

Dans une petite casserole, faire bouillir les couvercles 5 minutes. Centrer les couvercles sur les bocaux. Visser les bagues en prenant soin de ne pas trop serrer.

Déposer les bocaux dans une grande marmite et effectuer la mise en conserve (voir page 27).

| **Par bocal** | Calories (Kcal) : 76 | Gras : 3 g = 30 % des Kcal provenant du gras |
| Protéines : 3 g | Cholestérol : 0 mg | Sodium : 14 mg | Hydrates de carbone : 12 g |

Le rafraîchissant concombre, que certains se plaisent à déformer en «cocombre», est excellent comme aliment, mais il fait aussi des merveilles pour la peau. Après une harassante journée, tranchez-en deux rondelles, appliquez-les sur vos yeux fatigués et prélassez-vous dans un bon bain. Il ravivera la flamme de vos yeux !

MENU

Bouchées de crabe en coquille — 199

Velouté de volaille aux poires et au bleu — 214

Darnes de saumon à la crème de moutarde — 244

Tomates farcies aux huîtres fumées — 256

Délice à l'orange — 268

Tomates italiennes à l'étuvée
6 bocaux de 500 ml (2 tasses)

48 tomates italiennes
60 ml (1/4 tasse) de vinaigre de vin
750 ml (3 tasses) d'eau
125 ml (1/2 tasse) de sucre
60 ml (1/4 tasse) de jus de citron
30 ml (2 c. à s.) d'origan, séché

Peler les tomates (voir technique page 277).

Dans une casserole, amener à ébullition le vinaigre, l'eau, le sucre, le jus de citron et l'origan.

Stériliser 6 bocaux Mason de 500 ml (2 tasses) (voir page 20).

Répartir les tomates dans les bocaux en les tassant bien. Remplir de marinade bouillante en laissant un espace de tête de 1,25 cm (1/2 po).

Retirer les bulles d'air à l'aide d'une spatule non-métallique. Essuyer les rebords des bocaux.

Dans une petite casserole, faire bouillir les couvercles 5 minutes. Centrer les couvercles sur les bocaux. Visser les bagues en prenant soin de ne pas trop serrer.

Déposer les bocaux dans une grande marmite et effectuer la mise en conserve (voir page 27).

Par bocal	Calories (Kcal) : 262	Gras : 3 g = 9 % des Kcal provenant du gras
Protéines : 8 g	Cholestérol : 0 mg	Sodium : 81 mg Hydrates de carbone : 61 g

Petits oignons marinés
4 bocaux de 500 ml (2 tasses)

1,5 litre (6 tasses) de petits oignons, pelés
500 ml (2 tasses) de vinaigre
60 ml (1/4 tasse) de sucre
24 grains de poivre noir
30 ml (2 c. à s.) d'épices à marinades

Blanchir les oignons et les assécher.

Dans une casserole, amener à ébullition, le vinaigre, le sucre, le poivre et les épices.

Stériliser 4 bocaux Mason de 500 ml (2 tasses) (voir page 20).

Répartir les oignons dans les bocaux en les tassant bien. Remplir de marinade bouillante en laissant un espace de tête de 1,25 cm (1/2 po).

Retirer les bulles d'air à l'aide d'une spatule non-métallique. Essuyer les rebords des bocaux.

Dans une petite casserole, faire bouillir les couvercles 5 minutes. Centrer les couvercles sur les bocaux. Visser les bagues en prenant soin de ne pas trop serrer.

Déposer les bocaux dans une grande marmite et effectuer la mise en conserve (voir page 27).

Par bocal	Calories (Kcal) : 164	Gras : 1 g = 7 % des Kcal provenant du gras
Protéines : 3 g	Cholestérol : 0 mg	Sodium : 10 mg Hydrates de carbone : 37 g

Poivrons d'automne marinés
10 bocaux de 500 ml (2 tasses)

6 poivrons rouges, en bâtonnets
6 poivrons jaunes, en bâtonnets
6 poivrons orange, en bâtonnets
160 ml (2/3 tasse) d'huile végétale
1,5 litre (6 tasses) de vinaigre
45 ml (3 c. à s.) de sucre
60 ml (4 c. à s.) de gros sel
15 ml (1 c. à s.) de grains de poivre noir
2 feuilles de laurier
2 gousses d'ail, hachées

Laver et assécher les poivrons.

Dans une casserole, amener à ébullition, l'huile, le vinaigre, le sucre, le sel, le poivre, le laurier et l'ail. Diminuer le feu et laisser mijoter pendant 5 minutes.

Ajouter les poivrons et poursuivre la cuisson pendant 2 minutes.

Stériliser 10 bocaux Mason de 500 ml (2 tasses) (voir page 20).

Répartir les poivrons dans les bocaux en les tassant bien. Remplir de marinade bouillante en laissant un espace de tête de 1,25 cm (1/2 po).

Retirer les bulles d'air à l'aide d'une spatule non-métallique. Essuyer les rebords des bocaux.

Dans une petite casserole, faire bouillir les couvercles 5 minutes. Centrer les couvercles sur les bocaux. Visser les bagues en prenant soin de ne pas trop serrer.

Déposer les bocaux dans une grande marmite et effectuer la mise en conserve (voir page 27).

Par bocal	Calories (Kcal) : 194	Gras : 15 g = 65 % des Kcal provenant du gras
Protéines : 2 g	Cholestérol : 0 mg	Sodium : 2141 mg Hydrates de carbone : 16 g

De haut en bas :

Petits oignons marinés

Tomates italiennes à l'étuvée

Poivrons d'automne marinés

Ketchup de tomates vertes aux raisins secs
3 bocaux de 500 ml (2 tasses)

- 45 ml (3 c. à s.) d'huile d'olive
- 3 gousses d'ail, hachées
- 250 ml (1 tasse) d'oignons, hachés
- 1,25 litre (5 tasses) de tomates vertes, en dés
- 125 ml (1/2 tasse) de raisins secs
- 80 ml (1/3 tasse) de vinaigre de vin
- 2 ml (1/2 c. à t.) de sauce Worcestershire
- 15 ml (1 c. à s.) de sel pour marinades

Dans une casserole, chauffer l'huile à feu moyen. Faire revenir l'ail et l'oignon 4 minutes en remuant de temps à autre. Ajouter le reste des ingrédients et poursuivre la cuisson 20 minutes en continuant de remuer. Retirer du feu. Laisser reposer 5 minutes.

Stériliser 3 bocaux Mason de 500 ml (2 tasses) (voir page 20).

Verser la préparation dans les bocaux en laissant un espace de tête de 1,25 cm (1/2 po). Retirer les bulles d'air à l'aide d'une spatule non-métallique. Essuyer les rebords des bocaux.

Effectuer la mise en conserve (voir page 26).

Par 15 ml	Calories (Kcal) : 13	Gras : 1 g = 40 % des Kcal provenant du gras
Protéines : 0 g	Cholestérol : 0 mg	Sodium : 2 mg	Hydrates de carbone : 2 g

Ketchup de tomates vertes aux raisins secs

Relish verte
4 bocaux de 500 ml (2 tasses)

- 750 ml (3 tasses) de vinaigre
- 1 litre (4 tasses) de sucre
- 5 ml (1 c. à t.) de graines de moutarde
- 5 ml (1 c. à t.) de graines de céleri
- 1 ml (1/4 c. à t.) de poivre
- 16 concombres, pelés, hachés
- 2 poivrons verts, hachés
- 4 oignons, hachés

Dans une casserole, amener à ébullition le vinaigre, le sucre, les graines de moutarde et de céleri et le poivre. Diminuer le feu et laisser mijoter 3 minutes.

Stériliser 4 bocaux Mason de 500 ml (2 tasses) (voir page 20).

Répartir les légumes dans les bocaux en les tassant bien. Remplir de marinade bouillante en laissant un espace de tête de 1,25 cm (1/2 po).

Retirer les bulles d'air à l'aide d'une spatule non-métallique. Essuyer les rebords des bocaux.

Effectuer la mise en conserve (voir page 27).

Par 15 ml	Calories (Kcal) : 17	Gras : 1 g = 5 % des Kcal provenant du gras
Protéines : 1 g	Cholestérol : 0 mg	Sodium : 2 mg	Hydrates de carbone : 4 g

Relish verte

Sauce chili
3 bocaux de 500 ml (2 tasses)

- 45 ml (3 c. à s.) d'huile d'olive
- 3 gousses d'ail, hachées
- 250 ml (1 tasse) d'oignons, hachés
- 1 litre (4 tasses) de tomates rouges, en dés
- 250 ml (1 tasse) de poivrons rouges, en dés
- 80 ml (1/3 tasse) de pâte de tomate
- 30 ml (2 c. à s.) de piments séchés, broyés
- 2 ml (1/2 c. à t.) de sauce Worcestershire
- 15 ml (1 c. à s.) de sel pour marinades

Dans une casserole, chauffer l'huile à feu moyen. Faire revenir l'ail et l'oignon 4 minutes en remuant de temps à autre. Ajouter le reste des ingrédients et poursuivre la cuisson 20 minutes en continuant de remuer. Retirer du feu. Laisser reposer 5 minutes. Au robot culinaire, réduire en purée. Passer au tamis.

Stériliser 3 bocaux Mason de 500 ml (2 tasses) (voir page 20).

Verser la préparation dans les bocaux en laissant un espace de tête de 1,25 cm (1/2 po). Retirer les bulles d'air à l'aide d'une spatule non-métallique. Essuyer les rebords des bocaux.

Dans une petite casserole, faire bouillir les couvercles 5 minutes. Centrer les couvercles sur les bocaux. Visser les bagues en prenant soin de ne pas trop serrer.

Déposer les bocaux dans une grande marmite et effectuer la mise en conserve (voir page 26).

Par 15 ml	Calories (Kcal) : 11	Gras : 1 g = 48 % des Kcal provenant du gras
Protéines : 0 g	Cholestérol : 0 mg	Sodium : 11 mg	Hydrates de carbone : 1 g

Technique

Dans une casserole, amener de l'eau à ébullition. Pratiquer une incision en forme de croix à la base des tomates et les plonger dans l'eau bouillante 45 secondes.

Les retirer de la casserole et les plonger dans l'eau glacée.

Tirer légèrement sur les pointes de l'incision pour que la peau se détache de la chair.

Mot anglais, « ketchup » tire son origine de l'hindi ou du chinois... les experts ne s'entendent pas. Par ailleurs, des linguistes francophones ont essayé, sans grand succès, de le remplacer par « tomatine ». Toujours est-il que la recette de ketchup que nous vous proposons connaîtra un grand succès !

Raifort et gingembre marinés
3 bocaux de 500 ml (2 tasses)

45 ml (3 c. à s.) d'huile d'olive
2 gousses d'ail, hachées
80 ml (1/3 tasse) de vinaigre de vin blanc
2 ml (1/2 c. à t.) de sauce Worcestershire
15 ml (1 c. à s.) de sel pour marinades
250 ml (1 tasse) de raifort frais, râpé
125 ml (1/2 tasse) de gingembre frais, râpé

Dans une casserole, chauffer l'huile à feu moyen. Faire revenir l'ail 2 minutes en remuant de temps à autre. Ajouter le vinaigre, la sauce Worcestershire et le sel pour marinades. Poursuivre la cuisson 10 minutes en remuant de temps à autre. Ajouter le raifort et le gingembre. Mélanger. Retirer du feu et laisser reposer 5 minutes.

Stériliser 3 bocaux Mason de 500 ml (2 tasses) (voir page 20).

Retirer les bulles d'air à l'aide d'une spatule non-métallique. Essuyer les rebords des bocaux.

Dans une petite casserole, faire bouillir les couvercles 5 minutes. Centrer les couvercles sur les bocaux. Visser les bagues en prenant soin de ne pas trop serrer.

Effectuer la mise en conserve (voir page 27).

Par 15 ml   Calories (Kcal) : 134   Gras : 11 g = 68 % des Kcal provenant du gras
Protéines : 1 g   Cholestérol : 0 mg   Sodium : 77 mg   Hydrates de carbone : 10 g

Betteraves en marinade
3 bocaux de 500 ml (2 tasses)

1,25 litre (5 tasses) de petites betteraves, pelées
375 ml (1 1/2 tasse) de vinaigre
375 ml (1 1/2 tasse) d'eau
30 ml (2 c. à s.) de sel pour marinades
15 ml (1 c. à s.) de sucre

Bien laver et assécher les betteraves.

Dans une casserole, amener le reste des ingrédients à ébullition. Diminuer le feu et laisser mijoter pendant 5 minutes. Ajouter les betteraves et poursuivre la cuisson 5 minutes.

Stériliser 3 bocaux Mason de 500 ml (2 tasses) (voir page 20).

Répartir les betteraves dans les bocaux en les tassant bien. Remplir de marinade bouillante en laissant un espace de tête de 1,25 cm (1/2 po).

Effectuer la mise en conserve (voir page 27).

Par bocal   Calories (Kcal) : 153   Gras : 1 g = 2 % des Kcal provenant du gras
Protéines : 4 g   Cholestérol : 0 mg   Sodium : 216 mg   Hydrates de carbone : 38 g

Achards de courgettes

Raifort et gingembre marinés

Betteraves en marinade

■■■ Achards de courgettes
3 bocaux de 500 ml (2 tasses)

45 ml (3 c. à s.) d'huile d'olive
3 gousses d'ail, hachées
125 ml (1/2 tasse) d'oignon, haché
125 ml (1/2 tasse) de poivron rouge, en dés
1,25 litre (5 tasses) de courgettes, en dés
80 ml (1/3 tasse) de vinaigre de vin blanc
45 ml (3 c. à s.) de fécule de maïs
80 ml (1/3 tasse) d'eau
5 ml (1 c. à t.) de sauce Worcestershire
15 ml (1 c. à s.) de sel pour marinades
5 ml (1 c. à t.) de cari
45 ml (3 c. à s.) de fécule de maïs
80 ml (1/3 tasse) d'eau

Dans une casserole, chauffer l'huile à feu moyen. Faire revenir l'ail et l'oignon 4 minutes en remuant de temps à autre. Ajouter le reste des ingrédients, sauf la fécule de maïs et l'eau. Poursuivre la cuisson 10 minutes en remuant de temps à autre. Délayer la fécule dans l'eau et ajouter à la préparation. Poursuivre la cuisson 5 minutes en remuant de temps à autre. Retirer du feu et laisser reposer 5 minutes.

Stériliser 3 bocaux Mason de 500 ml (2 tasses) (voir page 20).

Répartir les légumes dans les bocaux en les tassant bien. Remplir de marinade bouillante en laissant un espace de tête de 1,25 cm (1/2 po).

Retirer les bulles d'air à l'aide d'une spatule non-métallique. Essuyer les rebords des bocaux.

Dans une petite casserole, faire bouillir les couvercles 5 minutes. Centrer les couvercles sur les bocaux. Visser les bagues en prenant soin de ne pas trop serrer.

Effectuer la mise en conserve (voir page 26).

Par 15 ml	Calories (Kcal) : 8	Gras : 1 g = 59 % des Kcal provenant du gras
Protéines : 0 g	Cholestérol : 0 mg	Sodium : 90 mg Hydrates de carbone : 1 g

Menu

Pommes au four aux poissons fumés	206
Aubergine, brocoli, chou-fleur et poivrons en bouillon	211
Cigares au chou	227
Purée de courge poivrée	254
Tarte à la citrouille et aux pacanes	259

automne

Le raifort est une plante potagère de la famille des crucifères à laquelle appartient notamment le radis. D'ailleurs, les anglophones l'appellent HORSERADISH, *une traduction littérale de «radis du cheval». En français, le mot est une contraction de «racine» et de «fort» pour souligner son goût prononcé. Saviez-vous qu'il contient plus de vitamine C qu'une orange! Un petit jus de raifort au saut du lit?*

Compote de pommes deux couleurs
6 bocaux de 250 ml (1 tasse)

750 ml (3 tasses) de pommes McIntosh, en dés
750 ml (3 tasses) de pommes Granny Smith, en dés
45 ml (3 c. à s.) de jus de lime
750 ml (3 tasses) de sucre
2 ml (1/2 c. à t.) de muscade
2 ml (1/2 c. à t.) de cannelle

Dans une casserole, amener à ébullition les pommes et le jus de lime. Diminuer le feu. Ajouter le sucre, la muscade et la cannelle. Mélanger. Laisser mijoter 15 minutes en remuant de temps à autre. Retirer du feu et laisser reposer 2 minutes.

Stériliser 6 bocaux Mason de 250 ml (1 tasse) (voir page 20).

Verser la préparation dans les bocaux en laissant un espace de tête de 1,25 cm (1/2 po). Retirer les bulles d'air à l'aide d'une spatule non-métallique. Essuyer les rebords des bocaux.

Dans une petite casserole, faire bouillir les couvercles 5 minutes. Centrer les couvercles sur les bocaux. Visser les bagues en prenant soin de ne pas trop serrer.

Effectuer la mise en conserve (voir page 24).

Par 15 ml	Calories (Kcal) : 37	Gras : 0 g = 0 % des Kcal provenant du gras
Protéines : 0 g	Cholestérol : 0 mg	Sodium : 0 mg	Hydrates de carbone : 10 g

Compote de pommes et de cerises
5 bocaux de 250 ml (1 tasse)

750 ml (3 tasses) de pommes McIntosh, en dés
250 ml (1 tasse) de cerises, coupées en 2
15 ml (1 c. à s.) de gingembre, haché
45 ml (3 c. à s.) de jus de citron
500 ml (2 tasses) de sucre

Dans une casserole, amener à ébullition les fruits, le gingembre et le jus de citron. Diminuer le feu et ajouter le sucre. Mélanger. Laisser mijoter 15 minutes en remuant souvent. Retirer du feu et laisser reposer 2 minutes.

Au robot culinaire, réduire en purée, puis passer au tamis.

Stériliser 5 bocaux Mason de 250 ml (1 tasse) (voir page 20).

Verser la préparation dans les bocaux en laissant un espace de tête de 1,25 cm (1/2 po). Retirer les bulles d'air à l'aide d'une spatule non-métallique. Essuyer les rebords des bocaux.

Dans une petite casserole, faire bouillir les couvercles 5 minutes. Centrer les couvercles sur les bocaux. Visser les bagues en prenant soin de ne pas trop serrer.

Effectuer la mise en conserve (voir page 24).

Par 15 ml	Calories (Kcal) : 23	Gras : 0,1 g = 1 % des Kcal provenant du gras
Protéines : 0 g	Cholestérol : 0 mg	Sodium : 1 mg	Hydrates de carbone : 6 g

Prunes en compote
5 bocaux de 250 ml (1 tasse)

750 ml (3 tasses) de prunes pelées, coupées en 2
125 ml (1/2 tasse) de pomme pelée, en dés
125 ml (1/2 tasse) de vin rouge
500 ml (2 tasses) de sucre

Dans une casserole, amener à ébullition les fruits et le vin. Diminuer le feu et ajouter le sucre. Mélanger. Laisser mijoter 10 minutes en remuant souvent. Retirer du feu et laisser reposer 2 minutes.

Stériliser 5 bocaux Mason de 250 ml (1 tasse) (voir page 20).

Verser la préparation dans les bocaux en laissant un espace de tête de 1,25 cm (1/2 po). Retirer les bulles d'air à l'aide d'une spatule non-métallique. Essuyer les rebords des bocaux.

Dans une petite casserole, faire bouillir les couvercles 5 minutes. Centrer les couvercles sur les bocaux. Visser les bagues en prenant soin de ne pas trop serrer.

Effectuer la mise en conserve (voir page 24).

Par 15 ml	Calories (Kcal) : 33	Gras : 0,2 g = 1 % des Kcal provenant du gras
Protéines : 0 g	Cholestérol : 0 mg	Sodium : 1 mg	Hydrates de carbone : 8 g

De haut en bas :

Prunes en compote

Compote de pommes et de cerises

Compote de pommes deux couleurs

automne

281

Gelée de raisins
2 bocaux de 250 ml (1 tasse)

750 ml (3 tasses) de raisins bleus, coupés en 2
375 ml (1 1/2 tasse) de pommes, en dés
Sucre
Jus de lime

Dans une casserole, couvrir les raisins et les pommes d'eau. Amener à ébullition. Diminuer le feu et laisser mijoter 20 minutes en remuant souvent.

Disposer un sac à gelée au-dessus d'un bol (voir page 25). Verser la préparation cuite dans le sac et laisser couler doucement de 4 à 6 heures.

Mesurer le jus recueilli et verser dans une casserole. Pour chaque 250 ml (1 tasse) de jus, ajouter 15 ml (1 c. à s.) de jus de lime et 160 ml (2/3 tasse) de sucre. Faire chauffer à feu moyen en remuant jusqu'à dissolution complète du sucre. Laisser mijoter en remuant souvent 20 minutes ou jusqu'à l'obtention d'une consistance de gelée (voir page 25).

Stériliser 2 bocaux Mason de 250 ml (1 tasse) (voir page 20).

Verser la gelée dans les bocaux en laissant un espace de tête de 1,25 cm (1/2 po). Retirer les bulles d'air à l'aide d'une spatule non-métallique. Essuyer les rebords des bocaux. Effectuer la mise en conserve (voir page 24).

Gelée de raisins

Par 15 ml	Calories (Kcal) : 34	Gras : 0,2 g = 1 % des Kcal provenant du gras
Protéines : 0 g	Cholestérol : 0 mg	Sodium : 1 mg	Hydrates de carbone : 9 g

Gelée de pommes au thé
3 bocaux de 250 ml (1 tasse)

1 litre (4 tasses) de pommes, en dés
250 ml (1 tasse) de pommettes, coupées en 2
Sucre
Jus de citron
Feuilles de thé, émincées

Dans une casserole, couvrir les fruits d'eau. Amener à ébullition. Diminuer le feu et laisser mijoter 25 minutes en remuant souvent.

Disposer un sac à gelée au-dessus d'un bol (voir page 25). Verser la préparation cuite dans le sac et laisser couler doucement de 4 à 6 heures.

Procéder comme dans la recette ci-dessus en substituant du jus de citron au jus de lime. Ajouter les feuilles de thé. Mélanger.

Stériliser 3 bocaux Mason de 250 ml (1 tasse) (voir page 20). Verser la gelée dans les bocaux en laissant un espace de tête de 1,25 cm (1/2 po). Retirer les bulles d'air à l'aide d'une spatule non-métallique. Essuyer les rebords des bocaux. Effectuer la mise en conserve (voir page 24).

Gelée de pommes au thé

Par 15 ml	Calories (Kcal) : 9	Gras : 0,4 g = 4 % des Kcal provenant du gras
Protéines : 0 g	Cholestérol : 0 mg	Sodium : 0 mg	Hydrates de carbone : 2 g

NOTES PERSONNELLES

HIVER

Dame Nature se repose. Goûtez les bienfaits de cette année et offrez-vous une pause bien méritée. Calez-vous au coin du feu. Entreposez vos outils de jardinage et rangez vos bicyclettes. Étirez vos muscles endoloris. Appréciez le calme. Cuisinez et passez un bel hiver en notre compagnie.

Hors-d'œuvre et entrées

Pamplemousses fumés

Avocats aux 2 jambons

L'hiver, on se permet des hors-d'œuvre plus consistants; vestige de nos vieilles habitudes pour combattre le froid. C'est la raison pour laquelle nous mettons au menu, entre autres, des pâtes et des légumineuses. Elles vous ouvriront l'appétit avec vigueur, comme la recette de pâtes fraîches aux haricots rouges, et vous aurez de l'énergie à revendre! Saviez-vous que les légumineuses regroupent plus de 13 000 espèces? De quoi concocter des recettes jusqu'à la fonte des neiges!

Pamplemousses fumés
4 portions

2 pamplemousses
125 ml (1/2 tasse) de dinde fumée, en dés
125 ml (1/2 tasse) de hareng fumé, en dés
60 ml (1/4 tasse) d'huîtres fumées
45 ml (3 c. à s.) de mayonnaise
2 ml (1/2 c. à t.) de sauce Worcestershire
1 ml (1/4 c. à t.) de poudre d'oignon
0,5 ml (1/8 c. à t.) de poudre d'ail
Sel et poivre
2 ml (1/2 c. à t.) de baies de poivre rose
2 ml (1/2 c. à t.) de thym, haché

Couper les pamplemousses en 2. À l'aide d'un couteau à pamplemousse retirer la chair et la couper en dés. Réserver les écorces. Retirer les pépins. Mettre la chair dans un bol. Ajouter la dinde, le hareng, les huîtres, la mayonnaise, la sauce Worcestershire, la poudre d'oignon et la poudre d'ail. Saler et poivrer. Mélanger et farcir les écorces de cette préparation.

Parsemer de poivre rose et de thym. Placer au réfrigérateur 2 heures.

Servir.

Par portion Calories (Kcal) : 213 Gras : 13 g = 52 % des Kcal provenant du gras
Protéines : 16 g Cholestérol : 42 mg Sodium : 358 mg Hydrates de carbone : 11 g

Avocats aux 2 jambons
4 portions

180 ml (3/4 tasse) de jambon fumé, émincé
60 ml (1/4 tasse) de jambon prosciutto, émincé
1 gousse d'ail, hachée
1 échalote sèche, hachée
30 ml (2 c. à s.) de jus d'orange
5 ml (1 c. à t.) de jus de lime
45 ml (3 c. à s.) de mayonnaise
2 ml (1/2 c. à t.) de sauce Worcestershire
Sel et poivre
2 avocats
Zeste d'orange

Dans un bol, mélanger le jambon fumé, le prosciutto, l'ail, l'échalote, le jus d'orange, le jus de lime, la mayonnaise et la sauce Worcestershire. Saler et poivrer. Placer au réfrigérateur et laisser reposer 2 heures.

Couper les avocats en 2. Enlever les noyaux et à l'aide d'une cuillère retirer la chair. Réserver les écorces. Couper la chair en dés et l'ajouter à la première préparation. Mélanger et farcir les écorces.

Au moment de servir, garnir du zeste.

Par portion Calories (Kcal) : 287 Gras : 25 g = 73 % des Kcal provenant du gras
Protéines : 10 g Cholestérol : 33 mg Sodium : 472 mg Hydrates de carbone : 10 g

Aspic de tomates
4 portions

1 sachet de gélatine neutre
125 ml (1/2 tasse) d'eau froide
250 ml (1 tasse) de jus de tomate, chaud
30 ml (2 c. à s.) de vermouth rouge
125 ml (1/2 tasse) de tomates vertes, en dés
125 ml (1/2 tasse) de tomates miniatures jaunes et rouges, coupées en 4
1 ml (1/4 c. à t.) de sel de céleri
0,5 ml (1 c. à t.) de poivre de céleri
1 ml (1/4 c. à t.) de poudre d'oignon
0,5 ml (1 c. à t.) de poudre d'ail
Sel et poivre
Feuilles de laitue

Dans un bol, faire gonfler la gélatine dans l'eau froide. Ajouter le jus de tomate et le vermouth. Mélanger.

Ajouter les tomates, le sel et le poivre de céleri, la poudre d'oignon et la poudre d'ail. Saler et poivrer. Mélanger. Verser dans 6 ramequins et les placer au réfrigérateur pendant 2 heures ou jusqu'à ce que le mélange soit ferme.

Au moment de servir, démouler sur des feuilles de laitue.

Par portion Calories (Kcal) : 53 Gras : 0,5 g = 6 % des Kcal provenant du gras
Protéines : 1 g Cholestérol : 0 mg Sodium : 140 mg Hydrates de carbone : 10 g

Pour métamorphoser le noyau de l'avocat en une jolie plante d'intérieur, nettoyez-le, piquez 4 cure-dents de chaque côté et installez la base dans un verre d'eau. Dans quelque temps, il fera une tige que vous n'aurez qu'à mettre en terre !

Crêpes aux crevettes
4 portions

Crêpes
375 ml (1 1/2 tasse) de lait
125 ml (1/2 tasse) de farine de blé entier
2 œufs, battus
1 pincée de muscade
Sel et poivre

15 ml (1 c. à s.) d'huile d'olive
30 ml (2 c. à s.) de vermouth blanc
15 ml (1 c. à s.) de tomate séchée, hachée
250 ml (1 tasse) de sauce béchamel froide
375 ml (1 1/2 tasse) de crevettes, décortiquées, cuites
60 ml (1/4 tasse) de vert de poireau, émincé
30 ml (2 c. à s.) de parmesan, râpé
Clou de girofle

Dans un bol, à l'aide d'un fouet, mélanger le lait, la farine, les œufs et la muscade. Saler et poivrer. Laisser reposer l'appareil 30 minutes. Dans une poêle antiadhésive, badigeonner l'huile d'olive et faire chauffer à feu moyen. Verser environ 60 ml (1/4 tasse) de l'appareil et cuire la crêpe 90 secondes par face. Répéter avec le reste de l'appareil.

Préchauffer le four à 175 °C (350 °F).

Dans un grand bol, verser le vermouth et faire tremper la tomate séchée pendant 10 minutes. Incorporer la béchamel, les crevettes, le poireau et le parmesan. Saler et poivrer. Répartir ce mélange sur les crêpes. Enrouler et fixer à l'aide d'un clou de girofle. Couvrir d'un papier aluminium. Cuire au four 20 minutes. Servir.

Par portion Calories (Kcal) : 357 Gras : 10 g = 26 % des Kcal provenant du gras
Protéines : 20 g Cholestérol : 171 mg Sodium : 224 mg Hydrates de carbone : 44 g

Ratatouille de jambon sur nid de crêpes
4 portions

8 crêpes, en julienne
15 ml (1 c. à s.) de sauce chili
30 ml (2 c. à s.) d'huile d'olive
1 gousse d'ail, hachée et 1 échalote sèche, hachée
250 (1 tasse) de courgette, de poivron rouge et d'aubergine, en dés
250 ml (1 tasse) de jambon cuit, en dés
Sel et poivre

Préparer les crêpes selon la recette ci-dessus en substituant la sauce chili à la muscade.

Dans une poêle, chauffer l'huile à feu moyen. Faire revenir l'ail et l'échalote 2 minutes. Ajouter les légumes et le jambon. Saler et poivrer. Mélanger et poursuivre la cuisson 5 minutes. Déposer la préparation au centre d'un nid de julienne de crêpes. Servir.

Par portion Calories (Kcal) : 362 Gras : 14 g = 35 % des Kcal provenant du gras
Protéines : 16 g Cholestérol : 116 mg Sodium : 511 mg Hydrates de carbone : 43 g

Crêpes aux crevettes

Aumônières de poulet fumé à la crème de moutarde

Ratatouille de jambon sur nid de crêpes

Aumônières de poulet fumé à la crème de moutarde
4 portions

375 ml (1 1/2 tasse) de lait
125 ml (1/2 tasse) de farine de blé entier
2 œufs, battus
5 ml (1 c. à t.) de persil, haché
Sel et poivre
125 ml (1/2 tasse) de sauce béchamel, froide
375 ml (1 1/2 tasse) de poulet fumé, en dés
15 ml (1 c. à s.) de moutarde à l'ancienne
2 échalotes vertes, émincées
1 gousse d'ail, hachée
8 tiges d'échalotes vertes
250 ml (1 tasse) de crème 35 %
10 ml (2 c. à t.) de persil, haché
45 ml (3 c. à s.) de moutarde à l'ancienne

Préparer les crêpes selon la recette ci-contre en substituant le persil à la muscade.

Préchauffer le four à 175 °C (350 °F).

Dans un bol, mélanger la béchamel, le poulet, la moutarde, les échalotes et l'ail.

Répartir le mélange de poulet sur les crêpes. Refermer en aumônière et nouer à l'aide d'une tige d'échalote. Déposer dans une lèchefrite. Couvrir d'un papier aluminium. Cuire au four 20 minutes.

Entre-temps, dans une casserole, amener la crème et le persil à ébullition. Saler et poivrer. Diminuer le feu et ajouter la moutarde. Laisser mijoter 5 minutes en remuant de temps à autre.

Au moment de servir, napper 4 assiettes de sauce et déposer 2 aumônières par portion.

Par portion Calories (Kcal) : 606 Gras : 33 g = 49 % des Kcal provenant du gras
Protéines : 27 g Cholestérol : 228 mg Sodium : 344 mg Hydrates de carbone : 50 g

MENU

Pamplemousses fumés	287
Soupe aux patates douces	298
Rôti de bœuf braisé à la bière et au raifort	309
Frisée au confit d'oignon et d'ail au parfum de chèvre	331
Crêpes Suzette à l'ananas	344

Les crêpes ne se servent pas qu'au petit déjeuner ! Laissez-vous tenter par les crêpes en hors-d'œuvre, elles commenceront votre repas de fort agréable façon. Attention aux trop grosses portions... sinon vous n'aurez plus de place pour le reste. Si vous êtes un inconditionnel des crêpes le matin, servez-les lors d'un brunch !

Tartelettes au chou braisé
4 portions

- 12 croûtes à tartelettes de 5 cm (2 po)
- 15 ml (1 c. à s.) d'huile d'olive
- 1 gousse d'ail, hachée
- 1 échalote verte, émincée
- 500 ml (2 tasses) de chou frisé, émincé
- 60 ml (1/4 tasse) de vermouth blanc
- 1 pincée de muscade
- Sel et poivre
- 1 tomate, épépinée, en dés

Préchauffer le four à 175 °C (350 °F).

Faire cuire les tartelettes 15 minutes ou jusqu'à ce qu'elles soient dorées.

Dans une poêle, chauffer l'huile à feu moyen. Faire revenir l'ail et l'échalote 2 minutes. Ajouter le chou et poursuivre la cuisson 5 minutes en remuant de temps à autre. Ajouter le vermouth et la muscade. Mélanger. Saler et poivrer. Couvrir et poursuivre la cuisson 5 minutes en remuant de temps à autre. Retirer du feu, ajouter la tomate et mélanger. Couvrir et laisser reposer 5 minutes.

Répartir dans les tartelettes.

Servir.

Par portion	Calories (Kcal) : 471	Gras : 27 g = 54 % des Kcal provenant du gras
Protéines : 0 g	Cholestérol : 6 mg	Sodium : 585 mg	Hydrates de carbone : 45 g

Feuilletés au madère
4 portions

- 225 g (8 oz) de pâte feuilletée
- 15 ml (1 c. à s.) d'huile d'olive
- 250 ml (1 tasse) de champignons, émincés
- 125 ml (1/2 tasse) de poivron rouge, en dés
- 125 ml (1/2 tasse) de poivron vert, en dés
- 1 gousse d'ail, hachée
- 1 échalote verte, hachée
- 60 ml (1/4 tasse) de bouillon de poulet
- 45 ml (3 c. à s.) de crème 35 %
- 10 ml (2 c. à t.) de fécule de maïs
- 30 ml (2 c. à s.) de vin blanc sec
- Sel et poivre

Abaisser et cuire la pâte feuilletée (voir technique page 119).

Dans une poêle, chauffer l'huile à feu moyen. Faire revenir les champignons, les poivrons, l'ail et l'échalote pendant 3 minutes en remuant de temps à autre.

Ajouter le bouillon et la crème. Mélanger. Poursuivre la cuisson 2 minutes.

Délayer la fécule dans le vin. Ajouter et mélanger. Poursuivre la cuisson 2 minutes en remuant de temps à autre. Saler et poivrer.

Répartir cette préparation sur 8 bases de pâte feuilletée. Coiffer avec des dessus de feuilletés.

Servir.

Par portion	Calories (Kcal) : 413	Gras : 29 g = 64 % des Kcal provenant du gras
Protéines : 6 g	Cholestérol : 15 mg	Sodium : 243 mg	Hydrates de carbone : 32 g

Pâtes fraîches aux haricots rouges
4 portions

- 115 g (4 oz) de fettuccine aux épinards
- 115 g (4 oz) de fettuccine nature
- 30 ml (2 c. à s.) d'huile d'olive
- 1 gousse d'ail, hachée
- 1 échalote verte, hachée
- 125 ml (1/2 tasse) de haricots rouges, cuits
- 80 ml (1/3 tasse) de crème 35 %
- 5 ml (1 c. à t.) de ciboulette, hachée
- 5 ml (1 c. à t.) de persil, haché
- 45 ml (3 c. à s.) de parmesan, râpé
- Sel et poivre

Dans une casserole, cuire les pâtes selon les instructions de l'emballage. Égoutter et réserver.

Dans une grande poêle, chauffer l'huile à feu moyen. Faire revenir l'ail et l'échalote pendant 2 minutes en remuant de temps à autre.

Ajouter les haricots et mélanger. Poursuivre la cuisson pendant 1 minute en continuant de remuer.

Ajouter la crème, mélanger et laisser réduire de moitié.

Incorporer la ciboulette, le persil, le parmesan et les pâtes. Saler et poivrer. Poursuivre la cuisson pendant 2 minutes en remuant de temps à autre.

Garnir de quartiers de tomate, si désiré.

Servir.

Par portion	Calories (Kcal) : 422	Gras : 17 g = 35 % des Kcal provenant du gras
Protéines : 15 g	Cholestérol : 51 mg	Sodium : 100 mg	Hydrates de carbone : 55 g

De haut en bas :

Feuilletés au madère

Pâtes fraîches aux haricots rouges

Tartelettes au chou braisé

Pelures de pommes de terre aux fromages
4 portions

6 pommes de terre
30 ml (2 c. à s.) d'huile d'olive
2 ml (1/2 c. à t.) de sauce Worcestershire
2 ml (1/2 c. à t.) de paprika
1 ml (1/4 c. à t.) de poudre d'oignon
1 ml (1/4 c. à t.) de poudre d'ail
Sel et poivre
60 ml (1/4 tasse) de gruyère, râpé
30 ml (2 c. à s.) de parmesan, râpé

Préchauffer le four à 175 °C (350 °F).

Peler les pommes de terre de façon à obtenir des pelures de 1,25 cm (1/2 po) (conserver la chair dans un bol d'eau froide pour un emploi ultérieur). Badigeonner les pelures d'huile et de sauce Worcestershire.

Saupoudrer de paprika, de poudre d'oignon et de poudre d'ail. Saler et poivrer. Parsemer de fromage.

Cuire au four 20 minutes.

Servir.

Par portion — Calories (Kcal) : 208 Gras : 10 g = 42 % des Kcal provenant du gras
Protéines : 6 g Cholestérol : 10 mg Sodium : 84 mg Hydrates de carbone : 25 g

Pelures de pommes de terre aux fromages

Petite gelée de porto et foie gras
4 portions

1 sachet de gélatine neutre
60 ml (1/4 tasse) d'eau
180 ml (3/4 tasse) de consommé de bœuf
125 ml (1/2 tasse) de porto
225 g (8 oz) de pâté de foie gras
45 ml (3 c. à s.) d'huile d'olive

Dans un bol, faire gonfler la gélatine dans l'eau. Dans une casserole, chauffer le consommé et 60 ml (1/4 tasse) de porto. Ajouter la gélatine et mélanger jusqu'à dissolution complète.

Verser dans un plat rectangulaire assez grand pour que la gelée mesure environ 1,25 cm (1/2 po) d'épaisseur. Placer au réfrigérateur 2 heures.

Entre-temps, couper le pâté en petites tranches et déposer dans une assiette. Arroser du reste de porto. Placer au réfrigérateur 30 minutes.

Bien assécher les tranches de pâté. Dans une poêle, chauffer l'huile à feu moyen. Faire revenir les tranches 30 secondes par côté. Retirer de la poêle et déposer dans une assiette de service. Démouler la gelée et la couper en petits dés. Disposer dans l'assiette autour des tranches de pâté. Servir.

Par portion — Calories (Kcal) : 318 Gras : 26 g = 82 % des Kcal provenant du gras
Protéines : 8 g Cholestérol : 145 mg Sodium : 614 mg Hydrates de carbone : 5 g

Petite gelée de porto et foie gras

Huîtres fraîches aux quatre sauces
4 portions

32 huîtres, brossées

SAUCE WHISKY
60 ml (1/4 tasse) de mayonnaise
15 ml (1 c. à s.) de sauce chili
5 ml (1 c. à t.) de scotch
Sel et poivre

SAUCE TARTARE
60 ml (1/4 tasse) de mayonnaise
15 ml (1 c. à s.) de cornichons, hachés
5 ml (1 c. à t.) de câpres, hachées
5 ml (1 c. à t.) de jus de lime
Sel et poivre

SAUCE CLASSIQUE
60 ml (1/4 tasse) de vinaigre de vin
15 ml (1 c. à s.) de vinaigre balsamique
3 échalotes sèches, hachées
1 gousse d'ail, hachée
Sel et poivre

SAUCE TSAR
45 ml (3 c. à s.) de vodka, glacée
2 ml (1/2 c. à t.) de poivre du moulin
1 ml (1/4 c. à t.) d'estragon, haché

Dans 4 bols, mélanger séparément tous les ingrédients de chaque sauce.

Ouvrir les huîtres selon la technique ci-contre.

Répartir chaque sauce sur le quart des huîtres pour obtenir 8 huîtres à la sauce whisky, 8 huîtres à la sauce tartare, 8 huîtres à la sauce classique et 8 huîtres à la sauce tsar.

Servir 2 huîtres de chaque variété par convive.

| Par portion | Calories (Kcal) : 184 | Gras : 15 g = 71 % des Kcal provenant du gras |
| Protéines : 9 g | Cholestérol : 68 mg | Sodium : 332 mg | Hydrates de carbone : 5 g |

Pourquoi jeter vos pelures de pommes de terre ? Recyclez-les ! Nous vous proposons une petite entrée rigolote facile à préparer. Mettez les enfants à contribution pour éplucher. Dites-vous que s'ils ont la main lourde, vous avez trouvé une ingénieuse façon de ne rien gaspiller !

Technique

Disposer les huîtres côté bombé sur un plan de travail, l'extrémité effilée vers soi.

Placer l'huître dans un linge et repérer la petite ouverture de l'extrémité effilée.

Placer la pointe du couteau à huître dans l'ouverture et exercer un mouvement de va-et-vient tout en inclinant légèrement le couteau. Séparer les 2 coquilles. Passer le couteau sous l'huître de façon à la détacher de sa coquille.

Soupes et potages

Chaudrée classique

Bisque de crevettes

L'hiver s'est installé et les soupières trônent au centre de la table. Cette saison pourquoi ne pas faire de la place à des aliments moins traditionnels que les navets, les pois et les pommes de terre ? Pour varier vos menus, nous vous proposons de découvrir la soupe aux patates douces ou encore le potage d'endives aux noix. Rassurez-vous, vous trouverez également des classiques avec une touche de finesse, comme la crème de tomate aux deux caviars. Les Fêtes approchent, faites de petites folies !

Chaudrée classique
8 portions

60 ml (1/4 tasse) de beurre
3 échalotes sèches, hachées
1 gousse d'ail, hachée
60 ml (1/4 tasse) de farine
1 litre (4 tasses) de fumet de poisson, chaud
Sel et poivre
250 ml (1 tasse) de pommes de terre, en dés
500 ml (2 tasses) de palourdes, du commerce
5 ml (1 c. à t.) de persil, haché

Dans une casserole à fond épais, faire fondre le beurre à feu moyen. Faire revenir l'échalote et l'ail 2 minutes.

Retirer la casserole du feu et ajouter la farine en remuant constamment. Replacer la casserole sur le feu et incorporer le fumet tout en continuant de remuer. Saler et poivrer. Ajouter les pommes de terre et couvrir. Laisser mijoter à feu doux pendant 15 minutes. Remuer de temps à autre. Ajouter les palourdes dans leur jus et le persil. Poursuivre la cuisson 2 minutes.

Servir.

Par portion Calories (Kcal): 166 Gras: 9 g = 55 % des Kcal provenant du gras
Protéines: 7 g Cholestérol: 37 mg Sodium: 202 mg Hydrates de carbone: 10 g

Bisque de crevettes
6 portions

500 ml (2 tasses) de crevettes
60 ml (1/4 tasse) de beurre
2 oignons, hachés
2 gousses d'ail, hachées
2 tomates, pelées, épépinées, en dés
5 ml (1 c. à t.) de thym
Sel et poivre
1 litre (4 tasses) de bouillon de fruits de mer
10 ml (2 c. à t.) de pâte de tomate
Persil

Décortiquer et nettoyer les crevettes. Hacher la chair. Réserver la chair et les carapaces.

Dans une casserole, faire fondre le beurre à feu moyen. Faire revenir les oignons et l'ail 2 minutes. Ajouter les tomates, le thym et les carapaces de crevettes. Saler et poivrer. Poursuivre la cuisson pendant 5 minutes.

Ajouter le bouillon et la pâte de tomate. Poursuivre la cuisson 15 minutes.

Au robot culinaire, réduire en purée. Passer au tamis. Remettre dans la casserole, ajouter les crevettes et réchauffer.

Au moment de servir, garnir de persil.

Par portion Calories (Kcal): 167 Gras: 12 g = 70 % des Kcal provenant du gras
Protéines: 2 g Cholestérol: 31 mg Sodium: 240 mg Hydrates de carbone: 10 g

Soupe aux feuilles d'épinard
10 portions

1 litre (4 tasses) de feuilles d'épinard, hachées
125 ml (1/2 tasse) de beurre
1 oignon, haché
1 gousse d'ail, hachée
2 ml (1/2 c. à t.) de basilic
125 ml (1/2 tasse) de farine
1 litre (4 tasses) de bouillon de poulet
1 litre (4 tasses) de lait condensé
Sel et poivre
Croûtons
1 betterave, cuite, en julienne

Dans une casserole dont le fond est à peine recouvert d'eau, faire tomber* les épinards 1 minute. Égoutter et réserver.

Dans une grande casserole à fond épais, chauffer le beurre à feu moyen. Faire revenir l'oignon et l'ail pendant 2 minutes. Retirer du feu. Ajouter le basilic et la farine.

Mélanger.

Replacer la casserole sur le feu. Ajouter le bouillon de poulet et le lait, poursuivre la cuisson en remuant sans arrêt jusqu'à épaississement. Saler et poivrer. Ajouter les épinards.

Au moment de servir, garnir de croûtons et de betterave.

Par portion Calories (Kcal): 513 Gras: 20 g = 36 % des Kcal provenant du gras
Protéines: 12 g Cholestérol: 66 mg Sodium: 822 mg Hydrates de carbone: 74 g

* voir lexique

> «Mange ta soupe, sinon tu n'auras pas de dessert». Résultat ? Bien des gens en sont venus à bouder la soupe. Afin de la réhabiliter, voici une recette de bisque qui fera fondre les résistances !

Pasta e fagioli
6 portions

45 ml (3 c. à s.) d'huile d'olive
1 oignon, haché
2 gousses d'ail, hachées
2 tomates, pelées, épépinées, en dés
250 ml (1 tasse) de haricots blancs, égouttés
1 litre (4 tasses) de bouillon de bœuf
10 ml (2 c. à t.) de pâte de tomate
125 ml (1/2 tasse) de petites pâtes à soupe
5 ml (1 c. à t.) d'origan, haché
Sel et poivre
Persil

Dans une casserole, chauffer l'huile à feu moyen. Faire revenir l'oignon et l'ail 2 minutes. Ajouter les tomates et les haricots. Poursuivre la cuisson pendant 5 minutes.

Ajouter le bouillon, la pâte de tomate, les pâtes et l'origan. Mélanger. Saler et poivrer. Poursuivre la cuisson 15 minutes en remuant de temps à autre.

Au moment de servir, garnir de persil.

Par portion	Calories (Kcal) : 242	Gras : 8 g = 28 % des Kcal provenant du gras
Protéines : 11 g	Cholestérol : 0 mg	Sodium : 933 mg	Hydrates de carbone : 34 g

Pasta e fagioli

Soupe aux tortillas
8 portions

15 ml (1 c. à s.) d'huile d'olive
2 carottes, en dés
4 branches de céleri, émincées
1 oignon, haché
250 ml (1 tasse) de haricots rouges, du commerce
1 boîte de 540 ml (19 oz) de tomates, du commerce
5 ml (1 c. à t.) de feuilles de coriandre, hachées
1,25 litre (5 tasses) de bouillon de poulet
1 pomme de terre, en dés
Sel et poivre
Tortillas
45 ml (3 c. à s.) de fromage monterey jack, râpé

Dans une casserole, chauffer l'huile à feu moyen. Faire revenir les carottes, le céleri et l'oignon pendant 5 minutes.

Ajouter les haricots, les tomates, la coriandre et le bouillon. Amener à ébullition. Diminuer le feu et laisser mijoter pendant 30 minutes.

Ajouter la pomme de terre, saler et poivrer et poursuivre la cuisson 15 minutes.

Au moment de servir, garnir de tortillas et parsemer de fromage.

Par portion	Calories (Kcal) : 173	Gras : 3 g = 17 % des Kcal provenant du gras
Protéines : 9 g	Cholestérol : 2 mg	Sodium : 946 mg	Hydrates de carbone : 29 g

Soupe aux tortillas

Soupe aux pois chiches et au maïs

Soupe aux pois chiches et au maïs

8 portions

30 ml (2 c. à s.) d'huile d'olive
1 gousse d'ail, hachée
1 oignon, haché
250 ml (1 tasse) de pois chiches, égouttés
250 ml (1 tasse) de grains de maïs
1,25 litre (5 tasses) de bouillon de poulet
Sel et poivre
Épis de maïs miniatures, tranchés
Paprika

Dans une casserole, chauffer l'huile à feu moyen. Faire revenir l'ail et l'oignon pendant 3 minutes.

Ajouter les pois chiches et le maïs et poursuivre la cuisson 3 minutes en remuant de temps à autre. Verser le bouillon et amener à ébullition. Saler et poivrer. Diminuer le feu et laisser mijoter 15 minutes.

Au robot culinaire, réduire en purée.

Au moment de servir, garnir d'épis de maïs et saupoudrer de paprika.

Par portion — Calories (Kcal) : 157 — Gras : 6 g = 31 % des Kcal provenant du gras
Protéines : 7 g — Cholestérol : 0 mg — Sodium : 907 mg — Hydrates de carbone : 22 g

MENU

Tartelettes au chou braisé	290
Chaudrée classique	295
Darnes de requin aux olives	325
Salade romaine aux crevettes et aux agrumes	331
Diplomate des Fêtes	346

Les pois chiches appartiennent à la grande famille des légumineuses où l'on retrouve notamment les lentilles et les haricots. Une excellente source de potassium et de calcium, ils font de délicieuses entrées, de savoureuses soupes et d'onctueuses trempettes, dont le hummus libanais. Les pois chiches rôtis peuvent aussi se grignoter comme des arachides!

Soupe aux patates douces
6 portions

- 15 ml (1 c. à s.) de beurre
- 30 ml (2 c. à s.) d'huile d'olive
- 1 gousse d'ail, hachée
- 1 gros oignon, haché
- 500 ml (2 tasses) de patates douces, en dés
- 1 ml (1/4 c. à t.) de sauge
- 1 ml (1/4 c. à t.) de muscade
- 1 pincée de cannelle
- 500 ml (2 tasses) de bouillon de poulet
- 500 ml (2 tasses) de lait
- Sel et poivre

Dans une grande casserole, chauffer le beurre et l'huile à feu moyen. Faire revenir l'ail et l'oignon pendant 2 minutes.

Ajouter les patates, la sauge, la muscade et la cannelle. Poursuivre la cuisson 3 minutes en remuant de temps à autre. Verser le bouillon et le lait. Amener presque à ébullition. Saler et poivrer. Diminuer le feu et laisser mijoter à feu doux pendant 15 minutes. Réserver quelques dés de patates pour la garniture.

Au robot culinaire, réduire en purée.

Au moment de servir, garnir de dés de patates douces.

Par portion Calories (Kcal) : 157 Gras : 10 g = 54 % des Kcal provenant du gras
Protéines : 4 g Cholestérol : 16 mg Sodium : 543 mg Hydrates de carbone : 14 g

Potage de carottes au cari et aux amandes
6 portions

- 30 ml (2 c. à s.) d'huile d'olive
- 1 gousse d'ail, hachée
- 1 gros oignon, haché
- 500 ml (2 tasses) de carottes, en dés
- 2 ml (1/2 c. à t.) de cari
- 1 ml (1/4 c. à t.) de muscade
- 1 litre (4 tasses) de bouillon de poulet
- Sel et poivre
- Paprika
- Amandes effilées, grillées

Dans une grande casserole, chauffer l'huile à feu moyen. Faire revenir l'ail et l'oignon 2 minutes.

Ajouter les carottes, le cari et la muscade. Poursuivre la cuisson 3 minutes en remuant de temps à autre. Verser le bouillon. Amener à ébullition. Saler et poivrer. Diminuer le feu et laisser mijoter 15 minutes.

Au robot culinaire, réduire en purée. Au moment de servir, saupoudrer de paprika et garnir d'amandes.

Par portion Calories (Kcal) : 94 Gras : 5 g = 48 % des Kcal provenant du gras
Protéines : 2 g Cholestérol : 0 mg Sodium : 984 mg Hydrates de carbone : 11 g

Poireaux, pommes de terre et panais en bouillon de légumes
6 portions

- 30 ml (2 c. à s.) d'huile d'olive
- 1 gousse d'ail, hachée
- 1 oignon, haché
- 125 ml (1/2 tasse) de panais, en dés
- 125 ml (1/2 tasse) de pomme de terre, en dés
- 750 ml (3 tasses) de bouillon de poulet
- 500 ml (2 tasses) de bouillon de légumes
- Sel et poivre
- 125 ml (1/2 tasse) de poireau, émincé
- 15 ml (1 c. à s.) de persil, haché

Dans une casserole, chauffer l'huile à feu moyen. Faire revenir l'ail et l'oignon pendant 3 minutes.

Ajouter le panais et poursuivre la cuisson 3 minutes en remuant de temps à autre. Ajouter la pomme de terre et poursuivre la cuisson 1 minute. Verser les bouillons et amener à ébullition. Saler et poivrer. Diminuer le feu et laisser mijoter 10 minutes. Ajouter le poireau et poursuivre la cuisson 5 minutes.

Au moment de servir, parsemer de persil.

Par portion Calories (Kcal) : 138 Gras : 6 g = 40 % des Kcal provenant du gras
Protéines : 4 g Cholestérol : 1 mg Sodium : 1255 mg Hydrates de carbone : 17 g

De haut en bas :

Potage de carottes au cari et aux amandes

Poireaux, pommes de terre et panais en bouillon de légumes

Soupe aux patates douces

hiver

Potage taillé des grands soirs
6 portions

- 30 ml (2 c. à s.) d'huile d'olive
- 1 gousse d'ail, hachée
- 1 oignon, haché
- 1 litre (4 tasses) de bouillon de poulet
- 250 ml (1 tasse) de vermouth blanc
- Sel et poivre
- 60 ml (1/4 tasse) de poivron jaune, en brunoise
- 60 ml (1/4 tasse) de poivron rouge, en brunoise
- 60 ml (1/4 tasse) de poivron vert, en brunoise
- 60 ml (1/4 tasse) de céleri, en brunoise
- 60 ml (1/4 tasse) de tomate, épépinée, en brunoise

Dans une casserole, chauffer l'huile à feu moyen. Faire revenir l'ail et l'oignon pendant 3 minutes.

Verser le bouillon et le vermouth et amener à ébullition. Saler et poivrer. Diminuer le feu et laisser mijoter 10 minutes. Ajouter les poivrons, le céleri et la tomate. Poursuivre la cuisson 5 minutes.

Servir.

Par portion — Calories (Kcal) : 128   Gras : 5 g = 57 % des Kcal provenant du gras
Protéines : 1 g   Cholestérol : 0 mg   Sodium : 974 mg   Hydrates de carbone : 7 g

Potage taillé des grands soirs

Crème de tomate aux deux caviars
6 portions

- 45 ml (3 c. à s.) d'huile d'olive
- 1 oignon, haché
- 2 gousses d'ail, hachées
- 12 tomates, épépinées, en dés
- 1 litre (4 tasses) de bouillon de poulet
- 15 ml (1 c. à s.) de pâte de tomate
- 5 ml (1 c. à t.) de sucre
- Sel et poivre
- 125 ml (1/2 tasse) de crème 35 %
- 5 ml (1 c. à t.) d'origan, haché
- 30 ml (2 c. à s.) de caviar rouge
- 30 ml (2 c. à s.) de caviar noir

Dans une casserole, chauffer l'huile à feu moyen. Faire revenir l'oignon et l'ail 2 minutes. Ajouter les tomates et poursuivre la cuisson pendant 5 minutes.

Ajouter le bouillon, la pâte de tomate et le sucre. Mélanger. Saler et poivrer. Poursuivre la cuisson 10 minutes en remuant de temps à autre. Ajouter la crème et l'origan et poursuivre la cuisson 5 minutes en remuant souvent.

Au robot culinaire, réduire en purée. Passer au tamis.

Au moment de servir, garnir des caviars.

Par portion — Calories (Kcal) : 256   Gras : 17 g = 56 % des Kcal provenant du gras
Protéines : 7 g   Cholestérol : 90 mg   Sodium : 1172 mg   Hydrates de carbone : 23 g

Crème de tomate aux deux caviars

••• Consommé au porto et aux profiteroles surprise
8 portions

250 ml (1 tasse) d'eau
125 ml (1/2 tasse) de beurre
250 ml (1 tasse) de farine
3 œufs
125 ml (1/2 tasse) de mousse de foie de volaille, du commerce
750 ml (3 tasses) de consommé de bœuf, du commerce
500 ml (2 tasses) de consommé de poulet, du commerce
125 ml (1/2 tasse) de porto
Sel et poivre
Persil, haché

Préchauffer le four à 200 °C (400 °F).

Dans une casserole, amener l'eau à ébullition. Ajouter le beurre. Mélanger. Ajouter la farine. Retirer du feu et remuer constamment jusqu'à la formation d'une boule.

Ajouter les œufs un par un en mélangeant bien entre chaque ajout. Tapisser une plaque à biscuits de papier parchemin*. Déposer la préparation par petites quantités en utilisant une cuillère à thé ou une poche à pâtisserie munie d'une douille cannelée.

Cuire au four pendant 12 minutes. Diminuer la chaleur à 160 °C (325 °F) et poursuivre la cuisson pendant 5 minutes.

Retirer du four. À l'aide d'une petite douille unie, pratiquer une incision en dessous de chaque bouchée. Remplir une poche à pâtisserie, munie d'une petite douille unie, de mousse de foie de volaille. Farcir les profiteroles. Réserver.

Dans une casserole, amener à ébullition les consommés et le porto. Saler et poivrer. Retirer du feu.

Au moment de servir, garnir de persil et des profiteroles farcies.

Par portion	Calories (Kcal) : 326	Gras : 21 g = 61 % des Kcal provenant du gras
Protéines : 8 g	Cholestérol : 201 mg	Sodium : 1355 mg Hydrates de carbone : 21 g

* voir lexique

Les œufs salés de l'esturgeon ont l'insigne honneur d'être les seuls à pouvoir porter le nom de caviar, contrairement aux œufs des autres poissons, comme ceux du saumon et du thon. Réservé aux grandes occasions, car son coût élevé freine les ardeurs, le caviar accompagne divinement le champagne ou la vodka glacée !

TECHNIQUE

Tapisser une plaque à biscuits de papier parchemin. Déposer la préparation par petites quantités en utilisant une cuillère à thé ou une poche à pâtisserie munie d'une douille cannelée.

À l'aide d'une petite douille unie, pratiquer une incision en dessous de chaque bouchée.

Remplir une poche à pâtisserie, munie d'une petite douille unie, de mousse de foie de volaille. Farcir les profiteroles.

Crème de navet et de rabioles
6 portions

- 30 ml (2 c. à s.) d'huile d'olive
- 1 gousse d'ail, hachée
- 1 gros oignon, haché
- 375 ml (1 1/2 tasse) de navet, en dés
- 125 ml (1/2 tasse) de rabioles, en dés
- 1 litre (4 tasses) de bouillon de poulet
- 1 ml (1/4 c. à t.) de muscade
- Sel et poivre
- Paprika
- Persil, haché

Dans une grande casserole, chauffer l'huile à feu moyen. Faire revenir l'ail et l'oignon 2 minutes.

Ajouter le navet et les rabioles. Poursuivre la cuisson 3 minutes en remuant de temps à autre. Verser le bouillon. Amener à ébullition. Ajouter la muscade. Saler et poivrer. Diminuer le feu et laisser mijoter pendant 15 minutes. Réserver quelques dés de légumes pour la garniture.

Au robot culinaire, réduire en purée.

Au moment de servir, saupoudrer de paprika et de persil et garnir des dés réservés.

Par portion	Calories (Kcal) : 94	Gras : 6 g = 61 % des Kcal provenant du gras
Protéines : 2 g	Cholestérol : 2 mg	Sodium : 1066 mg Hydrates de carbone : 7 g

Crème de navet et de rabioles

Soupe de grand-maman
6 portions

- 45 ml (3 c. à s.) d'huile d'olive
- 1 oignon, haché
- 2 gousses d'ail, hachées
- 8 tomates, épépinées, en dés
- 1 litre (4 tasses) de bouillon de poulet
- 10 ml (2 c. à t.) de pâte de tomate
- 250 ml (1 tasse) de vermicelles
- Sel et poivre
- Persil, haché

Dans une casserole, chauffer l'huile à feu moyen. Faire revenir l'oignon et l'ail 2 minutes. Ajouter les tomates et poursuivre la cuisson pendant 3 minutes.

Ajouter le bouillon, la pâte de tomate et les vermicelles. Mélanger. Saler et poivrer. Poursuivre la cuisson 15 minutes en remuant de temps à autre.

Au moment de servir, garnir de persil.

Par portion	Calories (Kcal) : 265	Gras : 18 g = 61 % des Kcal provenant du gras
Protéines : 9 g	Cholestérol : 43 mg	Sodium : 431 mg Hydrates de carbone : 19 g

Potage d'endives aux noix

Soupe de grand-maman

Potage d'endives aux noix

6 portions

60 ml (1/4 tasse) de beurre
2 échalotes sèches, hachées
1 gousse d'ail, hachée
60 ml (1/4 tasse) de farine
250 ml (1 tasse) de bouillon de poulet, chaud
1 litre (4 tasses) de lait, chaud
Sel et poivre
15 ml (1 c. à s.) d'huile d'olive
2 endives, émincées
45 ml (3 c. à s.) de noix de Grenoble, en morceaux
5 ml (1 c. à t.) de persil, haché
1 ml (1/4 c. à t.) de muscade

Dans une casserole à fond épais, faire fondre le beurre à feu moyen. Faire revenir les échalotes et l'ail 2 minutes.

Retirer la casserole du feu et ajouter la farine en remuant constamment. Replacer la casserole sur le feu et incorporer le bouillon et le lait tout en continuant de remuer. Saler et poivrer. Laisser mijoter à feu doux pendant 15 minutes en remuant de temps à autre.

Entre-temps, dans une poêle, chauffer l'huile à feu moyen. Faire revenir les endives 2 minutes en remuant constamment. Ajouter les noix, le persil et la muscade. Mélanger et poursuivre la cuisson 1 minute.

Incorporer la tombée d'endives à la soupe.

Servir.

| **Par portion** | Calories (Kcal) : 210 | Gras : 9 g = 37 % des Kcal provenant du gras |
| Protéines : 4 g | Cholestérol : 2 mg | Sodium : 1078 mg Hydrates de carbone : 30 g |

Feuilletés au madère	290
Bisque de crevettes	295
Côtelettes de veau grillées, sauce à la crème parfumée au madère	313
Céleri aux 3 moutardes	334
Éclairs au café	349

Le navet, avouons-le, n'est pas le légume le plus envoûtant du potager! Néanmoins, le navet est une bonne source de vitamine C et de potassium. On a parfois tendance à le confondre avec son cousin : le rutabaga. Cuit à l'eau, il est plutôt ordinaire, mais il s'égaie dans les potages avec de la crème et une pointe de muscade.

Mets principaux

Volaille

Le temps des Fêtes, c'est le temps des réjouissances, mais c'est aussi le temps du classique des classiques : la dinde. Saviez-vous que la dinde est un oiseau originaire d'Amérique du Nord ? La dinde sauvage est plutôt rachitique si on la compare à sa sœur d'élevage, qui peut atteindre jusqu'à 18 kg ! Plus la dinde est petite, plus sa chair est savoureuse. Ce qui a contribué, en partie, au succès du petit dindonneau qui pèse moins que ses parents !

Poitrines de poulet farcies

Croquettes de poulet panées

Poitrines de poulet farcies
4 portions

45 ml (3 c. à s.) d'huile d'olive
4 demi-poitrines de poulet
Sel et poivre
4 tranches de jambon fumé
4 tranches de gruyère
15 ml (1 c. à s.) de beurre
1 gousse d'ail, hachée
20 ml (4 c. à t.) de farine
250 ml (1 tasse) de bouillon de poulet, chaud
Persil, haché
Paprika

Préchauffer le four à 175 °C (350 °F).

Dans une poêle, chauffer l'huile à feu moyen. Cuire les poitrines 3 minutes par côté. Saler et poivrer.

Retirer de la poêle et pratiquer une incision sur la longueur des poitrines. Les farcir d'une tranche de jambon et d'une tranche de fromage. Déposer dans une lèchefrite et cuire au four 15 minutes.

Entre-temps, dans une casserole à fond épais, faire fondre le beurre à feu moyen. Faire revenir l'ail 1 minute. Retirer la casserole du feu et ajouter la farine en remuant constamment. Replacer la casserole sur le feu et incorporer le bouillon tout en continuant de remuer. Saler et poivrer. Laisser mijoter à feu doux pendant 4 minutes en remuant de temps à autre.

Au moment de servir, napper de sauce et parsemer de persil et de paprika.

Par portion — Calories (Kcal): 584 — Gras: 45 g = 52 % des Kcal provenant du gras
Protéines: 64 g — Cholestérol: 212 mg — Sodium: 745 mg — Hydrates de carbone: 4 g

Croquettes de poulet panées
4 portions

250 ml (1 tasse) de farine de blé entier
125 ml (1/2 tasse) de craquelins aux légumes, émiettés
2 ml (1/2 c. à t.) de sel de céleri
2 ml (1/2 c. à t.) de poivre
5 ml (1 c. à t.) de moutarde sèche
10 ml (2 c. à t.) de paprika
5 ml (1 c. à t.) de poudre d'ail
1 ml (1/4 c. à t.) de basilic
1 ml (1/4 c. à t.) d'origan
1 ml (1/4 c. à t.) de gingembre, moulu
1 œuf, battu
125 ml (1/2 tasse) de lait
4 escalopes de poulet
60 ml (1/4 tasse) d'huile d'olive

Préchauffer le four à 175 °C (350 °F).

Dans un bol, mélanger la farine, les craquelins, le sel de céleri, le poivre, la moutarde, le paprika, la poudre d'ail, le basilic, l'origan et le gingembre.

Dans un autre bol, mélanger l'œuf et le lait.

Enrober les escalopes du mélange de farine. Les tremper dans le mélange d'œuf et les enrober à nouveau du mélange de farine.

Dans une casserole, chauffer l'huile à feu moyen. Faire revenir les escalopes 4 minutes de chaque côté. Poursuivre la cuisson au four 5 minutes.

Servir accompagné de moutarde à l'ancienne.

Par portion — Calories (Kcal): 530 — Gras: 21 g = 36 % des Kcal provenant du gras
Protéines: 35 g — Cholestérol: 114 mg — Sodium: 1082 mg — Hydrates de carbone: 48 g

Dinde aux canneberges
10 portions

45 ml (3 c. à s.) d'huile d'olive
1 poitrine de dinde de 2 kg (4,5 lb)
Sel et poivre
45 ml (3 c. à s.) de miel liquide
30 ml (2 c. à s.) de moutarde forte
1 boîte de 284 ml (10 oz) de gelée de canneberges
250 ml (1 tasse) de canneberges
2 ml (1/2 c. à t.) de romarin, haché

Préchauffer le four à 175 °C (350 °F).

Dans une cocotte, chauffer l'huile à feu moyen. Faire revenir la poitrine 3 minutes par côté. Saler et poivrer.

Dans un bol, mélanger le miel et la moutarde. Badigeonner la dinde de ce mélange. Cuire au four 15 minutes. Arroser de jus de cuisson et poursuivre la cuisson 15 minutes. Arroser à nouveau et verser la gelée sur la dinde. Poursuivre la cuisson 10 minutes, arroser à nouveau et ajouter les canneberges. Poursuivre la cuisson 10 minutes et arroser une dernière fois. Retirer du four, parsemer de romarin et laisser reposer 5 minutes.

Au moment de servir, trancher la dinde et napper de jus de cuisson.

Par portion — Calories (Kcal): 364 — Gras: 17 g = 43 % des Kcal provenant du gras
Protéines: 33 g — Cholestérol: 110 mg — Sodium: 151 mg — Hydrates de carbone: 18 g

Poulet rôti
4 portions

45 ml (3 c. à s.) de miel liquide
15 ml (1 c. à s.) de moutarde forte
15 ml (1 c. à s.) de sauce chili
30 ml (2 c. à s.) de jus de lime
1 poulet de 1,8 kg (4 lb)
Sel et poivre
1 citron, tranché
2 limes, tranchées

Préchauffer le four à 175 °C (350 °F).

Dans un bol, mélanger le miel, la moutarde, la sauce chili et le jus de lime. Badigeonner le poulet de ce mélange. Saler et poivrer. Déposer dans une lèchefrite.

Cuire au four 60 minutes. Déposer les tranches de citron et de lime sur le poulet et arroser de jus de cuisson. Poursuivre la cuisson 30 minutes en arrosant aux 10 minutes.

Retirer du four et laisser reposer 5 minutes.

Servir.

Par portion   Calories (Kcal) : 578   Gras : 24 g = 33 % des Kcal provenant du gras
Protéines : 74 g   Cholestérol : 241 mg   Sodium : 290 mg   Hydrates de carbone : 25 g

Coq au cidre
4 portions

30 ml (2 c. à s.) de farine
1 poulet, sans peau, en morceaux
Sel et poivre
30 ml (2 c. à s.) d'huile d'olive
1 oignon, haché
2 gousses d'ail, hachées
180 ml (3/4 tasse) de bouillon de poulet
180 ml (3/4 tasse) de cidre
3 pommes, en quartiers
125 ml (1/2 tasse) de crème 15 %

Enfariner le poulet. Saler et poivrer.

Dans une casserole, chauffer l'huile à feu moyen. Faire revenir le poulet 5 minutes de chaque côté. Retirer et réserver.

Dans la même casserole, faire revenir l'oignon et l'ail pendant 2 minutes. Saler et poivrer. Ajouter le bouillon, le cidre et le poulet. Amener à ébullition. Diminuer le feu et laisser mijoter à feu doux pendant 30 minutes.

Ajouter les pommes et la crème et poursuivre la cuisson 10 minutes en remuant de temps à autre.

Servir.

Par portion   Calories (Kcal) : 645   Gras : 28 g = 36 % des Kcal provenant du gras
Protéines : 63 g   Cholestérol : 205 mg   Sodium : 463 mg   Hydrates de carbone : 63 g

Roulé de volaille à l'orange
4 portions

225 g (1/2 lb) de dinde, hachée
1 œuf
125 ml (1/2 tasse) de crème 35 %
Sel et poivre
60 ml (1/4 tasse) de tomates séchées, hachées
2 ml (1/2 c. à t.) de grains de poivre vert
15 ml (1 c. à s.) de ciboulette, hachée
225 g (8 oz) de pâte brisée
1 œuf, battu
125 ml (1/2 tasse) de marmelade à l'orange et aux kumquats*, chaude

Préchauffer le four à 190 °C (375 °F).

Dans un bol, mélanger la dinde, l'œuf et la crème. Saler et poivrer. Ajouter les tomates, le poivre vert et la ciboulette. Mélanger.

Abaisser la pâte et découper des rectangles de 15 cm x 10 cm (6 po x 4 po). Déposer la préparation sur l'un des rebords de chaque rectangle. Les rouler en forme de bûche. Faire des incisions dans la pâte. Badigeonner d'œuf.

Cuire au four pendant 20 minutes.

Servir accompagné de marmelade d'oranges et de kumquats.

Par portion   Calories (Kcal) : 498   Gras : 28 g = 50 % des Kcal provenant du gras
Protéines : 14 g   Cholestérol : 116 mg   Sodium : 422 mg   Hydrates de carbone : 50 g

* voir p. 351

De haut en bas :

Poulet rôti

Coq au cidre

Roulé de volaille à l'orange

hiver 307

Mets principaux

Bœuf

La qualité de la viande de bœuf varie en fonction de «son mode de vie» et de son âge. En effet, plus l'animal est jeune, plus sa chair est tendre. Par contre, plus l'animal est âgé, plus sa chair est savoureuse. Chaque âge a ses plaisirs ! Quel que soit le vôtre, vous aurez plaisir à piquer votre fourchette dans une belle tranche de rôti de bœuf au jus.

Rôti de bœuf au jus

Rôti de bœuf braisé à la bière et au raifort

Rôti de bœuf au jus
8 portions

45 ml (3 c. à s.) d'huile d'olive
8 oignons, coupés en 2
1 rôti de bœuf d'environ 1,4 kg (3 lb)
750 ml (3 tasses) de consommé de bœuf
Persil
Thym
Feuille de laurier
Sel et poivre

Préchauffer le four à 175 °C (350 °F).

Dans une poêle, chauffer l'huile à feu moyen. Faire revenir les oignons 3 minutes et les retirer de la poêle. Augmenter le feu et saisir le rôti de tous les côtés.

Transférer le rôti dans une lèchefrite. Ajouter les oignons, le consommé, le persil, le thym et la feuille de laurier. Saler et poivrer.

Cuire au four 10 minutes par livre pour une cuisson saignante ou 15 minutes par livre pour une cuisson à point. Retirer du four et couvrir de papier aluminium. Laisser reposer 10 minutes.

Servir.

| Par portion | Calories (Kcal) : 486 | Gras : 35 g = 64 % des Kcal provenant du gras |
| Protéines : 30 g | Cholestérol : 102 mg | Sodium : 526 mg | Hydrates de carbone : 13 g |

Rôti de bœuf braisé à la bière et au raifort
6 portions

45 ml (3 c. à s.) d'huile d'olive
1 rôti de bœuf de 900 g (2 lb)
Sel et poivre
45 ml (3 c. à s.) de moutarde forte
6 oignons, en quartiers
250 ml (1 tasse) de bière brune
Raifort et gingembre marinés*
Moutarde à l'ancienne

Préchauffer le four à 175 °C (350 °F).

Dans une grande poêle, chauffer l'huile à feu vif. Saisir le rôti de tous les côtés. Saler et poivrer. Transférer dans une lèchefrite et badigeonner de moutarde. Déposer les oignons autour du rôti.

Cuire au four 15 minutes. Verser la bière et poursuivre la cuisson 15 minutes pour une cuisson saignante ou 20 minutes pour une cuisson à point.

Retirer du four. Laisser reposer 5 minutes. Trancher.

Servir accompagné de raifort et gingembre marinés et de moutarde à l'ancienne.

| Par portion | Calories (Kcal) : 455 | Gras : 31 g = 63 % des Kcal provenant du gras |
| Protéines : 26 g | Cholestérol : 87 mg | Sodium : 208 mg | Hydrates de carbone : 15 g |

Cipaille à la viande hachée
6 portions

225 g (8 oz) de bœuf, haché
225 g (8 oz) de veau, haché
225 g (8 oz) de porc, haché
225 g (8 oz) de poulet, haché
2 oignons, émincés
250 ml (1 tasse) de pommes de terre, en dés
Sel et poivre
5 ml (1 c. à t.) de quatre-épices
250 ml (1 tasse) de bouillon de poulet
1 abaisse de pâte brisée

Dans un grand bol, mélanger les viandes et les oignons. Laisser reposer au réfrigérateur 2 heures. Pour plus de saveur, laisser reposer toute la nuit.

Préchauffer le four à 175 °C (350 °F).

Dans un plat allant au four, déposer la moitié des viandes. Recouvrir de la moitié des pommes de terre. Saler et poivrer. Recouvrir du reste de viande. Couvrir du reste de pommes de terre. Saler et poivrer. Ajouter les épices. Verser le bouillon de poulet. Recouvrir de l'abaisse. Faire quelques incisions dans la pâte.

Cuire au four pendant 1 h 30.

Servir.

| Par portion | Calories (Kcal) : 524 | Gras : 32 g = 56 % des Kcal provenant du gras |
| Protéines : 37 g | Cholestérol : 134 mg | Sodium : 435 mg | Hydrates de carbone : 19 g |

* voir p. 278

Ragoût de bœuf
8 portions

- 900 g (2 lb) de bœuf, en cubes
- 60 ml (1/4 tasse) de farine
- 30 ml (4 c. à s.) d'huile d'olive
- 1,25 litre (5 tasses) de jus de légumes
- 2 oignons, hachés
- 3 carottes, en dés
- 2 panais, en dés
- 1 boîte de 284 ml (10 oz) de crème de champignons
- 125 ml (1/2 tasse) de vin blanc
- 1 ml (1/4 c. à t.) de poudre de chili
- 45 ml (3 c. à s.) de moutarde à l'ancienne
- Sel et poivre
- Romarin, haché

Enfariner les cubes de bœuf.

Dans une grande casserole, chauffer l'huile à feu moyen. Faire revenir les cubes sur toutes les faces. Ajouter le jus de légumes. Diminuer le feu et laisser mijoter pendant 5 minutes.

Ajouter les oignons, les carottes et les panais. Poursuivre la cuisson pendant 30 minutes. Ajouter la crème de champignons, le vin blanc, la poudre de chili et la moutarde. Mélanger. Poursuivre la cuisson 10 minutes. Saler et poivrer.

Au moment de servir, parsemer de romarin.

Par portion — Calories (Kcal) : 409 Gras : 28 g = 61 % des Kcal provenant du gras
Protéines : 21 g Cholestérol : 68 mg Sodium : 821 mg Hydrates de carbone : 19 g

Ragoût de bœuf

Émincé aux poivrons et aux tomates

Pain de viande épicé
4 portions

- 450 g (1 lb) de bœuf, haché, maigre
- 80 ml (1/3 tasse) de chapelure
- 1 œuf
- 250 ml (1 tasse) de haricots rouges, égouttés
- 45 ml (3 c. à s.) de sauce chili
- 2 ml (1/2 c. à t.) de sauce Worcestershire
- 1 ml (1/4 c. à t.) de sauce Tabasco
- 2 gousses d'ail, hachées
- 1 échalote verte, hachée
- Sel et poivre

Préchauffer le four à 175 °C (350 °F).

Dans un bol, mélanger le bœuf, la chapelure, l'œuf, les haricots, la sauce chili, la sauce Worcestershire, la sauce Tabasco, l'ail et l'échalote. Saler et poivrer.

Huiler un moule. Presser la préparation de viande dans le moule.

Cuire au four pendant 1 heure.

Retirer du four et laisser reposer 10 minutes. Démouler. Servir.

Par portion — Calories (Kcal) : 348 Gras : 27 g = 69 % des Kcal provenant du gras
Protéines : 20 g Cholestérol : 68 mg Sodium : 613 mg Hydrates de carbone : 7 g

Pain de viande épicé

▪▪▪ Émincé aux poivrons et aux tomates
4 portions

30 ml (2 c. à s.) d'huile d'olive
2 gousses d'ail, hachées
30 ml (4 c. à s.) d'oignon, haché
450 g (1 lb) de bœuf, émincé
250 ml (1 tasse) de poivrons, en bâtonnets
15 ml (1 c. à s.) de moutarde forte
15 ml (1 c. à s.) de sauce chili
375 ml (1 1/2 tasse) de bouillon de bœuf
Sel et poivre
250 ml (1 tasse) de tomates, en quartiers
15 ml (1 c. à s.) de persil, haché
2 ml (1/2 c. à t.) de paprika

Dans une casserole à fond épais, chauffer l'huile. Faire revenir l'ail et l'oignon pendant 2 minutes. Ajouter le bœuf et poursuivre la cuisson 3 minutes en remuant de temps à autre.

Ajouter les poivrons, la moutarde et la sauce chili. Mélanger et poursuivre la cuisson 3 minutes en remuant de temps à autre.

Verser le bouillon de bœuf. Saler et poivrer.

Amener à ébullition. Diminuer le feu, couvrir à demi et laisser mijoter 15 minutes.

Ajouter les tomates et le persil et poursuivre la cuisson 5 minutes.

Au moment de servir, parsemer de paprika.

Par portion — Calories (Kcal) : 564 Gras : 32 g = 52 % des Kcal provenant du gras
Protéines : 32 g Cholestérol : 142 mg Sodium : 190 mg Hydrates de carbone : 36 g

MENU

Avocats aux 2 jambons	287
Potage de carottes au cari et aux amandes	298
Carré de porc aux canneberges	318
Rapini à l'ail rôti	335
Profiteroles à la crème de poire	348

hiver 311

La teneur en gras du bœuf haché est assez variable. Pour cette recette de pain de viande, il est préférable d'utiliser une viande maigre, parce qu'une fois cuite vous ne pourrez plus la dégraisser. Le bœuf haché, gras ou maigre, compose les plats les plus modestes, comme les plats les plus raffinés.

Mets principaux

Veau

‒‒‒‒

Pendant le temps des Fêtes, il est fort probable que votre maison soit remplie de monde. Vous pourrez alors en profiter pour préparer des plats qui sortent de l'ordinaire. Vous trouverez ici des recettes de veau chics et de bon goût, comme nos ris de veau aux herbes fines. Surprenez vos invités, ils reviendront vous voir souvent !

Rôti de veau aux carottes glacées

Côtelettes de veau grillées, sauce à la crème parfumée au madère

Rôti de veau aux carottes glacées
8 portions

3 tranches de lard
1 rôti de veau d'environ 1,4 kg (3 lb)
45 ml (3 c. à s.) d'huile d'olive
125 ml (1/2 tasse) d'eau
1 sachet de soupe à l'oignon
125 ml (1/2 tasse) d'oignon, haché
500 ml (2 tasses) de carottes miniatures
Sel et poivre
30 ml (2 c. à s.) de miel
10 ml (2 c. à t.) de persil, haché

Préchauffer le four à 160 °C (325 °F).

Enrober le rôti de tranches de lard.

Dans une casserole allant au four, chauffer l'huile à feu vif. Saisir le rôti sur toutes les faces. Ajouter l'eau, la soupe à l'oignon, l'oignon et les carottes. Saler et poivrer.

Cuire au four 25 minutes par livre. Retirer du four. Déposer le rôti dans un plat de service, couvrir et laisser reposer 10 minutes.

Entre-temps, amener le jus de cuisson et les légumes à ébullition. Ajouter le miel et le persil. Mélanger et poursuivre la cuisson 3 minutes.

Au moment de servir, disposer les légumes autour du rôti et napper de sauce.

Par portion   Calories (Kcal) : 285   Gras : 15 g = 46 % des Kcal provenant du gras
Protéines : 25 g   Cholestérol : 99 mg   Sodium : 591 mg   Hydrates de carbone : 13 g

Côtelettes de veau grillées, sauce à la crème parfumée au madère
4 portions

4 côtelettes de veau
Sel et poivre
15 ml (1 c. à s.) d'huile d'olive
15 ml (1 c. à s.) de beurre
30 ml (2 c. à s.) d'échalotes sèches, hachées
125 ml (1/2 tasse) de madère
30 ml (2 c. à s.) de jus de citron
250 ml (1 tasse) de bouillon de bœuf ou de fond de veau
125 ml (1/2 tasse) de crème 35 %
Sel et poivre

Préchauffer le four à 200 °C (400 °F).

Saler et poivrer le veau.

Dans une poêle à fond épais, chauffer l'huile et le beurre à feu vif. Saisir les côtelettes 3 minutes de chaque côté. Transférer dans une lèchefrite. Poursuivre la cuisson au four 10 minutes.

Entre-temps, retirer le gras de la poêle. Ajouter les échalotes, la moitié du madère, le jus de citron et le bouillon. Laisser réduire de moitié.

Ajouter la crème en mélangeant lentement. Ajouter le reste du madère et laisser réduire jusqu'à épaississement. Saler et poivrer.

Au moment de servir, napper les côtelettes de sauce.

Par portion   Calories (Kcal) : 398   Gras : 29 g = 71 % des Kcal provenant du gras
Protéines : 25 g   Cholestérol : 147 mg   Sodium : 489 mg   Hydrates de carbone : 2 g

Ragoût de veau au vin rouge
6 portions

30 ml (2 c. à s.) d'huile d'olive
30 ml (2 c. à s.) de beurre
675 g (1 1/2 lb) de veau, émincé
1 oignon, émincé
125 ml (1/2 tasse) de champignons, tranchés
1 pincée de thym
160 ml (2/3 tasse) de vermouth
1 boîte de 284 ml (10 oz) de crème d'asperges
160 ml (2/3 tasse) d'eau
15 ml (1 c. à s.) de paprika
2 ml (1/2 c. à t.) de poivre

Dans une grande poêle, chauffer l'huile et le beurre à feu vif. Saisir le veau. Retirer et réserver.

Diminuer le feu. Dans la même poêle, ajouter l'oignon, les champignons et le thym. Poursuivre la cuisson 5 minutes en remuant de temps à autre. Ajouter le vermouth, la crème d'asperges, l'eau, le paprika et le poivre. Poursuivre la cuisson 2 minutes.

Ajouter le veau et laisser mijoter à feu doux pendant 15 minutes en remuant de temps à autre.

Servir.

Par portion   Calories (Kcal) : 257   Gras : 14 g = 57 % des Kcal provenant du gras
Protéines : 17 g   Cholestérol : 75 mg   Sodium : 246 mg   Hydrates de carbone : 7 g

Cervelles de veau aux pommes
4 portions

- 625 g (1 1/2 lb) de cervelles de veau
- 1,5 litre (6 tasses) de court-bouillon
- 60 ml (1/4 tasse) de farine
- Sel et poivre
- 30 ml (2 c. à s.) d'huile d'olive
- 2 pommes, tranchées
- 45 m (3 c. à s.) de vinaigre de cidre
- 180 ml (3/4 tasse) de bouillon de poulet
- Estragon, haché

Faire dégorger les cervelles 1 h 30 sous l'eau fraîche ou jusqu'à ce que les impuretés et le sang aient disparu. Retirer la membrane qui enrobe les cervelles.

Dans une casserole, amener le court-bouillon à ébullition.

Plonger les cervelles dans le court-bouillon. Retirer la casserole du feu, dès la reprise de l'ébullition. Laisser refroidir.

Égoutter les cervelles et les trancher en médaillons. Enfariner. Saler et poivrer.

Dans une poêle, chauffer l'huile à feu moyen. Faire revenir les médaillons 2 minutes de chaque côté. Ajouter les pommes. Poursuivre la cuisson 1 minute. Déglacer avec le vinaigre et laisser réduire de moitié. Verser le bouillon. Poursuivre la cuisson pendant 4 minutes.

Au moment de servir, parsemer d'estragon.

Par portion Calories (Kcal) : 421 Gras : 13 g = 28 % des Kcal provenant du gras
Protéines : 57 g Cholestérol : 789 mg Sodium : 1200 mg Hydrates de carbone : 17 g

Ris de veau aux herbes fraîches
4 portions

- 625 g (1 1/2 lb) de ris de veau
- 1,5 litre (6 tasses) de court-bouillon
- 60 ml (1/4 tasse) de farine
- Sel et poivre
- 10 ml (2 c. à t.) d'huile d'olive
- 125 ml (1/2 tasse) de bouillon de légumes
- 60 ml (1/4 tasse) de tomate, hachée
- 5 ml (1 c. à t) de persil, haché
- 5 ml (1 c. à t) de cerfeuil, haché
- 5 ml (1 c. à t) d'estragon, haché
- 5 ml (1 c. à t) de ciboulette, hachée

Faire dégorger les ris sous l'eau fraîche 1 h 30 ou jusqu'à ce que les impuretés et le sang aient disparu.

Dans une casserole, amener le court-bouillon à ébullition. Plonger les ris dans le court-bouillon. Retirer la casserole du feu, dès la reprise de l'ébullition. Laisser refroidir.

Égoutter, retirer la membrane qui enrobe les ris et les trancher en médaillons. Enfariner. Saler et poivrer.

Dans une poêle, chauffer l'huile à feu moyen. Faire revenir les médaillons 3 minutes de chaque côté. Ajouter le bouillon, la tomate, le persil, le cerfeuil, l'estragon et la ciboulette. Poursuivre la cuisson 4 minutes en remuant de temps à autre.

Servir.

Par portion Calories (Kcal) : 364 Gras : 8 g = 22 % des Kcal provenant du gras
Protéines : 57 g Cholestérol : 789 mg Sodium : 1140 mg Hydrates de carbone : 11 g

Foie de veau aux câpres
4 portions

- 4 tranches de foie de veau de 140 g (5 oz) chacune
- 250 ml (1 tasse) de lait
- Sel et poivre
- 60 ml (1/4 tasse) de farine de blé entier
- 45 ml (3 c. à s.) d'huile d'olive
- 45 ml (2 c. à s.) de câpres, égouttées
- 60 ml (1/4 tasse) de champignons, tranchés
- 15 ml (1 c. à s.) de zeste d'orange
- 60 ml (1/4 tasse) de jus d'orange

Dans un bol, faire tremper le foie dans le lait pendant 30 minutes. Égoutter et assécher. Saler et poivrer. Enfariner les tranches de foie.

Dans une poêle, chauffer l'huile à feu moyen. Cuire les tranches de foie 1 minute par côté. Retirer de la poêle, couvrir d'un papier aluminium et réserver.

Dans la même poêle, ajouter les câpres, les champignons et le zeste d'orange. Poursuivre la cuisson 2 minutes en remuant de temps à autre. Verser le jus d'orange et mélanger. Remettre le foie dans la poêle et poursuivre la cuisson 1 minute.

Servir.

Par portion Calories (Kcal) : 319 Gras : 17 g = 47 % des Kcal provenant du gras
Protéines : 26 g Cholestérol : 439 mg Sodium : 129 mg Hydrates de carbone : 15 g

De haut en bas :

Ris de veau aux herbes fraîches

Foie de veau aux câpres

Cervelles de veau aux pommes

hiver 315

Mets principaux

PORC

Aujourd'hui, les méthodes d'élevage du porc diffèrent de celles qui prévalaient autrefois. En effet, la demande pour une viande moins grasse a influencé le régime alimentaire de l'animal. Le porc «moderne» est moins obèse que son aïeul; il a fondu! Notre rôti de porc aux champignons et aux dattes, quant à lui, vous fondra dans la bouche!

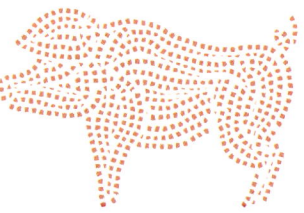

Rôti de porc aux champignons et aux dattes

Petit jambon aux kiwis

Rôti de porc aux champignons et aux dattes
6 portions

45 ml (3 c. à s.) d'huile d'olive
1 rôti de porc de 900 g (2 lb)
Sel et poivre
45 ml (3 c. à s.) de moutarde forte
250 ml (1 tasse) de champignons, en quartiers
250 ml (1 tasse) de bouillon de poulet
80 ml (1/3 tasse) de dattes, émincées
Persil, haché

Préchauffer le four à 175 °C (350 °F).

Dans une grande poêle, chauffer l'huile à feu vif. Saisir le rôti de tous les côtés. Saler et poivrer. Transférer dans une lèchefrite et badigeonner de moutarde.

Déposer les champignons autour du rôti.

Cuire au four 20 minutes. Verser le bouillon et les dattes sur le porc et poursuivre la cuisson 20 minutes. Retirer du four et laisser reposer 5 minutes.

Au moment de servir, garnir de persil.

Par portion Calories (Kcal): 558 Gras: 47 g = 75 % des Kcal provenant du gras
Protéines: 27 g Cholestérol: 80 mg Sodium: 394 mg Hydrates de carbone: 8 g

Petit jambon aux kiwis
8 portions

45 ml (3 c. à s.) de moutarde forte
15 ml (1 c. à s.) de sauce chili
30 ml (2 c. à s.) de miel liquide
2 ml (1/2 c. à t.) de quatre-épices
0,5 ml (1/8 c. à t.) de poivre
1 jambon fumé de 1,4 kg (3 lb)
250 ml (1 tasse) de jus d'ananas
1 kiwi, tranché
Clous de girofle
2 kiwis, en quartiers

Préchauffer le four à 175 °C (350 °F).

Dans un bol, mélanger la moutarde, la sauce chili, le miel, les épices et le poivre. Badigeonner le jambon de la moitié de ce mélange. Déposer dans une lèchefrite.

Cuire au four 10 minutes. Badigeonner du reste du mélange et poursuivre la cuisson 10 minutes.

Verser le jus d'ananas. Déposer les tranches de kiwi sur le jambon et les fixer à l'aide des clous de girofle. Placer les quartiers de kiwis autour. Arroser de jus de cuisson. Poursuivre la cuisson 10 minutes.

Retirer du four et laisser reposer 5 minutes.

Servir.

Par portion Calories (Kcal): 367 Gras: 18 g = 46 % des Kcal provenant du gras
Protéines: 31 g Cholestérol: 97 mg Sodium: 2113 mg Hydrates de carbone: 19 g

Ragoût de boulettes
6 portions

450 g (1 lb) de porc, haché
225 g (1/2 lb) de bœuf, haché
125 ml (1/2 tasse) de chapelure de blé entier
80 ml (1/3 tasse) d'oignon, haché
60 ml (1/4 tasse) de lait
1 œuf
1 gousse d'ail, hachée
15 ml (1 c. à s.) de persil, haché
2 ml (1/2 c. à t.) de sel
0,5 ml (1/8 c. à t.) de poivre
2 ml (1/2 c. à t.) de quatre-épices
1 pincée de muscade
125 ml (1/2 tasse) de farine de blé entier, grillée
45 ml (3 c. à s.) d'huile d'olive
750 ml (3 tasses) de bouillon de poulet
60 ml (4 c. à s.) de farine, grillée
125 ml (1/2 tasse) d'eau
15 ml (1 c. à s.) de persil, haché

Dans un bol, mélanger le porc, le bœuf, la chapelure, l'oignon, le lait, l'œuf, l'ail, le persil, le sel, le poivre, les épices et la muscade. Façonner en boulettes de 2,5 cm (1 po) et les enfariner.

Dans une casserole, chauffer l'huile à feu moyen. Cuire les boulettes 5 minutes en remuant souvent.

Verser le bouillon. Amener à ébullition. Réduire le feu et laisser mijoter 30 minutes en remuant de temps à autre. Délayer la farine dans l'eau. Ajouter au bouillon et laisser mijoter 5 minutes ou jusqu'à épaississement. Retirer du feu, ajouter le persil et mélanger. Laisser reposer 10 minutes.

Servir.

Par portion Calories (Kcal): 507 Gras: 35 g = 62 % des Kcal provenant du gras
Protéines: 30 g Cholestérol: 135 mg Sodium: 1075 mg Hydrates de carbone: 17 g

Carré de porc aux canneberges
3 portions

60 ml (1/4 tasse) de moutarde forte
15 ml (1 c. à s.) de miel, fondu
60 ml (1/4 tasse) de gelée de canneberges
60 ml (1/4 tasse) de chapelure
2 gousses d'ail, hachées
30 ml (2 c. à s.) d'huile d'olive
1 carré de porc de 6 côtes, paré
Sel et poivre
125 ml (1/2 tasse) de canneberges, en gelée
15 ml (1 c. à s.) de persil, haché

Préchauffer le four à 175 °C (350 °F).

Dans un bol, mélanger la moutarde, le miel et la gelée de canneberges. Réserver. Dans un autre bol, mélanger la chapelure et l'ail. Réserver.

Dans une poêle, chauffer l'huile à feu vif. Saisir le porc de chaque côté. Transférer dans une lèchefrite. Badigeonner du mélange de moutarde et saupoudrer du mélange de chapelure. Saler et poivrer.

Cuire au four pendant 15 minutes. Verser les canneberges en gelée sur le carré et poursuivre la cuisson 15 minutes.

Retirer du four. Parsemer de persil. Couvrir de papier aluminium. Laisser reposer 10 minutes.

Servir.

Par portion	Calories (Kcal) : 655	Gras : 41 g = 57 % des Kcal provenant du gras	
Protéines : 50 g	Cholestérol : 145 mg	Sodium : 357 mg	Hydrates de carbone : 18 g

Médaillons de porc aux tomates séchées
4 portions

1 filet de porc de 450 g (1 lb)
45 ml (3 c. à s.) d'huile d'olive
Sel et poivre
1 gousse d'ail, hachée
1 échalote sèche, hachée
45 ml (3 c. à s.) de tomates séchées, hachées
60 ml (1/4 tasse) de vin rouge
30 ml (2 c. à s.) de sauce chili
180 ml (3/4 tasse) de bouillon de bœuf

Trancher le filet de porc en médaillons.

Dans une poêle, chauffer l'huile à feu moyen. Faire revenir les médaillons 2 minutes de chaque côté. Saler et poivrer. Retirer de la poêle et réserver.

Dans la même poêle, ajouter l'ail, l'échalote et les tomates séchées. Faire revenir 2 minutes. Verser le vin et laisser réduire de moitié. Incorporer la sauce chili et le bouillon. Poursuivre la cuisson 3 minutes en remuant de temps à autre.

Remettre les médaillons dans la poêle, les retourner et poursuivre la cuisson 1 minute. Retirer du feu et laisser reposer 5 minutes.

Servir.

Par portion	Calories (Kcal) : 246	Gras : 16 g = 61 % des Kcal provenant du gras	
Protéines : 20 g	Cholestérol : 47 mg	Sodium : 365 mg	Hydrates de carbone : 3 g

Tourtière aux trois viandes
4 portions

225 g (1/2 lb) de bœuf, haché
115 g (1/4 lb) de porc, haché
115 g (1/4 lb) de veau, haché
2 oignons, hachés
1 pomme de terre, râpée
5 ml (1 c. à t.) de quatre-épices
2 ml (1/2 c. à t.) de ciboulette, hachée
60 ml (1/4 tasse) de bouillon de poulet
Sel et poivre
2 abaisses de pâte brisée
Paprika

Dans un grand bol, mélanger les viandes, les oignons, la pomme de terre, les épices, la ciboulette et le bouillon. Saler et poivrer. Laisser reposer au réfrigérateur 4 heures.

Préchauffer le four à 175 °C (350 °F).

Foncer une assiette à tarte profonde d'une abaisse. Couvrir du mélange de viande. Recouvrir de l'autre abaisse. Faire quelques incisions sur la tourtière.

Cuire au four pendant 1 h 15. Vérifier la croûte après 45 minutes de cuisson et au besoin recouvrir de papier aluminium.

Au moment de servir, saupoudrer de paprika.

Par portion	Calories (Kcal) : 610	Gras : 37 g = 55 % des Kcal provenant du gras	
Protéines : 29 g	Cholestérol : 99 mg	Sodium : 538 mg	Hydrates de carbone : 40 g

De haut en bas :

Carré de porc aux canneberges

Médaillons de porc aux tomates séchées

Tourtière aux trois viandes

hiver

319

Mets principaux

AGNEAU

Saviez-vous que l'os du gigot d'agneau occupe 25% du poids du morceau? Pensez-y lorsque vous achèterez un gigot, cela vous évitera la mauvaise surprise de manquer de viande. Pour être «gras dur» et avoir l'esprit en paix, demandez conseil à votre boucher pour la quantité idéale par personne. Parlant de «gras dur», on appelle ainsi le gras de l'agneau parce qu'il fige rapidement dans l'assiette!

Cari d'agneau aux fruits séchés

Longes d'agneau farcies aux artichauts

Cari d'agneau aux fruits séchés
8 portions

- 900 g (2 lb) d'agneau, haché
- 30 ml (2 c. à s.) de beurre
- 30 ml (2 c. à s.) d'huile
- 4 oignons, hachés
- 4 gousses d'ail, hachées
- 45 ml (3 c. à s.) de farine
- 5 ml (1 c. à t.) de paprika
- 10 ml (2 c. à t.) de poudre de cari
- 15 ml (1 c. à s.) de poudre de chili
- 10 ml (2 c. à t.) de sel
- 375 ml (1 1/2 tasse) d'eau
- 6 abricots séchés, coupés en 2
- 6 dattes séchées, coupées en 2
- 6 figues séchées, coupées en 2
- 12 clous de girofle
- 1 bâton de cannelle

Former des boulettes d'agneau de 2,5 cm (1 po) de diamètre.

Dans une poêle à fond épais, chauffer le beurre et l'huile à feu moyen. Faire revenir les boulettes sur toutes les faces. Retirer et réserver.

Dans la même poêle, faire revenir les oignons et l'ail pendant 2 minutes. Ajouter la farine, le paprika, le cari, le chili et le sel. Mélanger.

Ajouter l'eau, les fruits, les clous de girofle et le bâton de cannelle. Mélanger et poursuivre la cuisson 2 minutes en remuant constamment. Ajouter les boulettes, couvrir et laisser mijoter 15 minutes.

Servir sur un lit de riz.

Par portion Calories (Kcal) : 437 Gras : 36 g = 74 % des Kcal provenant du gras
Protéines : 24 g Cholestérol : 94 mg Sodium : 578 mg Hydrates de carbone : 4 g

Longes d'agneau farcies aux artichauts
4 portions

- 2 longes d'agneau, désossées
- Sel et poivre
- 125 ml (1/2 tasse) de cœurs d'artichauts, grossièrement hachés
- 2 gousses d'ail, hachées
- 1 échalote verte, hachée
- 45 ml (3 c. à s.) de moutarde forte
- 2 ml (1/2 c. à t.) de romarin, haché
- 30 ml (2 c. à s.) d'huile d'olive
- 250 ml (1 tasse) de bouillon de bœuf

Préchauffer le four à 175 °C (350 °F).

Pratiquer une incision sur la longueur des longes de façon à pouvoir les ouvrir en portefeuille. Saler et poivrer. Dans un bol, mélanger les cœurs d'artichauts, l'ail, l'échalote, la moutarde et le romarin. Répartir ce mélange sur les longes. Rouler le plus serré possible et ficeler.

Dans une poêle, chauffer l'huile à feu moyen. Faire revenir les longes 4 minutes en remuant souvent. Transférer dans une lèchefrite et cuire au four 12 minutes. Retirer du four et couvrir d'un papier aluminium. Laisser reposer 10 minutes.

Entre-temps, verser le bouillon dans la même poêle, amener à ébullition, diminuer le feu et laisser mijoter 10 minutes. Passer les longes dans le bouillon chaud. Trancher en médaillons.

Au moment de servir, napper les médaillons de bouillon.

Par portion Calories (Kcal) : 439 Gras : 31 g = 40 % des Kcal provenant du gras
Protéines : 24 g Cholestérol : 78 mg Sodium : 478 mg Hydrates de carbone : 3 g

Gigot d'agneau au parfum de tomate
8 portions

- 3 oignons, tranchés
- 1 gigot d'agneau de 1,8 kg (4 lb)
- 2 gousses d'ail, coupées en 4
- 30 ml (2 c. à s.) d'huile d'olive
- 60 ml (1/4 tasse) de sauce chili
- 30 ml (2 c. à s.) de moutarde forte
- 5 ml (1 c. à t.) de basilic, haché
- Sel et poivre
- 4 tomates, en quartiers

Préchauffer le four à 175 °C (350 °F).

Déposer les tranches d'oignons au fond d'une lèchefrite. Faire des incisions dans le gigot et y insérer l'ail.

Dans un bol, mélanger l'huile, la sauce chili, la moutarde et le basilic. Étendre cette préparation sur le gigot. Saler et poivrer.

Cuire au four pendant 45 minutes. Déposer les tomates autour du gigot. Saler et poivrer. Poursuivre la cuisson 15 minutes.

Retirer du four et laisser reposer 10 minutes.

Servir.

Par portion Calories (Kcal) : 656 Gras : 69 g = 67 % des Kcal provenant du gras
Protéines : 67 g Cholestérol : 247 mg Sodium : 374 mg Hydrates de carbone : 20 g

Pâté d'agneau aux herbes et à la courge
4 portions

- 45 ml (3 c. à s.) d'huile d'olive
- 1 oignon, émincé
- 125 ml (1/2 tasse) de courge poivrée, hachée
- 1 branche de céleri, en julienne
- 450 g (1 lb) d'agneau, haché
- 5 ml (1 c. à t.) de persil
- 5 ml (1 c. à t.) de ciboulette
- 1 ml (1/4 c. à t.) de romarin
- 1 ml (1/4 c. à t.) de thym
- Sel et poivre
- 450 g (1 lb) de pâte brisée
- 30 ml (2 c. à s.) de lait
- 1 œuf, battu

Préchauffer le four à 175 °C (350 °F).

Dans une poêle, chauffer l'huile à feu moyen. Faire revenir l'oignon, la courge et le céleri. Laisser tiédir.

Dans un bol, incorporer cette préparation à l'agneau. Ajouter le persil, la ciboulette, le romarin et le thym. Façonner 8 boulettes et les aplatir. Saler et poivrer.

Abaisser la pâte et découper 8 cercles de 20 cm (8 po) de diamètre. Déposer une boulette au centre de chaque cercle. Replier en demi-lune en prenant soin de badigeonner le contour de lait et le dessus avec l'œuf.

Cuire au four pendant 40 minutes.

Par portion	Calories (Kcal) : 645	Gras : 50 g = 60 % des Kcal provenant du gras
Protéines : 20 g	Cholestérol : 101 mg	Sodium : 755 mg	Hydrates de carbone : 18 g

Pain d'agneau aux betteraves
6 portions

- 675 g (1 1/2 lb) d'agneau, haché
- 125 ml (1/2 tasse) de chapelure
- 1 œuf
- 30 ml (2 c. à s.) de sauce chili
- 2 gousses d'ail, hachées
- 1 échalote verte, hachée
- 5 ml (1 c. à t.) de romarin, haché
- 125 ml (1/2 tasse) de betteraves, cuites, en dés
- Sel et poivre

Préchauffer le four à 175 °C (350 °F).

Dans un bol, mélanger l'agneau, la chapelure, l'œuf, la sauce chili, l'ail, l'échalote, le romarin et les betteraves. Saler et poivrer.

Huiler un moule à pain. Presser la préparation au fond du moule.

Cuire au four pendant 1 heure.

Au moment de servir, napper d'une crème de tomate.

Par portion	Calories (Kcal) : 377	Gras : 28 g = 68 % des Kcal provenant du gras
Protéines : 21 g	Cholestérol : 113 mg	Sodium : 166	Hydrates de carbone : 9 g

Médaillons d'agneau aux canneberges
4 portions

- 45 ml (3 c. à s.) d'huile d'olive
- 2 longes d'agneau
- Sel et poivre
- 45 ml (3 c. à s.) de moutarde forte
- 250 ml (1 tasse) de canneberges, en gelée
- 250 ml (1 tasse) de bouillon de bœuf
- 10 ml (2 c. à t.) de menthe, hachée

Préchauffer le four à 175 °C (350 °F).

Dans une grande poêle, chauffer l'huile à feu vif. Saisir les longes de tous les côtés. Saler et poivrer. Transférer dans une lèchefrite et badigeonner de moutarde. Cuire au four pendant 5 minutes.

Retirer du four et verser les canneberges en gelée et le bouillon sur les longes. Remettre au four. Poursuivre la cuisson 10 minutes.

Retirer du four. Parsemer de menthe et laisser reposer 5 minutes. Trancher en médaillons et napper de bouillon aux canneberges.

Servir.

Par portion	Calories (Kcal) : 279	Gras : 20 g = 63 % des Kcal provenant du gras
Protéines : 12 g	Cholestérol : 47 mg	Sodium : 289 mg	Hydrates de carbone : 14 g

De haut en bas :

Pâté d'agneau aux herbes et à la courge

Pain d'agneau aux betteraves

Médaillons d'agneau aux canneberges

hiver 323

Mets principaux

Poissons et fruits de mer

N'ayez crainte, les darnes de requin de ces pages n'ont pas une once de malice... elles ne sont qu'un pur délice ! Inutile d'insister, mais saviez-vous que certaines espèces de requins peuvent avoir jusqu'à 3000 dents... mais pas la moindre arête ?

Filets de sole à la lime et à l'estragon

Darnes de requin aux olives

Filets de sole à la lime et à l'estragon
6 portions

1 œuf, battu
30 ml (2 c. à s.) de jus de lime
30 ml (2 c. à s.) d'eau
6 filets de sole
Sel et poivre
2 tranches de pain de blé entier, grillées, séchées
30 ml (4 c. à s.) de farine
15 ml (1 c. à s.) d'estragon, séché
30 ml (2 c. à s.) d'huile d'olive
15 ml (1 c. à s.) de beurre
1 lime, tranchée

Dans un bol, mélanger l'œuf, le jus de lime et l'eau. Déposer les filets dans ce mélange. Saler et poivrer. Laisser reposer 5 minutes.

Entre-temps, dans un bol, mélanger le pain, la farine et l'estragon. Enrober les filets de cette chapelure.

Dans une poêle, chauffer l'huile et le beurre à feu moyen. Faire revenir les filets 2 minutes de chaque côté.

Au moment de servir, garnir de tranches de lime.

Par portion Calories (Kcal) : 236 Gras : 12 g = 45 % des Kcal provenant du gras
Protéines : 18 g Cholestérol : 53 mg Sodium : 167 mg Hydrates de carbone : 14 g

Darnes de requin aux olives
4 portions

30 ml (2 c. à s.) d'huile d'olive
4 darnes de requin de 140 g (5 oz) chacune
Sel et poivre
15 ml (1 c. à s.) de jus de citron
30 ml (2 c. à s.) de pesto
12 olives farcies, tranchées
12 olives noires, tranchées
Zeste de citron
1 citron, en quartiers

Préchauffer le four à 175 °C (350 °F).

Dans une poêle, chauffer l'huile à feu moyen. Cuire les darnes 2 minutes de chaque côté. Saler et poivrer. Retirer de la poêle. Transférer dans une lèchefrite. Badigeonner de jus de citron et de pesto, recouvrir des olives, parsemer du zeste et couvrir de papier aluminium. Poursuivre la cuisson 8 minutes au four.

Retirer du four et laisser reposer 5 minutes.

Au moment de servir, garnir avec les quartiers de citron.

Par portion Calories (Kcal) : 243 Gras : 15 g = 53 % des Kcal provenant du gras
Protéines : 25 g Cholestérol : 62 mg Sodium : 224 mg Hydrates de carbone : 4 g

Espadon à la sauce piquante
4 portions

15 ml (1 c. à s.) d'huile d'olive
30 ml (2 c. à s.) de jus de légumes
15 ml (1 c. à s.) de jus de citron
4 darnes d'espadon de 140 g (5 oz) chacune
Sel et poivre
60 ml (1/4 tasse) de sauce chili
15 ml (1 c. à s.) de raifort dans le vinaigre
0,5 ml (1/8 c. à t.) de sauce Tabasco

Préchauffer le four à 175 °C (350 °F).

Dans un bol, mélanger l'huile d'olive, le jus de légumes et le jus de citron.

Badigeonner les darnes de cette préparation.

Déposer dans une lèchefrite. Saler et poivrer. Couvrir de papier aluminium.

Cuire au four pendant 15 minutes.

Retirer du four et laisser reposer 5 minutes.

Entre-temps, dans un bol, mélanger la sauce chili, le raifort et la sauce Tabasco.

Au moment de servir, napper les darnes de sauce.

Par portion Calories (Kcal) : 209 Gras : 9 g = 40 % des Kcal provenant du gras
Protéines : 28 g Cholestérol : 55 mg Sodium : 169 mg Hydrates de carbone : 2 g

Quenelles de poisson
4 portions

250 ml (1 tasse) de pommes de terre, cuites, en dés
500 ml (2 tasses) de chair de brochet, émiettée
1 œuf
1 gousse d'ail, hachée
2 échalotes sèches, hachées
60 ml (1/4 tasse) de crème 35 %
750 ml (3 tasses) de bouillon de fruits de mer
Persil, haché et paprika

Au robot culinaire, réduire en purée les pommes de terre, le brochet, l'œuf, l'ail, l'échalote et la crème. Saler et poivrer. À l'aide de 2 cuillères à soupe, former des boulettes en forme de fuseaux. Placer au réfrigérateur 1 heure.

Préchauffer le four à 175 °C (350 °F).

Dans une casserole, amener le bouillon à ébullition. Pocher les quenelles 3 minutes. Les retirer à l'aide d'un écumoire et les déposer dans une lèchefrite. Parsemer de persil et de paprika. Poursuivre la cuisson 4 minutes au four. Au moment de servir, napper du bouillon aux fruits de mer.

Par portion	Calories (Kcal) : 562	Gras : 30 g = 39 % des Kcal provenant du gras
Protéines : 42 g	Cholestérol : 155 mg	Sodium : 747 mg	Hydrates de carbone : 32 g

Filets de truite en croûte

Filets de truite en croûte
4 portions

30 ml (2 c. à s.) de beurre
8 filets de truite
375 ml (1 1/2 tasse) de lait
45 ml (3 c. à s.) de farine
45 ml (3 c. à s.) de beurre
125 ml (1/2 tasse) de crème de champignons
125 ml (1/2 tasse) de carotte, cuite, en dés
125 ml (1/2 tasse) de pois verts
5 ml (1 c. à t.) de thym
2 abaisses de pâte brisée

Préchauffer le four à 190 °C (375 °F).

Dans une poêle, chauffer le beurre à feu moyen. Faire revenir les truites 2 minutes de chaque côté. Retirer de la poêle. Retirer la peau, tailler les filets et enlever les arêtes. Réserver.

Dans un grand bol, mélanger le lait, la farine et le beurre. Placer le bol au micro-ondes à intensité ÉLEVÉ pendant 3 minutes. Retirer du four et mélanger à l'aide d'un fouet. Replacer au micro-ondes et poursuivre la cuisson 2 minutes. Retirer du four et mélanger à nouveau. Ajouter la crème de champignons, la carotte, les pois et le thym. Saler et poivrer. Réserver. Foncer un plat allant au four de 25 cm x 15 cm (10 po x 6 po) d'une abaisse. Déposer les filets, verser la sauce et recouvrir de l'autre abaisse.

Cuire au four pendant 30 minutes. Servir.

Par portion	Calories (Kcal) : 689	Gras : 19 g = 22 % des Kcal provenant du gras
Protéines : 36 g	Cholestérol : 68 mg	Sodium : 254 mg	Hydrates de carbone : 145 g

Couscous aux poissons et aux légumes

Quenelles de poisson

Couscous aux poissons et aux légumes
4 portions

45 ml (3 c. à s.) d'huile d'olive
2 oignons, hachés
30 ml (2 c. à s.) de pâte de tomate
5 ml (1 c. à t.) de paprika
15 ml (1 c. à s.) de cumin
1,5 litre (6 tasses) d'eau
1 piment jalapeño
4 pommes de terre, en quartiers
1 carotte, hachée
125 ml (1/2 tasse) de pois chiches, égouttés
Sel et poivre
250 ml (1 tasse) de crevettes, décortiquées
125 ml (1/2 tasse) de goberge, en morceaux
125 ml (1/2 tasse) de morue, en morceaux
500 ml (2 tasses) de couscous

Dans une grande casserole, chauffer l'huile à feu moyen. Faire revenir les oignons 3 minutes. Ajouter la pâte de tomate, le paprika et le cumin. Poursuivre la cuisson 5 minutes en remuant de temps à autre. Ajouter l'eau, le piment, les pommes de terre, la carotte et les pois chiches. Saler et poivrer. Laisser mijoter à mi-couvert 10 minutes. Retirer le piment.

Ajouter les poissons et poursuivre la cuisson pendant 5 minutes. Retirer du feu, couvrir et laisser reposer 10 minutes.

Dans un bol, faire tremper le couscous dans 500 ml (2 tasses) de jus de cuisson, jusqu'à absorption complète du liquide.

Au moment de servir, déposer le couscous dans les assiettes et recouvrir des poissons et des légumes.

Par portion Calories (Kcal) : 261 Gras : 12 g = 44 % des Kcal provenant du gras
Protéines : 24 g   Cholestérol : 127 mg   Sodium : 276 mg   Hydrates de carbone : 11 g

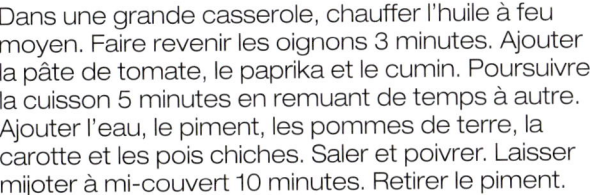

MENU

Huîtres fraîches aux quatre sauces	293
Potage taillé des grands soirs	300
Longes d'agneau farcies aux artichauts	321
Tombée de bette à carde de Savoie	336
Tartelettes au sucre	340

hiver

C'est à partir de la semoule que l'on obtient le couscous, qui ressemble à un petit grain de riz rond. Le couscous est l'ingrédient de base du plat maghrébin du même nom, qui est composé de viandes, de légumes et de sauce piquante. Voici une variante au poisson qui mettra une touche de soleil dans la grisaille hivernale !

Mets principaux

Viandes chevaline et sauvagine

La perdrix est un gibier de choix qui appartient aux galliformes. Oiseau terrestre, elle se déplace en marchant, comme ses cousins la caille, le coq de Bruyère, le faisan, le dindon et le paon. La perdrix creuse son nid dans le sol et lorsqu'elle appelle son petit perdreau, l'on dit qu'elle «cacabe»!

Rôti de sanglier aux pruneaux

Mousse de perdrix

Rôti de sanglier aux pruneaux
6 portions

45 ml (3 c. à s.) d'huile d'olive
1 rôti de sanglier de 900 g (2 lb)
Sel et poivre
45 ml (3 c. à s.) de moutarde à l'ancienne
6 betteraves, en quartiers
250 ml (1 tasse) de bouillon de bœuf
60 ml (1/4 tasse) de sauce chili
250 ml (1 tasse) de pruneaux, dénoyautés
Persil, haché

Préchauffer le four à 175 °C (350 °F).

Dans une grande poêle, chauffer l'huile à feu vif. Saisir le rôti de tous les côtés. Saler et poivrer.

Transférer dans une lèchefrite et badigeonner de moutarde. Déposer les betteraves autour du rôti.

Cuire au four 15 minutes. Verser le bouillon et la sauce chili sur le sanglier et entourer de pruneaux. Poursuivre la cuisson 20 minutes.

Retirer du four. Laisser reposer 5 minutes.

Au moment de servir, garnir de persil.

Par portion Calories (Kcal) : 315 Gras : 12 g = 35 % des Kcal provenant du gras
Protéines : 34 g Cholestérol : 0 mg Sodium : 327 mg Hydrates de carbone : 17 g

Mousse de perdrix
4 portions

2 sachets de gélatine neutre
60 ml (1/4 tasse) d'eau
1 perdrix, cuite et désossée
375 ml (1 1/2 tasse) de crème sure
30 ml (2 c. à s.) de paprika
5 ml (1 c. à t.) de sel
0,5 ml (1/8 c. à t.) de poivre
1 ml (1/4 c. à t.) de jus de citron
30 ml (2 c. à s.) d'oignon, haché
250 ml (1 tasse) de crème, fouettée
125 ml (1/2 tasse) de canneberges, égouttées

Dans une casserole, saupoudrer la gélatine sur l'eau et laisser gonfler 5 minutes. Chauffer la gélatine à feu doux jusqu'à complète dissolution.

Au robot culinaire, mélanger la perdrix, la crème sure, le paprika, le sel, le poivre, le jus de citron et l'oignon. Ajouter la gélatine et mélanger.

Verser la préparation dans un bol et incorporer la crème fouettée en pliant. Ajouter les canneberges et mélanger délicatement.

Verser dans un moule de 1,5 litre (6 tasses). Placer au réfrigérateur pendant 3 heures.

Pour démouler, tremper rapidement le fond du moule dans de l'eau chaude et retourner dans une assiette de service.

Servir avec du pain à l'ail et une salade.

Par portion Calories (Kcal) : 540 Gras : 44 g = 54 % des Kcal provenant du gras
Protéines : 64 g Cholestérol : 264 mg Sodium : 238 mg Hydrates de carbone : 13 g

Civet de lièvre aux poireaux
4 portions

500 ml (2 tasses) de bière blonde
1 oignon, haché
1 carotte, hachée
1 branche de fenouil, hachée
2 gousses d'ail, hachées
2 ml (1/2 c. à t.) de poivre
4 clous de girofle
1 lièvre, en morceaux
60 ml (1/4 tasse) de farine
60 ml (4 c. à s.) d'huile d'olive
3 poireaux, coupés en 2
Persil, haché

Préchauffer le four à 175 °C (350 °F).

Dans un bol, mélanger la bière, l'oignon, la carotte, le fenouil, l'ail, le poivre et les clous de girofle. Ajouter le lièvre. Laisser mariner 8 heures au réfrigérateur.

Retirer le lièvre de la marinade et l'assécher à l'aide de papier absorbant. Réserver la marinade et enfariner les morceaux de lièvre. Dans une cocotte, chauffer l'huile à feu moyen. Faire revenir le lièvre 5 minutes de chaque côté. Ajouter la marinade. Mélanger.

Recouvrir de poireaux. Couvrir. Cuire au four 1 h 30.

Au moment de servir, parsemer de persil.

Par portion Calories (Kcal) : 247 Gras : 3 g = 12 % des Kcal provenant du gras
Protéines : 16 g Cholestérol : 46 mg Sodium : 78 mg Hydrates de carbone : 36 g

Salades et accompagnements

Frisée au confit d'oignon et d'ail au parfum de chèvre

Salade romaine aux crevettes et aux agrumes

Des soupes froides ? Des salades chaudes ? Vous n'êtes pas frileux lorsqu'il s'agit d'essayer de nouvelles recettes ! Voilà pourquoi nous vous proposons, pour les frisquettes journées d'hiver, notre salade tiède au confit de canard. Rappelez-vous de n'ajouter les ingrédients chauds qu'à la dernière minute, sinon votre escarole se fanera !

Frisée au confit d'oignon et d'ail au parfum de chèvre
4 portions

30 ml (2 c. à s.) d'huile d'olive
2 oignons rouges, en quartiers
4 gousses d'ail, en allumettes
45 ml (3 c. à s.) de miel
1 laitue frisée, déchiquetée
30 ml (2 c. à s.) de jus de lime
30 ml (2 c. à s.) d'huile d'olive extra vierge
Sel et poivre
125 ml (1/2 tasse) de fromage de chèvre, émietté

Dans une poêle, chauffer l'huile à feu moyen. Faire revenir les oignons et l'ail 4 minutes en remuant de temps à autre. Ajouter le miel et mélanger. Diminuer le feu, couvrir et poursuivre la cuisson 5 minutes.

Dans un grand bol, déposer la laitue. Verser le jus de lime et l'huile vierge. Mélanger.

Ajouter les oignons et l'ail. Saler et poivrer. Mélanger. Parsemer de fromage de chèvre.

Servir.

| Par portion | Calories (Kcal) : 281 | Gras : 19 g = 58 % des Kcal provenant du gras |
| Protéines : 7 g | Cholestérol : 15 mg | Sodium : 60 mg | Hydrates de carbone : 24 g |

Escarole au parfum de menthe
4 portions

1 escarole, déchiquetée
125 ml (1/2 tasse) de tomates miniatures, coupées en 2
Sel et poivre
75 ml (5 c. à s.) d'huile d'olive
30 ml (2 c. à s.) de vinaigre balsamique
5 ml (1 c. à t.) de moutarde forte
15 ml (1 c. à s.) de crème de menthe
1 gousse d'ail, hachée
30 ml (2 c. à s.) de menthe, hachée

Dans un grand bol, déposer l'escarole et les tomates. Saler et poivrer.

Dans un petit bol, mélanger l'huile, le vinaigre, la moutarde, la crème de menthe et l'ail. Verser sur la salade et mélanger.

Répartir dans 4 assiettes et parsemer de menthe hachée.

Servir.

| Par portion | Calories (Kcal) : 284 | Gras : 17 g = 52 % des Kcal provenant du gras |
| Protéines : 12 g | Cholestérol : 82 mg | Sodium : 124 mg | Hydrates de carbone : 22 g |

Salade romaine aux crevettes et aux agrumes
4 portions

250 ml (1 tasse) de jus d'orange
250 ml (1 tasse) de jus de pamplemousse
500 ml (2 tasses) de crevettes, décortiquées
1/2 laitue romaine, déchiquetée
1 orange, en suprêmes*
1 pamplemousse, en suprêmes*
Sel et poivre
80 ml (1/3 tasse) de mayonnaise
30 ml (2 c. à s.) de sauce chili
15 ml (1 c. à s.) de scotch
5 ml (1 c. à t.) de ciboulette, hachée

Dans une casserole, amener le jus d'orange et le jus de pamplemousse à ébullition. Ajouter les crevettes et retirer du feu dès la reprise de l'ébullition. Égoutter et réserver.

Tapisser 4 assiettes de laitue romaine. Déposer les crevettes au centre, entourer des suprêmes d'agrumes. Saler et poivrer.

Dans un bol, mélanger la mayonnaise, la sauce chili, le scotch et la ciboulette. Saler et poivrer.

Au moment de servir, napper les crevettes de sauce.

| Par portion | Calories (Kcal) : 178 | Gras : 17 g = 88 % des Kcal provenant du gras |
| Protéines : 1 g | Cholestérol : 0 mg | Sodium : 22 mg | Hydrates de carbone : 4 g |

* voir lexique

Quand on parle de fromage de chèvre, on pense d'abord aux mignons petits rondins. Mais saviez-vous qu'il existe aussi du cheddar de chèvre ou du brie de chèvre ? Bêêh oui !

Fèves au lard express à la tomate séchée
4 portions

4 tranches de bacon, en dés
1 oignon, haché
2 gousses d'ail, hachées
500 ml (2 tasses) de haricots rouges, égouttés
45 ml (3 c. à s.) de sirop d'érable
45 ml (3 c. à s.) de mélasse
45 ml (3 c. à s.) de sauce chili
30 ml (2 c. à s.) de cassonade
5 ml (1 c. à t.) de moutarde en poudre
250 ml (1 tasse) de jus de tomate
45 ml (3 c. à s.) de tomates séchées, hachées
5 ml (1 c. à t.) de piments séchés, broyés
Sel et poivre

Dans une casserole à fond épais, cuire le bacon 3 minutes à feu moyen. Ajouter l'oignon et l'ail, mélanger et poursuivre la cuisson 3 minutes. Incorporer les haricots et poursuivre la cuisson 3 minutes en remuant de temps à autre.

Ajouter le reste des ingrédients et mélanger. Amener à ébullition. Diminuer le feu et couvrir. Laisser mijoter 1 heure.

Servir.

Par portion	Calories (Kcal) : 485	Gras : 4 g = 0 % des Kcal provenant du gras
Protéines : 25 g	Cholestérol : 5 mg	Sodium : 410 mg	Hydrates de carbone : 91 g

Pain aux lentilles
8 portions

30 ml (2 c. à s.) de beurre
1 oignon, émincé
2 gousses d'ail, hachées
125 ml (1/2 tasse) de champignons, émincés
250 ml (1 tasse) de lentilles, égouttées
2 ml (1/2 c. à t.) de thym, séché
1 pincée de clou girofle, moulu
1 pincée de muscade
1 pincée de poivre de Cayenne
2 œufs, battus
180 ml (3/4 tasse) de jus de tomate
30 ml (2 c. à s.) d'amandes, effilées
Sel

Préchauffer le four à 175 °C (350 °F).

Dans une casserole, chauffer le beurre à feu moyen. Faire revenir l'oignon, l'ail et les champignons pendant 3 minutes. Retirer du feu et ajouter le reste des ingrédients. Mélanger.

Déposer le mélange dans un plat allant au four de 23 cm x 13 cm (9 po x 5 po).

Cuire au four pendant 40 minutes ou jusqu'à ce que le dessus de la croûte soit doré.

Servir accompagné d'une crème de carottes.

Par portion	Calories (Kcal) : 141	Gras : 5 g = 29 % des Kcal provenant du gras
Protéines : 9 g	Cholestérol : 53 mg	Sodium : 128 mg	Hydrates de carbone : 17 g

Les 2 pâtes fraîches au coulis de légumes
4 portions

115 g (4 oz) de pâtes fraîches au blé entier
115 g (4 oz) de pâtes fraîches à l'encre de seiche
15 ml (1 c. à s.) d'huile d'olive
1 gousse d'ail, hachée
2 échalotes sèches, hachées
125 ml (1/2 tasse) de carotte, râpée
180 ml (3/4 tasse) de jus de légumes
Sel et poivre
Romarin, haché

Cuire les pâtes selon les instructions de l'emballage. Égoutter et réserver.

Dans une poêle, chauffer l'huile à feu moyen. Faire revenir l'ail et les échalotes 3 minutes. Ajouter la carotte, mélanger et poursuivre la cuisson 3 minutes. Verser le jus de légumes. Saler et poivrer. Laisser mijoter 10 minutes. Au robot culinaire, réduire en purée. Remettre le coulis dans la casserole et réchauffer.

Ajouter les pâtes. Mélanger.

Au moment de servir, parsemer de romarin.

Par portion	Calories (Kcal) : 218	Gras : 5 g = 20 des Kcal provenant du gras
Protéines : 7 g	Cholestérol : 41 mg	Sodium : 191 mg	Hydrates de carbone : 37 g

De haut en bas :

Les 2 pâtes fraîches au coulis de légumes

Fèves au lard express à la tomate séchée

Pain aux lentilles

hiver 333

Céleri aux 3 moutardes
4 portions

- 30 ml (2 c. à s.) d'huile d'olive
- 1 gousse d'ail, hachée
- 2 échalotes sèches, hachées
- 500 ml (2 tasses) de céleri, émincé
- 60 ml (1/4 tasse) de bouillon de poulet
- Sel et poivre
- 15 ml (1 c. à s.) de moutarde à l'ancienne
- 15 ml (1 c. à s.) de moutarde forte
- 2 ml (1/2 c. à t.) de moutarde en poudre
- Persil, haché
- Paprika

Dans une poêle, chauffer l'huile à feu moyen. Faire revenir l'ail et les échalotes 3 minutes. Ajouter le céleri, mélanger et poursuivre la cuisson 3 minutes.

Verser le bouillon. Saler et poivrer. Poursuivre la cuisson 5 minutes en remuant de temps à autre.

Ajouter les moutardes et mélanger. Poursuivre la cuisson 1 minute en remuant de temps à autre. Parsemer de persil et de paprika.

Servir.

Par portion	Calories (Kcal) : 82	Gras : 7 g = 76 % des Kcal provenant du gras
Protéines : 1 g	Cholestérol : 0 mg	Sodium : 234 mg	Hydrates de carbone : 4 g

Céleri aux 3 moutardes

Céleri-rave crémeux
4 portions

- 500 ml (2 tasses) de céleri-rave, émincé
- 15 ml (1 c. à s.) de jus de lime
- 30 ml (2 c. à s.) de poivron rouge, en brunoise
- 30 ml (2 c. à s.) de poivron jaune, en brunoise
- 45 ml (3 c. à s.) de câpres, égouttées
- 45 ml (3 c. à s.) de mayonnaise
- 30 ml (2 c. à s.) de crème sure
- 1 gousse d'ail, hachée
- 2 échalotes sèches, hachées
- Sel et poivre

Dans un bol, mélanger le céleri-rave et le jus de lime. Placer au réfrigérateur et laisser reposer 1 heure.

Ajouter le reste des ingrédients et mélanger. Replacer au réfrigérateur et laisser reposer à nouveau 1 heure.

Servir.

Par portion	Calories (Kcal) : 139	Gras : 10 g = 64 % des Kcal provenant du gras
Protéines : 1 g	Cholestérol : 7 mg	Sodium : 128 mg	Hydrates de carbone : 12 g

Céleri-rave crémeux

Rapini à l'ail rôti

Rapini à l'ail rôti
4 portions

45 ml (3 c. à s.) d'huile d'olive
3 gousses d'ail, hachées
1 oignon, émincé
500 ml (2 tasses) de rapini, émincé
45 ml (3 c. à s.) de poivron rouge, en brunoise
15 ml (1 c. à s.) de piments séchés, broyés
45 ml (3 c. à s.) de jus de citron
Sel et poivre

Dans une poêle, chauffer l'huile à feu moyen. Faire revenir l'ail et l'oignon 4 minutes en remuant de temps à autre. Ajouter le rapini, le poivron rouge et le piment. Mélanger. Poursuivre la cuisson 3 minutes en remuant de temps à autre.

Ajouter le jus de citron. Saler et poivrer. Couvrir à demi, diminuer le feu et poursuivre la cuisson pendant 3 minutes.

Servir.

Par portion Calories (Kcal) : 116   Gras : 10 g = 76 % des Kcal provenant du gras
Protéines : 1 g   Cholestérol : 6 mg   Sodium : 18 mg   Hydrates de carbone : 0 g

MENU

Petite gelée de porto et foie gras	292
Consommé au porto et aux profiteroles surprise	301
Rôti de sanglier aux pruneaux	329
Purée de pommes de terre et de patates douces au gingembre	336
Pain d'épices chocolaté de Noël	342

hiver 335

Le rapini est peu connu en Amérique du Nord, sauf dans la communauté italienne qui en est friande. Ce sont d'ailleurs les immigrants italiens qui l'ont apporté dans leur bagage au début du XXe siècle. Le rapini possède de longues tiges vertes au bout desquelles se dressent fièrement des feuilles dentelées. Comme son parent le brocoli, il est riche en vitamine C.

Purée de pommes de terre et de patates douces au gingembre
4 portions

500 ml (2 tasses) de pommes de terre, en dés
500 ml (2 tasses) de patates douces, en dés
45 ml (3 c. à s.) de beurre
80 ml (1/3 tasse) de lait
1 œuf, battu
1 gousse d'ail, hachée
1 échalote sèche, hachée
15 ml (1 c. à s.) de gingembre frais, râpé
1 ml (1/4 c. à t.) de muscade
2 pincées de cannelle
15 ml (1 c. à s.) de persil, haché
Sel et poivre

Préchauffer le four à 175 °C (350 °F).

Dans une casserole d'eau salée, cuire les dés de pommes de terre 8 minutes. Égoutter, transférer sur une plaque à biscuits et assécher au four 5 minutes. Procéder de la même façon pour les dés de patates douces.

Au robot culinaire, réduire en purée les dés de pommes de terre et la moitié du reste des ingrédients. Réserver. Au robot culinaire, réduire en purée les dés de patates douces et l'autre moitié du reste des ingrédients.

Déposer la purée de pommes de terre dans une assiette et recouvrir de la purée de patates douces.

Servir.

Par portion	Calories (Kcal) : 231	Gras : 11 g = 40 % des Kcal provenant du gras
Protéines : 5 g	Cholestérol : 71 mg	Sodium : 127 mg Hydrates de carbone : 30 g

Purée de pommes de terre et de patates douces au gingembre

Tombée de bette à carde de Savoie
4 portions

45 ml (3 c. à s.) de beurre
1 gousse d'ail, hachée
60 ml (1/4 tasse) de petits oignons, coupés en 2
500 ml (2 tasses) de feuilles de bette à carde, émincées
500 ml (2 tasses) de chou de Savoie, émincé
80 ml (1/3 tasse) de vermouth blanc
1 ml (1/4 c. à t.) de muscade
Sel et poivre

Dans une poêle, faire fondre le beurre à feu moyen. Faire revenir l'ail et les oignons 3 minutes en remuant de temps à autre. Ajouter les feuilles de bette à carde et le chou. Mélanger. Poursuivre la cuisson 3 minutes en remuant constamment. Verser le vermouth et ajouter la muscade. Saler et poivrer. Mélanger et couvrir à demi. Poursuivre la cuisson 3 minutes en remuant de temps à autre. Servir.

Par portion	Calories (Kcal) : 117	Gras : 9 g = 81 % des Kcal provenant du gras
Protéines : 1 g	Cholestérol : 23 mg	Sodium : 120 mg Hydrates de carbone : 4 g

Tombée de bette à carde de Savoie

Salade tiède au confit de canard
4 portions

4 tranches de bacon, en dés
2 oignons, émincés
2 gousses d'ail, hachées
250 ml (1 tasse) de confit de canard, émincé
180 ml (3/4 tasse) de porto
1 escarole, déchiquetée
45 ml (3 c. à s.) d'huile d'olive extra vierge
Sel et poivre

Dans une poêle, faire cuire le bacon 2 minutes à feu moyen. Ajouter les oignons et l'ail. Mélanger. Poursuivre la cuisson 5 minutes en remuant de temps à autre. Ajouter le confit. Mélanger. Poursuivre la cuisson 1 minute en remuant de temps à autre. Incorporer le porto et laisser réduire des deux tiers.

Entre-temps, déposer l'escarole dans un bol et ajouter l'huile. Saler et poivrer. Mélanger.

Au moment de servir, verser la réduction sur l'escarole. Mélanger.

Par portion	Calories (Kcal) : 451	Gras : 36 g = 80 % des Kcal provenant du gras
Protéines : 8 g	Cholestérol : 43 mg	Sodium : 158 mg	Hydrates de carbone : 13 g

TECHNIQUE

Dans une poêle, faire cuire le bacon 2 minutes à feu moyen.

Ajouter les oignons et l'ail. Mélanger. Poursuivre la cuisson 5 minutes en remuant de temps à autre. Ajouter le confit. Mélanger. Poursuivre la cuisson 1 minute en remuant de temps à autre. Incorporer le porto.

Laisser réduire des deux tiers.

Ah, la purée ! Qu'on l'appelle joliment «purée de pommes de terre» ou familièrement «patates pilées», peu de gens lui résistent. Une pointe de beurre, un nuage de lait, une pincée d'épices, une touche de gingembre... et le tour est joué. N'hésitez pas à y ajouter votre grain de sel. Si vous comptez les calories, remplacez le beurre par du yogourt, elle n'en sera que meilleure.

Desserts et gâteries

Omelette au chocolat

Gâteau au son, crème bavaroise

Pendant le temps des Fêtes, tout est permis... ou presque. Le régime et les bonnes résolutions peuvent attendre un peu, non ? Profitez-en encore quelque temps pour cuisiner de merveilleux pêchés mignons. Les inconditionnels «becs sucrés» se régaleront de notre gâteau au caramel ou de notre tarte au sucre. Les autres se laisseront sûrement tenter par notre surprenante omelette au chocolat ou encore notre énigmatique gâteau aux fruits magiques. Inutile de résister, vous serez ensorcelés !

Omelette au chocolat
8 portions

4 gros œufs, séparés
80 ml (1/3 tasse) de sucre en poudre
45 ml (3 c. à s.) de cacao
45 ml (3 c. à s.) de farine
30 ml (2 c. à s.) de beurre, ramolli
Crème glacée à la vanille

SAUCE AU CHOCOLAT
375 ml (1 1/2 tasse) de sirop de maïs
45 ml (3 c. à s.) de cacao
30 ml (2 c. à s.) de fécule de maïs
250 ml (1 tasse) d'eau
5 ml (1 c. à t.) de beurre, fondu
1 ml (1/4 c. à t.) d'extrait de vanille

Préchauffer le four à 175 °C (350 °F).

Dans un grand bol, battre les blancs d'œufs fermes. Tamiser le sucre et le cacao. Ajouter et mélanger délicatement.

Dans un autre bol, battre les jaunes d'œufs. Ajouter à la préparation de blancs d'œufs. Incorporer la farine lentement. Déposer dans une lèchefrite graissée.

Cuire au four pendant 10 minutes.

Retirer du four et laisser tiédir. Démouler et couper le gâteau en 2 dans le sens de la longueur. Déposer de la crème glacée à la vanille sur la base. Couvrir de l'autre moitié de gâteau. Placer au congélateur 30 minutes.

Entre-temps, dans une casserole, amener le sirop de maïs et le cacao à ébullition. Délayer la fécule de maïs dans l'eau. Ajouter. Réduire le feu et laisser mijoter à feu doux jusqu'à épaississement. Incorporer le beurre et la vanille.

Au moment de servir, napper le gâteau de la sauce au chocolat chaude.

| Par portion | Calories (Kcal): 304 | Gras: 6 g = 18 % des Kcal provenant du gras |
| Protéines: 4 g | Cholestérol: 101 mg | Sodium: 106 mg | Hydrates de carbone: 62 g |

Gâteau au son, crème bavaroise
8 portions

250 ml (1 tasse) de sucre
45 ml (3 c. à s.) de cacao
15 ml (1 c. à s.) de beurre
125 ml (1/2 tasse) de lait
500 ml (2 tasses) de crème 35 %
1 boîte de 400 g de biscuits Graham

CRÈME BAVAROISE
1 boîte de 540 ml (19 oz) d'ananas, en dés
250 ml (1 tasse) de sucre
1 sachet de gélatine neutre
500 ml (2 tasses) de crème 35 %

Dans une casserole, mélanger le sucre, le cacao, le beurre et le lait. Cuire à feu doux jusqu'à la formation d'un fil fin. Retirer du feu et laisser tiédir.

Dans un bol, fouetter la crème et incorporer au mélange de chocolat. Tremper les biscuits dans cette préparation et les superposer dans un plat de 23 cm X 30 cm (9 po X 12 po). Placer au réfrigérateur 2 heures.

Égoutter les ananas. Récupérer le jus et le séparer en 2. Placer la première partie du jus dans une casserole. Ajouter le sucre et cuire à feu doux jusqu'à la formation d'un fil pour faire un sirop.

Dans un autre bol, saupoudrer la gélatine dans le reste du jus. Laisser gonfler. Ajouter au sirop chaud et mélanger. Retirer du feu et laisser tiédir.

Dans un grand bol, fouetter la crème. Ajouter le sirop et les dés d'ananas. Mélanger. Verser sur la première préparation et replacer au réfrigérateur 12 heures.

Au moment de servir, couper le gâteau en carrés ou en tranches.

| Par portion | Calories (Kcal): 688 | Gras: 68 g = 53 % des Kcal provenant du gras |
| Protéines: 9 g | Cholestérol: 169 mg | Sodium: 453 mg | Hydrates de carbone: 95 g |

Gâteau caramel
8 portions

375 ml (1 1/2 tasse) de farine
125 ml (1/2 tasse) de gruau
250 ml (1 tasse) de cassonade
10 ml (2 c. à t.) de bicarbonate de soude
1 pincée de sel
180 ml (3/4 tasse) de beurre, ramolli
500 ml (2 tasses) de lait
500 ml (2 tasses) de cassonade
30 ml (2 c. à s.) de fécule de maïs
5 ml (1 c. à t.) d'extrait de vanille

Préchauffer le four à 175 °C (350 °F).

Dans un bol, mélanger la farine, le gruau, la cassonade, le bicarbonate de soude, le sel et le beurre. Diviser en 2. Verser la première partie dans un moule allant au four.

Dans une casserole, mélanger le lait, la cassonade, la fécule et la vanille. Laisser mijoter pendant 5 minutes ou jusqu'à épaississement. Retirer du feu et laisser tiédir. Verser cette préparation sur la pâte et recouvrir de l'autre partie de pâte.

Cuire au four pendant 30 minutes.

Servir.

| Par portion | Calories (Kcal): 601 | Gras: 19 g = 28 % des Kcal provenant du gras |
| Protéines: 5 g | Cholestérol: 54 mg | Sodium: 324 mg | Hydrates de carbone: 106 g |

Tartelettes au sucre
6 portions

- 250 ml (1 tasse) de sucre
- 250 ml (1 tasse) de cassonade
- 250 ml (1 tasse) de crème
- 250 ml (1 tasse) de sirop de maïs
- 180 ml (3/4 tasse) de lait condensé
- 18 croûtes à tartelettes de 7,5 cm (3 po)

Préchauffer le four à 200 °C (400 °F).

Dans une casserole, amener à ébullition, le sucre la cassonade et la crème. Laisser bouillir pendant 5 minutes. Diminuer le feu et incorporer le sirop et le lait. Retirer du feu et laisser tiédir.

Verser dans les tartelettes. Cuire au four pendant 20 minutes.

Servir.

Par portion Calories (Kcal) : 564 Gras : 23 g = 48 % des Kcal provenant du gras
Protéines : 12 g Cholestérol : 21 mg Sodium : 477 mg Hydrates de carbone : 18 g

Tartelettes aux noix
6 portions

- 80 ml (1/3 tasse) de beurre
- 1 œuf, battu
- 250 ml (1 tasse) de cassonade
- 80 ml (1/3 tasse) de raisins secs
- 125 ml (1/2 tasse) de pacanes, hachées
- 5 ml (1 c. à t.) d'extrait de vanille
- 12 croûtes à tartelettes de 7,5 cm (3 po)

Préchauffer le four à 175 °C (350 °F).

Dans une casserole, chauffer le beurre à feu doux. Ajouter l'œuf, la cassonade, les raisins, les pacanes et la vanille. Mélanger et poursuivre la cuisson 3 minutes en remuant de temps à autre.

Verser dans les tartelettes. Cuire au four pendant 25 minutes.

Servir.

Par portion Calories (Kcal) : 545 Gras : 32 g = 45 % des Kcal provenant du gras
Protéines : 12 g Cholestérol : 122 mg Sodium : 322 mg Hydrates de carbone : 14 g

Tarte au chocolat
4 portions

125 ml (1/2 tasse) de brisures de chocolat
125 ml (1/2 tasse) de beurre
3 œufs, battus
80 ml (1/3 tasse) de sucre
60 ml (1/4 tasse) de farine

SAUCE
125 ml (1/2 tasse) de brisures de chocolat
30 ml (2 c. à s.) de beurre
125 ml (1/2 tasse) de lait

Préchauffer le four à 175 °C (350 °F).

Dans un bol allant au micro-ondes, déposer le chocolat et le beurre. Faire fondre à puissance ÉLEVÉE pendant 1 minute. Retirer du micro-ondes et laisser tiédir.

Dans un autre bol, mélanger les œufs et le sucre. Ajouter la farine et mélanger délicatement. Incorporer le chocolat fondu.

Verser dans un moule de 25 cm (10 po) de diamètre, graissé et enfariné. Cuire au four pendant 40 minutes.

Entre-temps, dans un bol allant au micro-ondes, mélanger le chocolat, le beurre et le lait. Cuire à puissance ÉLEVÉE pendant 1 minute.

Au moment de servir, napper de sauce.

Par portion	Calories (Kcal) : 612	Gras : 45 g = 38 % des Kcal provenant du gras
Protéines : 8 g	Cholestérol : 218 mg	Sodium : 350 mg	Hydrates de carbone : 60 g

MENU

Ratatouille de jambon sur nid de crêpes	288
Potage d'endives aux noix	303
Coq au cidre	306
Les 2 pâtes fraîches au coulis de légumes	332
Aumônières surprise	345

hiver

L'ingrédient à la base du chocolat, le cacao, est extrait de la fève du cacaoyer; un arbre originaire d'Amérique du Sud. Quand les Espagnols ont «découvert» le chocolat, ils ont gardé le secret pendant un siècle ! Peut-on les blâmer ? Ce n'est donc qu'au début du XVIIe siècle que le reste de l'Europe aura la chance d'y goûter.

Tarte à la crème
6 portions

1 abaisse de pâte brisée
3 blancs d'œufs, montés en neige
180 ml (3/4 tasse) de sucre
500 ml (2 tasses) de crème
2 ml (1/2 c. à t.) d'extrait de vanille
1 pincée de sel
15 ml (1 c. à s.) de farine
15 ml (1 c. à s.) de fécule de maïs
45 ml (3 c. à s.) de lait
Anis étoilé

Préchauffer le four à 175 °C (350 °F).

Foncer une assiette à tarte de 23 cm (9 po) de l'abaisse.

Dans un bol, mélanger les blancs d'œufs, le sucre, la crème, la vanille, le sel et la farine. Délayer la fécule de maïs dans le lait. Incorporer au mélange.

Verser cette préparation dans l'abaisse. Cuire au four pendant 30 minutes.

Au moment de servir, garnir d'anis étoilé.

Par portion Calories (Kcal) : 449 Gras : 28 g = 56 % des Kcal provenant du gras
Protéines : 6 g Cholestérol : 71 mg Sodium : 255 mg Hydrates de carbone : 44 g

Tarte à la crème sure
6 portions

2 œufs, séparés
30 ml (2 c. à s.) de farine
250 ml (1 tasse) de cassonade
250 ml (1 tasse) de crème sure
2 ml (1/2 c. à t.) d'extrait de vanille
0,5 ml (1/8 c. à t.) de sel
250 ml (1 tasse) de raisins secs
1 croûte à tarte, cuite
45 ml (3 c. à s.) de sucre glace
1 ml (1/4 c. à t.) de crème de tartre

Dans un bol, mélanger les jaunes d'œufs, la farine et la cassonade. Incorporer la crème sure, la vanille, le sel et les raisins.

Dans un bain-marie*, cuire cette préparation pendant 25 minutes en remuant de temps à autre. Retirer du feu et laisser tiédir. Verser dans la croûte à tarte.

Entre-temps, battre les blancs d'œufs en neige. Ajouter le sucre et la crème de tartre. Continuer de battre les œufs jusqu'à la formation de pics. Placer la préparation dans une poche à pâtisserie.

Au moment de servir, décorer la tarte de meringue.

Par portion Calories (Kcal) : 478 Gras : 18 g = 32 % des Kcal provenant du gras
Protéines : 6 g Cholestérol : 78 mg Sodium : 293 mg Hydrates de carbone : 77 g

* voir lexique

Pain d'épices chocolaté de Noël
10 portions

60 ml (1/4 tasse) d'abricots séchés
180 ml (3/4 tasse) de fruits séchés, mélangés
180 ml (3/4 tasse) de farine de blé entier
30 ml (2 c. à s.) de poudre de cacao
5 ml (1 c. à t.) de poudre à pâte
60 ml (1/4 tasse) de poudre d'amandes
15 ml (1 c. à s.) de quatre-épices
200 g (7 1/2 oz) de chocolat noir amer 70%
125 ml (1/2 tasse) de beurre, ramolli
125 ml (1/2 tasse) de miel
125 ml (1/2 tasse) de sucre
5 œufs
60 ml (1/4 tasse) d'amandes entières
60 ml (1/4 tasse) de noix de Grenoble

Dans une casserole d'eau, amener les abricots à ébullition. Retirer du feu et laisser gonfler 30 minutes. Égoutter. Hacher grossièrement les abricots et le reste des fruits.

Préchauffer le four à 175 °C (350 °F).

Dans un bol, mélanger la farine, le cacao, la poudre à pâte, la poudre d'amandes et les épices.

Dans un bain-marie*, faire fondre le chocolat.

Dans un grand bol, mélanger le beurre, le miel, le sucre et les œufs. Ajouter la moitié de cette préparation dans le chocolat. Fouetter vigoureusement. Incorporer délicatement le reste de la préparation. Ajouter le mélange de farine et les fruits. Mélanger.

Verser dans un moule tapissé de papier parchemin et cuire au four pendant 1 heure. Retirer du four et laisser reposer 10 minutes.

Démouler et laisser reposer 2 heures.

Au moment de servir, couper le gâteau en tranches, napper de chocolat fondu, puis garnir d'amandes et de noix.

Par portion Calories (Kcal) : 445 Gras : 23 g = 44 % des Kcal provenant du gras
Protéines : 7 g Cholestérol : 116 mg Sodium : 166 mg Hydrates de carbone : 59 g

* voir lexique

De haut en bas :

Tarte à la crème sure

Tarte à la crème

Pain d'épices chocolaté de Noël

hiver 343

Tour de crêpes
4 portions

CRÊPES

375 ml (1 1/2 tasse) de lait
60 ml (1/4 tasse) de crème 35 %
125 ml (1/2 tasse) de farine de blé entier
2 œufs, battus
45 ml (3 c. à s.) de sucre
2 ml (1/2 c. à t.) d'extrait de vanille
30 ml (2 c. à s.) de beurre, fondu
80 ml (1/3 tasse) de brisures de chocolat
30 ml (2 c. à s.) de crème 35 %
250 ml (1 tasse) de crème fouettée
125 ml (1/2 tasse) de confiture de framboises
Fruits frais

Dans un bol, à l'aide d'un fouet, mélanger le lait, la crème, la farine, les œufs, le sucre et la vanille. Laisser reposer le mélange 30 minutes. Faire chauffer à feu moyen une poêle antiadhésive badigeonnée de beurre. Verser environ 45 ml (3 c. à s.) du mélange et cuire la crêpe 90 secondes par face. Répéter avec le reste du mélange.

Faire fondre le chocolat au bain-marie*. Ajouter la crème et mélanger.

Dans le fond de 2 assiettes, napper une petite quantité de sauce au chocolat. Couvrir d'une crêpe. Recouvrir de crème fouettée et couvrir d'une crêpe. Recouvrir de confiture et couvrir d'une crêpe. Recouvrir de sauce au chocolat et couvrir d'une crêpe. Répéter de manière à obtenir 6 étages. Terminer par une crêpe et garnir de fruits frais. Placer au réfrigérateur 1 heure. Au moment de servir, couper les tours de crêpes en 2.

Par portion	Calories (Kcal) : 580	Gras : 36 g = 53 % des Kcal provenant du gras
Protéines : 10 g	Cholestérol : 189 mg	Sodium : 68 mg	Hydrates de carbone : 38 g

Tour de crêpes

Crêpes Suzette à l'ananas
4 portions

60 ml (1/4 tasse) de beurre
45 ml (3 c. à s.) de sucre
250 ml (1 tasse) d'ananas, en dés
180 ml (3/4 tasse) de jus d'ananas
8 crêpes
125 ml (4 oz) de Grand Marnier

Préparer les crêpes comme dans la recette ci-dessus.

Dans une poêle, faire fondre le beurre à feu moyen. Ajouter le sucre. Mélanger. Poursuivre la cuisson 1 minute en remuant constamment. Ajouter les ananas et poursuivre la cuisson 1 minute en continuant de remuer. Verser le jus. Mélanger. Laisser mijoter 1 minute. Passer les crêpes dans la poêle de manière à bien les imbiber de liquide. Plier les crêpes en 4 et les remettre dans la poêle. Flamber au Grand Marnier. Servir.

Par portion	Calories (Kcal) : 526	Gras : 26 g = 50 % des Kcal provenant du gras
Protéines : 8 g	Cholestérol : 165 mg	Sodium : 233 mg	Hydrates de carbone : 51 g

Crêpes Suzette à l'ananas

Aumônières surprise
4 portions

8 crêpes
10 ml (2 c. à t.) de menthe, hachée
15 ml (1 c. à s.) de zeste de citron, râpé
80 ml (1/3 tasse) de brisures de chocolat
30 ml (2 c. à s.) de crème 35 %
500 ml (2 tasses) de fruits frais, en dés
250 ml (1 tasse) de crème fouettée
8 longues cannelures d'orange

Cuire les crêpes selon la recette ci-contre en ajoutant la menthe et le zeste de citron au mélange.

Faire fondre le chocolat au bain-marie*. Ajouter la crème. Mélanger.

Répartir la sauce au chocolat sur les crêpes. Couvrir de fruits. Recouvrir de crème fouettée. Refermer en aumônière et nouer à l'aide d'une cannelure d'orange. Servir.

| Par portion | Calories (Kcal) : 607 | Gras : 36 g = 51 % des Kcal provenant du gras |
| Protéines : 12 g | Cholestérol : 191 mg | Sodium : 156 mg | Hydrates de carbone : 66 g |

* voir lexique

L'ananas est le fruit d'un arbre originaire d'Amérique tropicale. Cet arbre appartient à une grande famille, les Broméliacées, qui compte près de 2600 espèces. Toutefois, l'ananas est le seul fruit comestible de la famille ! Ce fils unique contient de la vitamine C et du potassium. Il est également diurétique et drôlement bon !

TECHNIQUE

Cuire les crêpes selon la recette ci-contre en ajoutant la menthe et le zeste de citron au mélange.

Répartir la sauce au chocolat sur les crêpes. Couvrir de fruits. Recouvrir de crème fouettée.

Refermer en aumônière et nouer à l'aide d'une cannelure d'orange.

Diplomate des Fêtes
8 portions

750 ml (3 tasses) de crème 15 %
5 jaunes d'œufs
125 ml (1/2 tasse) de sucre
5 ml (1 c. à t.) de vanille
60 ml (1/4 tasse) de fécule de maïs
250 ml (1 tasse) de crème 35 %
1 gâteau roulé, du commerce
80 ml (1/3 tasse) de sherry
250 ml (1 tasse) de fraises
250 ml (1 tasse) de framboises
250 ml (1 tasse) de mûres

Dans un bain-marie*, mélanger 60 ml (1/4 tasse) de crème, les jaunes d'œufs, le sucre, la vanille et la fécule de maïs.

Dans une casserole à fond épais, chauffer le reste de la crème. Incorporer délicatement dans le bain-marie. Poursuivre la cuisson 10 minutes ou jusqu'à épaississement. Retirer du feu et verser dans un bol. Couvrir d'une pellicule plastique. Laisser tiédir.

Dans un autre bol, fouetter la crème. Incorporer à la préparation.

Couper le gâteau en tranches et l'imbiber de sherry. Disposer quelques tranches au fond et sur le pourtour d'un bol transparent. Déposer le tiers des fruits. Recouvrir de la moitié de la crème. Répéter en terminant par les tranches de gâteau. Couvrir et réfrigérer pendant 4 heures.

Au moment de servir, garnir du reste des fruits.

| Par portion | Calories (Kcal) : 701 | Gras : 40 g = 50 % des Kcal provenant du gras |
| Protéines : 9 g | Cholestérol : 290 mg | Sodium : 453 mg | Hydrates de carbone : 78 g |

* voir lexique

Gâteau aux canneberges
8 portions

500 ml (2 tasses) de farine
180 ml (3/4 tasse) de sucre
15 ml (1 c. à s.) de poudre à pâte
2 ml (1/2 c. à t.) de bicarbonate de soude
1 pincée de sel
1 œuf, battu
60 ml (1/4 tasse) de jus d'orange
125 ml (1/2 tasse) d'eau
30 ml (2 c. à s.) de beurre, fondu
250 ml (1 tasse) de canneberges, coupées en 2
250 ml (1 tasse) de noix, hachées
30 ml (2 c. à s.) de zeste d'orange

Préchauffer le four à 175 °C (350 °F).

Dans un bol, tamiser la farine, le sucre, la poudre à pâte, le bicarbonate et le sel. Former une fontaine.

Dans un autre bol, mélanger l'œuf, le jus d'orange, l'eau et le beurre. Incorporer au mélange de farine. Ajouter les canneberges, les noix et le zeste.

Verser dans un moule à pain tapissé de papier parchemin*.

Cuire au four pendant 1 heure.

Servir.

| Par portion | Calories (Kcal) : 641 | Gras : 36 g = 50 % des Kcal provenant du gras |
| Protéines : 9 g | Cholestérol : 211 mg | Sodium : 541 mg | Hydrates de carbone : 76 g |

* voir lexique

Gâteau magique aux fruits
10 portions

750 ml (3 tasses) de guimauves miniatures
180 ml (3/4 tasse) de lait évaporé
125 ml (1/2 tasse) de jus d'orange, concentré, dégelé
1 litre (4 tasses) de biscuits Graham, émiettés
125 ml (1/2 tasse) de dattes, hachées
180 ml (3/4 tasse) de raisins secs
60 ml (1/4 tasse) de cerises rouges, confites
60 ml (1/4 tasse) de cerises vertes, confites
180 ml (3/4 tasse) de fruits confits
5 ml (1 c. à t.) de cannelle
5 ml (1 c. à t.) de muscade
1 ml (1/4 c. à t.) de clous de girofle
250 ml (1 tasse) de noix de Grenoble, hachées
115 g (4 oz) de fromage à la crème
5 ml (1 c. à t.) de lait
15 ml (1 c. à s.) de sucre glace
15 ml (1 c. à s.) de vanille
15 ml (1 c. à s.) de rhum

Dans une casserole, chauffer les guimauves, le lait et le jus d'orange à feu doux jusqu'à ce que les guimauves soient fondues.

Retirer du feu et ajouter les biscuits, les dattes, les raisins, les cerises, les fruits confits, la cannelle, la muscade, les clous de girofle et les noix. Mélanger.

Verser dans un moule tapissé de papier parchemin*. Couvrir et réfrigérer pendant 24 heures.

Au robot culinaire, mélanger le fromage, le lait, le sucre, la vanille et le rhum.

Au moment de servir, recouvrir le gâteau de glaçage.

| Par portion | Calories (Kcal) : 271 | Gras : 11 g = 36 % des Kcal provenant du gras |
| Protéines : 6 g | Cholestérol : 24 mg | Sodium : 162 mg | Hydrates de carbone : 40 g |

* voir lexique

De haut en bas :

Diplomate des Fêtes

Gâteau magique aux fruits

Gâteau aux canneberges

hiver 347

Profiteroles à la crème de poire
6 portions

1 recette de pâte à choux
375 ml (1 1/2 tasse) de poires, en conserve
375 ml (1 1/2 tasse) de crème fouettée
60 ml (1/4 tasse) de sucre glace
80 ml (1/2 tasse) de brisures de chocolat

Préparer la pâte à choux comme dans la recette ci-contre en omettant le café. Sur une plaque à biscuits tapissée de papier parchemin*, former 18 choux à l'aide d'une poche à pâtisserie.

Cuire au four 15 minutes. Diminuer la chaleur à 160 °C (325 °F) et poursuivre la cuisson 20 minutes. Retirer du four. À l'aide d'une petite douille unie, pratiquer une incision en dessous de chaque bouchée.

Au robot culinaire, réduire les poires en purée.

Dans un bol, mélanger la crème fouettée, le sucre glace et le tiers de la purée de poires. À l'aide d'une poche à pâtisserie, farcir les choux de ce mélange.

Faire fondre le chocolat au bain-marie*.

Tremper les choux dans le chocolat fondu. Verser le reste de la purée de poires dans 6 assiettes. Placer 3 profiteroles par portion. Servir.

Par portion	Calories (Kcal) : 499	Gras : 38 g = 66 % des Kcal provenant du gras
Protéines : 7 g	Cholestérol : 187 mg	Sodium : 199 mg	Hydrates de carbone : 37 g

Saint-Honoré miniatures
4 portions

1 recette de pâte à choux
250 ml (1 tasse) de jus d'ananas
250 ml (1 tasse) de sucre
500 ml (2 tasses) de crème fouettée
60 ml (1/4 tasse) de sucre glace

Préparer la pâte à choux comme dans la recette ci-contre en omettant le café. Sur une plaque à biscuits tapissée de papier parchemin*, former 4 disques de 12,5 cm (5 po) de diamètre et 4 choux à l'aide d'une poche à pâtisserie.

Cuire au four pendant 15 minutes. Diminuer la chaleur à 160 °C (325 °F) et poursuivre la cuisson 20 minutes. Retirer du four et imbiber de jus d'ananas.

Dans une casserole à fond épais, faire fondre le sucre à feu moyen. Poursuivre la cuisson jusqu'à l'obtention d'un caramel. Sur une plaque à biscuits légèrement graissée, former 12 spirales de caramel à l'aide d'une cuillère. Laisser durcir 20 minutes.

Dans un bol, mélanger la crème fouettée et le sucre glace. Recouvrir les disques de ce mélange. Coiffer des choux. Déposer dans des assiettes. Garnir des spirales de caramel. Servir.

Par portion	Calories (Kcal) : 656	Gras : 48 g = 57 % des Kcal provenant du gras
Protéines : 10 g	Cholestérol : 260 mg	Sodium : 292 mg	Hydrates de carbone : 66 g

Éclairs au café

Profiteroles à la crème de poire

Saint-Honoré miniatures

Éclairs au café

4 portions

PÂTE À CHOUX
250 ml (1 tasse) d'eau
125 ml (1/2 tasse) de beurre
250 ml (1 tasse) de farine
15 ml (1 c. à s.) de café instantané
3 œufs
125 ml (1/2 tasse) de brisures de chocolat
5 ml (1 c. à t.) de café instantané
500 ml (2 tasses) de crème fouettée
60 ml (1/4 tasse) de sucre glace

Préchauffer le four à 175 °C (350 °F).

Dans une casserole, amener l'eau à ébullition. Ajouter le beurre. Mélanger. Ajouter la farine et le café. Retirer du feu et remuer constamment jusqu'à la formation d'une boule. Ajouter les œufs un par un en mélangeant bien entre chaque ajout. Sur une plaque à biscuits tapissée de papier parchemin*, former 8 éclairs de pâte à choux à l'aide d'une poche à pâtisserie.

Cuire au four pendant 15 minutes. Diminuer la chaleur à 160 °C (325 °F) et poursuivre la cuisson pendant 20 minutes. Retirer du four. Couper les éclairs en 2 dans le sens de la longueur de façon à obtenir des bases et des dessus.

Faire fondre le chocolat au bain-marie*. Ajouter le café. Mélanger.

Dans un bol, mélanger la crème fouettée et le sucre glace. Recouvrir les bases de ce mélange. Coiffer des dessus. Déposer dans des assiettes.

À l'aide d'une petite cuillère, verser du chocolat fondu sur les éclairs.

Servir.

Par portion   Calories (Kcal) : 641   Gras : 41 g = 49 % des Kcal provenant du gras
Protéines : 9 g   Cholestérol : 280 mg   Sodium : 296 mg   Hydrates de carbone : 97 g

* voir lexique

Pâtes fraîches aux haricots rouges	290
Crème de tomate aux deux caviars	300
Filets de sole à la lime et à l'estragon	325
Pain aux lentilles	332
Tarte à la crème	342

Saviez-vous que le commerce du café arrive en deuxième place derrière... le pétrole ? Il est même coté en Bourse ! D'ailleurs, ces dernières années, son prix connaît lui aussi une flambée spectaculaire ! Le plus grand producteur de café est le Brésil. Au Québec, on ne produit pas de café, mais on cuisine des éclairs au café qui sont de commerce agréable !

Conserves

Marmelade d'oranges et de kumquats

Gelée de canneberges

Certains amateurs de dinde refusent de manger cette volaille si elle n'est pas accompagnée de canneberges! Lorsque vous les recevrez, ne les décevez pas et servez-leur vos «atocas». Le mot atoca (ou ataca) est un mot d'origine amérindienne. Il n'y a rien d'étonnant là-dedans étant donné que la canneberge est une baie nord-américaine. On la récolte en inondant les champs, alors que les petits fruits flottants sont repêchés mécaniquement! La canneberge aiderait à la circulation sanguine.

Marmelade d'oranges et de kumquats
5 bocaux de 250 ml (1 tasse)

5 oranges, non pelées
10 kumquats
500 ml (2 tasses) d'eau
60 ml (1/4 tasse) de jus de citron
1 litre (4 tasses) de sucre

Bien laver et assécher les oranges et les kumquats. Les trancher le plus finement possible. Retirer les pépins. Réserver.

Dans une grande casserole, amener l'eau et le jus de citron à ébullition. Ajouter les fruits, couvrir et laisser mijoter 30 minutes.

Ajouter le sucre en 3 temps, en remuant, jusqu'à dissolution complète entre chaque ajout. Laisser mijoter 45 minutes ou jusqu'à l'obtention d'une consistance de gelée en remuant souvent (voir page 25).

Stériliser 5 bocaux Mason de 250 ml (1 tasse) (voir page 20).

Verser la préparation dans les bocaux en laissant un espace de tête de 1,25 cm (1/2 po). Retirer les bulles d'air à l'aide d'une spatule non-métallique. Essuyer les rebords des bocaux.

Effectuer la mise en conserve (voir page 24).

| Par bocal | Calories (Kcal): 696 | Gras: 1 g = 1 % des Kcal provenant du gras |
| Protéines: 9 g | Cholestérol: 280 mg | Sodium: 296 mg | Hydrates de carbone: 97 g |

Canneberges en gelée
4 bocaux de 250 ml (1 tasse)

Gelée de canneberges
500 ml (2 tasses) de jus d'orange
500 ml (2 tasses) de canneberges

Préparer la gelée de canneberges comme dans la recette ci-contre.

Dans une casserole, amener le jus d'orange à ébullition. Ajouter les canneberges et les faire pocher pendant 10 minutes. Égoutter.

Stériliser 4 bocaux Mason de 250 ml (1 tasse) (voir page 20).

Répartir les canneberges dans les bocaux.

Verser la gelée dans les bocaux en laissant un espace de tête de 1,25 cm (1/2 po). Retirer les bulles d'air à l'aide d'une spatule non-métallique. Essuyer les rebords des bocaux.

Effectuer la mise en conserve (voir page 25).

| Par bocal | Calories (Kcal): 183 | Gras: 1 g = 1 % des Kcal provenant du gras |
| Protéines: 0 g | Cholestérol: 0 mg | Sodium: 1 mg | Hydrates de carbone: 47 g |

Gelée de canneberges
4 bocaux de 250 ml (1 tasse)

750 ml (3 tasses) de canneberges, coupées en 2
250 ml (1 tasse) de pommes, en dés
Jus de lime
Sucre

Dans une casserole, couvrir les fruits d'eau. Amener à ébullition. Diminuer le feu et laisser mijoter pendant 20 minutes en remuant souvent.

Disposer un sac à gelée au-dessus d'un bol (voir page 25). Verser la préparation cuite dans le sac et laisser couler doucement de 4 à 6 heures.

Mesurer le jus recueilli et verser dans une casserole. Pour chaque 250 ml (1 tasse) de jus, ajouter 15 ml (1 c. à s.) de jus de lime et 160 ml (2/3 tasse) de sucre. Faire chauffer à feu moyen, en remuant, jusqu'à dissolution complète du sucre. Laisser mijoter 20 minutes ou jusqu'à l'obtention d'une consistance de gelée en remuant souvent (voir page 25).

Stériliser 2 bocaux Mason de 250 ml (1 tasse) (voir page 20).

Verser la gelée dans les bocaux en laissant un espace de tête de 1,25 cm (1/2 po). Retirer les bulles d'air à l'aide d'une spatule non-métallique. Essuyer les rebords des bocaux.

Effectuer la mise en conserve (voir page 25).

| Par bocal | Calories (Kcal): 118 | Gras: 1 g = 3 % des Kcal provenant du gras |
| Protéines: 1 g | Cholestérol: 0 mg | Sodium: 2 mg | Hydrates de carbone: 29 g |

Le kumquat est le fruit d'un arbre asiatique, qui a longtemps été appelé le «citronnier du Japon». Il ressemble à une petite orange, toutefois, contrairement à cette dernière, son écorce est comestible. D'ailleurs «kumquat» signifie «orange dorée» en cantonais.

Gelée de piments
2 bocaux de 250 ml (1 tasse)

625 ml (2 1/2 tasses) de poivrons rouges, en dés
125 ml (1/2 tasse) de piments séchés, broyés
250 ml (1 tasse) de pommes, en dés
Jus de citron
Sucre

Dans une casserole, couvrir les poivrons, le piment et les pommes d'eau. Amener à ébullition. Diminuer le feu et laisser mijoter 20 minutes en remuant souvent.

Disposer un sac à gelée au-dessus d'un bol (voir page 25). Verser la préparation cuite dans le sac et laisser couler doucement de 4 à 6 heures.

Mesurer le jus recueilli et verser dans une casserole. Pour chaque 250 ml (1 tasse) de jus, ajouter 15 ml (1 c. à s.) de jus de citron et 160 ml (2/3 tasse) de sucre. Faire chauffer à feu moyen, en remuant, jusqu'à dissolution complète du sucre. Laisser mijoter 20 minutes ou jusqu'à l'obtention d'une consistance de gelée en remuant souvent (voir page 25).

Stériliser 2 bocaux Mason de 250 ml (1 tasse) (voir page 20).

Verser la gelée dans les bocaux en laissant un espace de tête de 1,25 cm (1/2 po). Retirer les bulles d'air à l'aide d'une spatule non-métallique. Essuyer les rebords des bocaux.

Effectuer la mise en conserve (voir page 25).

Par bocal	Calories (Kcal) : 335	Gras : 1 g = 1 % des Kcal provenant du gras
Protéines : 0 g	Cholestérol : 0 mg	Sodium : 8 mg	Hydrates de carbone : 1 g

Artichauts à l'huile
2 bocaux de 250 ml (1 tasse)

500 ml (2 tasses) de cœurs d'artichauts, coupés en 2
375 ml (1 1/2 tasse) d'huile d'arachide
30 ml (2 c. à s.) de flocons d'ail, déshydratés
30 ml (2 c. à s.) de sel pour marinades
30 ml (2 c. à s.) de piments séchés, broyés
15 ml (1 c. à s.) de graines de céleri

Bien assécher les artichauts.

Dans une casserole, faire chauffer le reste des ingrédients. Retirer du feu. Ajouter les artichauts. Laisser infuser 20 minutes.

Stériliser 2 bocaux Mason de 250 ml (1 tasse) (voir page 20).

Répartir les artichauts dans les bocaux en les tassant bien. Remplir d'huile aromatisée en laissant un espace de tête de 1,25 cm (1/2 po). Fermer les bocaux.

Placer les bocaux au réfrigérateur.

Par bocal	Calories (Kcal) : 75	Gras : 8 g = 91 % des Kcal provenant du gras
Protéines : 0 g	Cholestérol : 0 mg	Sodium : 8 mg	Hydrates de carbone : 1 g

Gelée de piments

Artichauts à l'huile

Gelée d'herbes au vin blanc

Gelée d'herbes au vin blanc

2 bocaux de 250 ml (1 tasse)

1 litre (4 tasses) de pommes pelées, en dés
Vin blanc
Sucre
15 ml (1 c. à s.) de persil, haché
15 ml (1 c. à s.) d'estragon, haché
15 ml (1 c. à s.) d'aneth, haché
15 ml (1 c. à s.) de sauge, hachée
5 ml (1 c. à t.) de romarin, haché

Dans une casserole, couvrir les pommes de vin blanc. Amener à ébullition. Diminuer le feu et laisser mijoter 20 minutes en remuant souvent.

Disposer un sac à gelée au-dessus d'un bol (voir page 25). Verser la préparation cuite dans le sac et laisser couler doucement de 4 à 6 heures.

Mesurer le jus recueilli et verser dans une casserole. Pour chaque 250 ml (1 tasse) de jus, ajouter 160 ml (2/3 tasse) de sucre. Faire chauffer à feu moyen, en remuant, jusqu'à dissolution complète du sucre. Ajouter les herbes. Laisser mijoter 20 minutes ou jusqu'à l'obtention d'une consistance de gelée en remuant souvent (voir page 25).

Stériliser 2 bocaux Mason de 250 ml (1 tasse) (voir page 20).

Verser la gelée dans les bocaux en laissant un espace de tête de 1,25 cm (1/2 po). Retirer les bulles d'air à l'aide d'une spatule non-métallique. Essuyer les rebords des bocaux.

Effectuer la mise en conserve (voir page 25).

Par portion Calories (Kcal) : 407 Gras : 1 g = 2 % des Kcal provenant du gras
Protéines : 1 g Cholestérol : 0 mg Sodium : 12 mg Hydrates de carbone : 84 g

MENU

Crêpes aux crevettes	288
Crème de navet et de rabioles	302
Médaillons d'agneau aux canneberges	322
Escarole au parfum de menthe	331
Omelette au chocolat	339

L'estragon, cette fameuse herbe fine, s'appelle aussi «serpentine». On ne sait plus si elle doit ce surnom à la forme de sa racine, qui a l'air de petits serpents, ou parce qu'elle soigne les morsures d'animaux. Quoi qu'il en soit, elle aromatise vos plats de sorte que vous aurez envie d'y mordre à belles dents!

Huiles infusées
environ 375 ml (1 1/2 tasse)

375 ml (1 1/2 tasse) d'huile d'olive

60 ml (1/4 tasse) de flocons d'ail, déshydratés
ou
60 ml (1/4 tasse) de piments séchés, broyés

Dans une casserole, faire chauffer l'huile. Ajouter les flocons d'ail ou le piment. Laisser infuser 20 minutes.

Passer au tamis doublé de 2 rangs d'étamine.

Verser dans un bocal à fermeture hermétique et conserver jusqu'à 2 mois au réfrigérateur.

Employer pour la cuisson ou pour les salades.

Huiles infusées

Vinaigres aromatisés
environ 375 ml (1 1/2 tasse)

375 ml (1 1/2 tasse) de vinaigre de vin blanc ou de vinaigre de cidre

60 ml (1/4 tasse) de zeste de citron, râpé
ou
60 ml (1/4 tasse) d'herbes séchées
ou
60 ml (1/4 tasse) de framboises, écrasées
ou
60 ml (1/4 tasse) de betterave, cuite, hachée

Dans une casserole, faire chauffer le vinaigre. Ajouter l'aromate de votre choix. Laisser infuser 20 minutes.

Passer au tamis doublé de 2 rangs d'étamine.

Verser dans un bocal à fermeture hermétique et conserver jusqu'à 2 mois.

Employer pour la cuisson ou pour les salades.

Vinaigre style balsamique
environ 375 ml (1 1/2 tasse)

750 ml (3 tasses) de vinaigre de vin rouge
60 ml (1/4 tasse) de mélasse

Dans une casserole, amener le vinaigre à ébullition. Ajouter la mélasse et mélanger. Poursuivre la cuisson jusqu'à réduction de moitié.

Retirer du feu et laisser refroidir.

Employer pour la cuisson ou pour les salades.

Par portion			
Calories (Kcal) : 132	Gras : 5 g = 36 % des Kcal provenant du gras		
Protéines : 3 g	Cholestérol : 0 mg	Sodium : 453 mg	Hydrates de carbone : 18 g

Vinaigres aromatisés et vinaigre style balsamique

NOTES PERSONNELLES

LES MENUS

les menus

menu
Anniversaire de naissance

▰▰▰▰▰

Un verre à la santé du jubilaire, un bon repas, un gâteau et quelques présents sont de parfaits ingrédients pour qu'un vent de fantaisie souffle sur les bougies ! Joyeux anniversaire !

Tomates et asperges «fresco»	35
Soupe aux choux	212
Petits pâtés de veau	63
Rôti de veau aux oignons	230
Courges sautées à la citrouille	254
Salade à la gitane	163
Gâteau caramel	339

Bruschetta peperonata	204
Crème de laitue	43
Tournedos de saumon grillés	156
Feuilles d'endive aux agrumes et à la noix de coco	83
Tarte veloutée à la menthe	184

Bouchées de lapin à la moutarde	201
Potage du jardin	209
Gratin de poulet jardinière	52
Courge à la gelée de pommes	256
Charlotte à l'érable	96

Menu
Fiançailles et mariage

Ah, l'amour ! Depuis la nuit des temps, l'on célèbre Cupidon de 1001 façons. Nous avons dressé des menus qui marient distinction et bon goût ! Longue vie à vos amours.

Feuilletés aux artichauts	113
Velouté de volaille aux poires et au bleu	214
Émincé de veau aux légumes	229
Macédoine printanière	88
Salade de chou rouge aux pommes et aux poires	251
Crème brûlée aux 3 baies	180

Tourte aux tomates à la croûte de basilic	116	Champignons farcis aux deux saumons	35
Crème de concombre au fenouil	126	Concombres garnis de poulet fumé	118
Tournedos farcis aux herbes et à la moutarde	135	Consommé au porto et aux profiteroles surprise	301
Tomates farcies aux huîtres fumées	256	Poulet aux champignons	217
Tarte à la rhubarbe	93	Purée de pommes de terre et de patates douces au gingembre	336
		Aumônières surprise	345

Menu
Baptême et première communion

- - - - -

Bébé dort comme un bienheureux, les enfants s'amusent entre eux et les parents savourent un divin repas. Il nous fait plaisir de partager ces petits moments de bonheur avec vous !

Artichauts au fromage de chèvre et au porto	116
Soupe au cerfeuil nouveau	46
Moussaka	237
Salade d'épinards, d'oseille et de pissenlits	83
Tomates sur le gril	172
Mesclun au cassis	163
Éclairs au café	349

Concombres et fenouil aux graines de moutarde	114
Bouillon de poulet verdurette	123
Croquettes de dinde	54
Darnes de requin aux olives	325
Céleri aux 3 moutardes	334
Tarte aux cerises de terre	182

Bouillon de poulet verdurette	123
Entrée au jambon	113
Aiguillettes de volaille aux fruits	121
Salade de chou rouge aux pommes et aux poires	251
Petits feuilletés aux fraises poivrées	181

Menu
Fête d'enfants

Afin de préparer une fête d'enfants réussie, nous vous proposons des menus amusants. Il ne vous restera qu'à organiser la visite du clown, l'achat des serpentins et la distribution des sacs à surprises…
Amusez-vous bien les amis !

Potage de pommes de terre à la ciboulette	43
Côtelettes de porc aux tomates	146
Maïs aux herbes folles	170
Charlottes miniatures aux fraises	96

Soupe aux tortillas	296
Brochettes de poulet	54
Tomates sur le gril	172
Délice à l'orange	268

Soupe de poivrons grillés	124
Pelures de pommes de terre aux fromages	292
Poulet rôti	306
Tarte aux pommes et au caramel	266

Menu
Anniversaire de mariage

Un repas en tête-à-tête pour des noces de papier ? Une fête grandiose pour des noces d'or ? Notre chef a écouté son cœur et a pensé à tous les amoureux. Joyeux anniversaire de mariage.

Pailles doubles au fenouil	205
Aubergine, brocoli, chou-fleur et poivrons en bouillon	211
Veau sauté aux amandes	63
Purée de courge poivrée	254
Salade arménienne	166
Poires et pêches pochées au porto	180

Petites pousses du printemps	84	Bûche au saumon	113
Gaspacho	126	Huîtres fraîches aux quatre sauces	293
Côtelettes de porc piquantes	234	Côtelettes d'agneau au bleu	149
Gâteau à la courgette	200	Poivrons farcis au riz de courge	252
Salade de fruits sous un nuage	269	Tarte au sirop d'érable	94

Menu
Jour de l'An

▰ ▬ ▬ ▬ ▬

Déjà le 1ᵉʳ janvier ? Comme le temps file ! Un verre de champagne à la main, dressez des bilans et prenez de nouvelles résolutions. Nous vous souhaitons : santé, bonheur et prospérité. Bonne année et bon appétit !

Brochettes de foies de volaille	36
Soupe aux gourganes et à la rhubarbe	43
Salade aux nouilles et aux épinards	163
Longes d'agneau farcies aux artichauts	321
Les 2 pâtes fraîches au coulis de légumes	332
Délices de fruit Graham	175

Potage à la provençale	49
Tulipes de pâte filo aux épinards	41
Brochettes de veau aux tomates	141
Salade romaine aux crevettes et aux agrumes	331
Crêpes Suzette à l'ananas	344

Baluchons de camembert à l'huile d'herbes	202
Potage taillé des grands soirs	300
Bouchées de crabe	40
Tournedos aux légumes	57
Tombée d'épinards, d'oseille et d'endives	86
Sorbet aux framboises et aux mûres	176

Menu
Pâques

Les œufs de Pâques sont bien cachés, le repas est au four, tout est prêt pour les célébrations. Profitez-en pour vous régaler d'un petit chocolat à l'abri des regards indiscrets ! Joyeuses Pâques à tous.

Tomates farcies aux fruits de mer	118
Potage de brocoli à la menthe	124
Filet de porc aux betteraves	233
Frisée au confit d'oignon et d'ail au parfum de chèvre	331
Gâteau moka express	93

Crevettes marinées sur feuilles de chou	206
Potage à la provençale	49
Gigot d'agneau au parfum de tomate	321
Chou braisé aux poires	255
Profiteroles à la crème de poire	348

Potage au parfum d'érable	44
Carrés aux épinards et à l'oseille	38
Petit jambon aux kiwis	317
Salade de couscous	164
Tarte aux pêches et aux bleuets	184

MENU
Fête des Mères

Aujourd'hui, les mamans se font dorloter ! Messieurs, voici le moment d'exercer vos talents de cuisinier. Nous vous proposons des menus simples et rapides à préparer pour éviter les files d'attente au restaurant ! Bonne fête maman.

Petite gelée de porto et foie gras	292
Potage à la tomate et à l'oignon	210
Casserole de veau aux champignons	63
Poivrons grillés, sauce à l'estragon	115
Salade mexicaine	164
Pommes et poires au four	268

Potage de légumes aux agrumes	123
Poisson à la mexicaine	153
Courgettes miniatures à l'huile d'ail	108
Salade grand-mère aux betteraves	251
Tarte aux pommes avec croûte au cheddar	266

Soupe aux feuilles de betterave	214
Entrecôtes aux fromages fumés	136
Champignons farcis	202
Frisée aux légumes grillés	167
Tarte aux poires	102

Menu
Fête des Pères

La fête des Pères marque le retour de l'été et le début officiel du barbecue. Pour votre plus grand bonheur, papa voudra sans doute coiffer sa toque de maître rôtisseur. Bonne fête papa !

Avocats aux 2 jambons	287
Soupe minestrone	48
Entrecôtes au confit d'ail et de piment	223
Fondu de poireaux aux carottes	170
Tarte au fromage, à l'érable et aux noix	95

Croûtons au thon et au fromage	35
Potage aux poireaux et aux pommes	212
Côtelettes d'agneau au citron et à la menthe	149
Tartelettes au chou-fleur	252
Caprices filo aux cerises	175

Fondant de légumes fumés	120
Potage à l'oignon	123
Moules aux petits légumes	241
Tournedos de saumon grillés	156
Tarte veloutée à la menthe	184

Menu
Action de grâce

Pour certains, l'Action de grâce signifie un lundi de congé ! Pour d'autres, elle revêt toujours un caractère religieux. Néanmoins, tous s'entendent pour y voir une belle occasion de savourer une dinde juteuse.

Soupe de melon et d'abricots à l'oseille et au gingembre	127
Bouchées spéciales	200
Dinde aux canneberges	305
Courgettes miniatures à la noix de coco	87
Tartelettes mousseline à la citrouille	259

Bouchées de crabe en coquille	199
Potage aux 3 courges	209
Biftecks de cheval à l'ail rôti	161
Aubergine roulée aux légumes	252
Crème au café	96

Soupe au riz de mon grand-père	44
Darnes de saumon à la crème de moutarde	244
Quartiers de courge épicés	199
Champignons grillés au citron	170
Tarte aux canneberges et aux pommes	266

Menu
Noël

▃ ▃ ▃ ▃

Ne vous creusez plus les méninges pour choisir le menu du réveillon ; nous y avons pensé pour vous ! Cela vous laissera plus de temps pour mettre la dernière touche à vos préparatifs. Joyeux Noël à tous.

Pommes au four aux poissons fumés	206
Crème de tomate aux deux caviars	300
Crêpes aux crevettes	288
Coq au cidre	306
Endives au gratin	37
Tomates farcies aux légumes et à la crème d'ail	199
Terrine de sorbets	177

Soupe aux courgettes	124
Cailles aux agrumes	81
Feuilletés aux artichauts	113
Riz frit aux dattes	90
Salade de cresson	83
Diplomate des Fêtes	346

Asperges et prosciutto	84
Soupe aux haricots noirs et au prosciutto	45
Blanquette de veau à l'oseille	64
Rapini à l'ail rôti	335
Gâteau des anges aux fraises	100

Index par saison

Printemps

Agneau florentin	71
Asperges et prosciutto	84
Asperges marinées	105
Bar au four	76
Bâtonnets de bœuf, sauce rouge	58
Bâtonnets de rhubarbe	93
Biftecks à la sauce au thé	57
Biftecks de cheval à la moutarde de rhubarbe	81
Blanquette de veau à l'oseille	64
Bœuf au four	60
Bœuf sans tracas	61
Bœuf sauté aux légumes	60
Bouchées de crabe	40
Boulettes cocktail	38
Brochettes de foies de volaille	36
Brochettes de poulet	54
Cabollée aux haricots	90
Cailles aux agrumes	81
Carrés aux épinards et à l'oseille	38
Carrés d'agneau du printemps	71
Casserole de veau à l'estragon	64
Casserole de veau aux champignons	63
Champignons farcis aux deux saumons	35
Champignons farcis aux perles de courgettes	88
Champignons marinés	108
Charlotte à l'érable	96
Charlottes miniatures aux fraises	96
Chutney coco-arachide au cari	89
Coquilles au jambon	36
Côtelettes aux 4 fromages	67
Côtelettes d'agneau au fenouil	72
Côtelettes d'agneau au four	72
Côtelettes d'agneau haché	72
Côtelettes de porc à l'espagnole	67
Courgettes miniatures à l'huile d'ail	108
Courgettes miniatures à la noix de coco	87
Crème au café	96
Crème de laitue	43
Crème de poulet et de pommes de terre	46
Cretons au veau	64
Croquettes de dinde	54
Croquettes de jambon	68
Croquettes de la mer	78
Croûtons au thon et au fromage	35
Cuisses de poulet au porto	53
Échalotes vertes confites aux agrumes	106
Endives au gratin	37
Feuilles d'endive aux agrumes et à la noix de coco	83
Filets de doré au four	75
Filets de saumon à la moutarde	76
Fricassée de porc	68
Fromage de chèvre mariné aux fines herbes	38
Gâteau à la rhubarbe	100
Gâteau à la salade de fruits	100
Gâteau des anges aux fraises	100
Gâteau moka express	93
Gâteaux de bœuf aux champignons et au parmesan	58
Gratin de poulet jardinière	52

Jambon au cari	68	Pouding au riz au beurre d'érable	98	Tarte aux poires	102
		Pouding aux abricots	98	Tartes aux fraises extra	103
Ketchup à la rhubarbe et aux tomates	107	Poulet au gingembre, au citron et au sirop d'érable	51	Tartelettes à la ricotta	103
				Tartelettes au fromage	102
Lapin des jours de fête	81	Poulet aux nouilles	52	Têtes de violon marinées	105
Macédoine printanière	88	Ragoût d'agneau aux pleurotes	71	Tomates et asperges «fresco»	35
Médaillons de bœuf, sauce à l'échalote	57	Ragoût de poulet campagnard	54	Tombée d'épinards, d'oseille et d'endives	86
Médaillons de porc à l'érable	67	Rhubarbe et oseille en sauce	106	Tournedos aux légumes	57
Nid de thon	77	Riz frit aux dattes	90	Truite en salade	75
				Truites farcies	78
Pain de viande aux épinards	58	Salade d'épinards, d'oseille et de pissenlits	83	Tulipes de pâte filo aux épinards	41
Pâte brisée	99	Salade de cresson	83		
Pâté de poisson	78	Salade de Pâques	84	Veau sauté aux amandes	63
Pâtes aux crevettes et aux asperges	90	Soupe au cerfeuil nouveau	46		
Pesto à l'oseille	105	Soupe au riz de mon grand-père	44		
Petit délice de la Pérade	75	Soupe aux gourganes et à la rhubarbe	43	## Été	
Petits pâtés de veau	63	Soupe aux haricots noirs et au prosciutto	45	Agneau braisé au céleri fondu	150
Petites pousses du printemps	84	Soupe aux pois	48	Aiguillettes de volaille aux fruits	121
Pétoncles surprise	40	Soupe aux tomates, au céleri et aux têtes de violon	46	Artichauts au fromage de chèvre et au porto	116
Poêlée de champignons	86	Soupe minestrone	48	Artichauts aux piments	188
Poitrine au sirop d'érable	51	Tarte à la noix de coco	94	Biftecks de cheval à l'ail rôti	161
Poitrines de poulet pochées	51	Tarte à la rhubarbe	93		
Potage à la provençale	49	Tarte au fromage, à l'érable et aux noix	95	Biftecks de jambon marinés à la bière	146
Potage au parfum d'érable	44	Tarte au sirop d'érable	94		
Potage de pommes de terre à la ciboulette	43				

Biftecks marinés au fenouil	135
Bœuf au chou frisé	135
Bœuf teriyaki	120
Bouillon de poulet verdurette	123
Boulettes de bœuf aux pêches	139
Brochettes d'agneau à l'ananas	149
Brochettes de bœuf à l'ananas	136
Brochettes de porc haché	145
Brochettes de porc marinées	145
Brochettes de poulet marinées à la bière	129
Brochettes de veau aux tomates	141
Bûche au saumon	113
Cailles barbecue	132
Caprices filo aux cerises	175
Carottes croquantes	189
Céleri et fenouil au thym	190
Champignons grillés au citron	170
Chou-fleur et brocoli marinés au parfum de moutarde	187
Concombres et fenouil aux graines de moutarde	114
Concombres garnis de poulet fumé	118
Confiture de baies	192
Côtelettes d'agneau au bleu	149
Côtelettes d'agneau au citron et à la menthe	149
Côtelettes de porc aux tomates	146
Côtelettes du jardin	141
Courgettes et tomates au parfum de sauge	190
Courgettes grillées au miel de menthe	116
Crème brûlée aux 3 baies	180
Crème de concombre au fenouil	126
Crevettes en brochette	158
Croquettes de veau	141
Cuisses de poulet au gingembre	130
Délices de fruit Graham	175
Demi-lunes au porc	146
Dessert glacé aux kiwis	176
Écorces de pastèque	193
Émincé d'agneau aux abricots	150
Émincé de bœuf aux tomates	136
Émincé de veau citron-lime	142
Entrecôtes aux fromages fumés	136
Entrée au jambon	113
Fagots de légumes	169
Feuilletés aux artichauts	113
Filets de doré marinés	154
Filets de perche aux tomates	155
Fondant de légumes fumés	120
Fondu de poireaux aux carottes	170
Frisée aux légumes grillés	167
Gaspacho	126
Gâteau aux bleuets à la sauce aigre-douce	178
Gâteau aux framboises	178
Gâteau quatre-quarts aux 2 coulis	178
Gelée de pommettes aux framboises	194
Homards au fromage de chèvre	159
Lapin aux poireaux	161
Macédoine de poivrons à la moutarde	172
Maïs aux herbes folles	170
Marinade de poivrons, de poireaux et de haricots	188
Marmelade d'oranges aux abricots	192
Médaillons de veau aux amandes	142
Mesclun au cassis	163
Oignons grillés	168

Pain de viande barbecue	138	
Petits feuilletés aux fraises poivrées	181	
Petits feuilletés aux pois	119	
Petits pains farcis	138	
Pétoncles grillés au pesto	158	
Pintade au cari et au miel	161	
Poires et pêches pochées au porto	180	
Pois mange-tout confits à l'oseille et à l'orange	190	
Poisson à la mexicaine	153	
Poitrines de poulet farcies aux épinards	130	
Poitrines de poulet farcies aux merguez	129	
Poivrons farcis au riz garni	168	
Poivrons grillés, sauce à l'estragon	115	
Pommes de terre en papillote	173	
Porc sauté aux olives	145	
Potage à l'oignon	123	
Potage de brocoli à la menthe	124	
Potage de légumes aux agrumes	123	
Poulet à l'indienne	132	
Poulet au blanc	131	
Poulet barbecue à l'orange	129	
Poulet sur nouilles froides	132	

Quiche au crabe	153	
Radicchio et chicorée garnis	166	
Radis et compagnie	114	
Rondins d'agneau, de veau et de porc	150	
Roulés farcis aux crevettes	156	
Salade à la gitane	163	
Salade arménienne	166	
Salade aux nouilles et aux épinards	163	
Salade de couscous	164	
Salade de fruits au rhum	175	
Salade de pommes de terre au concombre	164	
Salade de thon	153	
Salade mexicaine	164	
Salsa classique	187	
Sorbet aux framboises et aux mûres	176	
Soupe aux courgettes	124	
Soupe de melon et d'abricots à l'oseille et au gingembre	127	
Soupe de poivrons grillés	124	
Tartare de saumon aux anchois	154	
Tarte aux carottes	182	
Tarte aux cerises de terre	182	
Tarte aux pêches et aux bleuets	184	

Tarte veloutée à la menthe	184	
Tartelettes aux courgettes	182	
Tartelettes aux fraises	185	
Tartinade aux bleuets et aux mûres	194	
Terrine de sorbets	177	
Tomates aux herbes	187	
Tomates farcies aux fruits de mer	118	
Tomates sur le gril	172	
Tournedos de saumon grillés	156	
Tournedos farcis aux herbes et à la moutarde	135	
Tourte aux tomates à la croûte de basilic	116	
Truites barbecue	156	
Veau émincé à la moutarde	142	

Automne

Achards de courgettes	279	
Aiguillettes de canard au coulis de courges	220	
Ailes de raie au beurre blanc	244	
Aubergine, brocoli, chou-fleur et poivrons en bouillon	211	
Aubergine roulée aux légumes	252	

index par saison

Baluchons de camembert à l'huile d'herbes	202
Betteraves en marinade	278
Biftecks d'orignal marinés à la bière	247
Biscuits deux couleurs	265
Biscuits fondants à la compote de pommes	264
Biscuits pour le thé	264
Bœuf aux amandes	223
Bouchées de crabe en coquille	199
Bouchées de lapin à la moutarde	201
Bouchées spéciales	200
Bourguignon aux tomates	224
Bourguignon de chevreuil	247
Brochettes d'agneau marinées à la menthe	237
Bruschetta peperonata	204
Casserole de perdrix	220
Casserole mexicaine	226
Champignons farcis	202
Chaussons de veau à la pomme	230
Chou braisé aux poires	255
Chou braisé aux viandes marinées	202
Chou-fleur et brocoli marinés	273
Cigares au chou	227
Compote de pommes et de cerises	280
Compote de pommes deux couleurs	280
Concombres à l'aneth	272
Côtelettes d'agneau aux courges poivrées	238
Côtelettes de porc du verger	233
Côtelettes de porc piquantes	234
Courge à la gelée de pommes	256
Courges sautées à la citrouille	254
Crème en courge	215
Crevettes marinées sur feuilles de chou	206
Darnes de saumon à la crème de moutarde	244
Délice à l'orange	268
Émincé d'agneau aux poires	238
Émincé de pintade aux champignons	248
Émincé de veau aux légumes	229
Émincé de veau aux poivrons	229
Émincé de volaille	217
Entrecôtes au confit d'ail et de piment	223
Faisan en sauce	220
Faisans au coulis de poivrons	249
Feuilles de vigne farcies	257
Filet de porc aux betteraves	233
Filets de sole vite fait	242
Flétan aux champignons	242
Gâteau à la citrouille et à l'érable	262
Gâteau à la compote de pommes et de raisins	262
Gâteau à la courgette	200
Gâteau au rhum	262
Gelée de pommes au thé	282
Gelée de raisins	282
Gigot d'agneau à la moutarde	237
Haricots à la moutarde	272
Huîtres farcies	241
Ketchup de tomates vertes aux raisins secs	276
Légumes d'automne marinés	271
Légumes et fruits séchés en marinade	271
Marinade indienne	271
Médaillons de porc au chou d'automne	234
Mijotée de lotte	244
Moules à la bière	241
Moules aux petits légumes	241
Moussaka	237

Muffins aux pommes et aux canneberges	260
Muffins renversés à la rhubarbe	261
Navarin d'agneau	238
Pailles doubles au fenouil	205
Pain de viande aux légumes d'automne	226
Pâté aux fruits de mer sans croûte	243
Pâté costaud	247
Perdrix aux tomates caramélisées	248
Petits oignons marinés	274
Petits roulés dorés	230
Plateau de fromages gratinés	204
Poitrines de poulet au coulis de poivrons rouges	218
Poivrons d'automne marinés	274
Poivrons farcis au riz de courge	252
Pommes au four aux poissons fumés	206
Pommes et poires au four	268
Potage à la carotte, au panais et au navet	210
Potage à la tomate et à l'oignon	210
Potage aux 3 courges	209
Potage aux poireaux et aux pommes	212
Potage d'automne	212
Potage du jardin	209
Poulet aux champignons	217
Poulet confit sur nid d'aubergine	207
Poulet sans tracas	217
Prunes en compote	280
Purée de courge poivrée	254
Quartiers de courge épicés	199
Ragoût d'automne	224
Raifort et gingembre marinés	278
Relish verte	276
Rognons sautés à la sauce moutarde	229
Rôti à la moutarde en croûte	224
Rôti de porc aux pommes et au navet	234
Rôti de veau aux oignons	230
Salade de blé dur	251
Salade de chou rouge aux pommes et aux poires	251
Salade de fruits sous un nuage	269
Salade grand-mère aux betteraves	251
Sauce chili	277
Sauté de porc et de légumes d'automne	233
Sauté de poulet	218
Soupe à la citrouille	209
Soupe aux choux	212
Soupe aux feuilles de betteraves	214
Suprêmes de poulet aux pommes	219
Surprise à la courge	260
Tarte à la citrouille et aux pacanes	259
Tartelettes aux canneberges et aux pommes	266
Tarte aux pommes	259
Tarte aux pommes avec croûte au cheddar	266
Tarte aux pommes et au caramel	266
Tartelettes au chou-fleur	252
Tartelettes mousseline à la citrouille	259
Tomates farcies aux huîtres fumées	256
Tomates farcies aux légumes et à la crème d'ail	199
Tomates italiennes à l'étuvée	274
Tournedos au beurre de tomate	223
Velouté de volaille aux poires et au bleu	214

Hiver

Artichauts à l'huile	352
Aspic de tomates	287
Aumônières de poulet fumé à la crème de moutarde	289
Aumônières surprise	345
Avocats aux 2 jambons	287
Bisque de crevettes	295
Canneberges en gelée	351
Cari d'agneau aux fruits séchés	321
Carré de porc aux canneberges	318
Céleri aux 3 moutardes	334
Céleri-rave crémeux	334
Cervelles de veau aux pommes	314
Chaudrée classique	295
Cipaille à la viande hachée	309
Civet de lièvre aux poireaux	329
Consommé au porto et aux profiteroles surprise	301
Coq au cidre	306
Côtelettes de veau grillées, sauce à la crème parfumée au madère	313
Couscous aux poissons et aux légumes	327
Crème de navet et de rabioles	302
Crème de tomate aux deux caviars	300
Crêpes aux crevettes	288
Crêpes Suzette à l'ananas	344
Croquettes de poulet panées	305
Darnes de requin aux olives	325
Dinde aux canneberges	305
Diplomate des Fêtes	346
Éclairs au café	349
Émincé aux poivrons et aux tomates	311
Escarole au parfum de menthe	331
Espadon à la sauce piquante	325
Feuilletés au madère	290
Fèves au lard express à la tomate séchée	332
Filets de sole à la lime et à l'estragon	325
Filets de truite en croûte	326
Foie de veau aux câpres	314
Frisée au confit d'oignon et d'ail au parfum de chèvre	331
Gâteau au son, crème bavaroise	339
Gâteau aux canneberges	346
Gâteau caramel	339
Gâteau magique aux fruits	346
Gelée d'herbes au vin blanc	353
Gelée de canneberges	351
Gelée de piments	352
Gigot d'agneau au parfum de tomate	321
Huiles infusées	354
Huîtres fraîches aux quatre sauces	293
Les 2 pâtes fraîches au coulis de légumes	332
Longes d'agneau farcies aux artichauts	321
Marmelade d'oranges et de kumquats	351
Médaillons d'agneau aux canneberges	322
Médaillons de porc aux tomates séchées	318
Mousse de perdrix	329
Omelette au chocolat	339
Pain aux lentilles	332
Pain d'agneau aux betteraves	322
Pain d'épices chocolaté de Noël	342
Pain de viande épicé	310
Pamplemousses fumés	287
Pasta e fagioli	296

Pâté d'agneau aux herbes et à la courge	322	
Pâtes fraîches aux haricots rouges	290	
Pelures de pommes de terre aux fromages	292	
Petit jambon aux kiwis	317	
Petite gelée de porto et foie gras	292	
Poireaux, pommes de terre et panais en bouillon de légumes	298	
Poitrines de poulet farcies	305	
Potage d'endives aux noix	303	
Potage de carottes au cari et aux amandes	298	
Potage taillé des grands soirs	300	
Poulet rôti	306	
Profiteroles à la crème de poire	348	
Purée de pommes de terre et de patates douces au gingembre	336	

Quenelles de poisson	326	

Ragoût de bœuf	310	
Ragoût de boulettes	317	
Ragoût de veau au vin rouge	313	
Rapini à l'ail rôti	335	
Ratatouille de jambon sur nid de crêpes	288	
Ris de veau aux herbes fraîches	314	
Rôti de bœuf au jus	309	
Rôti de bœuf braisé à la bière et au raifort	309	
Rôti de porc aux champignons et aux dattes	317	
Rôti de sanglier aux pruneaux	329	
Rôti de veau aux carottes glacées	313	
Roulé de volaille à l'orange	306	

Saint-Honoré miniatures	348	
Salade romaine aux crevettes et aux agrumes	331	
Salade tiède au confit de canard	337	
Soupe aux feuilles d'épinard	295	
Soupe aux patates douces	298	
Soupe aux pois chiches et au maïs	297	
Soupe aux tortillas	296	
Soupe de grand-maman	302	

Tarte à la crème	342	
Tarte à la crème sure	342	
Tarte au chocolat	341	
Tartelettes au chou braisé	290	
Tartelettes au sucre	340	
Tartelettes aux noix	340	
Tombée de bette à carde de Savoie	336	
Tour de crêpes	344	
Tourtière aux trois viandes	318	

Vinaigre style balsamique	354	
Vinaigres aromatisés	354	

Index par catégorie

Agneau

Agneau braisé au céleri fondu	150
Agneau florentin	71
Brochettes d'agneau à l'ananas	149
Brochettes d'agneau marinées à la menthe	237
Cari d'agneau aux fruits séchés	321
Carrés d'agneau du printemps	71
Côtelettes d'agneau au bleu	149
Côtelettes d'agneau au citron et à la menthe	149
Côtelettes d'agneau au fenouil	72
Côtelettes d'agneau au four	72
Côtelettes d'agneau aux courges poivrées	238
Côtelettes d'agneau haché	72
Émincé d'agneau aux abricots	150
Émincé d'agneau aux poires	238
Gigot d'agneau à la moutarde	237
Gigot d'agneau au parfum de tomate	321
Longes d'agneau farcies aux artichauts	321
Médaillons d'agneau aux canneberges	322
Moussaka	237
Navarin d'agneau	238
Pain d'agneau aux betteraves	322
Pâté d'agneau aux herbes et à la courge	322
Ragoût d'agneau aux pleurotes	71
Rondins d'agneau, de veau et de porc	150

Bœuf

Bâtonnets de bœuf, sauce rouge	58
Biftecks à la sauce au thé	57
Biftecks marinés au fenouil	135
Bœuf au chou frisé	135
Bœuf au four	60
Bœuf aux amandes	223
Bœuf sans tracas	61
Bœuf sauté aux légumes	60
Boulettes de bœuf aux pêches	139
Bourguignon aux tomates	224
Brochettes de bœuf à l'ananas	136
Casserole mexicaine	226
Cigares au chou	227
Cipaille à la viande hachée	309
Émincé aux poivrons et aux tomates	311
Émincé de bœuf aux tomates	136
Entrecôte au confit d'ail et de piment	223
Entrecôtes aux fromages fumés	136
Gâteaux de bœuf aux champignons et au parmesan	58
Médaillons de bœuf, sauce à l'échalote	57
Pain de viande aux épinards	58
Pain de viande aux légumes d'automne	226

Pain de viande barbecue	138	Compote de pommes deux couleurs	280	Marmelade d'oranges aux abricots	192
Pain de viande épicé	310	Compote de pommes et de cerises	280	Pesto à l'oseille	105
Petits pains farcis	138	Concombres à l'aneth	272	Petits oignons marinés	274
Ragoût d'automne	224	Confiture de baies	192	Pois mange-tout confits à l'oseille et à l'orange	190
Ragoût de bœuf	310	Courgettes et tomates au parfum de sauge	190	Poivrons d'automne marinés	274
Rôti à la moutarde en croûte	224	Courgettes miniatures à l'huile d'ail	108	Prunes en compote	280
Rôti de bœuf au jus	309	Échalotes vertes confites aux agrumes	106	Rhubarbe et oseille en sauce	106
Rôti de bœuf braisé à la bière et au raifort	309	Écorces de pastèque	193	Salsa classique	187
Tournedos au beurre de tomate	223	Gelée d'herbes au vin blanc	353	Têtes de violon marinées	105
Tournedos aux légumes	57	Gelée de canneberges	351	Tomates aux herbes	187
Tournedos farcis aux herbes et à la moutarde	135	Gelée de piments	352		
		Gelée de pommes au thé	282	Raifort et gingembre marinés	278
		Gelée de raisins	282	Relish verte	276

Conserves

Achards de courgettes	279	Haricots à la moutarde	272		
Artichauts à l'huile	352	Huiles infusées	354	Sauce chili	277
Artichauts aux piments	188				
Asperges marinées	105	Ketchup à la rhubarbe et aux tomates	107	Tomates italiennes à l'étuvée	274
Betteraves en marinade	278	Ketchup de tomates vertes aux raisins secs	276	Vinaigre style balsamique	354
Canneberges en gelée	351			Vinaigres aromatisés	354
Carottes croquantes	189	Légumes d'automne marinés	271		
Céleri et fenouil au thym	190	Légumes et fruits séchés en marinade	271		
Champignons marinés	108			## Desserts et gâteries	
Chou-fleur et brocoli marinés au parfum de moutarde	187	Marinade de poivrons, de poireaux et de haricots	188	Aumônières surprise	345
Chou-fleur et brocoli marinés	273	Marinade indienne	271	Bâtonnets de rhubarbe	93
		Marmelade d'oranges et de kumquats	351		

Biscuits deux couleurs	265
Biscuits fondants à la compote de pommes	264
Biscuits pour le thé	264
Caprices filo aux cerises	175
Charlotte à l'érable	96
Charlottes miniatures aux fraises	96
Crème au café	96
Crème brûlée aux 3 baies	180
Crêpes Suzette à l'ananas	344
Délice à l'orange	268
Délices de fruit Graham	175
Dessert glacé aux kiwis	176
Diplomate des Fêtes	346
Éclairs au café	349
Gâteau à la citrouille et à l'érable	262
Gâteau à la compote de pommes et de raisins	262
Gâteau à la rhubarbe	100
Gâteau à la salade de fruits	100
Gâteau au son, crème bavaroise	339
Gâteau au rhum	262
Gâteau aux bleuets à la sauce aigre-douce	178
Gâteau aux canneberges	346
Gâteau aux framboises	178
Gâteau caramel	339
Gâteau des anges aux fraises	100
Gâteau magique aux fruits	346
Gâteau moka express	93
Gâteau quatre-quarts aux 2 coulis	178
Muffins aux pommes et aux canneberges	260
Muffins renversés à la rhubarbe	261
Omelette au chocolat	339
Pain d'épices chocolaté de Noël	342
Pâte brisée	99
Petits feuilletés aux fraises poivrées	181
Poires et pêches pochées au porto	180
Pommes et poires au four	268
Pouding au riz au beurre d'érable	98
Pouding aux abricots	98
Profiteroles à la crème de poire	348
Saint-Honoré miniatures	348
Salade de fruits au rhum	175
Salade de fruits sous un nuage	269
Sorbet aux framboises et aux mûres	176
Surprise à la courge chocolatée	260
Tarte à la citrouille et aux pacanes	259
Tarte à la crème	342
Tarte à la crème sure	342
Tarte à la noix de coco	94
Tarte à la rhubarbe	93
Tarte au chocolat	341
Tarte au fromage, à l'érable et aux noix	95
Tarte aux poires	102
Tarte aux carottes	182
Tarte aux cerises de terre	182
Tarte aux pêches et aux bleuets	184
Tarte aux pommes	259
Tarte aux pommes avec croûte au cheddar	266
Tarte aux pommes et au caramel	266
Tarte veloutée à la menthe	184
Tartelettes à la ricotta	103
Tartelette aux canneberges et aux pommes	266
Tartelettes au fromage	102
Tartelettes au sucre	340
Tartelettes aux noix	340
Tartelettes aux courgettes	182
Tartelettes aux fraises	185
Tartelettes mousseline à la citrouille	259
Tartes au sirop d'érable	94
Terrine de sorbets	177
Tour de crêpes	344

index par catégorie

Hors-d'œuvre et entrées

Aiguillettes de volaille aux fruits	121
Artichauts au fromage de chèvre et au porto	116
Aspic de tomates	287
Aumônières de poulet fumé à la crème de moutarde	289
Avocats aux 2 jambons	287
Baluchon de camembert à l'huile d'herbes	202
Bœuf teriyaki	120
Bouchées de crabe	40
Bouchées de crabe en coquille	199
Bouchées de lapin à la moutarde	201
Bouchées spéciales	200
Boulettes cocktail	38
Brochettes de foies de volaille	36
Bruschetta peperonata	204
Bûche au saumon	113
Carrés aux épinards et à l'oseille	38
Champignons farcis	202
Champignons farcis aux deux saumons	35
Chou braisé aux viandes marinées	202
Concombres et fenouil aux graines de moutarde	114
Concombres garnis de poulet fumé	118
Coquilles au jambon	36
Courgettes grillées au miel de menthe	116
Crêpes aux crevettes	288
Crevettes marinées sur feuilles de chou	206
Croûtons au thon et au fromage	35
Endives au gratin	37
Entrée au jambon	113
Feuilletés au madère	290
Feuilletés aux artichauts	113
Fondant de légumes fumés	120
Fromage de chèvre mariné aux fines herbes	38
Gâteau à la courgette	200
Huîtres fraîches aux quatre sauces	293
Pailles doubles au fenouil	205
Pamplemousses fumés	287
Pâtes fraîches aux haricots rouges	290
Pelures de pommes de terre aux fromages	292
Petite gelée de porto et foie gras	292
Petits feuilletés aux pois	119
Pétoncles surprise	40
Plateau de fromages gratinés	204
Poivrons grillés, sauce à l'estragon	115
Pommes au four aux poissons fumés	206
Poulet confit sur nid d'aubergine	207
Quartiers de courge épicés	199
Radis et compagnie	114
Ratatouille de jambon sur nid de crêpes	288
Tartelettes au chou braisé	290
Tomates et asperges «fresco»	35
Tomates farcies aux fruits de mer	118
Tomates farcies aux légumes et à la crème d'ail	199
Tourte aux tomates à la croûte de basilic	116
Tulipes de pâte filo aux épinards	41

Poissons et fruits de mer

Ailes de raie au beurre blanc	244
Bar au four	76
Couscous aux poissons et aux légumes	327
Crevettes en brochette	158
Croquettes de la mer	78
Darnes de requin aux olives	325

Darnes de saumon à la crème de moutarde	244	
Espadon à la sauce piquante	325	
Filets de doré au four	75	
Filets de doré marinés	154	
Filets de perche aux tomates	155	
Filets de saumon à la moutarde	76	
Filets de sole à la lime et à l'estragon	325	
Filets de sole vite fait	242	
Filets de truite en croûte	326	
Flétan aux champignons	242	
Homards au fromage de chèvre	159	
Huîtres farcies	241	
Mijotée de lotte	244	
Moules à la bière	241	
Moules aux petits légumes	241	
Nid de thon	77	
Pâté aux fruits de mer sans croûte	243	
Pâté de poisson	78	
Petit délice de la Pérade	75	
Pétoncles grillés au pesto	158	
Poisson à la mexicaine	153	

Quenelles de poisson	326	
Quiche au crabe	153	
Roulés farcis aux crevettes	156	
Salade de thon	153	
Tartare de saumon aux anchois	154	
Tournedos de saumon grillés	156	
Truites barbecue	156	
Truite en salade	75	
Truites farcies	78	

Porc

Biftecks de jambon marinés à la bière	146	
Brochettes de porc haché	145	
Brochettes de porc marinées	145	
Carré de porc aux canneberges	318	
Côtelettes aux 4 fromages	67	
Côtelettes de porc à l'espagnole	67	
Côtelettes de porc aux tomates	146	
Côtelettes de porc du verger	233	
Côtelettes de porc piquantes	234	
Croquettes de jambon	68	

Demi-lunes au porc	146	
Filet de porc aux betteraves	233	
Fricassée de porc	68	
Jambon au cari	68	
Médaillons de porc à l'érable	67	
Médaillons de porc au chou d'automne	234	
Médaillons de porc aux tomates séchées	318	
Petit jambon aux kiwis	317	
Porc sauté aux olives	145	
Ragoût de boulettes	317	
Rôti de porc aux champignons et aux dattes	317	
Rôti de porc aux pommes et au navet	234	
Sauté de porc et de légumes d'automne	233	
Tourtière aux trois viandes	318	

Salades et accompagnements

Asperges et prosciutto	84	
Aubergine roulée aux légumes	252	
Cabollée aux haricots	90	

Champignons farcis aux perles de courgettes	88	
Champignons grillés au citron	170	
Chou braisé aux poires	255	
Chutney coco-arachide au cari	89	
Céleri aux 3 moutardes	334	
Céleri-rave crémeux	334	
Courge à la gelée de pommes	256	
Courges sautées à la citrouille	254	
Courgettes miniatures à la noix de coco	87	
Escarole au parfum de menthe	331	
Fagots de légumes	169	
Feuilles d'endive aux agrumes et à la noix de coco	83	
Feuilles de vigne farcies	257	
Fèves au lard express à la tomate séchée	332	
Fondu de poireaux aux carottes	170	
Frisée au confit d'oignon et d'ail au parfum de chèvre	331	
Frisée aux légumes grillés	167	
Les 2 pâtes fraîches au coulis de légumes	332	
Macédoine de poivrons à la moutarde	172	
Macédoine printanière	88	
Maïs aux herbes folles	170	
Mesclun au cassis	163	
Oignons grillés	168	
Pain aux lentilles	332	
Pâtes aux crevettes et aux asperges	90	
Petites pousses du printemps	84	
Poêlée de champignons	86	
Poivrons farcis au riz de courge	252	
Poivrons farcis au riz garni	168	
Pommes de terre en papillote	173	
Purée de courge poivrée	254	
Purée de pommes de terre et de patates douces au gingembre	336	
Radicchio et chicorée garnis	166	
Rapini à l'ail rôti	335	
Riz frit aux dattes	90	
Salade à la gitane	163	
Salade arménienne	166	
Salade aux nouilles et aux épinards	163	
Salade d'épinards, d'oseille et de pissenlits	83	
Salade de blé dur	251	
Salade de chou rouge aux pommes et aux poires	251	
Salade de couscous	164	
Salade de cresson	83	
Salade de Pâques	84	
Salade de pommes de terre au concombre	164	
Salade grand-mère aux betteraves	251	
Salade mexicaine	164	
Salade romaine aux crevettes et aux agrumes	331	
Salade tiède au confit de canard	337	
Tartelettes au chou-fleur	252	
Tomates farcies aux huîtres fumées	256	
Tomates sur le gril	172	
Tombée d'épinards, d'oseille et d'endives	86	
Tombée de bette à carde de Savoie	336	

Soupes et potages

Aubergine, brocoli, chou-fleur et poivrons en bouillon	211
Bisque de crevettes	295
Bouillon de poulet verdurette	123
Chaudrée classique	295
Consommé au porto et aux profiteroles surprise	301
Crème de concombre au fenouil	126
Crème en courge	215
Crème de laitue	43
Crème de navet et de rabioles	302
Crème de poulet et de pommes de terre	46

Crème de tomate aux deux caviars	300	
Gaspacho	126	
Pasta e fagioli	296	
Poireaux, pommes de terre et panais en bouillon de légumes	298	
Potage à l'oignon	123	
Potage à la carotte, au panais et au navet	210	
Potage à la provençale	49	
Potage à la tomate et à l'oignon	210	
Potage au parfum d'érable	44	
Potage aux 3 courges	209	
Potage aux poireaux et aux pommes	212	
Potage d'automne	212	
Potage d'endives aux noix	303	
Potage de brocoli à la menthe	124	
Potage de carottes au cari et aux amandes	298	
Potage de légumes aux agrumes	123	
Potage de pommes de terre à la ciboulette	43	
Potage du jardin	209	
Potage taillé des grands soirs	300	
Soupe à la citrouille	209	
Soupe au cerfeuil nouveau	46	
Soupe au riz de mon grand-père	44	

Soupe aux choux	212	
Soupe aux courgettes	124	
Soupe aux feuilles de betteraves	214	
Soupe aux feuilles d'épinard	295	
Soupe aux gourganes et à la rhubarbe	43	
Soupe aux haricots noirs et au prosciutto	45	
Soupe aux patates douces	298	
Soupe aux pois	48	
Soupe aux pois chiches et au maïs	297	
Soupe aux tomates, au céleri et aux têtes de violon	46	
Soupe aux tortillas	296	
Soupe de grand-maman	302	
Soupe de melon et d'abricots à l'oseille et au gingembre	127	
Soupe de poivrons grillés	124	
Soupe minestrone	48	
Velouté de volaille aux poires et au bleu	214	

Veau

Blanquette de veau à l'oseille	64	
Brochettes de veau aux tomates	141	
Casserole de veau à l'estragon	64	

Casserole de veau aux champignons	63	
Chaussons de veau à la pomme	230	
Cervelles de veau aux pommes	314	
Côtelettes de veau grillées, sauce à la crème parfumée au madère	313	
Côtelettes du jardin	141	
Cretons au veau	64	
Croquettes de veau	141	
Émincé de veau aux légumes	229	
Émincé de veau aux poivrons	229	
Émincé de veau citron-lime	142	
Foie de veau aux câpres	314	
Médaillons de veau aux amandes	142	
Petits pâtés de veau	63	
Petits roulés dorés	230	
Ragoût de veau au vin rouge	313	
Ris de veau aux herbes fraîches	314	
Rognons sautés à la sauce moutarde	229	
Rôti de veau aux carottes glacées	313	
Rôti de veau aux oignons	230	

Notes personnelles

NOTES PERSONNELLES

Notes personnelles

Notes personnelles

Notes personnelles

Notes personnelles

Notes personnelles

Notes personnelles

notes personnelles

Notes personnelles

Notes personnelles

Notes personnelles

Notes personnelles

Notes personnelles

Notes personnelles

Notes personnelles

Notes personnelles

Notes personnelles